Recommended by Teachers
Trusted by Toppers

AF819675

All in One®

संस्कृतम्

CBSE कक्षा 9

सभी खंडों की अध्ययन सामग्री ▪ अभ्यास प्रश्न ▪ प्रतिदर्शन प्रश्न-पत्र

लेखकगण
नवीन शर्मा
उर्मिला सिंघल

arihant
SUCCESS AND NOTHING LESS

arihant
SUCCESS AND NOTHING LESS

अरिहन्त प्रकाशन

(स्कूल डिवीज़न सीरीज़)

卐 रजि. कार्यालय

'रामछाया' 4577/15, अग्रवाल रोड, दरिया गंज, नई दिल्ली-110002
फोन: 011-47630600, 43518550; फैक्स: 011-23280316

मुख्य कार्यालय

कालिन्दी, टी०पी० नगर, मेरठ (यूपी)-250002 फोन: 0121-7156203, 7156204

卐 शाखा कार्यालय

आगरा, अहमदाबाद, बरेली, बंगलुरु, चेन्नई, दिल्ली, गुवाहाटी, हैदराबाद, जयपुर, झाँसी, कोलकाता, लखनऊ, नागपुर तथा पुणे

卐 PO No : TXT-59-T064251-04-25

Published by Arihant Publications (India) Ltd.

'अरिहन्त' की पुस्तकों के बारे में अधिक जानकारी के लिए हमारी वेबसाइट
www.arihantbooks.com पर लॉग इन करें या info@arihantbooks.com पर सम्पर्क करें।

Follow us on

卐 मूल्य ₹ 250.00

प्रोडक्शन टीम

पब्लिशिंग मैनेजर	कवर डिज़ाइनर	इनर डिज़ाइनर
महेन्द्र सिंह रावत, केशव मोहन	सलमान	अंकित त्यागी
प्रोजेक्ट हैड	**पेज लेआउट**	**प्रूफ रीडर**
मनीष कुमार	जितेन्द्र, रविन्द्र	वर्षा, भूमिका

विषय–सूची

खंड 'घ' पठित–अवबोधनम्

नवीनतम पाठ्यक्रम

संस्कृतपाठ्यक्रम : (कोड नं 122), कक्षा नवमी (वार्षिकं मूल्याङ्कम्)

वार्षिकमूल्याङ्कनाय निर्मिते प्रश्नपत्रे चत्वारः खण्डाः भविष्यन्ति-

(वार्षिक मूल्यांकन के लिए निर्मित इस प्रश्न-पत्र के दो भाग होंगे)

'क' खण्ड : अपठित-अवबोधनम्	10 अङ्काः
'ख' खण्ड : रचनात्मक-कार्यम्	15 अङ्काः
'ग' खण्ड : अनुप्रयुक्त-व्याकरणम्	25 अङ्काः
'घ' खण्ड : पठित-अवबोधनम्	30 अङ्काः

खण्डानुसारं विषयाः मूल्याभारः च *(खण्डों के अनुसार मूल्यभार/अंक)*

क्र.सं.	विषयाः	प्रश्नप्रकाराः	मूल्यभारः
	'क' खण्ड : अपठित-अवबोधनम्		10 अङ्काः
1	एकः गद्यांशः (80-100 शब्दपरिमितः)	अति- लघूत्तरात्मकाः पूर्णवाक्यात्मकाः शीर्षकम् (लघूत्तरात्मकाः) भाषिककार्यम् (बहुविकल्पात्काः)	1 × 2 = 2 2 × 2 = 4 1 × 1 = 1 1 × 3 = 3
	पूर्णभारः		10 अङ्काः
	'ख' खण्ड : रचनात्मक-कार्यम्		15 अङ्काः
2	औपचारिकम् अथवा अनौपचारिकम् पत्रम् (पूर्णं पत्रं लेखनीयम्)	निबन्धात्मकः	5
3	चित्रवर्णनम् अथवा अनुच्छेदलेखनम्	पूर्णवाक्यात्मका/निबन्धात्मकः	1 × 5 = 5
4	हिन्दी/आङ्ग्लभाषातः संस्कृतेन अनुवादः	पूर्णवाक्यात्मकाः	1 × 5 = 5
	पूर्णभारः		15 अङ्काः
	'ग' खण्डः अनुप्रयुक्त-व्याकरणम्		25 अङ्काः
5	सन्धिः	लघुउत्तरात्मकाः	1 × 4 = 4
6	शब्दरूपाणि	बहुविकल्पात्मकाः	1 × 4 = 4
7	धातुरूपाणि	बहुविकल्पात्मकाः	1 × 4 = 4
8	कारक–उपपदविभक्तयः	बहुविकल्पात्मकाः	1 × 4 = 4
9	प्रत्ययाः	बहुविकल्पात्मकाः	1 × 3 = 3
10	सङ्ख्याः	लघुउत्तरात्मकाः	½ × 4 = 2
11	उपसर्गाः	लघुउत्तरात्मकाः	½ × 4 = 2
12	अव्ययानि	बहुविकल्पात्मकौ:	1 × 2 = 2
	पूर्णभारः		25

'घ' खण्ड : पठित-अवबोधनम् 30 अङ्काः

13	गद्यांशः	अति–लघूत्तरात्मकौ पूर्णवाक्यात्मकः लघूत्तरात्मकौ (भाषिककार्यम्)	½ × 2 = 1 1 × 2 = 2 1 × 2 = 2
14	पद्यांशः	अति–लघूत्तरात्मकौ पूर्णवाक्यात्मकः लघूत्तरात्मकौ (भाषिककार्यम्)	½ × 2 = 1 1 × 2 = 2 1 × 2 = 2
15	नाट्यांशः	अति–लघूत्तरात्मकौ पूर्णवाक्यात्मकः लघूत्तरात्मकौ (भाषिककार्यम्)	½ × 2 = 1 1 × 2 = 2 1 × 2 = 2
16	प्रश्ननिर्माणम्	पूर्णवाक्यात्मकः	1 × 4 = 4
17	अन्वयः अथवा भावार्थः	निबन्धात्मकः	3
18	घटनाक्रमानुसारं वाक्यलेखनम्	निबन्धात्मकः	½ × 8 = 4
19	(क) प्रसङ्गानुसारम् अर्थलेखनम्	लघूत्तरात्मकाः	½ × 4 = 2
	(ख) शब्दानाम् अर्थैः सहमेलनम्	लघूत्तरात्मकाः	½ × 4 = 2
	पूर्णभारः		**30**
		सम्पूर्णभार :	**80 अङ्काः**

भागः 'क'– अपठित-अवबोधनम् 10 अङ्काः

1. **एकः गद्यात्मकः खंड** **10**

80-100 शब्दपरिमितः गद्यांशः, सरलकथा वर्णनं वा

- एकपदेन पूर्णवाक्येन च अवबोधनात्मकं कार्यम् 2+4
- शीर्षकलेखनम् 1
- अनुच्छेद–आधारितं भाषिकं कार्यम् 3

भाषिक कार्याय तत्त्वानि

- वाक्ये कर्तृ–क्रिया पदचयनम्
- कर्तृ–क्रिया–अन्वितिः
- विशेषण–विशेष्य चयनम्
- पर्याय–विलोमपद –चयनम्
- सर्वनामस्थाने संज्ञाप्रयोगः

भागः 'ख' रचनात्मकं कार्यम् 15 अङ्काः

2. औपचारिकम् अथवा अनौपचारिकम् पत्रम्
(पूर्णं पत्रं लेखनीयम्) 5

सम्भावितविषयाः

– औपचारिकम्

अवकाशार्थम्, स्वच्छतायै स्वास्थ्य विभागाय, विद्युद्विभागाय, वित्तकोषाय, आरक्षकालयाय, प्रकाशकाय, इत्यादयः।

– अनौपचारिकम्

पित्राभ्याम्, वर्धापनपत्रम्, निमन्त्रणपत्रम्, परिणामसूचनापत्रम्, इत्यादय।

3. चित्राधारितं वर्णनम् अथवा अनुच्छेदलेखनम् (मञ्जूषायाः सहायतया चित्रवर्णनम् अनुच्छेदलेखनं वा करणीयम्) 5
4. हिन्दीभाषायाम् आङ्ग्लभाषायां वा लिखितानां पञ्चसरलवाक्यानां संस्कृतभाषायाम् अनुवादः 5

भागः 'ग' अनुप्रयुक्त व्याकरणम् 25 अङ्काः

5. **सन्धिकार्यम्** 4

(क) **स्वरसन्धिः** दीर्घः, गुणः, वृद्धि, यण, अयादि
(ख) **व्यञ्जनसंधि**–,जश्त्वसन्धिः 'म्' स्थाने अनुस्वारः
(ग) **विसर्गसंधिः**–उत्वम्, रत्वम्, लोपः

6. **शब्दरूपाणि** 4

पुंल्लिङ्गशब्दाः

(क) आकारान्तपुँल्लिङ्गशब्दाः – बालकवत्
इकारान्तपुँल्लिङ्गशब्दाः – कविवत्

(ख) उकारान्तपुँल्लिङ्गशब्दाः – साधुवत्

(ग) ऋकारान्तपुँल्लिङ्गशब्दाः – पितृवत्

(घ) हलन्ताः – राजन्, भवत्, गुणिन्, विद्वस्

स्त्रीलिंङ्गशब्दाः

आकारान्तास्त्रीलिंङ्गशब्दाः– लतावत्
इकरान्तास्त्रीलिंङ्गशब्दाः– नदीवत्
ऋकारान्तास्त्रीलिंङ्गशब्दाः – मातृवत्

सर्वनामशब्दाः – अस्मद्, युष्मद्, किम्, इदम्, तत्
(त्रिषु लिङ्गेषु)

7. **धातुरूपाणि** पठ्, गम्, वद्, भू, क्रीड्, नी, दृश्, शक्, ज्ञा अस्, कृ, पा (पिब्), क्री, श्रु, दा, सेव्, लिभ (पञ्चसु लकारेषु) 4

8. **कारक–उपपद–विभक्तयः** 4

द्वितीया – परितः, समया, निकषा, प्रति, विना, उभयतः, धिक्

तृतीया – सह, साकम्, समम्, सार्धम्, विना, अलम्, हीन्, सदृश

चतुर्थी – रुच्, दा (यच्छ्), नमः, कुप्/क्रुध्, स्वस्ति,

पञ्चमी – विना, बहिः, भी, रक्ष्, ऋते,

षष्ठी – उपरि, अधः, पुरतः, पृष्ठतः, निर्धारणे

सप्तमी – स्निह्, निपुणः, विश्वस्, पटु

9. **प्रत्ययाः** (क्त्वा, तुमुन्, ल्यप्, क्तवतु, क्त, शतृ, शानच्) 3

10. **सङ्ख्या** – (1-100) (1-4 केवलं प्रथमा – विभक्ति) 2

11. **उपसर्गाः** द्वाविंशतिः 2

12. **अव्ययानि** 2

- स्थानबोधकानि – अत्र, तत्र, अन्यत्र, सर्वत्र, यत्र, एकत्र उभयत्र,
- कालबोधकानि – यदा, तदा, सर्वदा, एकदा, पुरा, अधुना, अद्य, श्वः, ह्यः
- प्रश्नबोधकानि –किम्, कुत्र, कति, कदा, कुतः, कथम् किमर्थम्
- अन्यानि–च, अपि, यदि, तर्हि, यथा, तथा, सम्यक्, एव, तु

भागः 'घ' — 30 अङ्काः

पठित–अवबोधनम्

13. गद्यांशम् अधिकृत्य अवबोधनात्मकं कार्यम् 5

प्रश्नप्रकाराः एकपदेन पूर्णवाक्येन च प्रश्नोत्तराणि
भाषिक कार्यम्
वाक्ये कर्तृ – क्रिया पदचयनम्
विशेषण – विशेष्य चयनम्
पर्याय – विलोमपद – चयनम्

14. पद्यांशम् अधिकृत्य अवबोधनात्मकं कार्यम् 5

प्रश्नप्रकाराः एकपदेन पूर्णवाक्येन च प्रश्नोत्तराणि
भाषिक कार्यम्
वाक्ये कर्तृ – क्रिया पदचयनम्
विशेषण – विशेष्य चयनम्
पर्याय – विलोमपद चयनम्

15. नाट्यांशम् अधिकृत्य अवबोधनात्मकं कार्यम् 5

प्रश्नप्रकाराः एकपदेन पूर्णवाक्येन च प्रश्नोत्तराणि
भाषिक कार्यम्
वाक्ये कर्तृ – क्रिया पदचयनम्
विशेषण – विशेष्य चयनम्
पर्याय – विलोमपद चयनम्

16. वाक्येषु रेखाङ्कितपदानि अधिकृत्य उचित प्रश्ननिर्माणम् 4

17. श्लोकान्वयः/एकस्य श्लोकस्य संस्कृतेन भावार्थलेखानम् 3

18. घटनाक्रमानुसारं कथालेखनम् 4

19. (क) प्रसङ्गानुसारम् अर्थलेखनम् 2

(ख) शब्दानाम् अर्थैः सहमेलनम् 2

(पाठान् आधृत्य लघूत्तरात्मकाः प्रश्नाः)

आहत्याङ्काः : 80

पुस्तकम् – 'शेमुषी' संस्कृतपुस्तकम् (नवमश्रेण्यै)

पाठसङ्ख्या	पाठनाम	पाठसङ्ख्या	पाठनाम
प्रथमः पाठः	भारतीवसन्तगीतिः	नवमः पाठः	सिकतासेतुः
द्वितीयः पाठः	स्वर्णकाकः	दशमः पाठः	जटायोः शौर्यम्
तृतीयः पाठः	गोदोहनम्	एकादशः पाठः	पर्यावरणम्
पञ्चमः पाठः	सूक्तिमौक्तिकम्	द्वादश पाठः	वाङ्मनः प्राणस्वरूपम्
षष्ठः पाठः	भ्रान्तो बालः		

भागानुसारं विषयाः मूल्याभारः च (भागों के अनुसार मूल्यभार/अंक)

अनुप्रयुक्तव्याकरणस्य अंशानां चयनं यथासम्भवं 'शेमुषी प्रथमो भागः' पाठ्यपुस्तकात् करणीयम्। यदि ततः न सम्भवति तर्हि अभ्यासवान् भव–प्रथमो भागः इत्यस्मात् कर्तुं शक्यम्।

निर्धारित–पाठ्यपुस्तकानि–

1. **'शेमुषी'** प्रथमो भागः, पाठ्यपुस्तकम्, **संशोधितसंस्करणम्** (प्रकाशनम् – रा.शै.अनु.प्र.परि. द्वारा)
2. **'अभ्यासवान् भव'**–प्रथमो भागः–व्याकरणपुस्तकम् (प्रकाशनम् – रा. शै. अनु. प्र. परि. द्वारा)
3. **'व्याकरणवीथिः'**– व्याकरणपुस्तकम् (प्रकाशनम् – रा.शै.अनु.प्र. परि. द्वारा)

खंड : ‘क’

अपठित अवबोधनम्

अध्याय

01

अपठित गद्यांशः

परिचयः

इसमें एक **अपठित गद्यांश** दिया जाता है, जिसमें 80-100 शब्द होते हैं, उसे ठीक प्रकार से पढ़कर, उसी के आधार पर प्रश्न के उत्तर लिखने होते हैं। *इसमें निम्नलिखित चार प्रकार के प्रश्न पूछे जाते हैं।*

अस्मिन् अपठित गद्यांशः 80-100 (अशीतिः-शतम्) शब्दाः भविष्यन्ति। तान् सम्यक् प्रकारेण पठित्वा तेनैव आधारेण प्रश्नोत्तराणि लेखनीयानि। *अस्मिन् त्रयः प्रश्नाः भवन्ति।*

1. **एकपदेन उत्तरत।** (एक शब्द में उत्तर दीजिए।)

अस्मिन् प्रश्नवाचकशब्दान् प्रयोज्य प्रश्नाः पृच्छयन्ते। प्रश्नवाचकः शब्दः किम्, कः, कौ, के, कान्, केन, काभ्याम्, कैः कस्मै, केभ्यः, काभ्यः, कस्मात्, कस्याः, कस्मिन्, कयोः, केषु, कीदृशः, कीदृशी, कीदृशम्, कथम्, कति, कदा इत्यादि शब्दान् प्रयोज्य प्रश्नाः पृच्छ्यन्ते। अत्र इदं ध्यातव्यं यत् या विभक्तिः, यत् वचनम्, यत् लिङ्गम् प्रश्नवाचक शब्दः भविष्यति तस्यैव विभक्त्याः, तस्यैव वचनस्य, तस्यैव लिङ्गस्य प्रयोगः उत्तरे भविष्यति।

यथा—**मानवः अनुशासन पालनेन स्वजीवने साफल्यं प्राप्नोति।**

अस्मिन् वाक्ये प्रश्नः अयम् अस्ति यत्

मानवः केन स्वजीवने साफल्यं प्राप्नोति?

अत्र प्रश्ने प्रश्नवाचक शब्दः 'केन' तृतीयायाः एकवचने अस्ति। अतः उत्तरमपि तृतीयायाः एकवचने एव भविष्यति। अतः अनुशासन पालनेन एव समीचीनम् उत्तरं भविष्यति।

इसमें प्रश्नवाचक शब्दों को वाक्य में प्रयोग करके प्रश्न पूछे जाते हैं। प्रश्नवाचक शब्द किम्, कः, कौ, के, कान्, केन, काभ्याम्, कैः, कस्मै, केभ्यः, काभ्यः, कस्मात्, कस्याः, कस्मिन्, कयोः, केषु, कीदृशः, कीदृशी, कीदृशम्, कथम्, कति, कदा आदि इसी प्रकार के स्त्रीलिंग तथा नपुंसकलिंग शब्दों का प्रयोग करके प्रश्न पूछे जाते हैं। यहाँ यह ध्यान रखना चाहिए कि जिस विभक्ति, जिस वचन तथा जिस लिंग का प्रश्नवाचक शब्द होगा, उसी विभक्ति, उसी वचन तथा उसी लिंग का उत्तर में प्रयोग होगा।

जैसे–मानवः अनुशासन पालनेन स्वजीवने साफल्यं प्राप्नोति।

(मानव अनुशासन का पालन करने से अपने जीवन में सफलता प्राप्त करता है।)

इस वाक्य में प्रश्न यह है कि

मानवः केन स्वजीवने साफल्यं प्राप्नोति?

(मानव किससे अपने जीवन में सफलता प्राप्त करता है?)

यहाँ प्रश्न में, प्रश्नवाचक शब्द 'केन' तृतीया एकवचन है। अतः उत्तर में भी तृतीया एकवचन के पद का ही प्रयोग होगा। अतः अनुशासन पालनेन ही उपयुक्त उत्तर होगा।

2. पूर्णवाक्येन उत्तरत। (पूर्ण वाक्य में उत्तर दीजिए।)

अस्मिनपिद्वि प्रश्नाः पृच्छ्यते। अतः प्रश्नं सम्यक् प्रकारेण अवगम्य प्रश्नवाचक-शब्दान् अर्थं ज्ञात्वा स्वभाषायाम् उत्तरं दातव्यम्;

यथा–

धैर्यमाश्रित्य एव धीराः विपत्सु सफलाः भवन्ति।

अस्मिन् वाक्ये प्रश्नः अयम् अस्ति यत्

धीराः कदा सफलाः भवन्ति?

अत्र प्रश्नवाचक 'कदा' शब्दस्य अर्थं ज्ञात्वा उत्तरम् उपर्युक्त सम्पूर्णं वाक्यमेव (धैर्यमाश्रित्य एव धीराः विपत्सु सफलाः भवन्ति) भविष्यति।

इसमें दो प्रश्न पूछे जाते हैं। अतः प्रश्न को भली-भाँति समझकर प्रश्नवाचक शब्दों का अर्थ समझते हुए अपनी भाषा में उत्तर देना चाहिए; जैसे—

धैर्यमाश्रित्य एव धीराः विपत्सु सफलाः भवन्ति।

(धैर्य का सहारा लेकर ही धीर पुरुष (धैर्यवान) विपत्तियों में सफल होते हैं।)

इस वाक्य में प्रश्न यह है कि

धीराः कदा सफलाः भवन्ति?

(धैर्यवान कब सफल होते हैं?)

यहाँ प्रश्नवाचक 'कदा' शब्द का अर्थ जानकर प्रश्न का उत्तर उपर्युक्त सम्पूर्ण वाक्य धैर्यमाश्रित्य एव धीराः विपत्सु सफलाः भवन्ति होगा।

3. शीर्षकं लिखत (शीर्षक लिखिए)

अस्मिन् सम्पूर्णं गद्यांशस्य केन्द्रीयभावं आश्रित्य एकं प्रश्नं शीर्षकाय भवति। अत्रापि इदं ध्यातव्यं यत्—शीर्षकं नातिदीर्घम् भवितव्यम् यथा—

अनुशासनम्, सदाचारः, सत्संगतिः, देशप्रेम, संगठनम् इत्यादिकं शीर्षकं समीचीनमस्ति।

इसमें गद्यांश के केंद्रीय भाव की जानकारी हेतु एक प्रश्न शीर्षक के लिए दिया जाता है। यहाँ भी यह ध्यान रहे कि शीर्षक अधिक लंबा नहीं होना चाहिए; जैसे—

अनुशासन, सदाचार, सत्संगति, देशप्रेम, संगठन आदि शीर्षक सही हैं।

4. भाषिककार्यम (भाषा से सम्बन्धित कार्य)

अस्मिन् भाषायाः प्रश्नाः पृच्छयन्ते। ये गद्यांशे एवं आधारिताः भवन्ति। विशेषणपदं, विशेष्यपदं, कर्ता, क्रिया, पर्यायपदं, विपर्ययपदं च प्रश्नाः पृच्छयन्ते।

इसमें भाषा से संबंधित प्रश्न पूछे जाते हैं। जो गद्यांश पर आधारित होते हैं।

विशेषण शब्द, विशेष्य शब्द, कर्ता, क्रिया, पर्याय शब्द, विलोम शब्द, आदि के प्रश्न पूछे जाते हैं।

साधित उदाहरणम्

अधोलिखितम् अनुच्छेदं पठित्वा प्रदत्तप्रश्नान् संस्कृतेन उत्तरत।
(निम्नलिखित अनुच्छेद को पढ़कर दिए गए प्रश्नों के उत्तर संस्कृत में लिखिए।)

अनुच्छेदः 1

पुरा एकः धौम्यः नामकः महर्षिः आसीत्। तस्य अनेके शिष्याः आसन्। तेषु आरुणिः नामकः अपि शिष्यः आसीत्। मृत्तिका जलस्य वेगेन तत्र स्थातुं न अशक्नोत्। तदा आरुणिः स्वयमेव तत्र समाविशत्। ततो जलस्य प्रवाहो रुद्धोऽभवत्। तथा संस्थितस्य तद् दिनं व्यतीतम्। संध्या समये तं न अवलोक्य ऋषिः शिष्यान् अपृच्छत्—'क्व गतः आरुणिः'? ते प्रत्यवदन्—'भवतैव प्रेषितः केदारखंडस्य बंधनाय' ततोऽवदत् ऋषिः—तर्हि वयं सर्वे तत्र गच्छामः यत्रासौ आरुणिः गतः।' आरुणिना एवं मुक्तः ऋषिः तस्य गुरुभक्त्या विस्मितोऽभवत्। प्रीतोऽवदत्—'वत्स! त्वं मम अभूतपूर्वः शिष्यः। कल्याणं ते भवतु। सर्वे वेदाः सर्वाणि शास्त्राणि च तव प्रतिभान्तु। अयं हि मम आशीर्वादः।''

ततः आरुणिः गुरोः प्रसादेन अल्पेनैव कालेन सर्वाः विद्याः अशिक्षत्।

प्रश्नाः

I. एकपदेन उत्तरत। *(एक शब्द में उत्तर दीजिए।)*
 (i) पुरा कः नामकः महर्षिः आसीत्?
 (ii) तेषु कः नामकः शिष्यः आसीत्?
 (iii) तत्र किं न अशक्नोत्?

II. पूर्णवाक्येन उत्तरत। *(पूर्णवाक्य में उत्तर दीजिए।)*
 (i) शिष्याः किं प्रत्यवदन्?
 (ii) ततः ऋषिः किम् अवदत्?
 (iii) कल्याणं ते भवतु किम्?

III. अस्य अनुच्छेदस्य कृते समुचितं शीर्षकं लिखत।
 (इस अनुच्छेद का उचित शीर्षक लिखिए।)

IV. यथानिर्देशम् उत्तरत्। *(निर्देशानुसार उत्तर दीजिए।)*
 (i) 'अशिक्षत्' इति क्रियापदस्य कर्तृपदं किम् प्रयुक्तम्?
 (क) आरुणिः (ख) शिष्यः (ग) गुरुः (घ) महर्षि
 (ii) 'सर्वान्' इति सर्वनामपदस्य विशेष्यपदम् किम् प्रयुक्तम्?
 (क) विद्या (ख) जलमार्गान्
 (ग) मार्गान् (घ) शिष्यान्
 (iii) 'गुरुः' इति पदस्य किम् विलोमपदम् अनुच्छेदे प्रयुक्तम्?
 (क) शिष्यः (ख) आचार्यः (ग) छात्रः (घ) महर्षि
 (iv) 'भवतु' कः लकारः अस्ति?
 (क) लोट् (ख) लट्
 (ग) लङ्ग (घ) लृट्

उत्तराणि

I. *(i)* धौम्यः *(ii)* आरुणिः *(iii)* स्थातुं।
II. *(i)* शिष्याः प्रत्यवदन्–भवतैव प्रेषितः केदारखंडस्य बंधनाय''
 (ii) ततः ऋषिः अवदत्-''तर्हि वयं सर्वे तत्र गच्छामः यत्रासौ आरुणिः गतः।''
 (iii) सर्वे वेदाः सर्वाणि शास्त्राणि च तव प्रतिभान्तु।
III. स्त्रीणां सम्मानः/मातृशक्तेः
IV. *(i)* (ख) शिष्यः *(ii)* (ग) मार्गान् *(iii)* (ग) छात्रः
 (iv) (घ) लृट्

अनुच्छेदः 2

अस्माकं भारतीयसंस्कृतौ नारीणां स्थानं महत्त्वपूर्णं वर्तते। वैदिकयुगे मैत्रेयी–गार्गी–लोपामुद्रा प्रभृतयः महत्यः नार्यः अभवन्। सीता–सावित्री–द्रोपदी–कुन्ती–विदुला–प्रभृतयः पुराणयुगस्य उल्लेखनीयाः नार्यः आसन्। लक्ष्मी, सरस्वती, पार्वती च देवलोकस्य नार्यः सन्ति। यस्मिन् गृहे नारीणां आदरः भवति तत्र देवाः निवसन्ति। पुरुषाणाम् अपेक्षया स्त्रीणां वाणी प्रायः मधुरा भवति। तासां स्वभावः अपि मधुरः भवति। स्त्रियः मातृशक्तेः प्रतीकभूताः सन्ति। अतः सर्वदा स्त्रीणां सम्मानः करणीयः। माता एव बालकस्य प्रथमः शिक्षकः भवति। बालके सत्संस्काराणाम् आधानं माता एव करोति। अतएव कथितम् अपि—''जननी जन्मभूमिश्च स्वर्गादपि गरीयसी।''

प्रश्नाः

I. एकपदेन उत्तरत। *(एक शब्द में उत्तर दीजिए।)*
 (i) भारतीय संस्कृतौ कासां महत्त्वपूर्णं स्थानं वर्तते?
 (ii) मैत्रेयी कस्य युगस्य नारी आसीत्?
 (iii) स्त्रिय कस्यै प्रतीकभूताः सन्ति?

II. पूर्णवाक्येन उत्तरत। *(पूर्णवाक्य में उत्तर दीजिए।)*
 (i) पुराणयुगस्य उल्लेखनीयः नार्यः काः सन्ति?
 (ii) कुत्र देवाः निवसन्ति?
 (iii) अतएव च कथितम् अपि?

III. अस्य अनुच्छेदस्य कृते समुचितं शीर्षकं लिखत।
 (इस अनुच्छेद का उचित शीर्षक लिखिए।)

IV. यथानिर्देशम् उत्तरत्। *(निर्देशानुसार उत्तर दीजिए।)*
 (i) 'वर्तते' क्रियायाः कर्तृपदं किम्?
 (क) नारी (ख) महत्य (ग) बालकः (घ) जन्मभूमि
 (ii) 'देवलोकस्य' इति विशेषण पदस्य विशेष्यः कः?
 (क) लक्ष्मी (ख) नार्यः (ग) शिक्षकः (घ) गृहे
 (iii) ''अस्माकं भारतीयसंस्कृतौ नारीणां स्थानं महत्त्वपूर्णं वर्तते'' इत्यत्र 'अस्माकं' सर्वनामस्थाने संज्ञापदं किम्?
 (क) नारीणां (ख) स्थानं (ग) संस्कृतिः (घ) वर्तते

(iv) 'वाणी' इति पदस्य पर्यायः किम्?
(क) मधुर (ख) सरस्वती
(ग) कोमल (घ) वाक

उत्तराणि

I. *(i)* नारीणां *(ii)* पुराणयुगस्य *(iii)* मातृशक्तेः।
II. *(i)* सीता-सावित्री-द्रोपदी-कुन्ती-विदुला-प्रभृतयः पुराणयुगस्य उल्लेखनीयाः नार्यः सन्ति।
(ii) यस्मिन् गृहे नारीणां आदरः भवति तत्र देवाः निवसन्ति।
(iii) जननी जन्मभूमिश्च स्वर्गादपि गरीयसी।
III. स्त्रीणां सम्मानः/मातृशक्तेः
IV. *(i)* (क) नारी *(ii)* (ख) नार्यः *(iii)* (ग) संस्कृतिः
(iv) (ख) सरस्वती

अनुच्छेदः 3

राजाचार्यः मार्गे गच्छन् आसीत्। समीपस्थस्य जीर्णकुटीरस्य पुरतः काचित् माता पुत्रं निर्दयं ताडयन्ती तेन दृष्टा। बालकः उच्चैः रोदिति स्म। तथापि माता तं पुनः पुनः ताडयति स्म। एतत् द्रष्टुम् अशक्तः राजाचार्यः वेगेन अग्रे गत्वा तां महिलां पृष्टवान्—''अम्ब! अलं ताडनेन। किमर्थम् एषः एवं ताडयते? कः अपराधः कृतः एतेन?'' माता पुनरपि एकं प्रहारं पुत्राय समर्प्य राजाचार्यम् उक्तवती—''महामूर्खः एषः कुक्कुटकंडोलस्य द्वारम् उद्घाटितवान् अस्ति। मया सङ्गृहीताः सर्वे कुक्कुटाः पलायिताः सन्ति....।'' तां सांत्वयन् उक्तवान् राजाचार्यः—''एतावत् एव खलु? एतदर्थम् एतावत् कोपः किमर्थम्? इदानीं निर्गताः कुक्कुटाः सायं सूर्यास्तसमये प्रत्यागच्छेयुः एव!'' इति।

प्रश्नाः

I. एकपदेन उत्तरत। *(एक शब्द में उत्तर दीजिए।)*
(i) मार्गे कः गच्छन् आसीत्?
(ii) माता पुत्रं निर्दयं ताडयन्ती केन दृष्टा?
(iii) शिशुः कथं रोदिति?

II. पूर्णवाक्येन उत्तरत। *(पूर्णवाक्य में उत्तर दीजिए।)*
(i) माता पुत्रं कथं ताडयन्ती स्म?
(ii) तां सांत्वयन् राजाचार्यः किम् उक्तवान्?
(iii) माता बालकं किं करोति?

III. अस्य अनुच्छेदस्य कृते समुचितं शीर्षकं लिखत।
(इस अनुच्छेद का उचित शीर्षक लिखिए।)

IV. यथानिर्देशम् उत्तरत्। *(निर्देशानुसार उत्तर दीजिए।)*
(i) 'ताडयति स्म' इति क्रियापदस्य कर्तृपदं किम्?
(क) पुत्रः (ख) राजाचार्यः
(ग) माता (घ) बालकः
(ii) 'निर्गताः' अस्य पदस्य विशेष्यम् किम्?
(क) निर्गताः (ख) कुक्कुटाः
(ग) पलायिताः (घ) किमपि न
(iii) 'बुद्धिमानः' इति पदस्य विलोमपदम् अनुच्छेदानुसारेण किम्?
(क) महामूर्खः (ख) एषः (ग) राजाचार्यः (घ) माता
(iv) ''तथापि माता तं पुनः पुनः ताडयति स्म''
इत्यत्र 'तं' सर्वनामस्थाने संज्ञापदं किम्?
(क) बालकः (ख) माता (ग) राजाचार्यः (घ) कुक्कुटाः

उत्तराणि

I. *(i)* राजाचार्यः
(ii) तेन राजाचार्येन
(iii) उच्चैः।
II. *(i)* माता पुत्रं ताडयति स्म-यतोहि सः कुक्कुटकंडोलस्य द्वारम् उद्घाटितवान्।
(ii) तां सांत्वयन राजाचार्यः उक्तवान-एतावत् एव खलु? ''एतददर्थम् एतावत् कोपः किमर्थम्? इदानीं निर्गताः कुक्कुटाः सायं सूर्यास्तसमये प्रत्यागच्छेयुः एव'' इति।
(iii) माता बालकं पुनः पुनः ताडयति स्म।
III. कुक्कुटाः/अशक्तः राजाचार्यः
IV. *(i)* (ग) माता *(ii)* (ख) कुक्कुटाः *(iii)* (क) महामूर्खः
(iv) (क) बालकः

अनुच्छेदः 4

रामरावणयुद्धं प्रसिद्धं खलु? श्रीरामः सेतुबंधनं कृत्वा रावणेन सह युद्धाय लङ्काम् आगतवान्। रामः विभीषणं पृष्टवान्-विभीषण! कः सः सज्जनः? किं तस्य नाम? इति। विभीषणः प्रत्युत्तरं दत्तवान् ''भगवन्! सः एव भवतः शत्रुः रावणः'' इति। विभीषणस्य वचनं श्रुत्वा आश्चर्यचकितः अभवत् श्रीरामः। सः विभीषणम् एवम् उक्तवान् ''द्रष्टुं कियान् सुन्दर सः? सीताहरणादयः पापभाराः यदि तस्य न सन्ति तर्हि निश्चयेन लोकत्रयमपि शासितुं योग्यः एव'' इति। मित्राणि! एकस्य योग्यतायाः परिज्ञानं तस्य सङ्कल्पादेव भवति। तस्य हृदयादेव भवति। रावणस्य मूलस्वभावः राक्षसस्य आसीत् पवित्रं निर्मलं च मनः तस्य नासीत्।

प्रश्नाः

I. एकपदेन उत्तरत। *(एक शब्द में उत्तर दीजिए।)*
(i) श्रीरामः केन सह युद्धाय लङ्काम् आगतवान्?
(ii) रामः कं पृष्टवान्?
(iii) श्रीरामः किं कृत्वा?

II. पूर्णवाक्येन उत्तरत। *(पूर्णवाक्य में उत्तर दीजिए।)*
(i) रावण कदा लोकत्रयं शासितुं योग्यः?
(ii) श्री रामः कथम् आश्चर्यचकितः अभवत्?
(iii) रावणस्य स्वरूपं कथम् आसीत्?

III. अस्य अनुच्छेदस्य कृते समुचितं शीर्षकं लिखत।
(इस अनुच्छेद का उचित शीर्षक लिखिए।)

IV. यथानिर्देशम् उत्तरत्। *(निर्देशानुसार उत्तर दीजिए।)*
(i) 'आगतवान्' इति क्रियापदस्य कर्तृपदम् किम्?
(क) रावणः (ख) श्रीरामः
(ग) विभीषणः (घ) सीता

(ii) 'निर्मलं मनः' अनयो विशेषणं पदम् किम्?
(क) निर्मलं (ख) मनः
(ग) परिज्ञानं (घ) किमपि न

(iii) अनुच्छेदे 'दृष्ट्वान्' इति पदस्य अर्थे किं पदम् प्रयुक्तम्?
(क) पुष्टवान् (ख) आगतवान्
(ग) अवलोकितवान् (घ) दत्तवान्

(iv) 'रावणेन' पदस्य केन विभक्तिः?
(क) प्रथमा (ख) पञ्चमी
(ग) सप्तमी (घ) तृतीया

उत्तराणि

I. *(i)* रावणेन *(ii)* विभीषणं
(iii) सेतुबंधनं

II. *(i)* यदि सीताहरणादयः पापभाराः न तस्य सन्ति तर्हि निश्चयेन लोकत्रयमपि शासितुं योग्यः।
(ii) विभीषणस्य वचनं श्रुत्वा श्रीरामः आश्चर्यचकितः अभवत्।
(iii) रावणस्य मूलस्वभावः राक्षसस्य आसीत्।

III. मूलस्वभावः

IV. *(i)* (ख) श्रीरामः *(ii)* (क) निर्मलं
(iii) (ग) अवलोकितवान् *(iv)* (घ) तृतीया

अनुच्छेदः 5

अथ एकदा कौचित् पुरुषौ किमपि नगरं प्रस्थितौ। तयोः एकतरः स्थूलः अन्यश्च कृशः आसीत्। कियतपि कालेन तौ मार्गे निबिडं वनं प्राप्तौ। तद् शीतलं स्थलं दृष्ट्वा भृशं सन्तुष्टौ तौ पथिकौ कस्यापि वृक्षस्य छायायां उपाविशताम्। स्वच्छजलेन पूर्णो निर्झरः समीपमेवासीत्। तं दृष्ट्वा कृशोऽवदत्। 'अहो निर्मलमेतज्जलम्'। अस्य स्वादोऽपि बहु मधुरः। प्रशांतमेतत् स्थलं सुखकरं भवति इति। तं स्थूलः प्रत्यभाषत्। 'एवमेतद् आवां प्रवासेन श्रान्तौ। अत्र कंचित् कालं विश्रांतिसुखं अनुभवावः। उपाहारं च कुर्वः इति। ततः तौ पथिकौ खाद्यानि गृहीत्वा तस्य निर्झरस्य समीपं आहारार्थं उपविष्टौ। अनन्तरं स्थूलोवदति। अतिसुखदं एतत्स्थलम्। अत्रैव वसितुं अहमिच्छामि। न पुनः कोलाहलेन आकुलिते ग्रामे।

प्रश्नाः

I. एकपदेन उत्तरत। *(एक शब्द में उत्तर दीजिए।)*
(i) पुरुषौ कुत्र निबिडं वनं प्राप्तौ?
(ii) तौ पथिकौ कुत्र उपाविशताम्?
(iii) तद् किं दृष्ट्वा?

II. पूर्णवाक्येन उत्तरत। *(पूर्णवाक्य में उत्तर दीजिए।)*
(i) कौचित् पुरुषौ कीदृशौ आस्ताम्?
(ii) उपाहारं कृत्वा तौ पथिकौ कथम् उपविष्टौ?
(iii) पथिकौ किम् दृष्ट्वा कृशोऽवदत्?

III. अस्य अनुच्छेदस्य कृते समुचितं शीर्षकं लिखत। *(इस अनुच्छेद का उचित शीर्षक लिखिए।)*

IV. यथानिर्देशम् उत्तरत्। *(निर्देशानुसार उत्तर दीजिए।)*
(i) 'आकुलिते ग्रामे' अनयोः विशेषणं किम्?
(क) आकुलिते (ख) ग्रामे
(ग) अतिसुखदं (घ) नगरे

(ii) 'तं दृष्ट्वा कृशोऽवदत्' अत्र 'तं' सर्वनामपदम् कस्मै प्रयुक्तम्?
(क) वनाय (ख) निर्झराय
(ग) जलाय (घ) स्थलाय

(iii) अनुच्छेदे 'उपविष्टौ' इति क्रियापदस्य कर्तृपदम् किम्?
(क) पथिकौ (ख) पुरुषौ
(ग) कौचित् पुरुषौ (घ) द्वौ पुरुषौ

(iv) 'दृष्टवा' इति पदस्य प्रत्ययः किम्?
(क) क्त्वा (ख) त्वत्
(ग) क्त (घ) ल्यप्

उत्तराणि

I. *(i)* मार्गे *(ii)* छायायां
(iii) शीतलंस्थलम्।

II. *(i)* तयोः एकतरः स्थूलः अन्यश्च कृशः आसीत्।
(ii) उपाहारं कृत्वा तौ पथिकौ खाद्यानि गृहीत्वा तस्य निर्झरस्य समीपं आहारार्थम् उपविष्टौ।
(iii) अहो निर्मलमेतज्जलम् अस्य स्वादोऽपि बहु मधुरः। प्रशांतमेतत् स्थलं सुखकरं भवति।

III. निर्मलं जलम्/वृक्षस्य छाया

IV. *(i)* (क) आकुलिते *(ii)* (ख) निर्झराय
(iii) (क) पथिकौ *(iv)* (क) क्त्वा

अनुच्छेदः 6

अथ कश्चित् मार्जारः मूषकान् अनुधावन् किमपि क्षेत्रं वा प्राप्तः। एतत् एकमेव स्थलं आवयोः क्षुधानिवृत्तेः। तत्र विविधान् विषयान् उद्देश्य तौ मुहूर्तं गोष्ठीसुखं अन्वभवताम्। कथाप्रसङ्गेन जम्बूकः अभाषत्। यदि किंचित् व्यसनम् अत्र उपतिष्ठेत् तर्हि किं करिष्यसि सखे बिडाल! कथं आत्मानं रक्षिष्यसि। इति यावत् सः अवदत् तावत् तत्र प्राप्ताः केऽपि सारमेयाः व्याधाः च। तान् दृष्ट्वा सत्वरं सः बिडालः वृक्षशिखरं आरोहत् सः वञ्चकः श्रृगालस्तु बुद्धिचातुर्य प्रदर्शयितुं का युक्तिः अधुना विधेयेति विचारयन् यावत् चालितचित्तः तिष्ठति तावत् आक्रान्तः सः श्रृगाल सारमेयैः व्यापादितश्च।

प्रश्नाः

I. एकपदेन उत्तरत। *(एक शब्द में उत्तर दीजिए।)*
(i) कः मूषकान् अनुधावन् किमपि क्षेत्रं वा प्राप्तः?
(ii) एकमेव स्थलं कयोः क्षुधानिवृत्तेः अस्ति?
(iii) कथाप्रसङ्गेन किम् अभाषत्?

II. पूर्णवाक्येन उत्तरत। *(पूर्णवाक्य में उत्तर दीजिए।)*
(i) कथा प्रसङ्गेन जम्बूकः किम् अभाषत्?
(ii) सारमेयान् व्याधान् दृष्ट्वा तौ किं कृतवन्तौ?
(iii) श्रृगालस्य बुद्धिचातुर्य प्रदर्शयितु युक्तिः काः?

III. अस्य अनुच्छेदस्य कृते समुचितं शीर्षकं लिखत।
(इस अनुच्छेद का उचित शीर्षक लिखिए।)

IV. यथानिर्देशम् उत्तरत्। *(निर्देशानुसार उत्तर दीजिए।)*

(i) अनुच्छेदे 'आरोहत्' इति क्रियापदस्य कर्तृपदम् किम्?
(क) जम्बूकः (ख) मूषकः
(ग) बिडालः (घ) सारमेयः

(ii) अस्मिन् गद्यांशे मूषकः शब्दस्य पर्यायः शब्दः कः?
(क) बिडालः (ख) आखु (ग) जम्बूकः (घ) खलु

(iii) "इति यावत् सः अवदत्" इत्यत्र 'सः' सर्वनामस्थाने संज्ञापदं किम्?
(क) कुक्कुटाः (ख) बिडालः
(ग) श्रृगालः (घ) किमपि न

(iv) 'यावत्' इति तावत् अर्थे किं पदं प्रयुक्तम्?
(क) एवम् (ख) तावत् (ग) तत्र (घ) अधुना

उत्तराणि

I. *(i)* मार्जारः *(ii)* आवयोः
(iii) जम्बूकः

II. *(i)* जम्बूकः अभाषत्-यदि किंचित् व्यसनम् अत्र उपतिष्ठेत् तर्हि किं करिष्यसि सखे बिडाल।
(ii) सारमेयान् व्याधान् दृष्ट्वा सत्वरं बिडालः वृक्षशिखरं आरोहत् सः वञ्चकः शृगालस्तु बुद्धिचातुर्यं प्रदर्शयितुं का युक्तिः अधुनाविधेयेति विचारयन् यावत् चालितचित्तः तिष्ठति।
(iii) अधुना विधेयेति विचारयन् यावत् चलितचित्तः तिष्ठति तावत् आक्रान्तः सः श्रृगाल सारमेयैः व्यापादितश्च।

III. जम्बूकः/वञ्चकः श्रृगालः

IV. *(i)* (ग) बिडालः *(ii)* (ख) आखु *(iii)* (ख) बिडालः
(iv) (ख) तावत्

अनुच्छेदः 7

किं त्वम् जानासि? अन्धकारं कः नाशयति ? कः दिनानां, रात्रीणां, मासानां, ऋतूनां, वर्षाणां च कारणम् अस्ति? को जगतम् शीतात् रक्षति? इत्यादीनां सर्वेषां प्रश्नानाम् एकमेवोत्तरम् अस्ति भगवान् भास्करः इति। सूर्यः दिनकरः मार्त्तण्डः इत्यादीनां अस्य पर्यायः अस्ति। अस्य जगतः प्रकाशकः भास्करः अस्ति। दीपकानां प्रकाशे तु जगतः सर्वे व्यवहाराः भवितुं न शक्नुवन्ति। भास्करस्याभावे तु सर्वत्र शैत्यमेव भवेत्। पश्याम एवं वयं यत् उत्तरदक्षिणयोः ध्रुवप्रदेशयोः भास्करस्य दर्शनं दुर्लभं भवति। ऋतूनामपि जनकः भास्करः अस्ति। यदा भास्करः उत्तरायणो भवति तदा तस्य प्रकाशः ऊष्मा च तीव्रौ भवतः। एभिः मेघैरेव वर्षाः भवन्ति। वर्षाभिरेव विविधान्यन्नानि, शाकाः पादपाः च भवन्ति।

प्रश्नाः

I. एकपदेन उत्तरत। *(एक शब्द में उत्तर दीजिए।)*

(i) जगतः प्रकाशकः कः अस्ति?
(ii) कस्य अभावे सर्वत्र शैत्यमेव भवेत्?
(iii) कः नाशयति?

II. पूर्णवाक्येन उत्तरत। *(पूर्णवाक्य में उत्तर दीजिए।)*

(i) सूर्यः केषां कारणम् अस्ति?
(ii) वर्षाभिः कानि भवन्ति?
(iii) त्वम् किं जानासि?

III. अस्य अनुच्छेदस्य कृते समुचितं शीर्षकं लिखत।
(इस अनुच्छेद का उचित शीर्षक लिखिए।)

IV. यथानिर्देशम् उत्तरत। *(निर्देशानुसार उत्तर दीजिए।)*

(i) 'भास्करस्य' पर्यायः कः?
(क) शशिकरः (ख) निशाकरः
(ग) दिनकरः (घ) विशाचरः

(ii) 'तयोः' इति सर्वनामपदस्य विशेषणपदं किं प्रयुक्तम्?
(क) प्रदेशयोः (ख) नगरयोः
(ग) क्षेत्रयोः (घ) आधिक्यम्

(iii) 'शक्नुमः' इति क्रियापदस्य कर्तृपदम् किं प्रयुक्तम्?
(क) अहम् (ख) त्वम्
(ग) वयम् (घ) आवाम्

(iv) 'जनकः' इति पदस्य पर्यायः किम्?
(क) पितर (ख) पित्राः
(ग) पिता (घ) पितु

उत्तराणि

I. *(i)* भास्करः *(ii)* भास्करस्य
(iii) अन्धकारं

II. *(i)* सूर्यः दिनानां, रात्रीणां, मासानां, ऋतूनां, वर्षाणां च कारणम् अस्ति।
(ii) वर्षाभिः एव विविधान्यन्नानि शाकाः पादपाः च भवन्ति।
(iii) यदा भास्करः उत्तरायणो भवति तदा तस्य प्रकाशः ऊष्मा च तीव्रौ भवतः।

III. भगवान् भास्करः

IV. *(i)* (ग) दिनकरः *(ii)* (क) प्रदेशयोः
(iii) (ग) वयम्
(iv) (ग) पिता

अनुच्छेदः 8

एकस्मात् ग्रामात् तीर्थयात्रीणाम् एकं दलं प्रस्थितम्। महात्मानः नमस्कृत्य दलसदस्याः अकथयन्—"अस्माकं तीर्थयात्रा निर्विघ्नतया यथा समाप्येत, फलप्रदा च यथा स्यात् तथा आशीर्वादः क्रियताम्" इति। महात्मनः आशीर्वादेन तान् अनुगृह्य कुटीरस्थाम् एकां तुम्बिकां निःसार्य तेभ्यः दत्त्वा अवदत्—"यत्र-यत्र तीर्थेषु भवन्तः स्नानं करिष्यन्ति तत्र सर्वत्र मम एतां तुम्बिकाम् अपि अवश्यं स्नापयन्तु। तदा महात्मा तुम्बिकां त्रोटयित्वा तस्याः एकम् एकं खण्डं सर्वस्मै अपि यात्रिणे भक्षयितुं दत्तवान्। स्वादेन तत् आसीत् नितरां तिक्तम्। अतः तत्क्षणे एव सर्वे अपि थूत्कृतवन्तः। तत् तु केवलं सत्कर्माचरणात् एवं शुद्धं भवितुम् अर्हति। अतः सत्कर्माचरणं जीवने मुख्यं तीर्थयात्रा गौणा" इति।

प्रश्नाः

I. एकपदेन उत्तरत। *(एक शब्द में उत्तर दीजिए।)*
(i) ग्रामात् केषां दलं प्रस्थितम्?
(ii) कं नमस्कृत्य दलसदस्याः अकथयन्?
(iii) एवं कथं भवितुम् अर्हति?

II. पूर्णवाक्येन उत्तरत। *(पूर्णवाक्य में उत्तर दीजिए।)*
(i) तुम्बिकां त्रोटयित्वा महात्मा किं कृतवान्?
(ii) महात्मनः किम् अवदत्?
(iii) अस्माकं तीर्थयात्रा निर्विघ्नतया यथा समाप्येत्?

III. अस्य अनुच्छेदस्य कृते समुचितं शीर्षकं लिखत।
(इस अनुच्छेद का उचित शीर्षक लिखिए।)

IV. यथानिर्देशम् उत्तरत्। *(निर्देशानुसार उत्तर दीजिए।)*
(i) 'एकस्मात्' इति विशेषणपदस्य विशेष्यः कः?
(क) नगरात् (ख) गृहात्
(ग) ग्रामात् (घ) विद्यालयात्
(ii) 'दत्तवन्तः' इति क्रियापदस्य किम् कर्तृपदम् प्रयुक्तम्?
(क) वयम् (ख) ते (ग) तौ (घ) त्वम्
(iii) 'पापदूषितं मनः' अनयोः विशेषण पदं किम्?
(क) पापदूषितं (ख) मनः (ग) दूषितं (घ) बुद्धि
(iv) 'तान्' इति सर्वनामस्थाने संज्ञापदं लिखत।
(क) महात्मनः (ख) तुम्बिकां
(ग) ग्रामं (घ) तीर्थयात्रीणां

उत्तराणि

I. *(i)* तीर्थयात्रीणाम् *(ii)* महात्मानम्
(iii) शुद्धं।

II. *(i)* तुम्बिकां त्रोटयित्वा महात्मा तस्याः एकम् एकं खण्डं सर्वस्मै यात्रिणे भक्षयितुं दत्तवान्।
(ii) महात्मनः अवदत्—यत्र तीर्थेषु भवन्तः स्नानुं करिष्यन्ति तत्र सर्वत्र मम एतां तुम्बिकाम् अपि अवश्य स्नापयन्तु।
(iii) फलप्रदा च तथा स्यात् तथा आर्शीवाद क्रियताम्।

III. सत्कर्माचरणम्

IV. *(i)* (ग) ग्रामात् *(ii)* (ख) ते *(iii)* (क) पापदूषितं
(iv) (घ) तीर्थयात्रीणां

अनुच्छेदः 9

दक्षिणात्ये जनपदे महिलारोप्यं नाम नगरम् आसीत्। तस्मिन् नगरे एकः वटवृक्षः आसीत्। तत्र देशदेशाद् आगत्य अनेके कपोताः वृक्षे उपविशन्ति स्म। ते परस्परं प्रेम्णा वसन्ति स्म। सर्वे कपोताः तत्र सुखेन कालं यापयन्ति स्म। एकदा प्रातः सर्वे कपोताः भोजनार्थं गगने उत्पतन्तः आसन्। तदा एकः व्याधः तत्रागच्छत्। सः भूमौ जालं प्रासारयत्। जालस्योपरि तण्डुलकणान् अक्षिपत्। पार्श्वे निभृतो भूत्वाऽतिष्ठत्। तदा कपोताः तण्डुलकणान् अपश्यन्। ते तान् भक्षणार्थं नीचैः आगन्तुम् ऐच्छन्। तेषां स्वामी चित्रग्रीवः तान् तथाकर्तुं न्यवारयत्। कपोताः स्वामिनः आज्ञां नान्वसरन्। एवं ते शीघ्रं जालेन बद्धाः जाताः। मूषकः तेषां जालम् अकृन्तत्। एवं सर्वे कपोताः बन्धनमुक्ताः अभवन्। वस्तुतः संघे शक्तिर्भवति।

प्रश्नाः

I. एकपदेन उत्तरत। *(एक शब्द में उत्तर दीजिए।)*
(i) दक्षिणात्ये जनपदे किम् नाम नगरम् आसीत्?
(ii) सर्वे कपोताः तत्र केन कालं यापयन्ति स्म?
(iii) अनेके कपोताः केन उपविशन्ति स्म?

II. पूर्णवाक्येन उत्तरत। *(पूर्णवाक्य में उत्तर दीजिए।)*
(i) कदा एकः व्याधः तत्रागच्छत्?
(ii) व्याधः भूमौ जालं प्रासार्य किम् अक्षिपत्?
(iii) केषां स्वामी न्यवारयत्?

III. अस्य अनुच्छेदस्य कृते समुचितं शीर्षकं लिखत।
(इस अनुच्छेद का उचित शीर्षक लिखिए।)

IV. यथानिर्देशम् उत्तरत्। *(निर्देशानुसार उत्तर दीजिए।)*
(i) 'अवलोक्य' इति पदस्य कः पर्यायः अनुच्छेदे प्रयुक्तम्?
(क) दृष्ट्वा (ख) एकदा (ग) मूषकः (घ) कपोताः
(ii) 'यापयन्ति स्म' इति क्रियापदस्य कर्तृपदं किं प्रयुक्तम्?
(क) खगाः (ख) काकाः
(ग) कपोताः (घ) सर्वे कपोताः
(iii) 'उच्चैः' इति पदस्य किं विलोमपदं अनुच्छेदे प्रयुक्तम्?
(क) मन्दम् (ख) नीचैः
(ग) शीघ्रम् (घ) त्वरितम्
(iv) 'तस्मिन्' इति सर्वनामस्थाने संज्ञापदं लिखत।
(क) दक्षिणात्ये (ख) कपोताः
(ग) महिलारोप्यं (घ) चित्रग्रीवः

उत्तराणि

I. *(i)* महिलारोप्यं *(ii)* सुखेन
(iii) वृक्षे।

II. *(i)* यदा सर्वे कपोताः भोजनार्थं गगने उत्पतन्तः आसन्।
(ii) व्याधः भूमौ जालं प्रासार्य जालस्योपरि तण्डुलकणान् अक्षिपत्।
(iii) तेषा स्वामी चित्रग्रीवः तान् तथाकर्तुं न्यवारयत्।

III. संघे शक्तिः

IV. *(i)* (क) दृष्ट्वा *(ii)* (घ) सर्वे कपोताः *(iii)* (ख) नीचैः
(iv) (ग) महिलारोप्यं

अनुच्छेदः 10

पुरा एकः धौम्यः नामकः महर्षिः आसीत्। तस्य अनेके शिष्याः आसन्। तेषु आरुणिः नामकः अपि शिष्यः आसीत्। मृत्तिका जलस्य वेगेन तत्र स्थातुं न अशक्नोत्। तदा आरुणिः स्वयमेव तत्र समाविशत्। ततो जलस्य प्रवाहो रुद्धोऽभवत्। तथा संस्थितस्य तद् दिनं व्यतीतम्। संध्या समये तं न अवलोक्य ऋषिः शिष्यान् अपृच्छत्—'क्व गतः आरुणिः'? ते प्रत्यवदन्—'भवतैव

प्रेषित: केदारखंडस्य बंधनाय' ततोऽवदत् ऋषि:—तर्हि वयं सर्वे तत्र गच्छाम: यत्रासौ आरुणि: गत:।' आरुणिना एवं मुक्त: ऋषि: तस्य गुरुभक्त्या विस्मितोऽभवत्। प्रीतोऽवदत्—'वत्स! त्वं मम अभूतपूर्व: शिष्य:। कल्याणं ते भवतु। सर्वे वेदा: सर्वाणि शास्त्राणि च तव प्रतिभान्तु। अयं हि मम आशीर्वाद:।''

तत: आरुणि: गुरो: प्रसादेन अल्पेनैव कालेन सर्वा: विद्या: अशिक्षत्।

प्रश्ना:

I. एकपदेन उत्तरत। *(एक शब्द में उत्तर दीजिए।)*

(i) पुरा क: नामक: महर्षि: आसीत्?

(ii) तेषु क: नामक: शिष्य: आसीत्?

(iii) तस्य अनेके कस्य आसन्?

II. पूर्णवाक्येन उत्तरत। *(पूर्णवाक्य में उत्तर दीजिए।)*

(i) शिष्या: किं प्रत्यवदन्?

(ii) तत: ऋषि: किम् अवदत्?

(iii) सर्वे वेदा: कानि अन्तु?

III. अस्य अनुच्छेदस्य कृते समुचितं शीर्षकं लिखत।
(इस अनुच्छेद का उचित शीर्षक लिखिए।)

IV. यथानिर्देशम् उत्तरत्। *(निर्देशानुसार उत्तर दीजिए।)*

(i) 'अशिक्षत्' इति क्रियापदस्य कर्तृपदं किम् प्रयुक्तम्?

(क) आरुणि: (ख) शिष्य:
(ग) गुरु: (घ) महर्षि

(ii) 'सर्वान्' इति सर्वनामपदस्य विशेष्यपदम् किम् प्रयुक्तम्?

(क) विद्या (ख) जलमार्गान्
(ग) मार्गान् (घ) शिष्यान्

(iii) 'गुरु:' इति पदस्य किम् विलोमपदम् अनुच्छेदे प्रयुक्तम्?

(क) शिष्य: (ख) आचार्य:
(ग) छात्र: (घ) महर्षि

(iv) 'भवतु' क: लकार: अस्ति?

(क) विधिलिङ्ग (ख) लोट
(ग) लङ्ग (घ) लृट्

उत्तराणि

I. *(i)* धौम्य: *(ii)* आरुणि:
(iii) शिष्या:।

II. शिष्या: प्रत्यवदन्—

(i) ''भवतैव प्रेषित: केदारखंडस्य बंधनाय''

(ii) तत: ऋषि: अवदत्-''तर्हि वयं सर्वे तत्र गच्छाम: यत्रासौ आरुणि: गत:।''

(iii) सर्वे वेदा: सर्वाणि शास्त्राणि च तव प्रतिभान्तु।

III. शिष्य: आरुणि:/गुरुभक्त: आरुणि:

IV. *(i)* (क) आरुणि:
(ii) (ख) जलमार्गान्
(iii) (क) शिष्य:
(iv) (ख) लोट

अनुच्छेद: 11

अस्माकं देशे कुम्भमेलानां बहुमहत्त्वम् अस्ति। देशस्य चतुर्षु स्थानेषु कुम्भमेला: आयोज्यन्ते-प्रयाग, हरिद्वारे, उज्जयिन्यां, नासिके च। प्रत्येकस्मिन् नगरे द्वादशवर्षाणाम् अनन्तरम् एक: पूर्णकुम्भयोग: आयाति। एवं वर्षत्रयस्य अनन्तरम् क्रमश: देशस्य एकैकस्मिन् स्थाने कुम्भमेला भवति। प्रत्येकस्मिन् नगरे षष्ठे वर्षे अर्धकुम्भयोग: अपि भवति। कुम्भमेलायां भागं गृहितुं भारतवर्षस्य अनेकेभ्य: स्थानेभ्य: सामान्यजना:, साधव: सन्त: च आगच्छन्ति। कुम्भमेलायां जना: नदीषु स्नानं कुर्वन्ति। तत्र स्नानस्य एव विशिष्टं महत्त्वं वर्तते। चत्वारि कुम्भ स्थानानि चतसृणां प्रमुखानां नदीनां तटेषु अवस्थितानि सन्ति। प्रयाग: उत्तर प्रदेशे तिसृणां पवित्राणां नदीनां सङ्गमस्थाने अवस्थित: अस्ति। हरिद्वारम् उत्तर प्रदेशे गङ्गानद्या: तटे स्थितम् अस्ति। उज्जयिनी मध्य प्रदेशे शिप्रानद्या: तटे स्थिता अस्ति। नासिकं महाराष्ट्रप्रान्ते गोदावरीनद्या: तटे स्थितम् अस्ति।

प्रश्ना:

I. एकपदेन उत्तरत। *(एक शब्द में उत्तर दीजिए।)*

(i) कुम्भमेला: कति स्थानेषु आयोज्यन्ते?

(ii) कुम्भमेलायां जना: किं कुर्वन्ति?

(iii) उज्जयिनी मध्य प्रदेशे क: तटे स्थितम् अस्ति?

II. पूर्णवाक्येन उत्तरत। *(पूर्णवाक्य में उत्तर दीजिए।)*

(i) एक: पूर्णकुम्भयोग: कदा आयाति?

(ii) चत्वारि कुम्भस्थानानि कुत्र अवस्थितानि सन्ति?

(iii) कस्मिन् स्थाने कुम्भमेला भवति?

III. अस्य अनुच्छेदस्य कृते समुचितं शीर्षकं लिखत।
(इस अनुच्छेद का उचित शीर्षक लिखिए।)

IV. यथानिर्देशम् उत्तरत्। *(निर्देशानुसार उत्तर दीजिए।)*

(i) 'पवित्राणां' इति विशेषण पदस्य विशेष्य: क:?

(क) नदीनां (ख) मेलानां (ग) देशानां (घ) गृहाणां

(ii) 'कुर्वन्ति' क्रियाया: कर्तृपदं किम्?

(क) साधव: (ख) जना: (ग) सन्त: (घ) प्रदेश:

(iii) अनुच्छेदे 'कूले' इति पदस्य अर्थे किम् पदम् प्रयुक्तम्?

(क) देशे (ख) गृहे (ग) तटे (घ) स्थाने

(iv) ''तत्र स्नानस्य एव विशिष्ट महत्त्वं वर्तते''
इत्यत्र 'तत्र' सर्वनामस्थाने संज्ञापदं लिखत।

(क) नासिकं (ख) हरिद्वारे (ग) उज्जयिनी (घ) कुम्भमेलायां

उत्तराणि

I. *(i)* चतुर्षु *(ii)* स्नानं *(iii)* शिप्रानद्या:

II. *(i)* एक: पूर्णकुम्भयोग: द्वादशवर्षाणाम् अनन्तरम् आयाति।

(ii) चत्वारि कुम्भस्थानानि चतसृणां प्रमुखानां नदीनां तटेषु अवस्थितानि सन्ति।

(iii) प्रत्येकास्मिन् नगरे षष्ठे वर्षे अर्धकुम्भयोग: अपि भवति।

III. कुम्भमेला

IV. *(i)* (क) नदीनां *(ii)* (ख) जना:
(iii) (ग) तटे *(iv)* (घ) कुम्भमेलायां

अनुच्छेदः 12

स्वामी श्रद्धानंदवर्य: आर्यसमाजस्य अनुयायी। महान् देशभक्त: अपि आसीत् स:। काङ्गडीस्थे गुरुकुले यदा स: अध्यापयति स्म तदानींनूतनाघटना एषा 'गुरुकुले युद्धास्त्राणां निर्माणागारं गौप्येन कार्यं करोति इति किंवदन्ती गुप्तचरविभागद्वारा कदाचित् श्रुता आंग्लसर्वकारेण।

वस्तुस्थिते: परीक्षणार्थं कश्चन् आंग्लाधिकारी गुरुकुलम् आगत्य दर्पेण पृष्टवान्—"अत्र युद्धास्त्रनिर्माणागारम् अस्ति इति श्रूयते। किम् एतत् सत्यम्?" स्वामी श्रद्धानंदवर्य: शांतस्वरेण उक्तवान्-'आम्।'

आश्चर्येण कौतूहलेन च पृष्टवान् आंग्लाधिकारी-'कुत्र अस्ति तत्?' "तत् तु अत्रैव अस्ति। एते एव मया निर्मीयमाणानि युद्धास्त्राणि!" इति वदन् श्रद्धानंदवर्य: गुरुकुलीयान् ब्रह्मचारिण: दर्शितवान्। एतत् श्रुत्वा स: गुप्तचरविभागीय: अधिकारी विषण्णवदन: सन् तत: निर्गतवान्। वराक: स: न जानाति स्म यत् तत्रत्य: एकैक: ब्रह्मचारी अपि आंग्लशासननिर्मूलकं गोलकास्त्रम् इव आचरति इति।

प्रश्ना:

I. एकपदेन उत्तरत। *(एक शब्द में उत्तर दीजिए।)*
   (i) स्वामी श्रद्धानंद: कस्य समाजस्य अनुयायी आसीत्?
   (ii) कुत्र युद्धास्त्राणां निर्माणागारं गौप्येन कार्यं करोति?
   (iii) स: न जानाति क:?

II. पूर्णवाक्येन उत्तरत। *(पूर्णवाक्य में उत्तर दीजिए।)*
   (i) आंग्लसर्वकारेण गुप्तचरविभागद्वारा का श्रुता?
   (ii) श्रद्वानंदवर्य: कान् दर्शितवान्?
   (iii) ते निर्माणार्थं किं कृतवन्त:?

III. अस्य अनुच्छेदस्य कृते समुचितं शीर्षकं लिखत।
(इस अनुच्छेद का उचित शीर्षक लिखिए।)

IV. यथानिर्देशम् उत्तरत्। *(निर्देशानुसार उत्तर दीजिए।)*
   (i) अनुच्छेदे 'महान् देशभक्त:' विशेषणस्य विशेष्य पदम् किम् प्रयुक्तम्?
      (क) स्वामी (ख) श्रद्धानंदवर्य:
      (ग) आंग्लाधिकारी (घ) स्वामी श्रद्धानंदवर्य:
   (ii) 'आश्रमे' अस्य पदस्य अर्थे अनुच्छेदे किं पदम् प्रयुक्तम्?
      (क) गुरुकुले (ख) विद्यालये
      (ग) पाठशालायाम् (घ) पुस्तकालये
   (iii) 'एते एव <u>मया</u> निर्मीयमाणानि' इति मया सर्वनाम पदं कस्मै प्रयुक्तम्?
      (क) श्रद्धानंदवर्याय (ख) आंग्लाधिकारये
      (ग) ब्रह्मचार्ये (घ) ब्राह्मणाय
   (iv) 'श्रुत्वा' इति पदस्य प्रत्यय: किम्?
      (क) क्त (ख) क्तवतु (ग) त्वत् (घ) क्त्वा

उत्तराणि

I. *(i)* आर्यसमाजस्य *(ii)* गुरुकुले *(iii)* वशक:।

II. *(i)* आंग्लसर्वकारेण गुप्तचरविभागद्वारा श्रुता यत्-'गुरुकुले युद्धास्त्राणां निर्माणागारं गौप्येन कार्यं करोति'।
   (ii) श्रद्धानंदवर्य: गुरुकुलीयान् ब्रह्मचारिण: दर्शितवान्।
   (iii) एषा गुरुकुले युद्धस्त्राणां निर्माणागारं गौप्येन कार्यं करोति।

III. स्वामी श्रद्धानंदवर्य:/देशभक्त: श्रद्धानंद:

IV. *(i)* (ख) श्रद्धानंदवर्य: *(ii)* (क) गुरुकुले
   (iii) (क) श्रद्धानंदवर्याय
   (iv) (घ) क्त्वा

अनुच्छेदः 13

अस्माकं देशस्य नाम भारतवर्षम् अस्ति। अयं भरतस्य देश: अस्ति अत: भारतनाम्ना प्रसिद्ध: अस्ति। ऋषभस्य पुत्र: भरत: वीर: आसीत् तस्य नाम्ना अयं देश: 'भारत' इति अस्ति। भरतस्य कुले जाता: अपि भारता:। भारतानां देश: भारत:। शकुन्तला-दुष्यन्तयो: पुत्रस्य नाम अपि भरत: आसीत् स: अपि चक्रवर्ती सम्राट आसीत्। प्रजानां भरणात् मनु: अपि भरत उच्यते। अस्माकं देश: अन्नै:, धनै: च स्वस्य उदरं तु भरति एव अन्येषाम् उदरम् अपि भरति, अत: अस्य नाम भारत इति अस्ति। भारत एव भारतवर्षम् कथ्यते। पुराणेषु भारतस्य नवद्वीपानाम् उल्लेख: वर्तते। जना: स्वजीवने धर्म-अर्थ-कामानां प्राप्त्यर्थं प्रयत्नशीला: भवन्ति।

प्रश्ना:

I. एकपदेन उत्तरत। *(एक शब्द में उत्तर दीजिए।)*
   (i) अस्माकं देशस्यनाम किम् अस्ति?
   (ii) ऋषभस्य पुत्र: क: आसीत्?
   (iii) पुराणेषु भारतस्य कस्य उल्लेख: वर्तते?

II. पूर्णवाक्येन उत्तरत। *(पूर्णवाक्य में उत्तर दीजिए।)*
   (i) पुराणेषु किं वर्तते?
   (ii) अस्माकं देश: कथं भारत इति अस्ति?
   (iii) भरत किं उक्तवान्?

III. अस्य अनुच्छेदस्य कृते समुचितं शीर्षकं लिखत।
(इस अनुच्छेद का उचित शीर्षक लिखिए।)

IV. यथानिर्देशम् उत्तरत्। *(निर्देशानुसार उत्तर दीजिए।)*
   (i) 'भरत: वीर:' अनयो: पदयो: विशेषणं किम्?
      (क) भरत: (ख) वीर:
      (ग) ऋषभ: (घ) जन:
   (ii) 'भवन्ति' इति क्रियापदस्य कर्तृपदं किम्?
      (क) भारत: (ख) जना:
      (ग) वीर: (घ) सम्राट:
   (iii) 'राज्ञ:' इत्यस्य पदस्य क: पर्याय: अनुच्छेदे आगत:?
      (क) पुत्र: (ख) वीर:
      (ग) सम्राट् (घ) भरत:
   (iv) "स: अपि चक्रवर्ती सम्राट आसीत्" इत्यत्र 'स:' सर्वनामस्थाने संज्ञापदं लिखत।
      (क) भरत: (ख) देश:
      (ग) भारत: (घ) किमपि न

उत्तराणि

I. *(i)* भारतवर्षम् *(ii)* भरतः *(iii)* नवद्वीपानाम्।

II. *(i)* पुराणेषु भारतस्य नवद्वीपानाम् उल्लेखः वर्तते।
(ii) अस्माकं देशः अन्नैः धर्मः य स्वस्य उदरं भरति एव अन्येषाम् अपि उदरं भरति अतः अस्य नाम ''भारत'' इति अस्ति।
(iii) भरतेन उक्तम् अपि प्रजानां भरणात् मनुः।

III. भारतवर्षम्/भरत

IV. *(i)* (क) भरतः *(ii)* (ख) जनाः *(iii)* (ग) सम्राट् *(iv)* (क) भरतः

अनुच्छेदः 14

इदं हि विज्ञानप्रधानं युगम्। 'विशिष्ट ज्ञानं विज्ञानम्' इति कथ्यते। अस्यां शताब्द्यां सर्वत्र विज्ञानस्यैव प्रभावो दरीदृश्यते। अधुना नहि तादृशं किमपि कार्यं यत्र विज्ञानस्य साहाय्यं नापेक्ष्यते। आवागमने, समाचार-प्रेषणे, दूरदर्शने, सम्भाषणे, शिक्षणे, चिकित्साक्षेत्रे, मनोरंजनकार्ये अन्नोत्पादने, वस्त्रनिर्माणे, कृषिकर्मणि तथैवान्यकार्यकलापेषु विज्ञानस्य प्रभावस्तदपेक्षा च सर्वत्रैवानुभूयते। सम्प्रति मानवः प्रकृतिं वशीकृत्य तां स्वेच्छया कार्येषु नियुङ्क्ते। तथाहि वैज्ञानिकैः अनेके अविष्कारा: विहिताः। मानवजातेः हिताहितम् अपश्यद्भिः वैज्ञानिकैः राजनीतिविज्ञैर्वा परमाणुशक्तेः अस्त्रनिर्माणे एव विशेषतः उपयोगो विहितः। तदुत्पादितं च लोकध्वंसकार्यम् अतिघोरं निर्घृणं च। अयं च न विज्ञानस्य दोषः न वा परमाणुशक्तेरपराधः, पुरुषापराधः खलु एषः।

प्रश्नाः

I. एकपदेन उत्तरत। *(एक शब्द में उत्तर दीजिए।)*
(i) इदं कीदृशं युगम् अस्ति?
(ii) अस्यां शताब्द्यां सर्वत्र कस्य प्रभावो दरीदृश्यते?
(iii) तथाहि केन अनेके अविष्कारा: विहिताः?

II. पूर्णवाक्येन उत्तरत। *(पूर्णवाक्य में उत्तर दीजिए।)*
(i) विज्ञानम् किम् अस्ति?
(ii) सम्प्रति का स्वेच्छया नियुङ्क्ते?
(iii) अस्यां सर्वत्र किं दृश्यते?

III. अस्य अनुच्छेदस्य कृते समुचितं शीर्षकं लिखत।
(इस अनुच्छेद का उचित शीर्षक लिखिए।)

IV. यथानिर्देशम् उत्तरत्। *(निर्देशानुसार उत्तर दीजिए।)*
(i) 'विज्ञानप्रधानं युगम्' अनयो विशेष्यः पदं किम्?
(क) युगम् (ख) विज्ञान
(ग) विशिष्ट (घ) प्रधान
(ii) 'नियुङ्क्ते' क्रियापदस्य कर्तृपदम् किम्?
(क) विज्ञानं (ख) मानवः (ग) समाचारं (घ) दूरदर्शनं
(iii) 'गुणः' इति पदस्य विलोमपदं अनुच्छेदे किं प्रयुक्तम्?
(क) अपराधः (ख) प्रभावः
(ग) दोषः (घ) उपयोगः
(iv) 'सर्वत्र' इति पदस्य पर्यायः किम्?
(क) यत्र (ख) तत्र
(ग) कुत्र (घ) सर्वदा

उत्तराणि

I. *(i)* विज्ञानप्रधानं *(ii)* विज्ञानस्य *(iii)* वैज्ञानिकैः।

II. *(i)* विशिष्ट ज्ञानं विज्ञानम् अस्ति।
(ii) सम्प्रति मानवः प्रकृति वशीकृत्य तां स्वेच्छया कार्येषु नियुङ्क्ते।
(iii) अस्यां शताब्द्यां सर्वत्र विज्ञानस्यैव प्रभावो दरीदृश्यते।

III. विज्ञानप्रधानं युगम्

IV. *(i)* (क) युगम् *(ii)* (ख) मानवः *(iii)* (ग) दोषः *(iv)* (घ) सर्वदा

अनुच्छेदः 15

एकदा राजकुमारः सिद्धार्थः विहाराय उद्यानं गतवान्। सहसा सः क्रन्दनध्वनिम् अश्रृणोत्। तदैव च एकः हंसः तस्य सम्मुखे भूमौ अपतत्। तं दृष्ट्वा सिद्धार्थः करुणापूर्णः संजातः। पुनश्च स हंसस्य शरीराद् बाणं निष्कास्य यावत्पश्यति तावद् देवदत्तः तत्र समागतः। स सिद्धार्थम् उक्तवान् भो सिद्धार्थ! एषः हंसः मया हतः इमं हंसं मह्यं देहि सिद्धार्थः उच्चैः अवदत्-न दास्यामि इमं हंसं यतः अहम् अस्य रक्षकः। तौ परस्परं विवादमानौ राजसभां गतवन्तौ। राजा सर्वं वृत्तान्तं श्रुत्वा आदिष्टवान्-यस्य समीपे हंसः गमिष्यति स तस्यैव भविष्यति। हंसः तु सानन्दं सिद्धार्थमेव उपगतः। उक्तं हि—रक्षकः भक्षकात् श्रेयान्।

प्रश्नाः

I. एकपदेन उत्तरत। *(एक शब्द में उत्तर दीजिए।)*
(i) सिद्धार्थः उद्यानं कस्मै प्रयोजनाय गतवान्?
(ii) तस्य सम्मुखे भूमौ कः अपतत्?
(iii) बाल्यकाले गौतमबुद्धस्य किं नाम आसीत्?

II. पूर्णवाक्येन उत्तरत। *(पूर्णवाक्य में उत्तर दीजिए।)*
(i) देवदत्तः सिद्धार्थं किम् अवदत्?
(ii) राजा सर्वं वृत्तान्तं श्रुत्वा किम् आदिष्टवान्?
(iii) तौ परस्परं कौ गतवन्तौ?

III. अस्य अनुच्छेदस्य कृते समुचितं शीर्षकं लिखत।
(इस अनुच्छेद का उचित शीर्षक लिखिए।)

IV. यथानिर्देशम् उत्तरत्। *(निर्देशानुसार उत्तर दीजिए।)*
(i) 'विलोक्य' इतिपदस्य गद्यांशे पर्यापपदं किं प्रयुक्तम्?
(क) संदृश्य (ख) वीक्ष्य
(ग) दृष्ट्वा (घ) गत्वा
(ii) 'उपगतः' इति क्रियायाः गद्यांशे कर्तृपदं किं प्रयुक्तम्?
(क) सिद्धार्थः (ख) देवदत्तः
(ग) हंसः (घ) देहि

(iii) 'स: सिद्धार्थम् उक्तवान्' अत्र 'स:' सर्वनाम पदं कस्मै प्रयुक्तम्?
(क) सिद्धार्थाय (ख) देवदत्ताय
(ग) राजकुमाराय (घ) हंसाय

(iv) 'समीपे' इति पदस्य विलोमपदं किम्?
(क) समीप: (ख) आसन्न
(ग) दूरस्थ (घ) परस्परं

उत्तराणि

I. *(i)* विहाराय
(ii) हंस:
(iii) सिद्धार्थ:

II. *(i)* एष: हंस: मया हत: इमं हंसं मह्यं (मह्यम्) देहि।
(ii) राजा सर्वं वृत्तान्तं श्रुत्वा आदिष्टवान् यस्य समीपे हंस: गमिष्यति स तस्यैव भविष्यति।
(iii) देवदत्त: एवं सिद्धार्थ: परस्परं विवादमानौ राजसभां गतवन्तौ।

III. रक्षक् भक्षकात् श्रेयान्

IV. *(i)* (ग) दृष्ट्वा
(ii) (ग) हंस:
(iii) (ख) देवदत्ताय
(iv) (ग) दूरस्थ

अनुच्छेद: 16

संत तुलसीदासेन कथितम्—"धीरज, धर्म, मित्र अरु नारी; आपतकाल परखिए चारी।" अर्थात् धैर्यं, धर्म:, मित्राणि, नारी, च एता: चतस्र: आपत्काले एव परीक्षयेत्। मित्रस्य परीक्षणविपत्तौ एव भवति। सन्मित्रं सरलतया न मिलति। अत: जनै: मित्रस्य निर्वाचनं सम्यक्तया विचिन्त्य एव कर्त्तव्यम्। मित्रस्य निर्वाचने तस्य व्यवहारस्य आचरणस्य वा उपरि विशेषतया ध्यानं दातव्यम्। सन्मित्रं विनम्रं, सदाचारी, विश्वासपात्रं, सहृदयं चरित्रवान् च भवेत्। सन्मित्रं एकं शिक्षकमिव भवति यत् स्वमित्रं सन्मार्गे अग्रसरी कृत्वा पापपङ्कात् तद् रक्षति। यदा जनस्योपरि विपत्तीनां बद्दला: आच्छादिता: भवन्ति सर्वतश्च निराशाया: गहनं तम: एव दृष्टिगोचरं भवति तदा केवलं सन्मित्रमेव आशाया: किरणं इव समक्षे आगत्य तत् तम: दूरीकरोति। यत् सम्मुखे तु मधुरं वदेत् पृष्ठे कार्यं विकुर्यात् तादृशं मित्रं त्यागे एव बुद्धिमत्ता वर्तते।

प्रश्ना:

I. एकपदेन उत्तरत। *(एक शब्द में उत्तर दीजिए।)*
(i) मित्रस्य परीक्षणं कदा भवति?
(ii) कस्य निर्वाचने आचरणस्य विशेषतया ध्यानं दातव्यम्?
(iii) सन्मित्रं एकं किं भवति?

II. पूर्णवाक्येन उत्तरत। *(पूर्णवाक्य में उत्तर दीजिए।)*
(i) संत तुलसीदासेन किं कथितम्?
(ii) सन्मित्रं कथं भवेत्?
(iii) संत केन कथितम्?

III. अस्य अनुच्छेदस्य कृते समुचितं शीर्षकं लिखत।
(इस अनुच्छेद का उचित शीर्षक लिखिए।)

IV. यथानिर्देशम् उत्तरत्। *(निर्देशानुसार उत्तर दीजिए।)*
(i) 'रक्षति' इति क्रियापदस्य कर्तृपदं किम् प्रयुक्तम्?
(क) सन्मित्रम् (ख) नारी
(ग) धर्म: (घ) धैर्यम्
(ii) 'तम:' इति पदस्य पर्यायपदम् किम्?
(क) प्रकाश: (ख) अन्धकार:
(ग) उजाल: (घ) प्रदीप्त:
(iii) 'संत तुलसीदास:'अनयो: विशेष्यपदं किम् अस्ति?
(क) सन्त: (ख) तुलसीदास:
(ग) दास: (घ) तुलसी
(iv) प्रस्तुत अनुच्छेदे 'तस्य' इति सर्वनामस्थाने संज्ञापदं लिखत।
(क) निर्वाचनस्य (ख) मित्रस्य
(ग) धर्मस्य (घ) तुलसीदासस्य

उत्तराणि

I. *(i)* विपत्तौ *(ii)* मित्रस्य
(iii) शिक्षकमिव।

II. *(i)* संत तुलसीदासेन कथितम् "धीरज, धर्म, मित्र अरु नारी; आपतकाल परखिए चारी।"
(ii) सन्मित्रं विनम्रं सदाचारी, विश्वासपात्रं, सहृदयं चरित्रवान् च भवेत्।
(ii) तुलसीदासेन कथितम् धीरज, धर्म, मित्र अरु नारी: आपातकाल परखिए चारी।

III. सन्मित्रम्

IV. *(i)* (क) सन्मित्रं *(ii)* (ख) अन्धकार:
(iii) (ख) तुलसीदास: *(iv)* (ख) मित्रस्य

अनुच्छेद: 17

एकदा शरीरस्य सर्वाणि इन्द्रियाणि—हस्तौ पादौ मुखं नासिका कर्णौ इत्यादीनि मिलित्वा अचिंतयन्—"वयं सर्वे प्रतिदिनं परिश्रमं कुर्म:। एतद् उदरं सर्वं स्वीकरोति स्वयं किमपि कार्यं न करोति"। अद्य प्रभृति वयमपि कार्यं न करिष्याम:। एवं चिंतयित्वा सर्वाणि अङ्गानि कार्यम् अत्यजन्। मुखम् अन्नकणं अपि न प्राविशत्। एवं द्वे दिने व्यतीते जाते। शनै: शनै: सर्वाणि अङ्गानि शिथिलानि अभवन्। कथमपि पुन: मिलित्वा विचारम् अकुर्वन्—"अहो। अस्माकं प्रमाद:। भुक्तस्य अन्नस्य पाचनं तु उदरमेव करोति। एतद् एव अस्मभ्यं शक्तिं ददाति। अस्य कृपया एव वयं जीवाम:। अत: अस्माभि: सर्वै: अनेन सह सहयोग: करणीय:।"

प्रश्ना:

I. एकपदेन उत्तरत। *(एक शब्द में उत्तर दीजिए।)*
(i) एकदा कानि मिलित्वा अचिंतयन्?
(ii) सर्वाणि अङ्गानि किम् अत्यजन्?
(iii) वयं सर्वे प्रतिदिनं किं कुर्म:?

II. पूर्णवाक्येन उत्तरत। *(पूर्णवाक्य में उत्तर दीजिए।)*

(i) सर्वाणि इन्द्रियाणि किम् अचिंतयन्?

(ii) सर्वाणि इन्द्रियाणि मिलित्वा किं विचारम् अकुर्वन्?

(iii) किमपि कार्यं न करोति?

III. अस्य अनुच्छेदस्य कृते समुचितं शीर्षकं लिखत। *(इस अनुच्छेद का उचित शीर्षक लिखिए।)*

IV. यथानिर्देशम् उत्तरत्। *(निर्देशानुसार उत्तर दीजिए।)*

(i) 'भुक्तस्य अन्नस्य' अनयोः विशेषणपदं किम् अस्ति?

(क) भुक्तस्य (ख) अन्नस्य
(ग) शरीरस्य (घ) सर्वाणि

(ii) 'बलयुक्ता' इति पदस्य गद्यांशे विलोमपदं किम् प्रयुक्तम्?

(क) निर्बला (ख) क्षीणा
(ग) दुर्बला (घ) सबला

(iii) 'पाचनं करोति' इति क्रियापदस्य गद्यांशे कर्तृपदं किं प्रयुक्तम्?

(क) मुखं (ख) उदरम्
(ग) नासिका (घ) हस्तौ

(iv) 'प्रमादः' पदस्य पर्यायः किम्?

(क) शक्तिः (ख) विरक्तः
(ग) आनंदः (घ) जीवामः

उत्तराणि

I. *(i)* इन्द्रियाणि *(ii)* कार्यम्
(iii) परिश्रमं

II. *(i)* ते अचिंतयन्–''वयं सर्वे प्रतिदिनं परिश्रमं कुर्मः एतद् उदरं किमपि न करोति।''

(ii) सर्वाणि इन्द्रियाणि मिलित्वा विचारम् अकुर्वन्-अहो! अस्माकं प्रमादः। भुक्तस्य अन्नस्य पाचनं तु उदरमेव करोति।

(iii) एतद् उदरं सर्वं स्वीकरोति स्वयं अपि कार्यं न करोति।

III. सहयोगः करणीयः/मिलित्वा कार्यं कुर्मः/सर्वेषां महत्त्वम् अस्ति।

IV. *(i)* (क) भुक्तस्य
(ii) (ख) क्षीणा
(iii) (ख) उदरम्
(iv) (ग) आनंदः

अनुच्छेदः 18

एकदा एका पंचदशवर्षीया बालिका पित्रा सह मेलकं द्रष्टुं नगरं प्रति गच्छति स्म। सा चतुरमतिः धैर्यशालिनी च आसीत् सा बाल्यकाले एव विविधासु विद्यासु पारङ्गता आसीत्। मार्गे एका नदी आसीत्। सा नौकया गच्छति स्म। नौकायाम् अनेके जनाः आसन् नद्यां एकः मकरः आसीत्। तत्र द्वौ जनौ तस्मात् मकरात् भीतौ जले पतितौ। तयोः मुखे भयस्य छाया आसीत्। सा अपि भीता आसीत् परन्तु सा अचिन्तयत्—तयोः जनयोः रक्षणं कथं करणीयम्? सा जले अकूर्दत् तयोः च जनयोः हस्तौ गृहीत्वा नौकां प्रति आनयत्। सा तयोः रक्षणम् अकरोत। सा साहसी बालिका लक्ष्मीबाई आसीत्। एतस्यै वीरबालायै नमः।

प्रश्नाः

I. एकपदेन उत्तरत। *(एक शब्द में उत्तर दीजिए।)*

(i) बालिका केन सह गच्छति स्म?

(ii) मार्गे का आसीत्?

(iii) बालिका कति वर्षीया अस्ति?

II. पूर्णवाक्येन उत्तरत। *(पूर्णवाक्य में उत्तर दीजिए।)*

(i) बालिका बाल्यकाले कीदृशी आसीत्?

(ii) बालिका कथं तयोः रक्षणम् अकरोत्?

(iii) तत्र कौ जले पतितौ?

III. अस्य अनुच्छेदस्य कृते समुचितं शीर्षकं लिखत। *(इस अनुच्छेद का उचित शीर्षक लिखिए।)*

IV. यथानिर्देशम् उत्तरत्। *(निर्देशानुसार उत्तर दीजिए।)*

(i) 'निपुणा' इति पदस्य गद्यांशे पर्याय पदं किम् अस्ति?

(क) कुशलाः (ख) प्रवीणाः
(ग) पारङ्गता (घ) पटवः

(ii) 'नमः' इति क्रियापदस्य प्रयोगः गद्यांशे कस्यै कृतः?

(क) सुन्दरकन्यायै (ख) वीरबालायै
(ग) विदुषीबालायै (घ) धीरबालायै

(iii) 'पतितौ' क्रियापदस्य गद्यांशे कर्तृपदं किं प्रयुक्तम्?

(क) जनौ (ख) बालकौ
(ग) विद्यार्थिनौ (घ) मूर्खौ

(iv) ''सा नौकया गच्छति स्म''-इत्यत्र 'सा' सर्वनामस्थाने संज्ञापदं लिखत।

(क) मकरः (ख) नौका
(ग) बालिका (घ) विद्या

उत्तराणि

I. *(i)* पित्रा
(ii) नदी
(iii) पंचदशवर्षीया।

II. *(i)* बालिका बाल्यकाले चतुरमतिः, धैर्यशालिनी, विविधासु विद्यासु पारङ्गता च आसीत्।

(ii) बालिका जले अकूर्दत् तयोः च जनयोः हस्तौ गृहीत्वा नौकां प्रति आनयत्।

(iii) द्वौ जनौ तस्मात् मकरात् भीतौ जले पतितौ।

III. साहसी बालिका/लक्ष्मीबाई

IV. *(i)* (ग) पारङ्गता
(ii) (ख) वीरबालायै
(iii) (क) जनौ
(iv) (ग) बालिका

परीक्षा अभ्यासः

अधोलिखितम् अनुच्छेदं पठित्वा प्रदत्तप्रश्नान् संस्कृतेन उत्तरत।
(निम्नलिखित अनुच्छेदों को पढ़कर दिए गए प्रश्नों के उत्तर संस्कृत में लिखिए।)

अनुच्छेदः 1

एकस्मिन् वने एकः विशालः वृक्षः आसीत्। तस्मिन् बहवः खगाः वसन्ति स्म। एकदा ते अतीव बुभुक्षिताः आसन्। अतः भोजनं खादितुम् इतस्ततः भ्रमन्ति स्म। ते दूरं-दूरं गच्छन्ति स्म। अन्ते च एकस्मिन् क्षेत्रे तण्डुलकणान् अपश्यन्। ते तत्र गत्वा प्रसन्नतया तण्डुलान् खादन्ति स्म परंतु जालेन बद्धाः अभवन्। अधुना किं करणीयम् इति चिन्तयित्वा ते सर्वे जालेन सह एव एकं स्वमित्रम् उपागच्छन्। तेषां मित्रम् एकः मूषकः आसीत्। सः जालं दन्तैः अकर्तयत्। अन्ते सर्वे स्वतन्त्राः भूत्वा अनृत्यन् अगायन् च—सुखं तु एकतायाम् एव विद्यते।

प्रश्नाः

I. एकपदेन उत्तरत। *(एक शब्द में उत्तर दीजिए।)*
(i) वने एकः विशालः कः आसीत्?
(ii) खगाः कीदृशः आसन्?
(iii) तेषां मित्रम् कः आसीत्?

II. पूर्णवाक्येन उत्तरत। *(पूर्णवाक्य में उत्तर दीजिए।)*
(i) ते खगाः जालेन सह एव कुत्र उपागच्छन्?
(ii) ते कथं जालेन बद्धाः अभवन्?
(iii) ते दूरं गच्छन्ति के स्म?

III. अस्य अनुच्छेदस्य कृते समुचितं शीर्षकं लिखत।
(इस अनुच्छेद का उचित शीर्षक लिखिए।)

IV. यथानिर्देशम् उत्तरत्। *(निर्देशानुसार उत्तर दीजिए।)*
(i) 'बन्धुः' इति शब्दस्य गद्यांशे पर्यायपदं किं प्रयुक्तम्?
(क) मित्रम् (ख) सुहृद् (ग) सखा (घ) सहचरः
(ii) 'सः जालं दन्तैः अकर्तयत्' अत्र 'सः' इति सर्वनामपदं कस्मै प्रयुक्तम्?
(क) वृक्षाय (ख) खगाय (ग) मूषकाय (घ) नराय
(iii) 'भ्रमन्ति स्म' क्रियापदस्य गद्यांशे कर्तृपदं किं प्रयुक्तम्?
(क) मूषकाः (ख) खगाः (ग) नराः (घ) के
(iv) 'जलस्य' इति पदस्य कस्य विभक्तिः?
(क) प्रथमा (ख) षष्ठी (ग) द्वितीया (घ) तृतीया

अनुच्छेदः 2

एकदा एकः नरः सरोवरतटे अभ्रमत्। सः गंभीरचिंतने रतः आसीत्। सहसा वानराणां शब्दैः तस्य ध्यानः भङ्गः अभवत्। सः अपश्यत् यद् रक्तवर्णाः अतिविकरालाः वानराः नातिदूरे आसन्। सः धवितुम् आरभत्। तं धावन्तं दृष्ट्वा वानराः अपि अनुधावितवन्तः भीतः सः तीव्रगत्या धावितुम् आरभत्। मा धाव भयं त्यक्त्वा तत्रैव स्थिरः भव इति कस्यचित् वृद्धजनस्य उच्चस्वरं श्रुत्वा स तथैव अकरोत्। तं स्थिरं दृष्ट्वा वानराः अपि तत्रैव स्थितवन्तः साहसं कृत्वा निर्भीकदृष्ट्या सः वानरान् अपश्यत्। तं निर्भीकं दृष्ट्वा वानर-समूहः पलायितः। अहो! आश्चर्यम्। कीदृशः चमत्कारः। अनेन अनुभवेन तस्य ज्ञान चक्षुषी उन्मीलिते। तेन ज्ञातं यद् आपत्तिभ्यः मुक्तिः दृढ़ संकल्पेन, साहसेन, धैर्येण च भवति न ताभ्यः पलायनेन।

प्रश्नाः

I. एकपदेन उत्तरत। *(एक शब्द में उत्तर दीजिए।)*
(i) नरः कस्मिन् रतः आसीत्?
(ii) तस्य ध्यान भङ्गः कैः अभवत्?
(iii) तं निर्भीकं दृष्ट्वा कौ पलायितः?

II. पूर्णवाक्येन उत्तरत। *(पूर्णवाक्य में उत्तर दीजिए।)*
(i) केनाचित् वृद्धजनेन किं कथितम्?
(ii) आपत्तिभ्यः कथं मुक्तिः?
(iii) अनेन अनुभवेन कस्य उन्मीलिते?

III. अस्य अनुच्छेदस्य कृते समुचितं शीर्षकं लिखत।
(इस अनुच्छेद का उचित शीर्षक लिखिए।)

IV. यथानिर्देशम् उत्तरत्। *(निर्देशानुसार उत्तर दीजिए।)*
(i) 'अतिविकरालाः' इति पदस्य गद्यांशे विशेष्यपदं किम् अस्ति?
(क) मानवाः (ख) वानराः (ग) पशवः (घ) मूषकाः
(ii) 'अज्ञानं' इतिपदस्य गद्यांशे विलोमपदं किं प्रयुक्तम्?
(क) ज्ञानं (ख) ध्यानं (ग) भङ्गं (घ) धावन्तम्
(iii) 'नयने' इति पदस्य गद्यांशे पर्यायपदं किं प्रयुक्तम्?
(क) नेत्रे (ख) चक्षुषी (ग) अक्षिणी (घ) लोचने
(iv) ''तं निर्भीकं दृष्ट्वा वानर-समूहः पलायितः'' इत्यत्र 'तं' सर्वनामस्थाने संज्ञापदं किम्?
(क) नरः (ख) भीतः (ग) वानरः (घ) ज्ञानः

अनुच्छेदः 3

डॉ. नागः कश्चन् श्रेष्ठः चिकित्सकः। गाँधीमहोदयस्य अनुयायी सः। एकदा सः कलकत्तानगरं प्रति प्रेषितः। तदा तस्य हस्ते अष्ट रूप्यकाणि एव आसन्, तान्यपि चिटिकानिमित्तम्।

रेलस्थानके पुत्रैः सह उपविष्टा जीर्णशीर्णवस्त्रयुता एका क्षुधापीडिता महिला तेन दृष्टा। तस्याः याचनां न कोऽपि आकर्णयति स्म।

नाग महोदयः तस्याः दयनीयां दशां दृष्ट्वा द्रुतहृदयः सन् तस्यै अष्ट रूप्यकाणि अददात्। तस्मात् सः स्वयं रिक्तहस्तः संजातः। यानचिटिकां क्रेतुं तत्सविधे धनं न आसीत्। अतः सः पादाभ्याम् एव कलकत्तां प्रति प्रस्थितः। अष्टाविंशतिदिनानां यात्रां कृत्वा सः कलकत्तां प्राप्नोत्। स्थानकेषु भारवहनकार्यं कृत्वा सः भोजननिमित्तं धनम् अर्जितवान्। परंतु मार्गे स्वस्य श्रेष्ठचिकित्सकत्वं कोऽपि यथा न जानीयात् तथा व्यवहृतवान् सः।

प्रश्नाः

I. एकपदेन उत्तरत। *(एक शब्द में उत्तर दीजिए।)*
 (i) डॉ. नागः कस्य अनुयायी आसीत्?
 (ii) तस्य हस्ते कति रूप्यकाणि आसन्?
 (iii) सः स्वयं कः संजातः?

II. पूर्णवाक्येन उत्तरत। *(पूर्णवाक्य में उत्तर दीजिए।)*
 (i) डॉ. नागः कथं तस्यै अष्ट रूप्यकाणि अददात्?
 (ii) रेलस्थानके का तेन दृष्टा?
 (iii) यानचिटिकां किं न आसीत्?

III. अस्य अनुच्छेदस्य कृते समुचितं शीर्षकं लिखत। *(इस अनुच्छेद का उचित शीर्षक लिखिए।)*

IV. यथानिर्देशम् उत्तरत्। *(निर्देशानुसार उत्तर दीजिए।)*
 (i) गद्यांशे 'आकर्णयति स्म' क्रियापदस्य कर्तृपदं किम्?
 (क) तस्याः (ख) कोऽपि
 (ग) याचनाम् (घ) ताम्
 (ii) "तस्मात् सः स्वयं रिक्तहस्तः जातः" अत्र 'सः' इति सर्वनामपदं कस्मै प्रयुक्तम्?
 (क) गाँधीमहोदयाय (ख) डॉ. नागाय
 (ग) महिला (घ) तस्मै
 (iii) 'अष्टाविंशतिदिनानाम्' अनयोः विशेष्यपदं किम्?
 (क) दिनानाम् (ख) अष्टाविंशति
 (ग) दिवसानाम् (घ) नराणाम्
 (iv) 'कृत्वा' पदस्य धातुः किम्?
 (क) क्री (ख) कृ (ग) क्र (घ) क्रि

अनुच्छेदः 4

एकदा शीतस्य भीषणः प्रकोपः अभवत्। सम्राट् चन्द्रगुप्तः निश्चितवान् यत् निर्धनेभ्यः कम्बलानां वितरणं भवेत्। प्रधानमंत्री चाणक्यः तत्कार्यं स्वीकृतवान्। भृत्याः सर्वान् कम्बलान् तस्य कुटीरे स्थापितवन्तः। रात्रौ केचन चौराः कम्बलान् चोरयितुं तस्य कुटीरं प्राविशन्। ते अपश्यन् यत् चाणक्यः एकस्मिन् कटे कम्बलं बिना एव सुप्तः। तस्मिन् एव क्षणे चाणक्यः पद्ध्वनिं श्रुत्वा प्रबुद्धः। चौराः तम् अपृच्छन्-भवतां समीपे कम्बलानां राशिः अस्ति तथापि भवान् कम्बलं विना एव स्वपिति। चाणक्यः अवदत्-शृणुत एते प्रवारकाः केवलं निर्धनेभ्यः वितरणार्थम् एव सन्ति यदि अहम् एतेषु एकं स्वीकरोमि तर्हि अहम् अपि चौरः भविष्यामि नतमस्तकाः चौराः तस्य पादयोः पतित्वा क्षमायाचनाम् अकुर्वन्।

प्रश्नाः

I. एकपदेन उत्तरत। *(एक शब्द में उत्तर दीजिए।)*
 (i) कः निश्चितवान् यत् निर्धनेभ्यः कम्बलानां वितरणं भवेत्?
 (ii) तत्कार्यं कः स्वीकृतवान्?
 (iii) एकदा शीतस्य कः प्रकोपः अभवत्?

II. पूर्णवाक्येन उत्तरत। *(पूर्णवाक्य में उत्तर दीजिए।)*
 (i) चौराः चाणक्यं किम् अपृच्छन्?
 (ii) चाणक्यः चौरं किम् अवदत्?
 (iii) चौराः किं याचन्ते?

III. अस्य अनुच्छेदस्य कृते समुचितं शीर्षकं लिखत। *(इस अनुच्छेद का उचित शीर्षक लिखिए।)*

IV. यथानिर्देशम् उत्तरत्। *(निर्देशानुसार उत्तर दीजिए।)*
 (i) 'भीषणः प्रकोपः' अनयोः विशेष्यपदं किम् अस्ति?
 (क) प्रकोपः (ख) भीषणः (ग) तस्य (घ) चाणक्य
 (ii) 'प्रबुद्धः' इति क्रियापदस्य कर्तृपदं किम्?
 (क) चाणक्यः (ख) चौरः (ग) भृत्यः (घ) कम्बलः
 (iii) 'धनिकेभ्यः' इति पदस्य गद्यांशे किं विलोमपदं प्रयुक्तम्?
 (क) कम्बलेभ्य (ख) चौरेभ्यः
 (ग) निर्धनेभ्यः (घ) जनेभ्यः
 (iv) 'ते' इति सर्वनामस्थाने संज्ञापदं लिखत।
 (क) चाणक्यः (ख) निर्धनाः
 (ग) कम्बलं (घ) चौराः

अनुच्छेदः 5

बंग प्रांते ये विद्वाँसः समाजसुधारकाः अभवन् तेषु ईश्वरचंद्र विद्यासागरः एकतमः आसीत्। सः महता प्रयत्नेन विद्याध्ययनं अकरोत्। सः अतीव सरलः उदार हृदयः च आसीत्। निर्बलानां दीनजनानां च सः सदैव साहाय्यं करोति स्म। विद्यासागरस्य यशः श्रुत्वा एकदा कश्चित् धनिकः युवकः तस्य दर्शनाय प्रस्थितवान्। ततः पूर्वं कदापि सः विद्यासागरं न अपश्यत्। रेलयानात् अवतीर्य सः स्वपेटिका-वहनाय भारिक! भारिक! इति उच्चैः शब्दम् अकरोत् किंतु कोऽपि न आगतः। एतद् दृष्ट्वा तत्र स्थितः विद्यासागरः तम् उपगतः तथा तस्य पेटिकां करे कृत्वा तेन सह स्वगृहं गतवान् तत्र अयम् एव विद्यासागरः इति ज्ञात्वा सः युवकः भृशं लज्जितः विस्मितः च अभवत्। क्षमस्व माम् इति उक्त्वा स तस्य पादयोः अपतत्। विद्यासागरः तम् अवदत्-स्वकीयं कार्यं स्वयमेव कुरु लज्जां मा कुरु।

प्रश्नाः

I. एकपदेन उत्तरत। *(एक शब्द में उत्तर दीजिए।)*
 (i) सः महता प्रयत्नेन किम् अकरोत्?
 (ii) कश्चित् धनिकः युवकः कस्मै प्रयोजनाय प्रस्थितवान्?
 (iii) विद्वाँसः कः अभवन्?

II. पूर्णवाक्येन उत्तरत। *(पूर्णवाक्य में उत्तर दीजिए।)*
 (i) विद्यासागरः युवकस्य समीपं गत्वा किम् अकरोत्?
 (ii) धनिकः रेलपानात् अवतीर्य किम् अकरोत्?
 (iii) कः सदैव साहाय्यं करोति स्म?

III. अस्य अनुच्छेदस्य कृते समुचितं शीर्षकं लिखत।
(इस अनुच्छेद का उचित शीर्षक लिखिए।)

IV. यथानिर्देशम् उत्तरत्। *(निर्देशानुसार उत्तर दीजिए।)*
 (i) 'नीचैः' इति पदस्य गद्यांशे किं विलोमपदं प्रयुक्तम्?
  (क) अधः (ख) शनैः
  (ग) उच्चैः (घ) उपरिः
 (ii) 'कीर्ति' इति पदस्य गद्यांशे कः पर्यायपदं प्रयुक्तम्?
  (क) यशः (ख) सरलः (ग) पूर्वः (घ) धनिकः
 (iii) 'प्रस्थितवान्' इति क्रिया पदस्य कर्तृपदं किम् अस्ति?
  (क) युवकः (ख) विद्यासागरः
  (ग) कश्चिदन्यः (घ) रेलयानं
 (iv) 'तेषु' इति सर्वनामस्थाने संज्ञापदं लिखत।
  (क) विद्यासागरः (ख) ईश्वरचन्द्रः
  (ग) समाजसुधारकाः (घ) किमपि न

☑ अनुच्छेदः 6

एकदा एकः काकः बुभुक्षितः आसीत्। भोजनं प्राप्तुं सः इतस्ततः अभ्रमत्। सहसा सः एकां रोटिकां प्राप्तवान्। सः एकस्य वृक्षस्य शाखायाः उपरि उपविष्टः रोटिकां खादितुं च अचिंतयत्। तदैव एका श्रृगाली काकं रोटिकां अपश्यत्। सा तां रोटिकां प्राप्तुं मनसि अचिंतयत्। सा तस्यैव वृक्षस्य अधः अतिष्ठत् यस्य उपरि काकः उपविष्टः आसीत्। श्रृगाली काकम् अवदत्-भो काक! त्वम् अतीव सुंदरः असि। तव वर्णः मोहकः अस्ति। तव पक्षौ मनोहरौ स्तः। तव ध्वनिः अतीव मधुरः अस्ति। तव ध्वनिं श्रुत्वा मम कर्णौ तृप्तौ भवतः।

स्वप्रशंसां श्रुत्वा काकः अति प्रसन्नः अभवत्। यदैव सः 'काँव्-काँव्' इति ध्वनिं कर्तुम् आरभत तदा तस्य मुखात् रोटिकां भूमौ अपतत्। प्राप्त्यर्थम् एव श्रृगाली तस्य प्रशंसां अकरोत्। सा शीघ्रम् एव रोटिकां गृहीत्वा तस्मात् स्थानात् पलायिता अखादत् च।

प्रश्नाः

I. एकपदेन उत्तरत। *(एक शब्द में उत्तर दीजिए।)*
 (i) बुभुक्षितः कः आसीत्?
 (ii) काकं रोटिकां च का अपश्यत्?
 (iii) तव वर्णः किम् अस्ति?

II. पूर्णवाक्येन उत्तरत। *(पूर्णवाक्य में उत्तर दीजिए।)*
 (i) श्रृगाली काकं किम् अवदत्?
 (ii) काकः कुत्र रोटिकां खादितुं च अचिन्तयत्?
 (iii) कः श्रुत्वा प्रसन्नः अभवत्?

III. अस्य अनुच्छेदस्य कृते समुचितं शीर्षकं लिखत।
(इस अनुच्छेद का उचित शीर्षक लिखिए।)

IV. यथानिर्देशम् उत्तरत्। *(निर्देशानुसार उत्तर दीजिए।)*
 (i) 'सः' इतस्ततः अभ्रमत् अत्र 'सः' पदं कस्मै प्रयुक्तम्?
  (क) श्रृगालाय (ख) काकाय
  (ग) पिकाय (घ) मयूराय
 (ii) 'कर्णौ' अस्य विशेषण पदं किम्?
  (क) तृप्तौ (ख) भूमौ
  (ग) मनोहरौ (घ) नरौ
 (iii) 'उपरि' इत्यर्थे किं विलोमपदम् अनुच्छेदे प्रयुक्तम्?
  (क) निम्नः (ख) उच्चैः (ग) अधः (घ) नीचैः
 (iv) "त्वम् अतीव सुंदरः असि" इत्यत्र 'त्वम्' सर्वनामस्थाने संज्ञापदं किम्?
  (क) काकः (ख) रोटिकां
  (ग) श्रृगाली (घ) वृक्षस्य

☑ अनुच्छेदः 7

अनुशासनेन-पालनेनैव मानवः जीवने साफल्यमधिगच्छति। बाल्ये यौवने प्रौढ़त्वे वार्द्धक्ये चापि अनुशासनस्य आवश्यकता भवति। एवं हि गृहे विद्यालये सार्वजनिक संस्थासु शासने सेनायां अनुशासनेन विना कार्यं न चलति। यदि छात्राः विद्यालये अनुशासनस्य पालनं न कुर्युः तदा तत्र अव्यवस्था भवेत्।

अद्यत्वे विद्यालयेषु महाविद्यालयेषु च सर्वत्रानुशासनस्याभावः दृश्यते येन ताः संस्थाः उपद्रवाणां कलहानां च केंद्राणि जाताः।

यदि शासने अनुशासनं न भवेत् तर्हि सर्वमपि राष्ट्रः विश्रृंखलतां गच्छेत्। अतः आत्मनः देशस्य समाजस्य चोन्नत्यै अनुशासनं नितरामावश्यकम्।

प्रश्नाः

I. एकपदेन उत्तरत। *(एक शब्द में उत्तर दीजिए।)*
 (i) केन पालनेन मानवः जीवने साफल्यमधिगच्छति?
 (ii) छात्राः विद्यालये अनुशासनस्य पालनं न कुर्युः तदा का भवेत्?
 (iii) कस्य आवश्यकता भवति?

II. पूर्णवाक्येन उत्तरत। *(पूर्णवाक्य में उत्तर दीजिए।)*
 (i) सेनायां केन विना कार्यं न चलति?
 (ii) कथं राष्ट्रः विश्रृंखलतां गच्छेत्?
 (iii) केन विना कार्यं च चलति?

III. अस्य अनुच्छेदस्य कृते समुचितं शीर्षकं लिखत।
(इस अनुच्छेद का उचित शीर्षक लिखिए।)

IV. यथानिर्देशम् उत्तरत्। *(निर्देशानुसार उत्तर दीजिए।)*
 (i) 'साफल्यमधिगच्छति' क्रियायाः कर्तृपदं किम् अस्ति?
  (क) मानवः (ख) संस्थाः
  (ग) केंद्राणि (घ) विद्यालयः
 (ii) 'वैफल्यम्' अस्य विलोम पदं गद्यांशे किम् अस्ति?
  (क) साफल्यम् (ख) निरन्तरम्
  (ग) शीघ्रम् (घ) अनुशासनम्

(iii) 'ता: संस्था:' अनयो: पदयो: विशेषणपदं किम्?

(क) ता: (ख) संस्था (ग) छात्रा: (घ) जाता:

(iv) 'छात्रा:' पदस्य क: विभक्ति:?

(क) तृतीया (ख) प्रथमा

(ग) चतुर्थी (घ) द्वितीया

अनुच्छेद: 8

विष्णुवर्धनस्य राजसभायां महाकवि: भारवि: राजकवि: आसीत्। भारवि: बाल्यकाले महता परिश्रमेण विद्याम् अर्जितवान्। तस्य विलक्षणा प्रतिभा काव्यरचनायामपि प्रवृत्ता। तस्य कीर्तिलता अल्पेनैव कालेन चतुर्दिक्षु प्रसारत्। भारवे: पिता पुत्रस्य काव्य यशसा मनसि अत्यन्तं प्रसन्न: संतुष्टश्चासीत्। तथापि स: वचसा भारवि कदापि न प्राशंसत्। प्रत्युत स: यदा-कदा तस्य पाण्डित्यस्य आलोचनाम् अकरोत्। सचिंतया रात्रौ निद्रां न लब्धवान्। गृहे इतस्तत: पर्यटन् स: रात्रौ पितु: प्रकोष्ठात् बहिरेव किंचित्कालं स्थित:। तदा स्वविषये मातापित्रो: वार्तालापम् अश्रृणोत्-अस्माकं पुत्र: महाकवि: महापण्डितश्च। भारवे: यश: निरन्तरं वर्धते। स: समाजे अस्माकमपि गौरवं स्थापयति किन्तु स इतोऽपि अधिकं कवित्वं कीर्ति चार्जयेत् इति विचार्य सभायामद्य मया तिरस्कृता-इति।

प्रश्ना:

I. एकपदेन उत्तरत। *(एक शब्द में उत्तर दीजिए।)*

(i) कस्य राजसभायां भारवि: राजकवि: आसीत्?

(ii) भारवि: बाल्यकाले केन विद्यां अर्जितवान्?

(iii) अस्माकं पुत्र महाकवि: क:?

II. पूर्णवाक्येन उत्तरत। *(पूर्णवाक्य में उत्तर दीजिए।)*

(i) भारवि: स्वविषये मातापित्रो: किं वार्तालापम् अश्रृणोत्?

(ii) भारवे: पिता कथं प्रसन्न: सन्तुष्टश्चासीत्?

(iii) तस्य प्रवृता किम्?

III. अस्य अनुच्छेदस्य कृते समुचितं शीर्षकं लिखत। *(इस अनुच्छेद का उचित शीर्षक लिखिए।)*

IV. यथानिर्देशम् उत्तरत्। *(निर्देशानुसार उत्तर दीजिए।)*

(i) 'महता परिश्रमेण' अनयो: विशेष्यपदं किम् अस्ति?

(क) महता (ख) परिश्रमेण

(ग) भारवि: (घ) राजकवि:

(ii) 'मया' इति सर्वनामस्थाने संज्ञापदं लिखत।

(क) भारवे: (ख) पितु:

(ग) विष्णुवर्धन: (घ) किमपि न

(iii) 'अर्जितवान्' इति क्रिया पदस्य कर्तृपदं किम् अस्ति?

(क) विष्णुवर्धन: (ख) भारवि:

(ग) कोऽपिजन: (घ) पिता

(iv) 'यदा' इति पदस्य गद्यांशे किं प्रयुक्तम्?

(क) अद्य (ख) तत्र

(ग) कुत्र (घ) कदा

अनुच्छेद: 9

पुरा धाराराज्ये सिंधुल नामक: राजा चिरं प्रजा: पर्यपालयत्। आत्मन: जरां ज्ञात्वा अनुजं महाबलं मुंजमवदत्—"त्वं मम पुत्रं भोजं परिपालय। अपि च यावद् असौ राज्यभारं वोढुम् अक्षम: तावत् त्वमेव राज्यं कुरु।" दिवङ्गते राजनि राज्यं शासत: मुंजस्य पापबुद्धि: उत्पन्ना।

स: भोजं हन्तुं निश्चित्य स्वमित्रं वत्सराजं प्राह-त्वं भुवने वरीविपिने निशायां भोजं हत्वा तस्य शिर: मह्यम् देहि। वत्सराज: रात्रौ भोजं भुवनेश्वरीमन्दिरं नीत्वा अवोचत्-राज्ञा भवत: वध: आदिष्ट: इति। तस्मिन् काले भोज: स्वरक्तेन भोजपत्रे एकं श्लोकम् अलिखत्। तेन श्लोकेन वैराग्यमापन्न: वत्सराज: भोजं भूमि गृहान्तरे सुरक्षितवान्। स्वयं च कृत्रिमं मस्तकं राजानं दर्शयित्वा प्राह श्रीमता यद् आदिष्टं तत् साधितम्" इति। तत: भोजस्य तत्पत्रं राज्ञेऽददात्। राजा श्लोकस्यार्थं विचार्य अत्यन्तं लज्जित: सन् प्रायश्चित्त स्वरूपेण अग्नौ शरीरं दग्धुं समुद्यत:। तस्मिन् एव काले 'भोज: जीवति' इति रहस्यं वत्सराज: उद्घाटितवान्। तेन अतीव प्रसन्न: मुंज: भोजं राजसिंहासने स्थापयित्वा स्वयं पत्न्या सह तपोवनं जगाम।

प्रश्ना:

I. एकपदेन उत्तरत। *(एक शब्द में उत्तर दीजिए।)*

(i) धारा राज्ये क: नामक: राजा प्रजा: पर्यपालयत्?

(ii) राज्यं शासत: मुंजस्य कीदृशी बुद्धि: उत्पन्ना?

(iii) त्वं मम पुत्रं किं परिपालय:?

II. पूर्णवाक्येन उत्तरत। *(पूर्णवाक्य में उत्तर दीजिए।)*

(i) वत्सराज: भोजं रात्री भुवनेश्वरी मंदिरं नीत्वा किम् अवोचत्?

(ii) राजा सिन्धुल: अनुजं मुञ्जं किम् अवदत्?

(iii) स: श्लोकस्यार्थ विचार्य क:?

III. अस्य अनुच्छेदस्य कृते समुचितं शीर्षकं लिखत। *(इस अनुच्छेद का उचित शीर्षक लिखिए।)*

IV. यथानिर्देशम् उत्तरत्। *(निर्देशानुसार उत्तर दीजिए।)*

(i) 'यावत् असौ राज्यभारं वोढुम् अक्षम:' अत्र 'असौ' सर्वनामपदं कस्मै प्रयुक्तम्?

(क) सिंधुलाय (ख) भोज:

(ग) वत्सराज: (घ) अनुज:

(ii) 'कृत्रिमं मस्तकं' अनयो: विशेषणं किम् अस्ति?

(क) कृत्रिमं (ख) मस्तकं

(ग) वत्सराज: (घ) अनुज:

(iii) 'पृथ्वी' इति पदस्य पर्यायपदं अनुच्छेदे किं प्रयुक्तम्?

(क) भवत: (ख) शिर:

(ग) भूमि: (घ) प्रजा:

(iv) 'अतीव' पदस्य विलोमपदं किम्?

(क) न्यून (ख) अति

(ग) बहु (घ) इति

अनुच्छेदः 10

काञ्चनपुरं धनदेवः नाम राजा पालयति स्म। धनबलेन एव सर्वं साधयितुं शक्यते इति चिन्तयति स्म सः। 'धनबलं श्रेष्ठं उत बुद्धिबलम्' इति विषये राजमन्त्रिणोः सर्वदा चर्चा भवति स्म। एकदा ताभ्यां निर्णयः कृतः यत् परीक्षया एव धनबुद्धयोः श्रेष्ठता निश्चेतव्या इति। ततः राजा मंत्री च एकं धनिकम् एकं मेधाविनं च आनायितवंतौ। राजा तौ उद्दिश्य उक्तवान्—"पार्श्वराज्ये मम मित्रं शूरसेनः निवसति। एतत् पत्रं तस्मै दातव्यं भवद्भ्याम्" इति। पत्रं दत्वा तयोः गमनार्थं व्यवस्थाम् अपि कृतवान् सः। राजा शूरसेनः भटान् आहूय आज्ञापितवान्—"एतयोः शिरश्छेदः क्रियताम्" इति। भटाः तौ वध्यस्थानं नीतवन्तः। मां त्यजन्तु कृपया। प्रत्युपकाररूपेण अहं भवद्भ्यः प्रभूतं धनं दास्यामि" इति रुदन् उक्तवान्।

प्रश्नाः

I. एकपदेन उत्तरत। *(एक शब्द में उत्तर दीजिए।)*
(i) काञ्चनपुरं कः नाम राजा पालयति स्म?
(ii) केन एव सर्वं साधयितुं शक्यते?
(iii) धनबलं श्रेष्ठं उत किम्?

II. पूर्णवाक्येन उत्तरत। *(पूर्णवाक्य में उत्तर दीजिए।)*
(i) शूरसेनः भटान् आहूय किम् आज्ञापितवान्?
(ii) राजा तौ उदिद्श्य किम् उक्तवान्?
(iii) भटाः तौ वध्यस्थानं कः नीतवन्तः?

III. अस्य अनुच्छेदस्य कृते समुचितं शीर्षकं लिखत। *(इस अनुच्छेद का उचित शीर्षक लिखिए।)*

IV. यथानिर्देशम् उत्तरत्। *(निर्देशानुसार उत्तर दीजिए।)*
(i) गद्यांशे 'सैनिकः' इति पदस्य पर्यायपदं किम् अस्ति?
(क) शीतः (ख) भटाः (ग) प्रभूतम् (घ) शिरः
(ii) 'प्रभूतं धनम्' अनयोः विशेषण पदं किम् अस्ति?
(क) प्रभूतम् (ख) धनम् (ग) पत्रम् (घ) भटम्
(iii) 'नीतवन्तः' इति क्रिया पदस्य कर्तृपदं किम् अस्ति?
(क) भटाः (ख) राजा (ग) सुबुद्धि (घ) धनिकः
(iv) 'कृतवान्' पदस्य प्रत्ययः किम्?
(क) शानच् (ख) क्तवतु (ग) शतृ (घ) ल्यप्

अनुच्छेदः 11

ये सत्यं पालयन्ति, ते सर्वोत्तमं धर्मं कुर्वन्ति। ये च सत्यं परित्यज्य असत्यं भजन्ते, ते महापातकं कुर्वन्ति। यतो हि असत्य भाषणेन स्वस्य हानिः नाशश्च भवतः। समाजस्य लोकस्य देशस्य च मिथ्याभाषणेन नाशः भवति। अतएव उच्यतेन हि सत्यात् परो धर्मो नानृतात् पातकं परम्। सत्यस्य पालनार्थमेव महाराजो दशरथः प्रियं पुत्रं रामं वनं प्रेषयत्। राजा हरिश्चन्द्रः सत्य पालनार्थमेव सर्वाणि दुःखानि असहत। युधिष्ठिरः सत्यभाषणस्य प्रभावादेव विजयमलभत। महात्मागान्धिमहोदयः सत्यस्यैव सदा शिक्षामदात्। भारतस्य राजचिह्नेऽपि "सत्यमेव जयते" इत्यादरेण उल्लिख्यते।

प्रश्नाः

I. एकपदेन उत्तरत। *(एक शब्द में उत्तर दीजिए।)*
(i) सत्यपालनार्थम् कः रामं वनं प्रेषयत्?
(ii) सत्यभाषणस्य प्रभावात् युधिष्ठिरः कम् अलभत्?
(iii) ते सर्वोत्तमं किं कुर्वन्ति?

II. पूर्णवाक्येन उत्तरत। *(पूर्णवाक्य में उत्तर दीजिए।)*
(i) मिथ्या भाषणेन कस्य नाशः भवति?
(ii) के सर्वोत्तमं धर्मं कुर्वन्ति?
(iii) अतएव उच्यतेन हि किम्?

III. अस्य अनुच्छेदस्य कृते समुचितं शीर्षकं लिखत। *(इस अनुच्छेद का उचित शीर्षक लिखिए।)*

IV. यथानिर्देशम् उत्तरत्। *(निर्देशानुसार उत्तर दीजिए।)*
(i) 'ये सत्यं परित्यज्य' अत्र सर्वनाम पदं किम् अस्ति?
(क) ये (ख) सत्यं (ग) पातकं (घ) असत्यं
(ii) 'न हि सत्यात् परो धर्मो' इत्यत्र विशेषणपदं किमस्ति?
(क) धर्मो (ख) सत्यात् परो
(ग) हि (घ) न
(iii) 'महात्मा सत्यस्यैव सदा शिक्षामदात्' अत्र कर्तृपदं किम् अस्ति?
(क) अददात् (ख) सदा (ग) महात्मा (घ) शिक्षाम्
(iv) 'भवतः' पदस्य धातुः किम्?
(क) भु (ख) भू (ग) भूः (घ) भव

अनुच्छेदः 12

सते अर्थात् कल्याणाय हितं सत्यं भवति। यद् वस्तु यथा विद्यते तस्य तेन एव रूपेण कथनं लेखनं वा सत्यम् उच्यते। सत्येन एव समाजस्य स्थितिः भवति। यदि सर्वे असत्यवादिनः भवेयुः तर्हि लोकस्य स्थितिः क्षणमात्रम् अपि भवितुं न शक्नोति। एष महिमा सत्यस्य एव अस्ति यद वयं समाजे मनुष्येषु विश्वासं कुर्मः। अतः सत्यम् एव लोकस्य आधारः अस्ति। समाजस्य सकलः कार्यव्यवहारः विश्वासेन चलति, विश्वासस्य आधारः सत्यमेव भवति। जीवनस्य सर्वेषु क्षेत्रेषु सत्यस्य अपेक्षा विद्यते। अस्माकं सकलम् आदानं प्रदानं च सत्ये एव अवलम्बितं भवति। राजनीतिक क्षेत्रे, सामाजिक क्षेत्रे, धार्मिक क्षेत्रे, आध्यात्मिक क्षेत्रे च सत्यस्य महती आवश्यकता वर्तते।

प्रश्नाः

I. एकपदेन उत्तरत। *(एक शब्द में उत्तर दीजिए।)*
(i) सत्येन समाजस्य का भवति?
(ii) सत्यं कस्य आधारः अस्ति?
(iii) एष महिमा क अस्ति?

II. पूर्णवाक्येन उत्तरत। *(पूर्णवाक्य में उत्तर दीजिए।)*
(i) किम् सत्यम् उच्यते?
(ii) यदि सर्वे असत्यवादिनः भवेयुः तदा किं भवितुं न शक्नोति?
(iii) कस्य महती आवश्यकता वर्तते?

III. अस्य अनुच्छेदस्य कृते समुचितं शीर्षकं लिखत।
(इस अनुच्छेद का उचित शीर्षक लिखिए।)

IV. यथानिर्देशम् उत्तरत्। *(निर्देशानुसार उत्तर दीजिए।)*

(i) 'सत्यस्य' इति पदस्य विलोमपदं कः?
(क) असत्यस्य (ख) कल्याणस्य
(ग) समाजस्य (घ) लोकस्य

(ii) 'सर्वेषु क्षेत्रेषु' इत्यत्र विशेषणपदं किम्?
(क) मनुष्येषु (ख) सर्वेषु
(ग) क्षेत्रेषु (घ) कार्येषु

(iii) 'वयं समाजे मनुष्येषु विश्वासं कुर्मः' इत्यत्र कर्तृपदं किम्?
(क) अहं (ख) तस्य
(ग) वयं (घ) सते

(iv) 'एषः' सर्वनामस्थाने संज्ञापदं लिखत।
(क) सत्यस्य (ख) जीवनस्य
(ग) धार्मिकस्य (घ) लोकस्य

अनुच्छेदः 13

कस्मिंश्चित् अरण्ये अनेके पशवः वसन्ति स्म। एकदा पशूनां राजा सिंहः रोगपीडितः अभवत्। एकं शृगालं विहाय सर्वे पशवः रोगपीडितं नृपं द्रष्टुमागताः। एकः उष्ट्रः नृपाय एतत् न्यवेदयत् यत् अहङ्कारिणं शृगालं विहाय सर्वे भवन्तं द्रष्टुमागताः। एतच्छ्रुत्वा सिंहः क्रोधितोऽभवत्। स्वमित्रैः एतज्ज्ञात्वा शृगालः शीघ्रमेव सिंहस्य समीपे प्राप्तः। क्रोधितेन सिंहेन विलम्बेन आगमनकारणं पृष्टः शृगालोऽवदत् यदहं तु सर्वप्रथममागन्तुम् ऐच्छम् परं चिकित्सकात् औषधमपि आनेयमिति विचिन्त्य तत्रागच्छम्। तच्छ्रुत्वा प्रसन्नः सिंहः औषधिविषये पृष्टवान्। शृगालः अवदत् यत्तेन औषधं तु न दत्तं परं कृपापरो भूत्वा सः चिकित्साक्रमम् उक्तवान् यत् रक्तपानेनैव रोगस्य शान्तिः भविष्यति। तदा सिंहः उष्ट्रमाहूतवान् भक्त्या आगतं च तं मारयित्वा तस्य रक्तं पीतवान्। एवं स्वपिशुनतायाः दुष्फलम् उष्ट्रेण स्वयमेव प्राप्तम्।

प्रश्नाः

I. एकपदेन उत्तरत। *(एक शब्द में उत्तर दीजिए।)*
(i) पशूनां राजा सिंहः कीदृशः अभवत्?
(ii) कं विहाय सर्वे पशवः नृपं द्रष्टुमागताः?
(iii) तच्छ्रुत्वा प्रसन्नः सिंहः किं पृष्टवान्?

II. पूर्णवाक्येन उत्तरत। *(पूर्णवाक्य में उत्तर दीजिए।)*
(i) क्रोधितेन सिंहेन शृगालं किं पृष्टम्?
(ii) शृगालः किम् अवदत्?
(iii) सः चिकित्सक्रिमम् किम् उक्तवान्?

III. अस्य अनुच्छेदस्य कृते समुचितं शीर्षकं लिखत।
(इस अनुच्छेद का उचित शीर्षक लिखिए।)

IV. यथानिर्देशम् उत्तरत्। *(निर्देशानुसार उत्तर दीजिए।)*

(i) 'एकः उष्ट्रः नृपाय न्यवेदयत्'' इत्यत्र कर्तृपदंकिम्?
(क) एकः उष्ट्रः (ख) नृपाय
(ग) एतत् (घ) यत्

(ii) 'क्रोधितेन सिंहेन' इत्यत्र विशेषणपदं किम्?
(क) सिंहेन (ख) क्रोधितेन (ग) मित्रैः (घ) सर्वे

(iii) 'तं मारयित्वा तस्य रक्तं पीतवान्' इत्यत्र 'पीतवान्' इति क्रियापदस्य कर्तृपदं किम्?
(क) शृगालः (ख) नृपः (ग) सिंहः (घ) उष्ट्रः

(iv) 'भूत्वा' पदस्य प्रत्ययः किम्?
(क) क्त (ख) क्त्वा (ग) त्वत् (घ) क्तवतु

अनुच्छेदः 14

कस्मिश्चिद् ग्रामे एकः वृद्धः कृषकः अवसत्। सः परिश्रमी, दूरदर्शी तथा सरल स्वभावः आसीत्। तस्य चत्वारः पुत्राः आसन्, परं ते अलसा अभवन्। ते कृषिकार्ये पितुः सहयोगं न अकुर्वन्, न च तेषां कृषिकार्ये रुचिः आसीत्। अस्मात् कारणात् वृद्धकृषकः चिन्तितवान्। मरणासन्नावसरे वृद्धः कृषकः स्वपुत्रान् अकथयत् यत्-मम क्षेत्रेषु गुप्तं धनं वर्तते, मम मरणानन्तरं क्षेत्रान् खनित्वा सुगुप्तं धनं प्राप्नुयात। पुत्राः एतत् श्रुत्वा प्रासीदन्। निजपितुः मृत्योः पश्चात् निजक्षेत्रान् अकर्षन्। परं सुगुप्तं धनं न लब्धम्। ते निराशाः संजाताः। अन्ते निजमातुः प्रेरणया, ते निजक्षेत्रेषु बीजानि अवपन्। परिणामस्वरूपम् प्रभूतं धान्यम् अभवत्। तस्य विक्रयैः ते समृद्धाः, धनिनः च संजाताः। अन्ते च ते स्वपितुः सुगुप्तधनस्य रहस्यम् अबोधन्।

प्रश्नाः

I. एकपदेन उत्तरत। *(एक शब्द में उत्तर दीजिए।)*
(i) वृद्धः कृषकः कुत्र अवसत्?
(ii) कृषकस्य कति पुत्राः आसन्?
(iii) सः कः स्वभाव आसीत्?

II. पूर्णवाक्येन उत्तरत। *(पूर्णवाक्य में उत्तर दीजिए।)*
(i) वृद्धः कृषकः कीदृशः आसीत्?
(ii) मरणासन्नावसरे कृषकः स्वपुत्रान् किम् अकथयत्?
(iii) अन्ते निजमातुः प्रेरणया किम्?

III. अस्य अनुच्छेदस्य कृते समुचितं शीर्षकं लिखत।
(इस अनुच्छेद का उचित शीर्षक लिखिए।)

IV. यथानिर्देशम् उत्तरत्। *(निर्देशानुसार उत्तर दीजिए।)*

(i) 'चत्वारः पुत्राः' इत्यत्र विशेषण पदम् अस्ति?
(क) चत्वारः (ख) पुत्राः
(ग) कृषकः (घ) वृद्धः

(ii) 'पुत्राः एतत् श्रुत्वा प्रासीदन्''- इत्यत्र कर्तृपदं किम्?
(क) एतत् (ख) पुत्राः
(ग) श्रुत्वा (घ) प्रासीदन्

(iii) उपर्युक्त गद्यांशे 'ते' इति सर्वनामपदस्य स्थाने संज्ञापदं किम्?
(क) कृषकाः (ख) वृद्धाः
(ग) पुत्राः (घ) जनाः

(iv) 'क्षेत्रेषु' गुप्तं किं वर्तते?
(क) लब्धम् (ख) बीजम्
(ग) धनम् (घ) धान्यम्

अनुच्छेदः 15

मानवस्य बौद्धिकविकासाय ज्ञानवर्धनाय च पुस्तकालयानां महत्त्वपूर्णं स्थानं वर्तते। पुस्तकालयेषु विविधपुस्तकानां संग्रहो भवति। अत्र विविधभाषाणां पत्र-पत्रिकादयोऽपि प्रतिदिनं आयान्ति। अस्माकं पुस्तकालयः नगरस्य रमणीये स्थाने वर्तते। अस्मिन् दशसहस्राणि पुस्तकानि सन्ति। अस्माकं पुस्तकालये हिन्दी-आंग्ल संस्कृतभाषाणा पत्र-पत्रिकाः प्रतिदिनं आयान्ति। अस्य समीपे एकः वाचनालयः वर्तते। यत्र बहवः जनाः, छात्राः, युवतयश्च प्रतिदिनं आगत्य स्वाध्यायं कुर्वन्ति।

अस्माकं पुस्तकालयस्य भवनं रमणीयञ्च वर्तते। अस्य पुस्तकालस्य सर्वे जनाः प्रशंसा कुर्वन्ति। अस्माकं ज्ञानंवर्धनाय अस्य महती भूमिका वर्तते। अयम् एकः आदर्शः पुस्तकालयः विद्यते।

प्रश्नाः

I. एकपदेन उत्तरत। *(एक शब्द में उत्तर दीजिए।)*

(i) मानवस्य बौद्धिकविकासाय ज्ञानवर्धनाय च कस्य महत्त्वपूर्णं स्थानमस्ति?

(ii) अस्माकं पुस्तकालय नगरस्य कीदृशे स्थाने वर्तते?

(iii) अस्मिन् कानि पुस्तकानि सन्ति?

II. पूर्णवाक्येन उत्तरत। *(पूर्णवाक्य में उत्तर दीजिए।)*

(i) पुस्तकालयेषु केषां संग्रहो भवति?

(ii) पुस्तकालयस्यकथं महती भूमिका?

(iii) तत्र प्रतिदिनं किम आयान्ति?

III. अस्य अनुच्छेदस्य कृते समुचितं शीर्षकं लिखत। *(इस अनुच्छेद का उचित शीर्षक लिखिए।)*

IV. यथानिर्देशम् उत्तरत्। *(निर्देशानुसार उत्तर दीजिए।)*

(i) '......... सर्वेजनाः <u>प्रशंसा</u> कुर्वन्ति' अस्मिन् वाक्ये रेखांकित पदस्य विलोम पदम् अस्ति

(क) निन्दा (ख) संग्रहो (ग) आगत्य (घ) आंग्लः

(ii) 'एकः वाचनालयः' इत्यत्र विशेषणपदं किमस्ति?

(क) वाचनालयः (ख) एकः (ग) अस्ति (घ) भवति

(iii) 'छात्राः प्रतिदिनम् आगत्य' स्वाध्यायं कुर्वन्ति' अस्मिन् वाक्ये कर्तृपदं किमस्ति?

(क) अध्ययनम् (ख) प्रतिदिनम्
(ग) छात्राः (घ) आगत्य

(iv) 'प्रतिदिनं' इति पदस्य समासः किम्?

(क) कर्मधारय समास (ख) अव्ययीभाव समास
(ग) द्विगु समास (घ) द्वन्द्व समास

उत्तराणि

1. I. *(i)* वृक्षः *(ii)* बुभुक्षिताः
(iii) मूषकः।

II. *(i)* ते जालेन सह एकं स्वमित्रम् उपागच्छन्।

(ii) ते तत्र गत्वा प्रसन्न तया तण्डुलान् खादति स्म परन्तु जालेन बद्धाः अभवन्।

(iii) ते अन्ते च एकस्मिन् क्षेत्रे ताण्डुलकणान् अपश्यन्।

III. सुखं तु एकतायाम् एव

IV. *(i)* (क) मित्रम् *(ii)* (ग) मूषकाय *(iii)* (ख) खगाः
(iv) (ख) षष्ठी

2. I. *(i)* गंभीरचिंतने *(ii)* वानराणां शब्दैः
(iii) वानरसमूहः।

II. *(i)* मा धाव, भयं त्यक्त्वा तत्रैव स्थिरः भव।

(ii) आपत्तिभ्यः मुक्तिः दृढ़ संकल्पेन, साहसेन धैर्येण च भवति न ताभ्यः पलायनेन।

(iii) अनेन अनुभवेन तस्य ज्ञान चक्षुषीउन्मीलिते।

III. मुक्ति दृढ़ संकल्पेन

IV. *(i)* (ख) वानराः *(ii)* (क) ज्ञानं
(iii) (ख) चक्षुषी *(iv)* (क) नरः

3. I. *(i)* गाँधीमहोदयस्य *(ii)* अष्ट रूप्यकाणि
(iii) रिक्तहस्तः।

II. *(i)* डॉ. नाग महोदयः तस्याः दयनीयां दशां दृष्ट्वा द्रुतहृदयः सन् तस्यै अष्ट रूप्यकाणि अददात्।

(ii) रेल स्थानके पुत्रैः सह उपविष्टा जीर्णशीर्णवस्त्रयुता एका क्षुधापीड़िता महिला तेन दृष्टा।

(iii) यानचिटिकां क्रेतुं तत्सविधेधनं न आसीत्।

III. द्रुतहृदयः/श्रेष्ठत्वं मा प्रदर्शयतु

IV. *(i)* (ख) कोऽपि
(ii) (ख) डॉ. नागाय
(iii) (क) दिनानाम्
(iv) (ख) कृ

4. I. *(i)* चन्द्रगुप्तः *(ii)* चाणक्यः *(iii)* भीषण।

II. *(i)* भवतां पार्श्वे कम्बलानां राशिः अस्ति तथापि भवान् कम्बलं विना एव स्वपिति।

(ii) श्रृणुत प्रवारकाः केवलं निर्धनेभ्यः वितरणार्थम् एव सन्ति यदि अहम् एतेषु एकं स्वीकरोमि तर्हि अहम् अपि चौरः भविष्यामि।

(iii) चौराः तस्य पादयोः पतित्वा क्षमयाचनाम् अकुर्वन्।

III. अनुकरणीयम् आचरणम्

IV. *(i)* (क) प्रकोपः *(ii)* (क) चाणक्यः *(iii)* (ग) निर्धनेभ्यः
(iv) (घ) चौराः

5. I. *(i)* विद्याध्ययनं *(ii)* दर्शनाय
(iii) समाजसुधारकाः।

II. *(i)* विद्यासागरः तम् उपगतः तथा तस्य पेटिकां करे कृत्वा तेन सह स्वगृहं गतवान्।

(ii) धनिकः रेलयानात् अवतीर्य स्वपेटिकां बहनाय भारिक! भारिक! भारिक! इति उच्चैः शब्दम् अकरोत् किन्तु कोऽपि न आगतः।
(iii) निर्बलानां दीनजनानां च सः सदैव साहाय्यं करोति स्म।
III. विद्यासागरः/स्वकीयं कार्यं स्वयमेव कुरू
IV. (i) (ग) उच्चैः (ii) (क) यशः (iii) (क) युवकः
(iv) (ग) समाजसुधारकाः

6. I. (i) काकः (ii) श्रृगाली (iii) मोहकः
II. (i) श्रृगाली अवदत् भो काक! त्वम् अतीव सुंदरः असि, तव वर्णः मोहकः अस्ति, तव पक्षौ मनोहरौ स्तः, तव ध्वनिः अतीव मधुरः अस्ति।
(ii) काकः एकस्य वृक्षस्य शाखायाः उपरि उपविष्टः रोटिकां खादितुं च अचिन्तयत्।
(iii) स्वप्रशंसां श्रुत्वा काकः अतिप्रसन्नः अभवत्।
III. एका श्रृगाली
IV. (i) (ख) काकाय (ii) (क) तृप्तौ (iii) (ग) अधः
(iv) (क) काकः

7. I. (i) अनुशासनेन (ii) अव्यवस्था (iii) अनुशासनस्य।
II. (i) सेनायां अनुशासनेन विना कार्यं न चलति।
(ii) यदि शासने अनुशासनं न भवेत् तर्हि सर्वमपि राष्ट्र विश्रृंखलतां गच्छेत्।
(iii) गृहे विद्यालय सार्वजनिक संस्थासु शासने सेनायां अनुशासनेन विना कार्यं न चलति।
III. अनुशासनम्
IV. (i) (क) मानवः (ii) (क) साफल्यम् (iii) (क) ताः
(iv) (ख) प्रथमा

8. I. (i) विष्णुवर्धनस्य (ii) महता परिश्रमेण (iii) महापण्डितश्च।
II. (i) भारविः अश्रृणोत् अस्माकं पुत्रः महाकविः, महापण्डितश्च। भरवेः यशः निरन्तरं वर्धते किन्तु स इतोऽपि अधिकं कवित्वं कीर्तिं चार्जयेत्।
(ii) भारवेः पिता पुत्रस्य काव्य यशसा मनसि अत्यन्त प्रसन्न सनतुष्टश्चासीत्।
(iii) तस्य विलक्षणा प्रतिभा काव्यरचनायामपि प्रवृत्ता।
III. भारविः
IV. (i) (ख) परिश्रमेण (ii) (ख) पितुः (iii) (ख) भारविः
(iv) (घ) कदा

9. I. (i) सिंधुलः (ii) पापबुद्धिः (iii) भोजम्।
II. (i) वत्सराजः अवोचत्-राज्ञा भवतः वधः आदिष्टः इति।
(ii) त्वं मम पुत्रं भोजं परिपालय अपि च यावत् असौ राज्यभारं बोढुम अक्षमः तावत् त्वं राज्यं कुरु।
(iii) राजा श्लोकस्यार्थ विचार्य अत्यन्तं लज्जितः सन् प्रायश्चित स्वरूपेण अग्नौशरीरं दुग्ध समुदयतः।
III. भोजः/मुञ्जस्य वैराग्यमापन्नः
IV. (i) (ख) भोजः (ii) (क) कृत्रिमं (iii) (ग) भूमिः
(iv) (क) न्यून

10. I. (i) धनदेवः (ii) धनबलेन (iii) बुद्धिबलम्।
II. (i) शूरसेनः भटान् आज्ञापितवान्—एतयोः शिरश्छेदः क्रियताम्।
(ii) पार्श्वराज्ये मम मित्रं शूरसेनः निवसित। एतत् पत्रं तस्मै दातव्यं भवद्भ्यः इति।
(iii) मां त्यजन्तु कृप्या प्रत्युपकाररूपेण अहं भवद्भ्यः प्रभूतं धनं दास्यामि।
III. धनबलं श्रेष्ठम्
IV. (i) (ख) भटाः (ii) (क) प्रभूतम् (iii) (क) भटाः
(iv) (ख) क्तवतु

11. I. (i) दशरथः (ii) विजयम् (iii) धर्मम्
II. (i) मिथ्याभाषणेन समाजस्य लोकस्य देशस्य च नाशः भवति।
(ii) ये सत्यं पालयन्ति, ते सर्वोत्तमं धर्मं कुर्वन्ति।
(iii) अतएव उच्यतेन हि सत्यात् परो धर्मो नानृतात् पातकं परम्।
III. सत्यमेव जयते
IV. (i) (क) ये (ii) (ख) सत्यात् परो (iii) (ग) महात्मा
(iv) (ख) भू

12. I. (i) स्थितिः (ii) लोकस्य (iii) सत्यस्य।
II. (i) यद् वस्तु यथा विद्यते तस्य तेनैव रूपेण कथनं लेखनं वा सत्यम् उच्यते।
(ii) यदि सर्वे असत्यवादिनः भवेयुः तर्हि लोकस्य स्थितिः क्षणमात्रमपि भवितुं न शक्नोति।
(iii) राजनीतिक, सामाजिक, धार्मिक एवं आध्यात्मिक क्षेत्रे सत्यस्य महती आवश्यकता वर्तते।
III. सत्यम्/सत्यस्य महती आवश्यकता
IV. (i) (क) असत्यस्य (ii) (ख) सर्वेषु (iii) (ग) वयं
(iv) (क) सत्यस्य

13. I. (i) रोगपीडितः (ii) श्रृगालम् (iii) औषधिविषये।
II. (i) क्रोधितेन सिंहेन श्रृगालं विलम्बेन आगमनकारणं पृष्टम्।
(ii) यदहं तु सर्वप्रथममागन्तुम् ऐच्छम् परं चिकित्सात् औषधमपि आनेयमिति विचिन्त्य तत्रागच्छम्।
(iii) यत रक्तपानेनैव रोगस्य शान्तिः भविष्यति।
III. पिशुनतायाः दुष्फलम्
IV. (i) (क) एकः उष्ट्रः (ii) (ख) क्रोधितेन
(iii) (ग) सिंहः (iv) (ख) क्त्वा

14. I. (i) ग्रामे (ii) चत्वारः (iii) सरल
II. (i) वृद्धः कृषकः परिश्रमी, दूरदर्शी तथा सरलस्वभावः आसीत्।
(ii) यत् मम क्षेत्रेषु गुप्तं धनं वर्तते, मम मरणानन्तरं क्षेत्रान् खनित्वा सुगुप्तं धनं प्राप्नुयात्।
(iii) ते निजक्षेत्रेषु बीजानि अवपन्, परिणामस्वरूपम् प्रभूतं धान्यम् अभवत्।
III. सुगुप्तधनस्य रहस्यम्
IV. (i) (क) चत्वारः (ii) (ख) पुत्राः (iii) (ग) पुत्राः
(iv) (ग) धनम्

15. I. (i) पुस्तकालयस्य (ii) रमणीये (iii) दशसहस्त्राणि।
II. (i) पुस्तकालयेषु विविधपुस्तकानां संग्रहो भवति।
(ii) अस्माकं ज्ञान वर्धनाय पुस्तकालयस्य महती भूमिका वर्तते।
(iii) अत्र विविधभाषाणां पत्र-पत्रिकादयोऽपि प्रतिदिनम् आयान्ति।
III. अस्माकं पुस्तकालयः/आदर्शः पुस्तकालयः
IV. (i) (क) निन्दा (ii) (ख) एकः (iii) (ग) छात्राः
(iv) (ख) अव्ययीभाव समास

खंड : 'ख'

रचनात्मक-कार्यम्

अध्याय

01

पत्रलेखनम् (नवीन विधिना)

पत्र लेखनं अस्माकं जीवनस्य महत्त्वपूर्णम् अङ्गम् अस्ति, यः जनान् समार्जन योजयति। सामान्यतया पत्रस्य प्रकारद्वयं औपचारिकम् पत्रम् एवं अनौपचारिकम् पत्रम् भवति।

(पत्र लेखन हमारे जीवन का महत्त्वपूर्ण अंग है, जो लोगों को समाज से जोड़कर रखती है। पत्र के सामान्यत: दो प्रकार औपचारिक पत्र एवं अनौपचारिक पत्र होते हैं।)

पत्रस्य अङ्गानि (पत्र के अंग)

यस्मिन् क्रमे पत्रं लिख्यते ते पत्रस्य अङ्गानि कथ्यन्ते। सामान्यतयाः कस्यापि पत्रे निम्नलिखितानि अङ्गानि भवन्ति
पत्र को जिस क्रम में लिखा जाता है, वे पत्र के अंग कहलाते हैं। सामान्यत: किसी भी पत्र में निम्नलिखित अंग होते हैं

शीर्षकं

पत्रे सर्वप्रथम शीर्षक रूपे यः पत्र लिखति तस्य **नाम-पता लिख्यते**। पश्चात् तिथेः (दिनाङ्कंस्य) उल्लेखं क्रियते। परीक्षायां औपचारिक एव अनौपचारिक पत्रे स्थानस्य उल्लेख स्थाने **परीक्षा भवनतः** इति लिख्यते। औपचारिक पत्रस्यान्तर्गते विषयस्य उल्लेखं सीमित शब्देषु स्पष्ट रूपे क्रियते। अनौपचारिक पत्रेषु अस्योल्लेखः न भवति।

शीर्षक

पत्र में सर्वप्रथम शीर्षक के रूप में पत्र लिखने वाले का **नाम** व **पता** लिखा जाता है। तत्पश्चात् पत्र लिखने की तिथि का उल्लेख किया जाता है। परीक्षा में पूछे गए औपचारिक एवं अनौपचारिक पत्र में स्थान का उल्लेख न होने पर **परीक्षा भवन** लिखा जाता है। औपचारिक पत्रों के अन्तर्गत विषय का उल्लेख सीमित शब्दों में स्पष्ट रूप से किया जाता है। अनौपचारिक पत्रों में इसका उल्लेख नहीं होता।

संबोधनस्य उल्लेखः

पत्रे संबोधनस्य महत्त्वपूर्णं स्थानं भवति। औपचारिक पत्रस्यान्तर्गते **मान्यवरः**, **महोदयः**, **महोदया**, **श्रीमान्** इत्यादयः संबोधन शब्दानां प्रयोगः क्रियते। अनौपचारिक पत्रस्यान्तर्गते **पूजनीयः**, **स्नेहमयी**, **प्रियः** आदि संबोधन शब्दानां प्रयोगः क्रियते।

सम्बोधन का उल्लेख

पत्र में संबोधन का महत्त्वपूर्ण स्थान होता है। औपचारिक पत्र के अन्तर्गत **मान्यवर**, **महोदय**, **महोदया**, **श्रीमान** आदि संबोधन शब्दों का प्रयोग किया जाता है तथा अनौपचारिक पत्र के अन्तर्गत **पूजनीय**, **स्नेहमयी**, **प्रिय** आदि संबोधन शब्दों का प्रयोग किया जाता है।

अभिवादनम् अथवा शिष्टाचारं संबंधी शब्दानां उल्लेखः

पत्रे संबोधनस्य अनुरूपेणेव अभिवादनम् अथवा शिष्टाचारं संबंधी शब्दानां प्रयोगः क्रियते। अस्य प्रयोगः अनौपचारिक पत्रेषु अग्रजानां/पूज्यजनानां कृते प्रणामं, नमस्कारं, सादर-चरण स्पर्श तथा कनिठाभ्याम् कृते आशीर्वादं, शुभाशीषं, चिरंजीव भवतु इत्यादयः सूचक शब्दानां प्रयोगः क्रियते। औपचारिक पत्रेषु अस्य प्रयोगः न क्रियते।

अभिवादन अथवा शिष्टाचार सम्बन्धी शब्दों का उल्लेख

पत्र में संबोधन के अनुरूप ही अभिवादन या शिष्टाचार सम्बन्धी शब्दों का प्रयोग किया जाता है। इसका प्रयोग अनौपचारिक पत्रों में बड़ों के लिए प्रणाम, नमस्कार, सादर चरण-स्पर्श तथा छोटों के लिए आशीर्वाद, शुभाशीष, चिरंजीव रहो आदि शब्द-सूचक का प्रयोग किया जाता है। औपचारिक पत्रों में इसका प्रयोग नहीं किया जाता।

विषय-वस्तु

विषय-वस्तु पत्र लेखनस्य महत्त्वपूर्णं अङ्गम् अस्ति। अयं पत्रस्य **मुख्य भागः** अपि कथ्यते। अस्मिन् भागे स्व भावानां विचाराणां च प्रकटीकरणं क्रियते।

विषय-वस्तु

विषय-वस्तु पत्र लेखन का महत्त्वपूर्ण अंग है। इसे पत्र का **मुख्य भाग** भी कहते हैं। इस भाग में अपने भावों एवं विचारों को प्रकट किया जाता है।

पत्रस्य समाप्ति

पत्रस्य अन्ते स्वयंविषये लिखन्तं पत्रं समाप्यते। औपचारिक पत्रे धन्यवाद लिखन्तं, **भवदीया**, **प्रार्थी**:, **आज्ञाकारी** इत्यादयः शब्द सूचकानां प्रयोगः क्रियते तथा अनौपचारिक पत्रेषु **प्रियः**, **स्नेहाकांक्षी**, **हितैशी**, **शुभाकांक्षी** इत्यादयः शब्दानां प्रयोगः क्रियते।

पत्र की समाप्ति अथवा अन्त

पत्र के अन्त में अपने विषय में लिखते हुए पत्र को समाप्त किया जाता है। औपचारिक पत्र में धन्यवाद लिखते हुए **भवदीय**, **प्रार्थी**, **आज्ञाकारी** आदि शब्द-सूचक का प्रयोग किया जाता है तथा अनौपचारिक पत्र में **प्यारा**, **स्नेहाकांक्षी**, **हितैषी**, **शुभाकांक्षी** आदि शब्दों का प्रयोग किया जाता है।

पत्र-लेखने ध्यानयोग्याः बिंदवः

- पत्र लेखन समये प्रेषकस्य तथा यस्य पत्र प्रेषणीयः तस्य **नाम**, **पता**, **दिनाङ्क** च सार्धेव लेखनीयम्।
- स्थानस्य नाम्नः सह पञ्चमी-विभक्तेः स्थाने 'तः' प्रत्ययस्य प्रयोगः अपि कर्तुं शक्यते; यथा–मयराष्ट्रात्/मयराष्ट्रतः
- पत्रस्य विषयः स्पष्टं भवितव्यम्।
- पत्र लेखन समये क्रमबद्धतायाः विशेष रूपेण ध्यातव्यम्।
- पत्रस्य आकारः संक्षिप्त रूपेण विषयानुकूलं च भवितव्यम्। अत्यल्प शब्देषु अधिकं वार्तां कथयितुं प्रयासं करणीयम्। पत्रे अनावश्यक वार्ता न लेखनीयम्।
- पत्रस्य भाषा सरला, सामान्या, मधुरा, आदरसूचका शुद्धाः च भवनीयम्।
- पत्रस्य समाप्ति स्पष्ट रूपेण भवितव्यम् यत् पत्रस्य संदेशं स्पष्टं भवेत्।
- पत्र लेखन समये ध्यानं ददातु यत् विशेषण-विशेष्ययोः लिङ्ग-वचन-विभक्तिः समोभवेयुः। 'समोभवेयुः' अस्य पदस्य अत्र एतत् अभिप्रायः अस्ति। यत् यदि संज्ञायाम् (विशेष्ये) पञ्चमी विभक्तिः अस्ति तर्हि तस्य विशेषणे अपि पञ्चमी विभक्तिः एव भविष्यति नान्यत्।

पत्र लेखन में ध्यान रखने योग्य बिंदु

- पत्र लिखते समय लिखने वाले तथा पत्र प्राप्त करने वाले का **नाम** व **पता**, **दिनांक** के साथ लिखा जाना चाहिए।
- स्थान के नाम के साथ पंचमी विभक्ति के स्थान पर 'तसिल्' प्रत्यय का प्रयोग भी किया जा सकता है; जैसे—मयराष्ट्रात्/मयराष्ट्रतः (मेरठ से/मेरठ से)
- पत्र का विषय स्पष्ट होना चाहिए।
- पत्र लिखते समय क्रमबद्धता का विशेष ध्यान दिया जाना चाहिए।
- पत्र का आकार संक्षिप्त होना चाहिए तथा विषय के अनुकूल होना चाहिए। कम शब्दों में अधिक बात कहने का प्रयास करना चाहिए। अनावश्यक बातों को पत्र में नहीं लिखना चाहिए।
- पत्र की भाषा सरल, सामान्य, आदर सूचक एवं शुद्ध होनी चाहिए।
- पत्र अधूरा नहीं होना चाहिए। पत्र को इस प्रकार समाप्त किया जाना चाहिए कि पत्र का संदेश स्पष्ट हो सके।
- पत्र लिखते समय ध्यान दीजिए कि विशेषण-विशेष्य का लिंग-वचन-विभक्ति समान होनी चाहिए। इस पद का यहाँ यह अभिप्राय है कि यदि संज्ञा में पंचमी विभक्ति है, तो उसके विशेषण में भी पंचमी विभक्ति ही होगी, अन्य नहीं।

साधित उदाहरणम्

अनौपचारिकं पत्रम्

(सगे-संबंधियों, मित्रों, रिश्तेदारों, परिचितों आदि को लिखे गए पत्र 'अनौपचारिक पत्र' कहलाते हैं। इन्हें व्यक्तिगत पत्र भी कहा जाता है। इस प्रकार के पत्रों में व्यक्ति से संबंधित सुख-दुःख, हर्ष, उत्साह आदि का वर्णन किया जाता है।

मञ्जूषायाः उचितपदैः निम्नलिखितानि पत्राणि पूरयत।

(मञ्जूषा के उचित शब्दों से निम्नलिखित पत्रों को पूरा कीजिए।)

पत्रः 1

भवान् पंकजः 'ऋषिकेश इति' नगरे निवसति। भवतां मित्र अवधेशः दिल्लीनगरे वसति। सः संस्कृतवादविवाद प्रतियोगितायां प्रथमं स्थानं प्राप्तवान्। तं प्रतिलिखितं वर्धापन-पत्रं पूरयित्वा पुनः उत्तरपुस्तिकायां लिखत।

(आप ऋषिकेश निवासी पंकज हैं। आपका मित्र अवधेश दिल्ली में रहता है। संस्कृत वाद-विवाद प्रतियोगिता में प्रथम स्थान प्राप्त करने पर उसके लिए लिखे गए बधाई पत्र को पूरा करके पुनः उत्तर-पुस्तिका में लिखिए।)

श्रद्धानन्द चौक
ऋषिकेशम्
उत्तराखंडप्रदेशात्

दिनाङ्कः..........

प्रियमित्र! (i) ....
नमोनमः

भवतां पत्रं प्राप्तम्। पत्रं पठित्वा मम मनः (ii)........ जातम्। भवान् संस्कृतवादविवादप्रतियोगितायां (iii)........ स्थानं (iv)........।भवतां संस्कृतानुरागस्य (v)........ कृते मत्पक्षतः (vi)........ वर्धापनानि (vii)......... इतः अपि अधिकं (viii)......... ददातु। पितृचरणयोः (ix)......... निवेद्यते।

भवताम् प्रियसुहृद्

(x).........

मञ्जूषा अवधेश!, प्रणामः, पंकजः, ईश्वरः, प्राप्तवान्, आनन्दितम्, कोटिशः, यशः, प्रथमं, साफल्यस्य।

उत्तराणि

(i) अवधेश! (ii) आनन्दितम्
(iii) प्रथमं (iv) प्राप्तवान्
(v) साफल्यस्य (vi) कोटिशः
(vii) ईश्वरः (viii) यशः
(ix) प्रणामः (x) पंकजः

पत्रः 2

भवान् आलोकः। भवता स्वमित्रं मनोजं प्रति परीक्षायां सफलतायै वर्धापनार्थं लिखितं पत्रं मञ्जूषायां प्रदत्तपदैः पूरयत उत्तरपुस्तिकायां च लिखत।

(आप आलोक हैं। अपने मित्र मनोज को परीक्षा में सफलता के लिए लिखे गए बधाई पत्र को मञ्जूषा में दिए गए शब्दों से पूरा करके उत्तर-पुस्तिका में लिखिए।)

परीक्षाभवनम्
आगरातः

दिनाङ्कः..........

प्रिय मनोज!
(i)..........

अत्र कुशलं तत्रास्तु। (ii).......... परीक्षायाः सफलतायाः पत्रम् अधुनैव (iii)..........। भवतः परीक्षा परिणामं ज्ञात्वा अति (iv).......... अभवत्। अहर्निशं प्रयासं कृत्वा भवान् 96 प्रतिशतं (v).......... लब्धवान्। त्वं मम परिवारस्य (vi).......... अर्हसि। पत्रेण (vii).......... पुनः वर्धापनं (viii)..........। (ix).......... सादरं नमः।

भवतः
(x)..........
आलोकः

मञ्जूषा सन्तोषः, पितृभ्याम्, अङ्कान्, भवतः, कामये, साधुवादान्, तुभ्यम्, प्राप्तम्, सप्रेमनमस्ते, मित्रम्।

उत्तराणि

(i) सप्रेमनमस्ते (ii) भवतः
(iii) प्राप्तम् (iv) सन्तोषः
(v) अङ्कान् (vi) साधुवादान्
(vii) तुभ्यम् (viii) कामये
(ix) पितृभ्याम् (x) मित्रम्

पत्र: 3

भवान् अनिलः। भवतां विद्यालये संस्कृतभित्तिपत्रिकाप्रतियोगितायाः प्रदर्शिनी आयोजिता। तद्विषये स्वामित्रं सौरभं प्रति सूचयता भवतां लिखिते अधोलिखिते पत्रे मञ्जूषात रिक्तस्थानानि पूरयित्वा पत्रं पुनः उत्तरपुस्तिकायां लिखत।

(आप अनिल हैं। आपके विद्यालय में संस्कृतभित्ति फलक प्रतियोगिता प्रदर्शिनी का आयोजन है। इस विषय पर अपने मित्र सौरभ को सूचना हेतु लिखे गए पत्र को मञ्जूषा से रिक्त स्थानों को पूरा करके पत्र पुनः उत्तर-पुस्तिका में लिखिए।)

पतञ्जलिछात्रावासः
(i)..........
दिनाङ्कः..........
प्रिय मित्र (ii)..........!

अत्र सर्वगतं कुशलम् अस्ति। भवतः विद्यालये आयोजितायाः (iii).......... विषये पठित्वा मम मनसि महान् आनन्दः जातः। अस्मिन् सत्रे अत्र रचनात्मककार्यस्य अन्तर्गते (iv).......... प्रदर्शिनी आयोजयिष्यते। सर्वाभिः कक्षाभिः स्वकक्षेषु संस्कृतभित्तिपत्रिकाणां (v).......... भविष्यति। तस्याः कृते पत्रिकायाः (vi).......... पञ्जीकरणम् अपि आवश्यकम् आसीत्। छात्राः एव तत्र सम्पादकाः भविष्यन्ति। अस्माकं (vii).......... नाम संस्कृतपीयूषम् इति अस्ति। अहमेव अस्याः सम्पादकः नियुक्तः। संस्कृतदिवसस्य अवसरे अस्याः उद्घाटनं भविष्यति। भवान् अपि (viii).......... अस्माकं कार्यं च पश्यतु। शेषं पुनः निवेदयिष्यमि। स्वपित्रोः सेवायाम् मम (ix).......... निवेदयतु।

भवताम् अभिन्नं मित्रम्
(x)..........

मञ्जूषा संस्कृतभित्तिपत्रिकायाः, चित्रवर्णनप्रतियोगितायाः, हरिद्वारतः, प्रदर्शनं, नाम्नः, सौरभः, अनिलः, पत्रिकायाः, आगच्छतु, अभिवादनम्।

उत्तराणि

(i) हरिद्वारतः (ii) सौरभः
(iii) चित्रवर्णनप्रतियोगितायाः (iv) संस्कृतभित्तिपत्रिकायाः
(v) प्रदर्शनं (vi) नाम्नः (vii) पत्रिकायाः
(viii) आगच्छतु (ix) अभिवादनम् (x) अनिलः

पत्र: 4

भवती अभिलाषा। भवत्याः सखी वंदना गायन-प्रतियोगितायाम् प्रथमं स्थानं प्राप्तवती। तस्यै लिखिते वर्धापन पत्रे मञ्जूषातः रिक्तस्थानानि पूरयित्वा पत्रं पुनः उत्तरपुस्तिकायां लिखत।

(आप अभिलाषा हैं। आपकी सहेली वंदना ने गायन प्रतियोगिता में प्रथम स्थान प्राप्त किया है। उसके लिए लिखे गए बधाई पत्र को मञ्जूषा से रिक्त स्थान भरकर पत्र पुनः उत्तर-पुस्तिका में लिखिए।)

अलीगढ़तः
दिनाङ्कः..........
प्रिये (i)..........!
सप्रेम नमोनमः

समाचारपत्रेण ज्ञातं यत् भवती राष्ट्रीय-गायना प्रतियोगितायाम् (ii).......... स्थानम् प्राप्तवती पठित्वा अतीव (iii).......... अनुभवामि। त्वया बाल्यकालात् एव (iv).......... गृहीता, नित्यम् च (v).......... कृतः, इति अहम् जानामि अनेकाः विपरीत-परिस्थितीयः अपि त्वया (vi)..........। अद्य तव परिश्रमस्य आत्मविश्वासस्य च विजयः अभवत्। सफलतायाः प्रथमं (vii).......... भवत्या आरुढ़म्। अस्मिन् अवसरे मम (viii).......... स्वीकरोतु, भविष्ये अपि एवम् एव सफला भवेत्, इयं कामना अस्ति। स्वपित्रोः सेवायाम् मम (ix).......... निवेदयतु।

भवत्याः सखी
(x)..........

मञ्जूषा प्रसन्नताम्, अभ्यासः,सोपानम्, प्रथमम्, अभिलाषा, वंदने!, अभिवादनम्, सोढाः, संगीतशिक्षा, वर्धापनम्।

उत्तराणि

(i) वंदने! (ii) प्रथमम्
(iii) प्रसन्नताम् (iv) संगीतशिक्षा
(v) अभ्यासः (vi) सोढाः
(vii) सोपानम् (viii) वर्धापनम्
(ix) अभिवादनम् (x) अभिलाषा

औपचारिकं पत्रम्

(प्रधानाचार्य, पदाधिकारियों, व्यापारियों, ग्राहकों, पुस्तक विक्रेता, संपादक आदि को लिखे गए पत्र 'औपचारिक पत्र' कहलाते हैं। औपचारिक पत्र उन लोगों को लिखे जाते हैं, जिनसे हमारा निजी या पारिवारिक संबंध नहीं होता है।)

पत्र: 1

भवती मधुरिमा स्वक्षेत्रस्य महिलाछात्राणां सुरक्षार्थं स्वक्षेत्रे स्थितं आरक्षीनिरीक्षकम् (पुलिस इंस्पेक्टर) पत्रं लेखितुम् इच्छति। मञ्जूषाया: सहायता तत् पत्रं सम्पूर्य लिखतु भवती।

(आप मधुरिमा हैं अपने क्षेत्र में महिला छात्राओं की सुरक्षा के लिए अपने क्षेत्र में स्थित पुलिस इंस्पेक्टर को पत्र लिखना चाहती हैं। मञ्जूषा की सहायता से पत्र को पूर्ण करके लिखिए।)

एस. के. माध्यमिक विद्यालय:
(i)..........

दिनाङ्क:..........

विवेक विहार: नवदिल्लीत: सेवायाम्,

प्रभारी आरक्षीनिरीक्षकमहोदया:
(ii)..........

विवेक विहार: नवदिल्ली

सप्रेम अभिवादनम्।

विषय: स्वक्षेत्रस्य (iii).......... सुरक्षार्थं प्रबन्धं कर्तु विनेदनम्।

महोदया

अहं भवतां क्षेत्रस्य एका (iv).......... अस्मि। अस्मात् क्षेत्रात् अनेका: छात्रा: निकटे क्षेत्रे एव स्थिते विवेकानन्द महिला महाविद्यालये (v).......... गच्छन्ति। तासु काश्चित् पदाति:, काश्चित् बसयानेन काश्चिच्च द्विचक्रिकाभि: गच्छन्ति। परम् अस्मिन् (vi).......... क्षेत्रस्य केचिद् असामाजिका: तत्त्वा: ता: (vii)..........। मार्गेषु ता: प्रति अभद्रतां कुर्वन्ति। अत: तेषां भयात् छात्रा: (viii).......... गन्तुं त्रस्यन्ति। अत: भवतां कृते निवेदनं वर्तते यत् भवन्त: तासां (ix).......... समुचितां व्यवस्थां कारयन्तु येन तासां पठनस्य हानि: न भवेत्।

अहं भवताम् आभारिणी भविष्यामि।

सधन्यवादम्।

(x)..........

मञ्जूषा पठितुम् महाविद्यालयम्, 10/17 पञ्चवटी, मधुरिमा, छात्रा, सुरक्षार्थम्, समये, आरक्षी कार्यालय:, छात्राणाम्, पीडयन्ति।

उत्तराणि

(i) 10/17 पञ्चवटी	(ii) आरक्षीकार्यालय
(iii) छात्राणाम्	(iv) छात्रा
(v) पठितुम्	(vi) समये
(vii) पीडयन्ति	(viii) महाविद्यालयम्
(ix) सुरक्षार्थम्	(x) मधुरिमा

पत्र: 2

भवत: नाम धनराज: वर्तते। भवान् स्वक्षेत्रस्य नगरनिगम—आयुक्ताय क्षेत्रे भ्रमणं कुर्वन्: पशून् ग्राहयितुं पत्रं लेखितुम् इच्छति। अत: मञ्जूषाया: सहायता तत्पत्रं सम्पूर्ण लिखतु भवान्।

(आपका नाम धनराज है। आप अपने क्षेत्र के नगर निगम-आयुक्त को क्षेत्र भ्रमण करके पशुओं को पकड़वाने के लिए पत्र लिखना चाहते हैं। अत: मञ्जूषा की सहायता से इस पत्र को पूर्ण करके लिखिए।)

10/40 एफ. अलकापुरी
गाजियाबाद: (उ. प्र.)

दिनाङ्क:..........

सेवायम्
श्रीमन्त: (i)..........
नगरनिगम गाजियाबाद:।
सप्रेम नमस्कार:।
विषय: क्षेत्रे अनावश्यकं भ्रमणं कुर्वत: स्वामिहीनान् (ii).......... ग्राहयितुं पत्रम्।
महोदय

निवेदनम् अस्ति यत् अस्मिन् क्षेत्रे विगत केभ्यश्चित् (iii).......... केचित् स्वामिहीना: पशव: इतस्तत: भ्रमन्ति। ते कदाचिदपि आगत्य जनानां (iv).......... हानिं कुर्वन्ति। केचित्तु गृहेषु अपि बलपूर्वक प्रविश्य (v).......... खादन्ति इतस्ततश्च विस्तीरयन्ति। कदाचित्तु मार्गेषु चलत: (vi).......... प्रहृत्य रुग्णान् अपि कुर्वन्ति।

अनेन तु खेत्रस्य जना: अतीव (vii).......... सन्ति। अत: भवतां सेवायां निवेदनमस्ति यत् (viii).......... शीघ्रमेव स्वजनान् सम्प्रेष्य तान् पशून् ग्राह्यन्तु भवन्त: येन क्षेत्रे (ix).......... भवेत्।

वयं भवताम् आभारिण: भविष्याम:।

सधन्यवादम्।
निवेदक
(x)..........

मञ्जूषा भयग्रस्ता: पशून्, आयुक्तमहोदय:, शरीराणाम्, शान्ति:, क्षेत्रे, अन्नानि, जनान्, धनराज:, समयेभ्य:।

उत्तराणि

(i) आयुक्तमहोदय:	(ii) पशून्
(iii) समयेभ्य:	(iv) शरीराणाम्
(v) अन्नानि	(vi) जनान्
(vii) भयग्रस्ता:	(viii) क्षेत्रे
(ix) शान्ति	(x) धनराज:

पत्र: 3

भवत्याः नाम दिव्यालक्ष्मी वर्तते। भवती प्रधानमन्त्रिणा उद्घोषित 'बेटी बचाओ, बेटी पढ़ाओ' विषयमुपरि एकं स्वलेखं प्रकाशयितुम् इच्छति अतः देशस्य प्रतिष्ठित-पत्रिकायाः सम्पादिकां प्रति स्वलेखेन सह मञ्जूषायाः सहायतया पत्रं लिखतु भवती।

(आपका नाम दिव्यालक्ष्मी है। आप प्रधानमन्त्री द्वारा उद्घोषित 'बेटी बचाओ, बेटी पढ़ाओ' विषय के ऊपर अपना एक लेख प्रकाशित करवाना चाहती हैं। अतः देश के प्रतिष्ठित पत्र-पत्रिकाओं के सम्पादकों को अपने लेख के साथ मञ्जूषा की सहायता से पत्र लिखिए।)

18/10 गोविन्द विहारः

(i)..........

दिनाङ्कः..........

सेवायाम्

(ii).......... 'वामा' साप्ताहिकम् ब. शा. ज. मार्गः नवदिल्ली।

विषयः 'बेटी बचाओ, बेटी पढ़ाओ' विषये लिखितं स्वलेखं प्रकाशनार्थं पत्रम्।

महोदये!

सविनयं निवेदनम् अस्ति यत् सम्मानीय प्रधानमन्त्रिणा श्रीमोदी (iii)..... सञ्चालितम् अभियानं 'बेटी बचाओ, बेटी पढ़ाओ' कन्यायां संरक्षार्थं सम्पूर्णे (iv)..... प्रचलित। इदम् अभियानं देशाय अति लाभकरं वर्तते। अनेन देशे (v).......... संख्यासु वृद्धिः अभवत्। मया अस्मिन् (vi).......... एकः लेखः लिखितोऽस्ति। अतः एकेन पत्रेण सह तं (vii).......... प्रकाशनार्थं भवतीनां सेवायां प्रेषायमि। कृपया स्वप्रतिष्ठित-पत्रिकायाम् इमं लेखं प्रकाशित्य माम् अनुगृह्णातु (viii).......... आशास्ति। यत् अनेन लेखेन नारीं प्रति (ix).......... जनेषु आगमिष्यति। सधन्यवादम्। (x).......... विश्वासुः

दिव्यालक्ष्मी

मञ्जूषा अभियाने, महाभागेन, चण्डीगढ़म्, देशे, सम्पादिका महोदये, कन्यानाम्, भवत्याः, भवती, लेखम्, जागरूकता।

उत्तराणि

(i) चण्डीगढ़म्	(ii) सम्पादिका महोदये
(iii) महाभागेन	(iv) देशे
(v) कन्यानाम्	(vi) अभियाने
(vii) लेखम्	(viii) भवती
(ix) जागरूकता	(x) भवत्या

पत्र: 4

भवान् कुलदीपकः अस्ति। 'पाञ्चजन्य' साप्ताहिके पत्रे भवान् पत्रकारः एकं समाचारं प्रकाशयितुम् इच्छति। अतः तस्य प्रकाशनार्थं पत्रस्य सम्पादकं प्रति मञ्जूषायाः सहायतया भवान् तत्पत्रं सम्पूर्य लिखतु।

(आप कुलदीपक हैं। 'पाञ्चजन्य' साप्ताहिक पत्र में आप एक समाचार प्रकाशित करवाना चाहते हैं। अतः इसके प्रकाशन के लिए पत्र के सम्पादक को मञ्जूषा की सहायता से इस पत्र को पूर्ण करके लिखिए।)

1/17 जनकपुरी

(i)..........

दिनाङ्कः..........

सेवायाम्,

सम्पादक-महोदय!

(ii)..........

नवदिल्ली।

विषयः 'पाञ्चजन्य' साप्ताहिकपत्रे स्वमौलिकसमाचारं प्रकाशनार्थम् पत्रम्।

महोदये!

निवेदनम् अस्ति यत् अहं जनकपुरी क्षेत्रस्य निवासी एकः (iii).......... अस्मि। मम पत्रकारिता, विवरणं समाचारं वा समये-समये देशस्य अनेकेषु (iv).......... प्रकाशयन्ते। सम्प्रति अहं केनचिन्माध्यमेन भवतां प्रतिष्ठितस्य साप्ताहिकपत्रस्य (v).......... श्रुतवान्। अतः स्वक्षेत्रस्य एक अतीव (vi).......... समाचारं तस्मिन् पत्रे (vii).......... प्रेषयामि। कृपया इमं (viii).......... स्वप्रतिष्ठिते पत्रे प्रकाशयतु भवान्।

भवताम् अतीव (ix).......... भवष्यिति।

भवतां विश्वासुः

(x)..........

मञ्जूषा धन्यवादः, महत्त्वपूर्णम्, नवदिल्लीतः, पत्रकारः, कुलदीपकः, विषये, समाचारम्, प्रकाशनार्थम्, 'पाञ्चजन्यः' समाचारपत्रम्, पत्रेषु।

उत्तराणि

(i) नवदिल्लीतः	(ii) 'पाञ्चजन्यः' समाचारपत्रम्
(iii) पत्रकारः	(iv) पत्रेषु
(v) विषये	(vi) महत्त्वपूर्णम्
(vii) प्रकाशनार्थम्	(viii) समाचारम्
(ix) धन्यवाद	(x) कुलदीपकः

परीक्षा अभ्यासः

मञ्जूषायाः उचितपदैः निम्नलिखितानि पत्राणि पूरयत।

(मञ्जूषा के उचित शब्दों से निम्नलिखित पत्रों को पूरा कीजिए।)

1. भवान् धर्मेन्द्रः। मातृ स्वास्थ्यं ज्ञातुं भगिनी गरिमां प्रति लिखिते पत्रे मञ्जूषायां दत्तैः पदैः रिक्तस्थानानि पूरयत।

(आप धर्मेन्द्र हैं। माता के स्वास्थ्य के विषय में जानने के लिए बहन गरिमा को लिखे गए पत्र को मञ्जूषा में दिए गए पदों की सहायता से पूरा कीजिए।)

छात्रावासः
देहरादूननगरतः
दिनाङ्कः..........
समादरणीये (i)..........
नमोनमः

(ii)........ ज्ञातम् यत् माता (iii)....... अस्ति। अहम् अतीव (iv).......... अस्मि, परम् परीक्षाकारणात् गृहम् (v).......... सक्षमः न अस्मि। (vi)........ तस्यै (vii)........ यच्छतु, भवत्कृपया सा शीघ्रम् (viii)....... भविष्यति। पत्रोत्तरम् (ix)....... प्रेषयतु।

तव भ्राता
(x)..........

मञ्जूषा *आगन्तुम्, सोमरसः, भगिनि!, चिन्तितः, पत्रेण, यथासमयम्, ज्वरपीड़िता, शीघ्रम्, स्वस्था, धर्मेन्द्रः।*

2. भवान् पार्थः। भवतः विद्यालयः छात्रान् शिक्षा-यात्रायै जयपुरं नेष्यति। भवान् पितुः आज्ञाप्राप्त्यर्थं लिखिते पत्रे शब्दसूची-सहायतया रिक्तस्थानपूर्तिं कुरुत।

(आप पार्थ हैं। आप के विद्यालय से छात्र शैक्षिक यात्रा के लिए जयपुर जाएँगे। अपने पिता को आज्ञाप्राप्ति के लिए लिखे गए पत्र को शब्दसूची की सहायता से रिक्त स्थान भरिए।)

संस्कृति छात्रावासतः
आदरणीय (i)..........!
सादरं (ii).........।

भवताम् (iii).........प्राप्तम्। (iv).......... च ज्ञाता। मम विद्यालयः शरदावकाशे छात्रान् (v).........जयपुरं नेष्यति। अहमपि एतत् (vi).........नगरं द्रष्टुम् इच्छामि। अतः मह्यम् (vii).......... पञ्चशतम् (viii).......... प्रेषयन्तु भवन्तः। शेषं कुशलम् (ix).......... मम प्रणामः अनुजाय च स्नेहः।

(x).......... पुत्रः
पार्थः

मञ्जूषा *यात्राव्ययार्थम्, भवतः पत्रम्, पितृमहोदय!,ऐतिहासिकम्, रूप्यकाणि, नमोनमः, अम्बायै, कुशलता, शिक्षा-यात्रायै।*

3. भवती शुभांगी। भवत्याः अनुजा चेष्टा। चेष्टां प्रति वार्षिकपरीक्षायै लिखिते पत्रे शब्दसूची-सहायतया रिक्तस्थानानि पूरयत।

(आप शुभांगी हैं। आपकी छोटी बहिन चेष्टा को वार्षिक परीक्षा के लिए लिखे गए पत्र को शब्दसूची की सहायता से रिक्तस्थान भरिए।)

नवदिल्लीतः
प्रिये (i)......... चेष्टे!
अनेके आशीर्वादा:

अत्र (ii)......... तत्रास्तु। तव मासिक-परीक्षायाः (iii).........मया दृष्टः। गणितविषये त्वया (iv).......... अङ्काः प्राप्ताः। भवती गणितविषयस्य नित्यम् (v).......... कुर्यात् येन (vi).......... गणितविषयेऽपि (vii).......... अङ्कान् प्राप्नुयात् कक्षायां च उत्तमम् (viii).......... लभेत्, मम (ix).......... अस्ति।

भवत्याः (x)..........
शुभांगी

मञ्जूषा *न्यूनाः, अग्रजा, भगिनिः, परिणामः, उत्तमान्, शुभकामना, अभ्यासम्, स्थानम्, कुशलम्, वार्षिकपरीक्षायाम्।*

4. भवान् प्रवीणः। भवता विद्यालये सर्वश्रेष्ठ क्रीडकस्य पुरस्कारः प्राप्तः। स्वमातरं सूचयितुं लिखिते पत्रे शब्दसूची सहायता रिक्तस्थानपूर्तिं कुरुत।
(आप प्रवीण हैं। आपने विद्यालय के सर्वश्रेष्ठ खिलाड़ी का पुरस्कार प्राप्त किया है। अपनी माता को लिखे गए पत्र में शब्दसूची की सहायता से रिक्तस्थानों की पूर्ति कीजिए।)

..........(i)

छात्रावासतः

दिनाङ्कः..........

परमपूज्यमातुः

(ii).......... प्रणामाञ्जलिः निवेद्यते। अत्र सर्वं कुशलम् अस्ति। (iii).......... आशीर्वादेन अहं विद्यालये सर्वश्रेष्ठ (iv).......... पुरस्कारं प्राप्तवान् अहं सायं (v).......... सप्तकक्षायाः छात्रान् संस्कृतं पाठयामि। अनेन मम अपि (vi).......... वर्धते प्रधानाचार्यः अपि एतत् (vii).......... प्रसन्नः (viii).......... पितृचरणयोः मम प्रणामान् (ix)..........।

भवत्याः प्रियपुत्रः

(x)..........

मञ्जूषा *छात्रावासे, क्रीडकस्य, चरणयोः, भवत्याः, ज्ञानम्, प्रवीणः, अजयमेरूनगरमः, अभवत्, निवेदयतु, ज्ञात्वा।*

5. विद्यालयात् अवकाशार्थं मुख्याध्यापकं प्रति पत्रं मञ्जूषायां दत्तैः उचितपदैः पूरयत।
(विद्यालय से अवकाश के लिए मुख्य अध्यापक को लिखे गए पत्र को मञ्जूषा में दिए गए उचित शब्दों से पूरा कीजिए।)

सेवायाम्

(i)..........

तिरुवल्लुवर विद्यालयः

(ii)..........

(iii)..........

सविनयं (iv).......... अस्ति यत् अहम् अद्य विद्यालये (v).......... न शक्नोमि। तस्मात् (vi).......... मह्यं दिन (vii).......... अवकाशम् प्रदाय कृतार्थयन्तु भवन्तः। (viii).......... भवतः अतीव (ix).......... भविष्यामि।

दिनाङ्कः..........।

(x)..........

अर्णवः

मञ्जूषा मान्यवर, भवदीयः शिष्यः, कारणात्, अहम्, चेन्नई, मुख्याध्यापक महोदय, आगन्तुम्, द्वयस्य, निवेदनम्, कृतज्ञः।

6. भवतः मित्रं पादकन्दुकस्पर्धायां विजयं प्राप्तवान्। एतदर्थम् अभिनन्दात्मकं अधोलिखितमपूर्णपत्रं मञ्जूषायां प्रदत्तपदसहायतया पूरयित्वा पुनः उत्तरपुस्तिकायां लिखत।
(आपका मित्र फुटबॉल प्रतियोगिता में विजयी हुआ है। इसलिए अधोलिखित अभिनन्दन पत्र को मञ्जूषा की सहायता से पूर्ण करके उत्तर पुस्तिका में लिखिए।)

(i)..........

दिनाङ्कः..........

मित्रवर्य जयेश!

नमोनमः

अत्र (ii).......... तत्रास्तु।

अद्य चिरात् तव पत्रं प्राप्य अहमतीव हर्षमनुभवामि। भवान् पादकन्दुकस्पर्धायां (iii).......... प्राप्तवान् इति ज्ञात्वा महती (iv).......... जाता। सफलतायै (v).......... भवान् सम्यक् (vi)..........करोति फलमपि प्राप्नोति अतः मम बहु (vii).......... अभवत्। भवत्सकाशमागन्तु वारं वारं ममाभिलाषा भवति। ग्रीष्मावकाशे (viii).......... भवत्समीपभागमिष्यामि।

अत्र ममाध्ययनं सम्यक् प्रचलति, आशासे भवतोऽध्ययनपि (ix).......... तत्र प्रचलेत्। सर्वेभ्योऽपि ज्येष्ठेभ्योः कनिष्ठेभ्यश्च प्रणामाः आशिषो वा वक्तव्याः।

भवदभिन्नं मित्रम्

(x)..........

मञ्जूषा निर्विघ्नम्, अभिनन्दनम्, आनन्दः, अहं, कुशलम्, प्रसन्नता, अनिलः, अजयमेरूतः, विजयं, परिश्रमं।

7. मित्रं प्रति लिखितं निम्नलिखितं पत्रम् मञ्जूषायां प्रदत्तैः उचितैः शब्दैः पूरयत।
(मित्र को लिखे गए निम्नलिखित पत्र को मञ्जूषा में दिये गए उचित शब्दों से पूरा कीजिए।)

जयपुरतः
दिनाङ्कः..........
प्रिय मित्र (i)..........!
(ii).......... नमस्ते।
(iii).......... अहं मित्रैः सह जन्तुशालां द्रष्टुं कननवनम् आगच्छम्। तत्र (iv).......... अनेकान् पशून् अपश्याम। सर्वे पशवः इतस्ततः भ्रामन्ति स्म। सिंहाः उच्चैः अगर्जन्। मयूराः नृत्ये (v).......... आसन् वस्तुतः मयूरं (vi).......... कुत्र जन्तुशालायाः भव्यशोभा? तत्र आम्रवृक्षाः अपि आसन्, कोकिला (vii).......... वस्तुतः यत्र आम्रवृक्षाः (viii).......... कोकिला तु भविष्यति एव। अग्रे पुनः लेखिष्यामि। (ix).......... मम नमस्कारमः कथनीयः।

भवदीयम्
(x)..........

मञ्जूषा सर्वेभ्यः, अपि, मग्नाः, श्वः', दिनेशः, सस्नेहं, वयम्, अभिन्नमित्रम्, तत्र, विना।

8. भवती प्रियंका। स्वकीयां सखीं वंदनां प्रति 'स्वदिनचर्यायाः विषये' अधोलिखितं पत्रं मञ्जूषापदसहायतया पूरयित्वा लिखतु।
(आप प्रियंका हैं। अपनी सखी वंदना को अपनी दिनचर्या के विषय में लिखे गए पत्र को मञ्जूषा की सहायता से पूरा करके लिखिए।)

(i)..........
दिनाङ्कः..........
प्रिय सखि (ii)..........!
अत्र कुशलं तत्रास्तु। आशासे भवति अपि (iii).......... अद्य चिरात् तव पत्रं प्राप्य अहं अतीव प्रसन्नास्मि। भवती मम दिनचर्यां (iv).......... इच्छति। अतः लिखामि। अहं अत्र पञ्चवादने प्रातः (v)..........। सार्धषडवादन पर्यन्तं स्नानं व्यायामं च करोमि। सप्तवादनतः (vi).......... प्रचलति। दशवादने भोजनं कृत्वा विद्यालयं गच्छामि। सायं पञ्चवादने (vii)..........। सायं सप्तवादने (viii).......... कृत्वा भोजनं करोमि। (ix).......... दशवादनपर्यन्तं पठामि। इत्येवं मम दिनचर्या। शेषं कुशलम्।
भवत्याः सखी
(x)..........

मञ्जूषा उत्तिष्ठामि, अध्ययनं, ज्ञातुम्, प्रियंका, कुशलिनी, संध्यादिकं, वन्दना, परीक्षाभवनतः, क्रीडामि, रात्रौ।

9. स्वप्रधानाचार्याय शिक्षणशुल्क मुक्तयर्थम् अधोलिखितं प्रार्थनापत्रं मञ्जूषायां प्रदत्तपदैः पूरयित्वा लिखत।
(अपने प्रधानाचार्य को शिक्षण शुल्क मुक्ति के लिए अधोलिखित प्रार्थना पत्र को मञ्जूषा में दिए गए शब्दों की सहायता से पूरा करके लिखिए।)
सेवायाम्
(i).......... प्रधानाचार्यः महोदयाः
राजस्थान बाल विद्या मंदिर, जयपुरम्
महोदया
सप्रेम प्रणामपूर्वकं (ii).......... यद् अहं (iii).......... विद्यालये दशम्यां कक्षायाम् (iv).......... अस्मि। अध्ययने मम महान् (v)..........वर्तते। मम पिता (vi).......... अस्ति। अर्थाभावत् सः मम् (vii).......... प्रतिमासं दास्यमानं (viii).......... दातुम् असमर्थः अस्ति। अतः कृपया माम् (ix).......... विधीय अनुगृहणन्तु अत्रभवन्तः। भवताम् आज्ञानुवर्ती

(x)..........

मञ्जूषा श्यामकुमारः, शुल्क-मुक्तं, शुल्कं, शिक्षार्थ, श्रमिकः, रुचिः, अध्ययनरतः, भवतां, निवेदयामि, श्रीमन्तः।

10. भवतां नाम सौरभः। भवतां विद्यालये वार्षिकोत्सवे संस्कृतनाटकस्य मञ्चनं भविष्यति। एतदर्थं स्वमित्रं गौरवं प्रति लिखितं निमन्त्रणपत्रं मञ्जूषापदसहायतया पूरयित्वा पुनः उत्तरपुस्तिकायां लिखत।
(आपका नाम सौरभ है। आपके विद्यालय के वार्षिकोत्सव में संस्कृतनाटक का मंचन होगा। इसलिए अपने मित्र गौरव को लिखे गए निमन्त्रण पत्र को मञ्जूषा के शब्दों की सहायता से पूरा करके पुनः उत्तरपुस्तिका में लिखिए।)

सर्वोदयविद्यालय
(i) ....

दिनाङ्कः ....

पूज्याः (ii) ....

दीपावलीपर्वणः शुभाशंसाः। अत्र (iii) .... कुशलम्। भवान् अपि (iv) .... इति मन्ये। अस्मांक विद्यालयस्य वार्षिकोत्सवः (v) .... पर्वणः शुभावसरे भविष्यति। तत्र अस्माकं पुस्तकस्य 'रमणीया हि सृष्टिः एषा' इति नाटकस्य (vi) .... भविष्यति। अहं तस्मिन् नाटके काकस्य अभिनयं (vii) .... । भवान् अवश्यमेव तत् (viii) .... अगच्छतु। मम अपि उत्साहवर्धनम् भविष्यति। सर्वेभ्यः अग्रजेभ्यः मम (ix) .... निवेद्यताम् इति।

भवदीयः वयस्यः

(x)..........

मञ्जूषा द्रष्टुम्, दिल्लीतः, सर्वगतं, प्राणामाञ्जलिः, कुशली, मञ्चनम्, गौरव! , दीपावल्याः, करिष्यामि, सौरभः।

11. भवान् राकेशः। भवतः मित्रं योगेशः शिमलानगरे वसति। ग्रीष्मावकाशे मित्रं प्रतिभ्रमणाय मञ्जूषातः शब्दं चित्वा पत्रं पूरयत।
(आप राकेश हैं। आपका मित्र योगेश शिमला नगर में रहता है। ग्रीष्मावकाश में मित्र को भ्रमण के लिए लिखे गए पत्र को मञ्जूषा से शब्द चुनकर पूरा कीजिए।)

छात्रावासः

कर्णपुरतः

दिनाङ्कः..........

प्रिय (i)..........योगेश!

(ii)..........

अत्र कुशलं (iii).......... । चिरकालतः (iv).......... समाचारं न प्राप्तम्। अहं (v)..........भवतां समीपे शिमलाम् (vi)..........इच्छामि। ग्रीष्मकाले शिमलानगरे तु (vii).......... भवति। तत्र (viii).......... पर्वताः जनान् आकर्षयन्ति तत्र (ix)..........प्राकृतिक-दृश्यं द्रक्ष्यामि।
गृहे मातृ-पितृचरणयोः प्रणामाः।

भवदीयं (x)..........

राकेशः

मञ्जूषा तत्रास्तु, ग्रीष्मावकाशे, मित्र, भवतः, शैत्यं, आगन्तुम्, हिमाच्छादिताः, अहमपि, मित्रम्, नमोनमः

पूर्णं पत्रं लेखनीयम्। (पूरा पत्र लिखिए।)

12. स्वस्य प्रधानाचार्याय दिनद्वयस्य अवकाशार्थम् प्रार्थनापत्रं लिखत।
(अपने प्रधानाचार्य को दो दिन के अवकाश के लिए प्रार्थना पत्र लिखिए।)

13. स्वस्य प्रधानाचार्याय स्थानान्तरण प्रमाण पत्र प्राप्त्यर्थं प्रार्थनापत्रं लिखत।
(अपने प्रधानाचार्य को स्थानान्तरण प्रमाण पत्र प्राप्त करने के लिए प्रार्थना पत्र लिखिए।)

14. 'मित्रं' प्रति लिखितम् पत्रं लिखतः।
('मित्र' को पत्र लिखिए।)

15. पितरं प्रति पत्रं लिखतः।
(पिता को एक पत्र लिखिए)

उत्तराणि

1. *(i)* भगिनि! *(ii)* पत्रेण *(iii)* ज्वरपीड़िता *(iv)* चिन्तितः *(v)* आगन्तुम्
(vi) यथासमयम् *(vii)* सोमरसः *(viii)* स्वस्था *(ix)* शीघ्रम् *(x)* धर्मेन्द्रः

2. *(i)* पितृमहोदय! *(ii)* नमोनमः *(iii)* पत्रम् *(iv)* कुशलता *(v)* शिक्षा-यात्रायै
(vi) ऐतिहासिकम् *(vii)* यात्राव्ययार्थम् *(viii)* रूप्यकाणि *(ix)* अम्बायै *(x)* भवतः

3. *(i)* भगिनिः *(ii)* कुशलम् *(iii)* परिणामः *(iv)* न्यूनाः *(v)* अभ्यासम्
(vi) वार्षिकपरीक्षायाम् *(vii)* उत्तमान् *(viii)* स्थानम् *(ix)* शुभकामना *(x)* अग्रजा

4. *(i)* अजयमेरूनगरम् *(ii)* चरणयोः *(iii)* भवत्याः *(iv)* क्रीडकस्य *(v)* छात्रावासे
(vi) ज्ञानम् *(vii)* ज्ञात्वा *(viii)* अभवत् *(ix)* निवेदयतु *(x)* प्रवीणः

5. *(i)* मुख्याध्यापक महोदय *(ii)* चेन्नई *(iii)* मान्यवर *(iv)* निवेदनम् *(v)* आगन्तुम्
(vi) कारणात् *(vii)* द्वयस्य *(viii)* अहम् *(ix)* कृतज्ञः *(x)* भवदीयः शिष्यः

6. *(i)* अजयमेरूतः *(ii)* कुशलम् *(iii)* विजयं *(iv)* प्रसन्नता *(v)* अभिनन्दनम्
(vi) परिश्रमं *(vii)* आनन्दः *(viii)* अहं *(ix)* निर्विध्नं *(x)* अनिलः

7. *(i)* दिनेशः *(ii)* सस्नेहं *(iii)* श्वः *(iv)* वयम् *(v)* मग्नाः
(vi) विना *(vii)* अपि *(viii)* तत्र *(ix)* सर्वेभ्यः *(x)* अभिन्नमित्रम्

8. *(i)* परीक्षा-भवनतः *(ii)* वंदना *(iii)* कुशलिनी *(iv)* ज्ञातुम् *(v)* उत्तिष्ठामि
(vi) अध्ययनं *(vii)* क्रीडामि *(viii)* संध्यादिकं *(ix)* रात्रौ *(x)* प्रियंका

9. *(i)* श्रीमन्तः *(ii)* निवेदयामि *(iii)* भवतां *(iv)* अध्ययनरतः *(v)* रुचिः
(vi) श्रमिकः *(vii)* शिक्षार्थ *(viii)* शुल्कं *(ix)* शुल्कं-मुक्तं *(x)* श्यामकुमारः

10. *(i)* दिल्लीतः *(ii)* गौरव! *(iii)* सर्वगतं *(iv)* कुशली *(v)* दीपावल्या
(vi) मञ्चनम् *(vii)* करिष्यामि *(viii)* द्रष्टुम् *(ix)* प्रणामाञ्जलिः *(x)* सौरभः

11. *(i)* मित्र *(ii)* नमोनमः *(iii)* तत्रास्तु *(iv)* भवतः *(v)* ग्रीष्मावकाशे
(vi) आगन्तुम् *(vii)* शैत्यं *(viii)* हिमाच्छादिताः *(ix)* अहमपि *(x)* मित्रम्

12. सेवायाम्
श्रीमन्तः प्रधानाचार्य महोदयाः
श्रीराम माध्यमिक विद्यालयः, जयपुरम्
महोदया
सविनयं निवेदनमस्ति यद् मम ज्येष्ठ भ्रातुः पाणिग्रहणसंस्कारः दिनद्वयं पश्चात् भविष्यति। एतदत्कारणात् दिनद्वयं यावद् अहं स्वकक्षायामुपस्थातुं न शक्नोमि। अतः प्रार्थना अस्ति यद् दि. 25.11.20XX तः 26.11.20XX पर्यन्तं दिनद्वयस्य अवकाशं स्वीकृत्य मामनुग्रहीष्यन्ति श्रीमन्तः।
भवदाज्ञाकारी शिष्यः
अखिलेशः

13. सेवायाम्
श्रीमन्तः प्रधानाध्यापक महोदयाः
आदर्श विद्या मंदिर विद्यालयः
अजयमेरूनगरम्।
महोदय
सविनयं निवेदनम् अस्ति। यद् मम पूज्यपितुः स्थानान्तरणं जोधपुरनगरे सञ्जातम्। अस्मात् कारणात् वयं सर्वेऽपि पारिवारिकजनाः तत्रैव गमिष्यामः। ममापि तैः सह तत्र गमनं निश्चितमेव। अतः सम्प्रति अहमत्र पठितुं सर्वथा असमर्थोऽस्मि। अतः प्रार्थना यत् महयं

स्थानान्तरण-प्रमाण- पत्रं प्रदाय अनुग्रहीष्यन्ति श्रीमन्तः। मम पितुः स्थानान्तरणस्य राज्यादेश प्रतिलिपिः भवतामवलोकनार्थं संलग्ना अस्ति।

प्रार्थी

चन्द्रप्रकाशः

14. तेजस्विनी छात्रावासः

छात्रावासतः

प्रियमित्र!

सस्नेहं नमस्ते। कुशली मन्ये भवान्। वयम् अपि अत्र सर्वे कुशलिनः स्मः। अग्रिम—सप्ताहे अहं मित्रैः। सह भ्रमितुं त्रिपुराप्रदेशं गमिष्यामि। श्रूयते यत्त्रिपुराराज्यम् अतीव सुन्दरम् अस्ति। ततः आगत्य तस्य प्रदेशस्य सम्पूर्णं वर्णनं करिष्यामि। आशासे भवान् अपि तत्र अवश्यमेव गमिष्यति।

अहं पुनः लेखिष्यामि। सर्वेभ्यः मम नमस्काराः। आवां शीघ्र मिलावः।

भवतः मित्रम्

श्यामलेशः

15. ब्रह्मपुत्र-छात्रावासः

नवदिल्लीतः

दिनाङ्कः ………

पूज्याः पितृमहोदयाः

सादरं प्रमाणाः।

अत्र कुशलं तत्रास्तु। इदं विज्ञाय भवान् अतिप्रसन्नः भविष्यति यद् गतदिवसे अन्तर्विद्यालयीभाषणप्रतिस्पर्धायां मया प्रथमम् स्थानं लब्धम्। क्रीडादिवसे धावनप्रतियोगितायाम् अहमेव प्रथमः आसम्। अस्मिन् वर्षे वार्षिकोत्सवे अहं नाट्याभिनयं करिष्यामि।

अयं वार्षिकोत्सवः आगामि-शुक्रवासर आयोजयिष्यते विद्यालयस्य पक्षतः ह्य एव निमन्त्रणपत्रम् प्रेषितम्। अहमपि भवन्तम् सूचयामि यद् भवान् मात्रा सह अवश्यम् आगच्छतु। मम उत्साहवर्धनम् भविष्यति। मातृचरणयोः मम प्रणामाः।

भवतः पुत्रः

नीरजः

अध्याय

02

चित्रवर्णनम्

चित्रवर्णने ध्यानयोग्याः बिंदवः

चित्राधारित वर्णनं प्रारूप समये अधोलिखित बिंदुनां ध्यातव्यम्

- प्रदत्तचित्रं सम्यक् प्रकारेण अवलोकनीयम्, येन चित्रे स्थितं प्रत्येकं विषयं सम्यक् प्रकारेण मनसि आगच्छेत्।
- चित्रेण सह प्रदत्त **मञ्जूषामपि** ध्यानेन पठनीयं तथा च चित्रस्य वर्णनेन सम्मेलनं करणीयम्। रोचकतायाः ध्यानम् अपि करणीयम्।।
- मञ्जूषायां प्रदत्तशब्देषु आवश्यकतानुसारेण *लिङ्गं, वचनं, पुरुषः विभक्तिः* च परिवर्तितुं शक्यते।
- वाक्यलेखने सरलाः शुद्धाः च भाषा प्रयोक्तव्याः।
- वाक्यानि सरलानि, लघूनि तथा च अन्योन्येन सह संबंधीनि भवितव्यानि।
- एकप्रकारस्यैव **भावं, विचारं** वा प्रस्तोतव्यम्।
- भूमिका, उपसंहारम् वा न कदापि लेखनीयम्।

चित्र वर्णन में ध्यान रखने योग्य बिंदु

चित्र इसमें वर्णन करते समय निम्नलिखित बातें अवश्य ध्यान में रखनी चाहिए

- दिए गए चित्र को भली-भाँति देख लेना चाहिए, जिससे चित्र में स्थित प्रत्येक बिंदु ठीक-ठीक समझ में आ जाए।
- चित्र के साथ दी गई शब्द-सूची को भी ध्यानपूर्वक पढ़ना चाहिए और चित्र के वर्णन से मिलान करना चाहिए।
- मञ्जूषा में दिए गए शब्दों में आवश्यकतानुसार लिङ्ग, वचन, पुरुष, विभक्ति आदि में परिवर्तन किया जा सकता है।
- वाक्य लिखते समय सरल व शुद्ध भाषा का प्रयोग करना चाहिए।
- वाक्य सरल, लघु तथा एक-दूसरे से संबंधित होने चाहिए।
- एक प्रकार का ही **भाव** अथवा **विचार** प्रस्तुत करना चाहिए।
- भूमिका अथवा *उपसंहार* कभी भी नहीं लिखना चाहिए।

साधित उदाहरणम्

अधोदत्तं चित्रं आधृत्यमञ्जूषायां प्रदत्तशब्दसहायता पञ्चवाक्यानि संस्कृते लिखत।
(नीचे दिए गए चित्र को आधार करके मञ्जूषा में दिए गए शब्दों की सहायता से पाँच वाक्य संस्कृत में लिखिए।)

1. अधोदत्तचित्रस्य वर्णनं मञ्जूषायां प्रदत्तपदानां सहायतया पञ्चवाक्येषु कुरुत।
(नीचे दिए गए चित्र का वर्णन मञ्जूषा में दिए गए शब्दों की सहायता से पाँच वाक्यों में कीजिए।)

मञ्जूषा *वृक्षे, मृगः, शिष्याः, गुरुकुलस्य, सम्यक्, शशकः, पठन्ति, उपतिष्ठति, खगः, चित्रं, तत्र, स्तः, शिष्यान्, गुरुः, पाठयति, अस्ति, इदं, गुरुकुले, एकः, च।*

उत्तराणि

(i) इदं चित्रम् गुरुकुलस्य अस्ति।
(ii) गुरुकुले शिष्याः पठन्ति।
(iii) वृक्षे एकः खगः उपतिष्ठति।
(iv) गुरुः शिष्यान् सम्यक् पाठयति।
(v) तत्र एकः मृगः शशकः च स्तः।

2. अधोदत्तचित्रस्य वर्णनं मञ्जूषायां प्रदत्तपदानां सहायतया पञ्चवाक्येषु कुरुत।
(नीचे दिए गए चित्र का वर्णन मञ्जूषा में दिए गए शब्दों की सहायता से पाँच वाक्यों में कीजिए।)

मञ्जूषा *राष्ट्रमंडल खेलस्यः 2010, 'शेरा' प्रतीकचिह्नम्, छात्राः, बालाः, शेरां, अत्र, बालिकाः, प्रसन्नाः, अस्ति, स्थिताः, हस्ताभ्यां, आसीत्, इदं, स्पृशन्ति, प्रसन्नाः, चित्रं, विजयमुद्रां, दर्शयति, सन्ति।*

उत्तराणि

(i) इदं चित्रं राष्ट्रमंडलखेलस्य अस्ति।
(ii) अत्र शेरां विजयमुद्रां दर्शयति।
(iii) बालाः प्रसन्नाः सन्ति।
(iv) छात्राः हस्ताभ्यां शेरां स्पृशन्ति।
(v) 2010 खेलस्य, प्रतीकचिह्नम् शेरां आसीत्।

3. अधोदत्तचित्रस्य वर्णनं मञ्जूषायां प्रदत्तपदानां सहायतया पञ्चवाक्येषु कुरुत।

(नीचे दिए गए चित्र का वर्णन मञ्जूषा में दिए शब्दों की सहायता से पाँच वाक्यों में कीजिए।)

मञ्जूषा *इदं, सह, युवकाः, अत्रः, बसयानानि, इतस्ततः, अवरुद्धः, चित्रं, सर्वत्र, मार्गः, व्याकुलाः, जनाः, राजमार्गस्य, अस्मिन्, सन्ति, यातायातः, कारयानानि, गच्छन्ति, भवन्ति, द्विचक्रिकया, वाहनैः, ध्वनिप्रदूषणेन, दृश्यते, अस्ति।*

उत्तराणि

(i) इदं चित्रं राजमार्गस्य अस्ति।

(ii) अस्मिन् चित्रे द्विचक्रिकया सह युवकाः सन्ति।

(iii) वाहनैः सर्वत्र मार्गः अवरुद्धः दृश्यते।

(iv) अत्र कारयानानि इतस्ततः गच्छन्ति।

(v) ध्वनिप्रदूषणेन जनाः व्याकुलाः भवन्ति।

4. अधोदत्तचित्रस्य वर्णनं मञ्जूषायां प्रदत्तपदानां सहायतया पञ्चवाक्येषु कुरुत।

(नीचे दिए गए चित्र का वर्णन मञ्जूषा में दिए शब्दों की सहायता से पाँच वाक्यों में कीजिए।)

मञ्जूषा *वहति, उपविष्टाः, चित्रे, रेलस्थानकम्, जनाः, पठन्ति, केचन, रेलयानं, प्रति, भारं, बालकाः, आरोहन्ति, यात्रिणः, समाचारपत्राणि, विक्रमः, पादत्राणाम्, रेलयाने, गच्छन्ति, भारवाहकः, अस्मिन्, सन्ति, अस्ति।*

उत्तराणि

(i) अस्मिन् चित्रे रेलस्थानकम् अस्ति।

(ii) जनाः समाचारपत्राणि पठन्ति।

(iii) केचन जनाः रेलयाने उपविष्टाः सन्ति।

(iv) यात्रिणः रेलयानं प्रति गच्छन्ति।

(v) भारवाहकः भारं वहति।

5. अधोदत्तचित्रस्य वर्णनं मञ्जूषायां प्रदत्तपदानां सहायतया पञ्चवाक्येषु कुरुत।

(नीचे दिए गए चित्र का वर्णन मञ्जूषा में दिए शब्दों की सहायता से पाँच वाक्यों में कीजिए।)

मञ्जूषा *पश्यतः, कुटीरः, जनाः, चित्रे, नद्यां, तरतः, उभयतः, एकः, बालकः, बालिका, नौके, द्वे, नदीम्, नौका, विहारम्, नाविकान्, वृक्षाः, स्वच्छजलम्, हरीतिमा, सन्ति, तत्र, शोभते, एका, शुद्धवातावरणम्, वनम्, कुर्वन्ति, अस्मिन्।*

उत्तराणि

(i) अस्मिन् चित्रे जनाः नौका विहारम् कुर्वन्ति।
(ii) नद्यां द्वे नौके तरतः।
(iii) नदीम् उभयतः वृक्षाः सन्ति।
(iv) तत्र एकः कुटीरः शोभते।
(v) एकः बालकः एका बालिका च नाविकान् पश्यतः।

6. अधोदत्तचित्रस्य वर्णनं मञ्जूषायां प्रदत्तपदानां सहायतया पञ्चवाक्येषु कुरुत।

(नीचे दिए गए चित्र का वर्णन मञ्जूषा में दिए शब्दों की सहायता से पाँच वाक्यों में कीजिए।)

मञ्जूषा चित्रे, द्वौ, नद्यां, एकः, पर्वतः, बालकौ, रमणीयः, तरतः, कुटीरः, नदी, रजकः, शोभते, अपि, वृक्षाः, शिलापट्टके, च, वस्त्राणि, क्षालयति, अस्मिन्, दृश्यते, तत्र, अस्ति।

उत्तराणि

(i) अस्मिन् चित्रे नदी वृक्षाः च दृश्यते
(ii) द्वौ बालकौ नद्यां तरतः।
(iii) तत्र एकः कुटीरः शोभते।
(iv) रजकः शिलापट्टके वस्त्राणि क्षालयति।
(v) रमणीयः पर्वतः अपि अस्ति।

7. अधोदत्तचित्रस्य वर्णनं मञ्जूषायां प्रदत्तपदानां सहायतया पञ्चवाक्येषु कुरुत।

(नीचे दिए गए चित्र का वर्णन मञ्जूषा में दिए शब्दों की सहायता से पाँच वाक्यों में कीजिए।)

मञ्जूषा *अनुगच्छति, गच्छन्ति, चारयन्ति, मार्गे, अस्मिन्, मेषाः, अजाः, गृहाणि, पर्वतवासिनः, पदातिः, पर्वतीयस्थलं, चित्रं, प्रकृतेः, गोपालकः, सुन्दरं, दृश्यते, जनाः, अत्र, कारयानम्, हरीतिमा, पर्वतेषु, क्षेत्रे, धावति, राजमार्गे, अपि।*

उत्तराणि

(i) अस्मिन् चित्रे सुन्दरं पर्वतीयस्थलं दृश्यते।
(ii) पर्वतेषु प्रकृतेः सुन्दरं चित्रं दृश्यते।
(iii) अत्र पर्वतवासिनः जनाः मार्गे गच्छन्ति।
(iv) क्षेत्रे अजाः, मेषाः चारयन्ति।
(v) राजमार्गे कारयानम् अपि धावति।

8. अधोदत्तचित्रस्य वर्णनं मञ्जूषायां प्रदत्तपदानां सहायतया पञ्चवाक्येषु कुरुत।

(नीचे दिए गए चित्र का वर्णन मञ्जूषा में दिए शब्दों की सहायता से पाँच वाक्यों में कीजिए।)

मञ्जूषा *सर्वत्र, चित्रं, मुख्यमार्गस्य, कारयानम्, अस्त-व्यस्तः, धावन्ति, तीव्रगत्या, सङ्कुलः, मार्गे, एकः, यातायातः, अपि, भवति, कारयानानिः, इदं, दृश्यते, बसयानं, नगरस्य, अस्ति, अधुना, मध्ये, वाहनानां, विविधवाहनैः, नियममुल्लंघ्य, एकं, तिष्ठति।*

उत्तराणि

(i) इदं चित्रं नगरस्य मुख्यमार्गस्य अस्ति।
(ii) अधुना सर्वत्र मार्गे वाहनानां सङ्कुलः दृश्यते।
(iii) विविधवाहनैः यातायातः अस्त-व्यस्तः भवति।
(iv) मार्गे बसयानानिः, कारयानानिः च विविधानि वाहनानि तीव्रगत्या धावन्ति।
(v) एकं बसयानं नियममुल्लंघ्य मध्ये तिष्ठति।

9. अधोदत्तं चित्रं दृष्ट्वा तस्य वर्णनं मञ्जूषायां प्रदत्तपदानां सहायतया पञ्चवाक्येषु कुरुत।
(नीचे दिए गए चित्र को देखकर उसका वर्णन मञ्जूषा में दिए गए शब्दों की सहायता से पाँच वाक्यों में कीजिए।)

मञ्जूषा *चित्रं, छात्रान्, पाठयति, शिक्षिकां, लिखन्ति, छात्राः, एका, कारयति, वास्तुकलायाः, ज्ञानम्, छात्रा, पृच्छति, शिक्षिका, किञ्चित्, कक्षायाः, वर्तते, छात्रान्, अपि, इदं।*

उत्तराणि

(i) इयं कक्षायाः चित्रं वर्तते।

(ii) शिक्षिका छात्रान् पाठयति।

(iii) छात्राः लिखन्ति।

(iv) एका छात्रा शिक्षिकां किञ्चित् पृच्छति।

(v) शिक्षिका छात्रान् वास्तुकलायाः ज्ञानम् अपि कारयति।

10. अधोदत्तचित्रस्य वर्णनं मञ्जूषायां प्रदत्तपदानां सहायतया पञ्चवाक्येषु कुरुत।
(नीचे दिए गए चित्र का वर्णन मञ्जूषा में दिए गए शब्दों की सहायता से पाँच वाक्यों में कीजिए।)

मञ्जूषा *चित्रे, भोजनकक्षे, आहार, मञ्चे, आसन्दिकायां, सेवफलम्, प्रातराशं, अस्ति, दुग्धम्, फलानि, आनयति, पिबतः, तिष्ठन्ति, एका, पुत्रः, रोटिकाम्, कदलीफलम्, च द्राक्षाफलम्, अस्मिन्, परिवारः, एकः, सन्ति, महिला, बालकः, पुत्री, पिता, बालिकाश्च।*

उत्तराणि

(i) अस्मिन् चित्रे एकः परिवारः भोजनकक्षे अस्ति।

(ii) आहार मञ्चे सेवफलम्, दुग्धम्, च सन्ति।

(iii) महिला रोटिकाम् आनयति।

(iv) बालकः बालिकाश्च दुग्धम् पिबतः।

(v) आसन्दिकायां एकः पुत्रः, एका पुत्री, पिता च तिष्ठन्ति।

परीक्षा अभ्यासः

1. अधोदत्तचित्रस्य वर्णनं मञ्जूषायां प्रदत्तपदानां सहायतया पञ्चवाक्येषु कुरुत।

(नीचे दिए गए चित्र का वर्णन मञ्जूषा में दिए गए शब्दों की सहायता से पाँच वाक्यों में कीजिए।)

मञ्जूषा क्षेत्रे, जलम्, कुरुतः, सूर्यः, वृक्षाः, वृषभाभ्यां, पुष्पाणि, वार्तालापं, कृषकः, कृषकौ, हलेन, कुटीरः, सन्ति, विविधाः, कर्षति, उदेति, अत्र, परस्परं, इदं, अस्मिन्, चित्रम्, क्षेत्रस्य, अस्ति, कुरुत।

2. अधोदत्तचित्रस्य वर्णनं मञ्जूषायां प्रदत्तपदानां सहायतया पञ्चवाक्येषु कुरुत।

(नीचे दिए गए चित्र का वर्णन मञ्जूषा में दिए गए शब्दों की सहायता से पाँच वाक्यों में कीजिए।)

मञ्जूषा भ्रमणम्, वृक्षेषु, उद्यानस्य, एकस्य, बालकाः, फलानि, बालाः अनेके, सन्ति, पश्यन्ति, विकसन्ति, शिक्षिका, सह, तडागे, अपि, बालिकाः, अस्ति, इदम्, चित्रम्, तै, अत्र, पुष्पाणि, च, वर्तते, अनेकानि।

3. अधोदत्तचित्रस्य वर्णनं मञ्जूषायां प्रदत्तपदानां सहायतया पञ्चवाक्येषु कुरुत।

(नीचे दिए गए चित्र का वर्णन मञ्जूषा में दिए गए शब्दों की सहायता से पाँच वाक्यों में कीजिए।)

मञ्जूषा *विद्यालयस्य, अनेकानि, ध्वनिविस्तारकयन्त्रेण, प्रधानाचार्यः, अपि, शिक्षकाः, छात्राः, चित्राणि, वदति, भित्तौ, बालः, सन्ति, तत्र, च, चित्रं, प्रार्थनासभायाः, सन्ति, तिष्ठति, इदं, अस्ति, अनेके, एकः।*

4. अधोदत्तचित्रस्य वर्णनं मञ्जूषायां प्रदत्तपदानां सहायतया पञ्चवाक्येषु कुरुत।

(नीचे दिए गए चित्र का वर्णन मञ्जूषा में दिए गए शब्दों की सहायता से पाँच वाक्यों में कीजिए।)

मञ्जूषा *चित्रे, वृक्षच्छेदनम्, हरिताः, वृक्षाणाम्, दृश्यते, तक्षकः, हस्ते, अस्माकं, अस्ति, कुठारिका, अस्मिन्, वार्ता, एकः, कृते, भूमिः, तक्षकस्य, उन्नताः, प्राणवायुं, करोति, प्रदूषणम्, यच्छन्ति, वृक्षाः, छायां, शीतलां।*

परीक्षा अभ्यासः

5. अधोदत्तचित्रस्य वर्णनं मञ्जूषायां प्रदत्तपदानां सहायतया पञ्चवाक्येषु कुरुत।

(नीचे दिए गए चित्र का वर्णन मञ्जूषा में दिए गए शब्दों की सहायता से पाँच वाक्यों में कीजिए।)

मञ्जूषा वृक्षाः, वातपुटकं, सुन्दराणि, बालाः, एकः, दोला, मेलापकस्य, अपि, एकस्य, परिधानानि, प्रसीदन्ति, तत्र, सन्ति, इदम्, बाल, चित्रम् धृत्वा, क्रीणाति, अस्ति, एका, बालः, अपि।

उत्तराणि

1. *(i)* इदं क्षेत्रस्य चित्रम् अस्ति।
(ii) कृषकः वृषभाभ्यां हलेन कर्षति।
(iii) अस्मिन् चित्रे सूर्यः उदेति।
(iv) अत्र कृषकौ परस्परं वार्तालापं कुरुत।
(v) क्षेत्रे विविधाः वृक्षाः सन्ति।

2. *(i)* इदम् एकस्य उद्यानस्य चित्रम् अस्ति।
(ii) अत्र अनेके बालकाः, बालिकाः च सन्ति।
(iii) तैः सह शिक्षिका अपि वर्तते।
(iv) बालाः वृक्षेषु फलानि पश्यन्ति।
(v) तडागे अनेकानि पुष्पाणि विकसन्ति।

3. *(i)* इदं चित्रं विद्यालयस्य-प्रार्थनासभायाः अस्ति।
(ii) तत्र अनेके छात्राः शिक्षकाः च सन्ति।
(iii) एकः बालः ध्वनिविस्तारकयन्त्रेण वदति।
(iv) विद्यालयस्य प्रधानाचार्यः अपि तत्र तिष्ठति।
(v) भित्तौ अनेकानि चित्राणि सन्ति।

4. *(i)* अस्मिन् चित्रे वृक्षाणाम् वार्तां दृश्यते।
(ii) अस्मिन् चित्रे एकः तक्षकः वृक्षच्छेदनम् करोति।
(iii) वृक्षाः अस्माकं कृते प्राणवायुं यच्छन्ति।
(iv) तक्षकस्य हस्ते कुठारिका अस्ति।
(v) हरिताः वृक्षाः शीतलां छायां यच्छन्ति।

5. *(i)* इदम् एकस्य बालः मेलापकस्य चित्रम् अस्ति।
(ii) तत्र बालाः सुन्दराणि परिधानानि धृत्वा प्रसीदन्ति।
(iii) चित्रे एका दोला अपि अस्ति।
(iv) एकः बालः वातपुटकं (गुब्बारा) क्रीणाति।
(v) तत्र वृक्षाः अपि सन्ति।

अध्याय

03

अनुच्छेद-लेखनम्

अनुच्छेद लेखने ध्यानयोग्याः बिंदवः

अनुच्छेद लेखन समये अधोलिखित बिंदुना ध्यातव्यम्

- अनुच्छेदे एक एव **भावः विचारो** वा प्रस्तोतव्याः।
- अनुच्छेदलेखने **भूमिका, उपसंहारो** वा ना भवति। विषयस्य सद्यः एव आरंभः क्रियते।
- अनुच्छेदस्य वाक्यानि परस्परं संबंधानि भवेयुः। रोचकता अनुच्छेदस्य विशिष्टा गुणा भवितव्या।
- अनुच्छेदस्य भाषा सरलाः, **स्पष्टाः**, **प्रभावपूर्णाः** च भवितव्या।
- अनुच्छेदे प्रस्तुत विषयस्य **केंद्रीय भावाः** प्रारंभे अंते वा अवश्यं दातव्याः।
- अनुच्छेदः अतिविस्तृतः अतिलघु वा ना स्यात्, प्रायः पञ्चवाक्यानि पर्याप्तानि भवन्ति।

अनुच्छेद-लेखन में ध्यान रखने योग्य बिंदु

अनुच्छेद लेखन करते समय निम्नलिखित बिंदुओं को ध्यान में रखना चाहिए

- अनुच्छेद में एक ही **भाव** या **विचार** प्रस्तुत करना चाहिए।
- अनुच्छेद-लेखन में **भूमिका** या **उपसंहार** नहीं होता है। विषय को तुरंत आरंभ किया जाता है।
- अनुच्छेद के वाक्य परस्पर संबंधित होने चाहिए। रोचकता का गुण अनुच्छेद की विशेषता है।
- अनुच्छेद की भाषा **सरल**, **स्पष्ट** और **प्रभावमयी** होनी चाहिए।
- अनुच्छेद में प्रस्तुत विषय का **केंद्रीय भाव** प्रारंभ में अथवा अंत में अवश्य देना चाहिए।
- अनुच्छेद बहुत बड़ा अथवा बहुत छोटा नहीं होना चाहिए, प्रायः पाँच वाक्य पर्याप्त होते हैं।

साधित उदाहरणम्

मञ्जूषायाः उचितपदैः निम्नलिखितानि अनुच्छेदानि विविधं विषयम् अधिकृत्य पञ्चसंस्कृतवाक्यानि लिखत।
(मञ्जूषा के उचित पदों से निम्नलिखित अनुच्छेदों के विभिन्न विषयों को लेकर पाँच संस्कृत वाक्य लिखिए।)

1. मञ्जूषायाः उचितपदैः ''यातायात-अव्यवस्था'' इति विषयम् अधिकृत्य पञ्चवाक्यानि संस्कृतेन लिखत।
(मञ्जूषा के उचित पदों से ''यातायात अव्यवस्था'' इस विषय पर पाँच वाक्य संस्कृत में लिखिए।)

मञ्जूषा *सञ्चालनं, वर्णनं, अस्मिन्, इदं, अव्यवस्थाया, यातायातस्य, अस्ति, दिल्लीनगरे, मोटरयानानि, अत्यधिकानि, मार्गे, अवरोधाः, करोति, मार्गस्य उभयतः, गच्छन्ति, जनाः, मध्ये, विद्युतस्तम्भाः, आरक्षकः , यातायात, सन्ति वर्णने।*

उत्तराणि

(i) इदं वर्णनं यातायात-अव्यवस्थायाः अस्ति।
(ii) अस्मिन् वर्णने मार्गे विद्युतस्तम्भाः सन्ति।
(iii) मार्गे अत्यधिकानि मोटरयानानि गच्छन्ति।
(iv) दिल्लीनगरे मार्गस्य मध्ये अवरोधाः सन्ति।
(v) यातायातस्य सञ्चालनं आरक्षकः करोति।

2. मञ्जूषायाः उचितपदैः ''नौकाचालन-प्रतियोगिता'' इति विषयम् अधिकृत्य पञ्चवाक्यानि संस्कृतेन लिखत।
(मञ्जूषा के उचित पदों से ''नौकाचालन प्रतियोगिता'' इस विषय पर पाँच वाक्य संस्कृत में लिखिए।)

मञ्जूषा *जनाः, सर्वे, कुर्वन्ति, दक्षिणभारते, केरलप्रदेशे, अनेकेजनाः, नदीतीरे, एकत्रिताः, वर्णनं, द्रष्टुं, प्रसिद्धाः, करतलध्वनिं, पुरस्कारान्, सन्ति, नौका, चालन-प्रतियोगितायाः, अस्ति, जना, भवति, इदं।*

उत्तराणि

(i) इदं वर्णनं नौका चालन-प्रतियोगितायाः अस्ति।
(ii) दक्षिणभारते नौका चालन-प्रतियोगिता भवति।
(iii) केरल प्रदेशे अनेकेजनाः नदीतीरे एकत्रिताः सन्ति।
(iv) जनाः पुरस्कारान् प्राप्नुवन्ति।
(v) सर्वे करतलध्वनिं कुर्वन्ति।

3. मञ्जूषायाः उचितपदैः ''शिक्षायाः महत्त्वम्'' इति विषयम् अधिकृत्य पञ्चवाक्यानि संस्कृतेन लिखत।
(मञ्जूषा के उचित पदों से ''शिक्षाया महत्त्वम्'' इस विषय पर पाँच वाक्य संस्कृत में लिखिए।)

मञ्जूषा *इदं, शिक्षायाः, अधुना, जनाः, अस्ति, पालनं, समयस्यः, कुर्वन्ति, करणीयम्, जनैः, समयेन, अत्र, अपि, ज्ञातवान्, कार्याणि, पठन्ति, वर्णनं, महत्त्वस्य, छात्राः, ध्यानेन, पाठान्, मया।*

उत्तराणि

(i) इदं वर्णनं शिक्षायाः महत्त्वस्य अस्ति।
(ii) छात्राः ध्यानेन कार्याणि कुर्वन्ति।
(iii) अधुना जनाः पाठान् पठन्ति।
(iv) मया अपि समयस्य महत्त्वं ज्ञातवान्।
(v) जनैः समयेन कार्यं करणीयम्।

4. मञ्जूषायाः उचितपदैः ''सर्वशिक्षा-अभियानम्'' इति विषयम् अधिकृत्य पञ्चवाक्यानि संस्कृतेन लिखत।
(मञ्जूषा के उचित पदों से ''सर्वशिक्षा अभियान'' इस विषय पर पाँच वाक्य संस्कृत में लिखिए।)

मञ्जूषा *सर्वशिक्षा, अस्ति, छात्रा, बालाः, ते, संस्कृतस्य, गायन्ति, शिक्षिका, पाठान्, कथां, वर्णनं श्रावयन्ति, पुस्तकानि, पाठयति, कक्षांया, पठन्ति, श्लोकानि, इदं, अभियानस्य।*

उत्तराणि

(i) इदं वर्णनं सर्वशिक्षा-अभियानस्य अस्ति।
(ii) बालाः कथां श्रावयन्ति।
(iii) कक्षायां छात्राः पुस्तकानि पठन्ति।
(iv) ते संस्कृतस्य श्लोकानि गायन्ति।
(v) शिक्षिका पाठान् पाठयति।

5. मञ्जूषायाः उचितपदैः ''दैनिक-दिनचर्या'' इति विषयम् अधिकृत्य पञ्चवाक्यानि संस्कृतेन लिखत।
(मञ्जूषा के उचित पदों से ''दैनिक दिनचर्या'' इस विषय पर पाँच वाक्य संस्कृत में लिखिए।)

मञ्जूषा *प्रातः काले, जनाः, उद्यानं, ध्यानं, पूजां, च कुर्वन्ति, वर्णनं, प्रातराशं, कार्यालयं, विद्यालयं, सहायतां, इदं, अस्ति, जागरणं, बालकाः, प्रति, गच्छन्ति, कृत्वा, महिला, सर्वेपुरुषा।*

उत्तराणि

(i) इदं वर्णनं दैनिक-दिनचर्यायाः अस्ति।
(ii) जनाः प्रातः काले जागरणं कुर्वन्ति।
(iii) जनाः ध्यानं, पूजां च कुर्वन्ति।
(iv) बालकाः प्रातराशं कृत्वा विद्यालयं गच्छन्ति।
(v) सर्वेपुरुषाः महिलाः च कार्यालयं प्रति गच्छन्ति।

6. मञ्जूषायाः उचितपदैः ''ग्रामस्य-वर्णनम्'' इति विषयम् अधिकृत्य पञ्चवाक्यानि संस्कृतेन लिखत।
(मञ्जूषा के उचित पदों से ''ग्रामस्य वर्णनम्'' इस विषय पर पाँच वाक्य संस्कृत में लिखिए।)

मञ्जूषा *पत्रालयः, महिला, मार्जनम्, खट्वोपरि, सन्ति, वर्णनं, कृषिकार्यं, वृक्षाः, जनाः, पुरुषाः, ग्रामस्य, इदं, अस्ति, ग्रामे, करोति, कुर्वन्ति, उपविष्टा।*

उत्तराणि

(i) इदं वर्णनं ग्रामस्य अस्ति।
(ii) ग्रामे पत्रालयः अस्ति।
(iii) महिला मार्जनम् करोति।
(iv) ग्रामे जनाः कृषिकार्यं कुर्वन्ति।
(v) पुरुषाः खट्वोपरि उपविष्टाः सन्ति।

7. मञ्जूषायाः उचितपदैः ''सन्तुलित-आहारस्यमहत्त्वम्'' इति विषयम् अधिकृत्य पञ्चवाक्यानि संस्कृतेन लिखत।

(मञ्जूषा के उचित पदों से ''सन्तुलित आहारस्यमहत्त्वम्'' इस विषय पर पाँच वाक्य संस्कृत में लिखिए।)

मञ्जूषा *भोजनम्, रोटिकाः, सूप-ओदनम्, शाकाहारी जनाः, अधुना, स्वच्छ-जलम्, पुष्टं, अपि, च, खादन्ति, पिबन्ति, गुणकारी, वर्णनं, इदं, सन्तुलित, शरीरं, भवति, आहारस्य, अस्ति, आहारेण।*

उत्तराणि

(i) इदं वर्णनं सन्तुलित-आहारस्य अस्ति।
(ii) जनाः सूप-ओदनम् रोटिकाः च खादन्ति।
(iii) जनाः स्वच्छ-जलम् अपि पिबन्ति।
(iv) शाकाहारी भोजनम् गुणकारी भवति।
(v) सन्तुलित आहारेण शरीरं हृष्टं पुष्ट भवति।

8. मञ्जूषायाः उचितपदैः''क्रीडा प्रतियोगिता'' इति विषयं स्वीकृत्य पञ्चवाक्यानि संस्कृतेन लिखत।

(मञ्जूषा के उचित पदों से ''क्रीडा प्रतियोगिता'' इस विषय पर पाँच वाक्य संस्कृत में लिखिए।)

मञ्जूषा *प्रतियोगितायाः, क्रीडकाः, धावन्ति, क्रीडन्ति, दर्शकाः, इदं, कुर्वन्ति, वर्तते, इतस्ततः, क्षेत्रे, सर्वे, इच्छन्ति, विजयं, वर्णनं, उत्साहवर्धन, करतलध्वनिनां।*

उत्तराणि

(i) इदं वर्णनं क्रीडा प्रतियोगितायाः वर्तते।
(ii) क्रीडकाः क्षेत्रे क्रीडन्ति।
(iii) सर्वे इतस्ततः धावन्ति।
(iv) सर्वे दर्शकाः करतलध्वनिनां उत्साहवर्धनं कुर्वन्ति।
(v) सर्वे विजयं इच्छन्ति।

9. मञ्जूषायाः उचितपदैः ''पुस्तकालयः'' इति विषयम् अधिकृत्य पञ्चवाक्यानि संस्कृतेन लिखत।

(मञ्जूषा के उचित पदों से ''पुस्तकालयः'' इस विषय पर पाँच वाक्य संस्कृत में लिखिए।)

मञ्जूषा *वर्णनं, अस्ति, केचन, पुस्तकानि, तूष्णीं, छात्राः, समाचारपत्राणि, अनेकानि, ग्रन्थाः, भूत्वा, स्थापिताः, सन्ति, अनेके, पुस्तकालये, अत्र, पठन्ति, इदं, पुस्कालयस्य, जनाः।*

उत्तराणि

(i) इदं वर्णनं पुस्तकालयस्य अस्ति।
(ii) अत्र जनाः पुस्तकानि पठन्ति।
(iii) केचन छात्राः समाचारपत्राणि पठन्ति।
(iv) छात्राः पुस्तकालये तूष्णीं भूत्वा पठन्ति।
(v) पुस्तकालये अनेके ग्रन्थाः स्थापिताः सन्ति।

10. मञ्जूषायाः उचितपदैः ''वृक्षाः अस्माकं मित्राणि'' इति विषयम् अधिकृत्य मञ्जूषायाः पञ्चवाक्यानि संस्कृतेन लिखत।

(मञ्जूषा के उचित पदों से ''वृक्षा अस्माकं मित्राणि'' इस विषय पर पाँच वाक्य संस्कृत में लिखिए।)

मञ्जूषा *वर्णनं, इदं, वृक्षाः, सत्पुरुषाः, परोपकाराय, उपविश्य, पथिकाः, अपि, यथा, प्राणवायुं, फलन्ति, इव, आनन्दं, छायायां, भवन्ति, प्राप्नुवन्ति, यच्छन्ति, सर्वेभ्यः, अस्ति, वृक्षाणां।*

उत्तराणि

(i) इदं वर्णनं वृक्षाणां विषये अस्ति।
(ii) वृक्षाः सर्वेभ्यः प्राणवायुं यच्छन्ति।
(iii) पथिकाः छायायां उपविश्य आनन्दं प्राप्नुवन्ति।
(iv) वृक्षाः सत्पुरुषाः इव भवन्ति।
(v) वृक्षाः परोपकाराय फलन्ति।

11. मञ्जूषायाः उचितपदैः ''उद्यानम्'' इति विषयम् अधिकृत्य पञ्चवाक्यानि संस्कृतेन लिखत।

(मञ्जूषा के उचित पदों से ''उद्यानम्'' इस विषय पर पाँच वाक्य संस्कृत में लिखिए।)

मञ्जूषा *इदं, खगानां भ्रमन्ति, विहरतः, सरोवरे, द्वे, वर्तिके, जले, जनाः विकसन्ति, उद्यानस्य, कोलाहलः, भवति, उद्याने, वर्णनम्, प्रातःकाले, कमलानि,।*

उत्तराणि

(i) इदं वर्णनम् उद्यानस्य अस्ति।
(ii) प्रातःकाले जनाः उद्याने भ्रमन्ति।
(iii) द्वे वर्तिके जले विहरतः।
(iv) खगानां कोलाहलः भवति।
(v) सरोवरे कमलानि विकसन्ति।

12. मञ्जूषायाः उचितपदैः ''संस्कृतस्य महत्त्वम्'' इति विषयम् अधिकृत्य पञ्चवाक्यानि संस्कृतेन लिखत।

(मञ्जूषा के उचित पदों से ''संस्कृतस्य महत्त्वम्'' इस विषय पर पाँच वाक्य संस्कृत मे लिखिए।)

मञ्जूषा *संस्कृतभाषायां, प्राचीनतमा, भाषा, महत्त्वम्, वर्णितम्, संस्कृतिश्च, संस्कृतं, अनुच्छेदे, इति, अस्मिन्, विषये, सर्वविधभाषाणं, जननी, भारतस्य प्राण, सर्ववेदाः, धर्मग्रन्थाः, सन्ति, अस्ति।*

उत्तराणि

(i) अस्मिन् अनुच्छेदे संस्कृतस्य महत्त्वम् इति विषये वर्णितम् अस्ति।
(ii) संस्कृतभाषा प्राचीनतमा भाषा अस्ति।
(iii) संस्कृतभाषा सर्वविधभाषाणां जननी अस्ति।
(iv) सर्ववेदाः धर्मग्रन्थाः संस्कृतभाषायां सन्ति।
(v) संस्कृतं संस्कृतिश्च भारतस्य प्राणाः सन्ति।

13. मञ्जूषायाः पदानि आधृत्य ''स्वतंत्रता दिवस'' इति विषये पञ्चवाक्येषु एकम् अनुच्छेदं सरलसंस्कृते लिखत।

(मञ्जूषा के पदों के आधार पर ''स्वतंत्रता दिवस'' इस विषय पर पाँच वाक्यों का संस्कृत में एक अनुच्छेद लिखिए।)

मञ्जूषा *स्वतंत्रता, अत्र, स्वाधीनतायै अस्माकं, स्वतंत्र, आंग्लदेशीयाः, शासनम्, अस्ति, भारत, वर्षे, अभवत्, पूर्वम्, अकुर्वन्, आंदोलनानि, 1947 तमे ईश्वीये, अनेकानि, रक्षणीया, भारतवर्षम्, प्राणप्रणेन, देशः।*

उत्तराणि

(i) अस्माकं देशः भारतवर्षम् अस्ति।
(ii) भारत देशः 1947 तमे ईश्वीये वर्षे स्वतंत्रः अभवत्।
(iii) आंग्लदेशीयाः पूर्वम् अत्र शासनम् अकुर्वन्।
(iv) स्वाधीनतायै अनेकानि आंदोलनानि अभवत्।
(v) स्वतंत्रता प्राणप्रणेन रक्षणीया।

14. मञ्जूषाया: उचितपदै: "विद्यालयस्य उत्सव:" इति विषयम् अधिकृत्य पञ्चवाक्यानि संस्कृतेन लिखत।

(मञ्जूषा के उचित पदों से "विद्यालयस्य उत्सव" इस विषय पर पाँच वाक्य संस्कृत में लिखिए।)

> **मञ्जूषा** *पारितोषिक-वितरणम्, वार्षिकसमारोहः, कर्मचारिणः, व्यस्ताः, कार्येषु, सभाध्यक्षः, विद्यालये, भवति, सन्ति, छात्राः, गायन्ति, सम्बोधयति, गीतं, वर्तते, छात्रान् वर्णनं, विद्यालयस्य, इदं।*

उत्तराणि

(i) इदं वर्णनं विद्यालयस्य वर्तते।
(ii) वार्षिकसमारोहे छात्राः गीतं गायन्ति।
(iii) सभाध्यक्षः छात्रान् सम्बोधयति।
(iv) विद्यालये पारितोषिक-वितरणं भवति।
(v) सर्वेछात्राः कर्मचारिणः कार्येषु व्यस्ताः सन्ति।

15. मञ्जूषाया: उचितपदै: "अश्वशाला" इति विषयम् अधिकृत्य पञ्चवाक्यानि संस्कृतेन लिखत।

(मञ्जूषा के उचित पदों से "अश्वशाला" इस विषय पर पाँच वाक्य संस्कृत में लिखिए।)

> **मञ्जूषा** *अश्वारोहणं, अश्वाः, जलपानाय, मार्गे, गच्छन्ति, नदीं, वहति, वृक्षाः, वर्णनं, जनाः, वेगेन, इदं, सन्ति, छात्राः, धावन्ति, तीव्र, प्रति, कुर्वन्ति, अश्वशालायाः, अस्ति।*

उत्तराणि

(i) इदं वर्णनम् अश्वशालायाः अस्ति।
(ii) छात्राः अश्वारोहणं कुर्वन्ति।
(iii) अश्वाः जलपानाय नदीं प्रति गच्छन्ति।
(iv) अश्वाः तीव्र वेगेन धावन्ति।
(v) मार्गे वृक्षाः सन्ति।

16. मञ्जूषाया: उचितपदै: "गणतन्त्र दिवस:" इति विषयम् अधिकृत्य पञ्चवाक्यानि संस्कृतेन लिखत।

(मञ्जूषा के उचित पदों से "गणतन्त्र दिवस" इस विषय पर पाँच वाक्य संस्कृत में लिखिए।)

> **मञ्जूषा** 26 *जनवरीमासे, शस्त्रप्रदर्शनम्, भारतद्वारे, राजीवचतुष्पथे, उभयतः, सैन्यस्मारकेः, आयोज्यते गणतन्त्रदिवसः, भारतीय, भारते, भवति, सेनायाः, अस्ति, राष्ट्रपतिमहोदयः, जनसम्मर्दः, सर्वान्, भारतीय, राजमार्गम्, विशाल, तिष्ठति, अभिनन्दति, सैन्यस्मारकः।*

उत्तराणि

(i) भारते जनवरी मासस्य 26 दिनाङ्के गणतन्त्रदिवसः भवति।
(ii) राजीवचतुष्पथे भारतीय सेनायाः शस्त्रप्रदर्शनं भवति।
(iii) राजमार्गम् उभयतः विशाल जनसम्मर्दः तिष्ठति।
(iv) सैन्य स्मारके राष्ट्रपतिमहोदयः सर्वान् अभिनन्दति
(v) "भारतद्वारे सैन्यस्मारकः अस्ति।"

17. मञ्जूषाया: उचितपदै: "पर्यावरणम्" इति विषयम् अधिकृत्य पञ्चवाक्यानि संस्कृतेन लिखत।

(मञ्जूषा के उचित पदों से "पर्यावरणम्" इस विषय पर पाँच वाक्य संस्कृत में लिखिए।)

> **मञ्जूषा** *प्लास्टिकस्यूताः प्रदूषिताः धूमं, वृक्षारोपणम्, उद्योगेभ्यः, महानगरेषु, कज्जलमलिनं, सर्वेभ्यः, मोटरवाहनानि, पर्यावरणम्, भवन्ति मुख्यकारकं, अस्ति, अपि, दूषणे, प्राणिभ्यः आवश्यकम्, पर्यावरण, नद्यः, मुञ्चयति।*

उत्तराणि

(i) सर्वेभ्यः प्राणिभ्यः पर्यावरणम् आवश्यकम् अस्ति।
(ii) महानगरेषु मोटरवाहनानि कज्जलमलिनं धूमं मुञ्चयति।
(iii) उद्योगेभ्यः नद्यः प्रदूषिताः भवन्ति।
(iv) पर्यावरणाय "वृक्षारोपणम्" आवश्यकम् अस्ति।
(v) प्लास्टिकस्यूताः अपि पर्यावरण दूषणे मुख्यकारकम् अस्ति।

18. मञ्जूषाया: उचितपदै: "यातायात-नियमम्" इति विषयम् अधिकृत्य पञ्चवाक्यानि संस्कृतेन लिखत।

(मञ्जूषा के उचित पदों से "यातायात नियमम्" इस विषय पर पाँच वाक्य संस्कृत में लिखिए।)

> **मञ्जूषा** *यातायातरक्षकः, सन्ति यातायातनियमम्, दुर्घटनया, हताः, रात्रौ, मद्यपाः, न, मानयन्ति, संकेतम्, बिना, जनाः पालनीयम्, नियमोल्लंघनकर्तृभ्यः, दण्डयतिः, अस्माभिः।*

उत्तराणि

(i) अस्माभिः यातायातनियमम् पालनीयम्।
(ii) यातायातरक्षकः नियमोल्लंघनकर्तृभ्यः दण्डयति।
(iii) मद्यपाः यातायातनियमम् न मानयन्ति।
(iv) रात्रौ संकेतम् विना दुर्घटनया अनेके जनाः हताः सन्ति।
(v) नियमोल्लंघनकर्तृभ्यः दण्डः आवश्यकः अस्ति।

19. मञ्जूषाया: उचितपदै: "दिनचर्या" इति विषयम् अधिकृत्य पञ्चवाक्यानि संस्कृतेन लिखत।

(मञ्जूषा के उचित पदों से "दिनचर्या" इस विषय पर पाँच वाक्य संस्कृत में लिखिए।)

> **मञ्जूषा** *एकहोरापूर्वम्, प्रभाता, वेलायाम्, प्रातरुत्थाय, अध्ययनम्, प्रातराशं व्यायामम्, शयनीयम्, करणीयम्, जग्ध्वा, अवश्यं, आगन्तव्यम्, जीवने, उत्थातव्यम्, रक्षणाय, विद्यालये, ईश्वरस्मरणम्, रात्रौ, कृत्वा, स्वास्थ्य।*

उत्तराणि

(i) जीवने स्वास्थ्य रक्षणाय एकहोरापूर्वम् उत्थातव्यम्।
(ii) प्रातरुत्थाय व्यायामम् अवश्यं करणीयम्।
(iii) विद्यालये प्रातराशं जग्ध्वा आगन्तव्यम्।
(iv) प्रभात वेलायाम् अध्ययनम् करणीयम्।
(v) रात्रौ ईश्वरस्मरणम् कृत्वा शयनीयम्।

20. मञ्जूषाया: उचितपदै: "महाभारतम्" इति विषयम् अधिकृत्य पञ्चवाक्यानि संस्कृतेन लिखत।

(मञ्जूषा के उचित पदों से "महाभारतम्" इस विषय पर पाँच वाक्य संस्कृत में लिखिए।)

> **मञ्जूषा** *श्रीकृष्णः, अर्जुनः, भीमः, आसन्, दुर्योधनः, भीष्मपितामहः, द्रोपदी, युद्धस्य, कारणम्, कौरवाः, पाण्डवाः, आसीत्, महाभारते, च, भ्रातर, कृते, ज्येष्ठ, सर्वेषां, युगपुरुषः, मध्यमः, पूजनीयः, कौरवेषु, महाभारतकाले।*

उत्तराणि

(i) महाभारते कौरवाः, पाण्डवाः च भ्रातरः आसन्।
(ii) कौरवेषु दुर्योधनः ज्येष्ठः आसीत्।
(iii) भीष्मपितामहः सर्वेषां कृते पूजनीयः आसीत्।
(iv) श्रीकृष्णः महाभारतकाले युगपुरुषः आसीत्।
(v) भीमः पाण्डवेषु मध्यमः आसीत्।

परीक्षा अभ्यासः

मञ्जूषायाः उचितपदैः निम्नलिखितानि अनुच्छेदाणि विविधं विषयम् अधिकृत्य पञ्चवाक्यानि संस्कृतेन लिखत।

(मञ्जूषा के उचित पदों से निम्नलिखित अनुच्छेदों के विभिन्न विषयों पर पाँच वाक्य संस्कृत में लिखिए।)

1. मञ्जूषायां प्रदत्त शब्दानां सहायतया "ममप्रियः कविः" इति विषयम् अधिकृत्य पञ्चवाक्यानि संस्कृतेन लिखत।

(मञ्जूषा में दिए गए शब्दों की सहायता से ''मम प्रियकवि'' इस विषय पर पाँच वाक्य संस्कृत में लिखिए।)

मञ्जूषा कालिदासः, संस्कृतस्य, कवीनाम्, उपमाः, अद्वितीयः, तं, कथयन्ति, कुलगुरुः अभिज्ञानशाकुन्तलम्, प्रकृति, संस्कृत, साहित्ये, कवि, आसीत्, विद्वांसः, कालिदासस्य, प्रसिद्धाः, सन्ति, चित्रणं, अस्ति, ममप्रियः, संस्कृतकविषु।

2. मञ्जूषायां सहायतया "मातृसेवा" इति विषयम् अधिकृत्य पञ्चवाक्यानि संस्कृतेन लिखत।

(मञ्जूषा की सहायता से ''मातृसेवा'' इस विषय पर पाँच वाक्य संस्कृत में लिखिए।)

मञ्जूषा साक्षात्, वर्णितः, श्रद्धया, वंदना, करणीया, प्रातरुत्थान, अस्ति, एव, स, मातृचरणेषु, साक्षात्, ईश्वरः, सेवा, मातृमान्, मातृदेवोभव, मातु, नरेण, साहित्ये, माता, उपनिषत्सु, यस्य, विदुषी।

3. मञ्जूषायाः सहायतयां "दीपावली" इति विषयम् अधिकृत्य पञ्चवाक्यानि संस्कृतेन लिखत।

(मञ्जूषा की सहायता से ''दीपावली'' इस विषय पर पाँच वाक्य संस्कृत में लिखिए।)

मञ्जूषा दीपावली, पर्व, दिवसे, अस्माकं, लङ्का, श्रीरामः, अयोध्याम्, अमावस्यां, अन्धकारः, दीपान्, अवलिः, सर्वत्र, उल्लासः, दिने, ज्वालयन्तिः, राष्ट्रियोत्सवः, विजित्य, भवति, अस्मिन्, वर्तते, दूरीकर्तुं।

4. मञ्जूषायाः सहायतया "होलिकोत्सवः" इति विषयम् अधिकृत्य पञ्चवाक्यानि संस्कृतेन लिखत।

(मञ्जूषा की सहायता से ''होलिकोत्सव'' इस विषय पर पाँच वाक्य संस्कृत में लिखिए।)

मञ्जूषा होलिकोत्सवः, अन्योन्येषुरंगं, जनाः, प्रसन्नाः, मिलन्ति, खादन्ति, वैरभावं, विस्मृत्य, आलिङ्गनम्, कुर्वन्ति, फाल्गुन-पूर्णिमावसरे, भवति, परस्परं, क्षिपन्ति, अस्मिन्, इदम्, पर्व, अस्ति, पर्वाणि, नवान्नान्।

5. मञ्जूषायाः सहायतया "रक्षाबन्धन पर्वः" इति विषयम् अधिकृत्य पञ्चवाक्यानि संस्कृतेन लिखत।

(मञ्जूषा की सहायता से ''रक्षाबन्धन पर्व'' इस विषय पर पाँच वाक्य संस्कृत में लिखिए।)

मञ्जूषा रक्षाबन्धन-पर्वणि, बध्नाति, तस्यै, यच्छति, भवन्ति, भ्रात्रेः, पूर्णिमायां, अवसरे, मन्यते, पर्व भ्राताः भगिनी, रक्षाबन्धनम्, आशीर्वादम्, उपहारम्, प्रमुदितमनाः, देशे, सर्वे, श्रावण मासस्य।

6. मञ्जूषायाः सहायतया "वृक्षारोपणम्" इति विषयम् अधिकृत्य पञ्चवाक्यानि संस्कृतेन लिखत।

(मञ्जूषा की सहायता से ''वृक्षारोपणम्'' इस विषय पर पाँच वाक्य संस्कृत में लिखिए।)

मञ्जूषा महती, आवश्यकता, वातावरणं, हरितं, वृक्षाः, प्राणवायुं, अवश्यमेव, स्वच्छ, पर्यावरणाय, वृक्षैः, अस्माभिः वृक्षारोपणम्, कर्त्तव्यम्, भवति, मनुष्येभ्यः, ददति, वृक्षाणां, अस्ति, छाया, फलानि, च।

7. मञ्जूषायाः सहायतया "भारतीया सेना" विषयम् अधिकृत्य पञ्चवाक्यानि संस्कृतेन लिखत।

(मञ्जूषा की सहायता से ''भारतीय सेना'' इस विषय पर पाँच वाक्य संस्कृत में लिखिए।)

मञ्जूषा सेनायाः, उपरि, गर्वम् वर्तते, कठिनपरिस्थित्यामपि, हिमालयस्य, हिमाच्छादितेषुशिखरेषु, अहर्निशं सेवामहे, उद्घोषं, सार्थकः, सेवन्ते, कुर्वन्ति, अतः भारतीय, रक्षां, ते, देशस्य, सेना, श्रेष्ठा, अस्ति, विश्वस्य, वयं, कर्मः।

8. मञ्जूषायाः सहायतया "सत्संगति" विषयम् अधिकृत्य पञ्चवाक्यानि संस्कृतेन लिखत।

(मञ्जूषा की सहायता से ''सत्संगति'' इस विषय पर पाँच वाक्य संस्कृत में लिखिए।)

मञ्जूषा सत्संगत्या, सतां, संगतिः, उन्नतिः, विद्वान्, मनुष्य, भवन्ति, नर, करोति, कदापि, कुसंगति, जनानां, सज्जनानां, सम्पर्केण, सत्संगति, कथ्यते, भवति, सज्जनः, न, महत्त्व, वर्तते, जीवने।

9. मञ्जूषायाः सहायतया "मम विद्यालयः" विषयम् अधिकृत्य पञ्चवाक्यानि संस्कृतेन लिखत।

(मञ्जूषा की सहायता से ''मम विद्यालय'' इस विषय पर पाँच वाक्य संस्कृत में लिखिए।)

मञ्जूषा *सर्वश्रेष्ठ, प्राचार्यः, आदर्श विद्यालयः, अनेके शिक्षकाः, विषयान्, पञ्चसहस्र, छात्रा, अस्ति, मम, अस्माकं, जनपदे, अत्रत्यः, स्वविषये, सन्ति, महोदयः, व्यवहारकुशलः, अपि च, श्रेष्ठः, पठन्ति, अध्यापकाः।*

10. मञ्जूषायाः सहायतया "मम प्राचार्यः" विषयम् अधिकृत्य पञ्चवाक्यानि संस्कृतेन लिखत।

(मञ्जूषा की सहायता से ''मम प्राचार्य'' इस विषय पर पाँच वाक्य संस्कृत में लिखिए।)

मञ्जूषा *मम, शोभनः, एवं, मनोयोगेन, मृदुभाषी, स्पष्टवक्ता, आदर्शवान्, परीक्षापरिणामः, अध्यक्षरूपेः, विलम्बेन, त्यागशीलः, अस्ति, प्राचार्यः नागच्छन्ति, कदापि, भवति, ते, सर्वदा, सः, च, स्वकर्त्तव्यं, पालयति।*

उत्तराणि

1. *(i)* संस्कृत साहित्ये कालिदासः अद्वितीयः कविः आसीत्।
(ii) विद्वांसः तं कवीनाम् कुलगुरुः कथयन्ति।
(iii) कालिदासस्य उपमाः प्रसिद्धाः सन्ति।
(iv) अभिज्ञानशाकुन्तले प्रकृति चित्रणं अद्वितीयमस्ति।
(v) संस्कृतकविषु ममप्रियः कविः कालिदासः अस्ति।

2. *(i)* साहित्ये माता साक्षात् ईश्वरः वर्णितः।
(ii) मातुः सेवा नरेण श्रद्धया करणीया।
(iii) मातृचरणेषु प्रातरुत्थाय वंदना करणीया।
(iv) यस्य माता विदुषी अस्ति स एव मातृमान् अस्ति।
(v) उपनिषत्सु ''मातृदेवोभव'' वर्णितः।

3. *(i)* 'दीपावली' पर्व अमावस्यायां भवति।
(ii) अस्मिन् दिवसे श्रीरामः अयोध्यां लङ्काः विजित्य आगतः।
(iii) दीपावली अस्माकं राष्ट्रियोत्सवः वर्तते।
(iv) अस्मिन् दिने सर्वत्र उल्लासः दृश्यते।
(v) जनाः अन्धकारं दूरीकर्तुं दीपान् ज्वालयन्ति।

4. *(i)* फाल्गुन-पूर्णिमावसरे होलिकोत्सवः भवति।
(ii) जनाः परस्परं वैरभावं विस्मृत्य आलिङ्गनं कुर्वन्ति।
(iii) जनाः अन्योन्येषुरंगं क्षिपन्ति।
(iv) अस्मिन् पर्वणि जनाः नवान्नान् खादन्ति।
(v) इदम् प्रसन्नतायाः पर्वम् अस्ति।

5. *(i)* रक्षाबन्धन-पर्वणि भगिनी रक्षासूत्रं बध्नाति।
(ii) भ्राता तस्यै उपहारम् यच्छति।
(iii) सर्वे प्रमुदितमनाः भवन्ति।
(iv) भगिनी भ्रात्रे आशीर्वादम् यच्छति।
(v) रक्षाबन्धन पर्व श्रावणमासस्य पूर्णिमायाम् अवसरे मन्यते।

6. *(i)* वृक्षारोपणम् अस्माभिः अवश्यमेव कर्त्तव्यम्।
(ii) ''वृक्षैः वातावरणं हरितं भवति।
(iii) वृक्षाः मनुष्येभ्यः प्राणवायुं ददति।
(iv) वृक्षाः नरेभ्यः छाया, फलानि च ददति।
(v) स्वच्छ पर्यावरणाय वृक्षाणां महती आवश्यकता अस्ति।

7. *(i)* भारतीय सेना विश्वस्य श्रेष्ठा सेना अस्ति।
(ii) सेनायाः उपरि वयं गर्वम् कुर्मः।
(iii) कठिनपरिस्थित्यामपि ते देशस्य रक्षां कुर्वन्ति।
(iv) हिमालयस्य हिमाच्छादितशिखरेषु ते अहर्निशं सेवन्ते।
(v) अतः ''अहर्निशं सेवामहे'' उद्घोषं सार्थकं कुर्वन्ति।

8. *(i)* सतां जनानां संगति सत्संगतिः कथ्यते।
(ii) सत्संगत्या नरः उन्नतिः करोति।
(iii) सज्जनानां सम्पर्केण मनुष्यः सज्जनः भवति।
(iv) विद्वान् नरः कदापि कुसंगतिं न करोति।
(v) जीवने सत्संगत्याः महत्त्वं वर्तते।

9. *(i)* मम विद्यालयः जनपदे आदर्शः विद्यालयः अस्ति।
(ii) अत्रत्यः अनेके शिक्षकाः स्वविषये जनपदे सर्वश्रेष्ठाः सन्ति।
(iii) अस्माकं प्राचार्यमहोदयः अपि श्रेष्ठः व्यवहारकुशलः च अस्ति।
(iv) अस्माकं विद्यालये पञ्चसहस्रछात्राः पठन्ति।
(v) मम विद्यालये पञ्चाशत् अध्यापकाः सन्ति।

10. *(i)* मम प्राचार्यः आदर्शवान् अस्ति।
(ii) ते कदापि विलम्बेन नागच्छन्ति।
(iii) तेषां परीक्षापरिणामः सर्वदा शोभनः एव भवति।
(iv) सः मृदुभाषी, त्यागशीलः स्पष्टवक्ता च अस्ति।
(v) अध्यक्ष रूपे सः स्वकर्त्तव्यं मनोयोगेन पालयति।

अध्याय

04

संस्कृतेन अनुवादः

अनुवाद लेखने ध्यानयोग्याः बिंदवः

अनुवाद लेखने समये अधोलिखित बिंदुनां ध्यातव्यम्

- संस्कृत भाषायां अनुवाद कर्तुं लिङ्ग, वचन, पुरुष, कारक ज्ञान अत्यन्त आवश्यकं भवति।
- प्रथमतः वाक्य निर्माण समये वाक्ये कर्ता, क्रिया, कर्मादि ज्ञानं आवश्यकं भवति।
- क्रियापदेषु लिङ्ग-भेद न भवति।
- कर्तानुसारं क्रिया-वचन-पुरुषस्य प्रयोगः भवति।
- धातु-रूपाणि अपि सदैव त्रिषु लिङ्गेषु समान एव भवति।

अनुवाद लेखन में ध्यान रखने योग्य बिंदु

अनुवाद लेखन करते समय निम्नलिखित बिंदुओं को ध्यान में रखना चाहिए

- संस्कृत भाषा में अनुवाद करने के लिए लिङ्ग, वचन, पुरुष, कारक का ज्ञान अत्यन्त आवश्यक होता है।
- प्रथमतः वाक्य निर्माण के समय वाक्य में कर्ता, क्रिया, कर्म आदि का ज्ञान आवश्यक होता है।
- क्रियापदों में लिङ्ग-भेद नहीं होता है।
- कर्ता के अनुसार ही क्रिया-वचन-पुरुष का प्रयोग होता है।
- धातु रूप भी सदैव तीनों लिङ्गों में समान ही होते हैं।

साधित उदाहरणम्

1. हिन्दी भाषायां लिखितानां पञ्चसरलवाक्यानां संस्कृतेन अनुवाद कुयत।

(हिंदी भाषा में लिखे पाँच सरल वाक्यों का संस्कृत में अनुवाद कीजिए।)

(i) राम पढ़ता है।
(ii) सीता पत्र पढ़ती है।
(iii) वह पढ़कर सोता है।
(iv) वह समाचार-पत्र पढ़ेगी।
(v) वह धीरे-धीरे चलता है।

उत्तराणि

(i) रामः पठति। (ii) सीता पत्रं पठति।
(iii) सः पठित्वा शेते। (iv) सा समाचार पत्रं पठिष्यति।
(v) सः शनैः शनैः गच्छति।

2. हिन्दी भाषायां लिखितानां पञ्चसरलवाक्यानां संस्कृतेन अनुवाद कुरुत।

(हिंदी भाषा में लिखे पाँच सरल वाक्यों का संस्कृत में अनुवाद कीजिए।)

(i) वह जोर से हँसती है।
(ii) मैं दूध पीकर जाता हूँ।
(iii) रमा जल लेकर आती है।
(iv) वाटिका में फलित वृक्ष हैं।
(v) वह खाकर विद्यालय जाती है।

उत्तराणि

(i) सा उच्चैः हसति।
(ii) अहं दुग्धं पीत्वा गच्छामि।
(iii) रमा जलं गृहीत्वा आगच्छति।
(iv) वाटिकायां फलिताः वृक्षाः सन्ति।
(v) सा खादित्वा विद्यालयं गच्छति।

3. हिन्दी भाषायां लिखितानां पञ्चसरलवाक्यानां संस्कृतेन अनुवाद कुरुत।

(हिंदी भाषा में लिखे पाँच सरल वाक्यों का संस्कृत में अनुवाद कीजिए।)

(i) वृक्ष से पत्ता गिरता है।
(ii) यह देवदत्त की पुस्तक है।
(iii) तुम कहाँ से आए हो।
(iv) मुरारी एक अध्यापक है।
(v) बालक को लड्डू अच्छा लगता है।

उत्तराणि

(i) वृक्षात् पत्रं पतति।
(ii) इदं देवदत्तस्य पुस्तकम् अस्ति।
(iii) त्वं कुतः आगतोऽसि।
(iv) मुरारीः एकः अध्यापकः अस्ति।
(v) बालकाय मोदकं रोचते।

4. हिन्दी भाषायां लिखितानां पञ्चसरलवाक्यानां संस्कृतेन अनुवाद कुरुत।

(हिंदी भाषा में लिखे पाँच सरल वाक्यों का संस्कृत में अनुवाद कीजिए।)

(i) रमा उस गाँव में रहती है।
(ii) राम, मोहन का मित्र है।
(iii) सुशील क्रिकेट खेलता है।
(iv) पवन चावल नहीं खाता है।
(v) अर्चना दूध नहीं पीती है।

उत्तराणि

(i) रमा तस्मिन् ग्रामे वसति।
(ii) रामः मोहनस्य मित्रोऽस्ति।
(iii) सुशीलः क्रिकेट क्रीडति।
(iv) पवनः तण्डुलं न खादति।
(v) अर्चना दुग्धं न पिबति।

5. हिन्दी भाषायां लिखितानां पञ्चसरलवाक्यानां संस्कृतेन अनुवाद कुरुत।

(हिंदी भाषा में लिखे पाँच सरल वाक्यों का संस्कृत में अनुवाद कीजिए।)

(i) मैं जयपुर में पढ़ने के लिए रहता हूँ।
(ii) गंगा हिमालय से निकलती है।
(iii) साधु पैर से लंगड़ा है।
(iv) कमल भरतपुर नगर में रहता है।
(v) शैलेंद्र गेंद से खेलता है।

उत्तराणि

(i) अहं अध्ययनेन जयपुर नगरे निवसामि।
(ii) गंगा हिमालयात् उदभवति।
(iii) साधुः पादेन खञ्जः अस्ति।
(iv) कमलः भरतपुर नगरे प्रवसति।
(v) शैलेन्द्रः कन्दुकेन क्रीडति।

परीक्षा अभ्यासः

1. हिन्दी भाषायां लिखितानां पञ्चसरलवाक्यानां संस्कृतेन अनुवाद कुरुत।

(हिंदी भाषा में लिखे पाँच सरल वाक्यों का संस्कृत में अनुवाद कीजिए।)

(i) वह कलम से लिखता है।
(ii) पिता पुत्र के साथ जाता है।
(iii) गाँव के चारों ओर खेत हैं।
(iv) राजा निर्धन को धन देता है।
(v) नगर के समीप ग्राम है।

2. हिन्दी भाषायां लिखितानां पञ्चसरलवाक्यानां संस्कृतेन अनुवाद कुरुत।

(हिंदी भाषा में लिखे पाँच सरल वाक्यों का संस्कृत में अनुवाद कीजिए।)

(i) मोर हमारा राष्ट्रीय पक्षी है।
(ii) बालक वृद्ध की सहायता करता है।
(iii) व्याघ्र हमारा राष्ट्रीय पशु है।
(iv) राजमार्ग पर सावधानी से चलना चाहिए।
(v) विद्यालय के समीप बगीचा है।

3. हिन्दी भाषायां लिखितानां पञ्चसरलवाक्यानां संस्कृतेन अनुवाद कुरुत।

(हिंदी भाषा में लिखे पाँच सरल वाक्यों का संस्कृत में अनुवाद कीजिए।)

(i) पिता पुत्र के लिए कलम लाता है।
(ii) छात्र अध्यापिका को नमस्कार करता है।
(iii) नदी पर्वत से निकलती है।
(iv) लोग वायुयान से विदेश जाते हैं।
(v) वह इस समय पढ़ रहा है।

4. हिन्दी भाषायां लिखितानां पञ्चसरलवाक्यानां संस्कृतेन अनुवाद कुरुत।

(हिंदी भाषा में लिखे पाँच सरल वाक्यों का संस्कृत में अनुवाद कीजिए।)

(i) छात्र पढ़ने के लिए विद्यालय जाते हैं।
(ii) प्रातःकाल आकाश में सूर्योदय होता है।
(iii) सागर के तट पर अनेक नारियल के वृक्ष हैं।
(iv) श्रीकृष्ण की माता का नाम देवकी और पिता वासुदेव थे।
(v) विवेकानन्द का जन्म कलकत्ता नगर में हुआ था।

5. हिन्दी भाषायां लिखितानां पञ्चसरलवाक्यानां संस्कृतेन अनुवाद कुरुत।

(हिंदी भाषा में लिखे पाँच सरल वाक्यों का संस्कृत में अनुवाद कीजिए।)

(i) विद्यालय में एक पुस्तकालय और खेल का मैदान है।
(ii) वाहनों के धुएँ से पर्यावरण दूषित होता है।
(iii) बालदिवस प्रतिवर्ष 14 नवम्बर को होता है।
(iv) रामायण मेरी प्रिय पुस्तक है।
(v) भारत देश कृषि प्रधान देश है।

6. हिन्दी भाषायां लिखितानां पञ्चसरलवाक्यानां संस्कृतेन अनुवाद कुरुत।

(हिंदी भाषा में लिखे पाँच सरल वाक्यों का संस्कृत में अनुवाद कीजिए।)

(i) हिमालय भारतदेश की उत्तर दिशा में स्थित है।
(ii) सफलता प्राप्ति के लिए परिश्रम आवश्यक होता है।
(iii) इस संसार में विद्या का अत्यन्त महत्त्व है।
(iv) आज कम्प्यूटर शिक्षा का एक अभिन्न अंग है।
(v) राम दशरथ के ज्येष्ठ पुत्र थे।

7. हिन्दी भाषायां लिखितानां पञ्चसरलवाक्यानां संस्कृतेन अनुवाद कुरुत।

(हिंदी भाषा में लिखे पाँच सरल वाक्यों का संस्कृत में अनुवाद कीजिए।)

(i) तुम पुस्तक पढ़ोगे।
(ii) तुम लिखकर जाओ।
(iii) राकेश पढ़कर सोता है।
(iv) राधिका समाचार पत्र पढ़ेगी।
(v) गुरू को नमस्कार।

8. हिन्दी भाषायां लिखितानां पञ्चसरलवाक्यानां संस्कृतेन अनुवाद कुरुत।

(हिंदी भाषा में लिखे पाँच सरल वाक्यों का संस्कृत में अनुवाद कीजिए।)

(i) किसान खेत में जाता है।
(ii) बालिका गेंद से खेलती है।
(iii) छात्र मैदान में दौड़ता है।
(iv) दिनेश और रमेश पुस्तक पढ़ते हैं।
(v) दो बालक चित्र देखते हैं।

9. हिन्दी भाषायां लिखितानां पञ्चसरलवाक्यानां संस्कृतेन अनुवाद कुरुत।
(हिंदी भाषा में लिखे पाँच सरल वाक्यों का संस्कृत में अनुवाद कीजिए।)
(i) राहगीर क्या पूछता है।
(ii) शेर वन में रहता है।
(iii) तुम कब खेलते हो?
(iv) तुम दोनों यहाँ दौड़ते हो।
(v) बालक घोड़े से गिरता है।

10. हिन्दी भाषायां लिखितानां पञ्चसरलवाक्यानां संस्कृतेन अनुवाद कुरुत।
(हिंदी भाषा में लिखे पाँच सरल वाक्यों का संस्कृत में अनुवाद कीजिए।)
(i) सीता ने पत्र लिखा।
(ii) रमेश और सुरेश खेल रहे थे।
(iii) वे सब कल यहाँ आए थे।
(iv) वे सब क्या कर रहे थे।
(v) राधा नृत्य कर रही थी।

उत्तराणि

1. *(i)* सः कलमेन लिखित।
(ii) पिता, पुत्रेण सह गच्छति।
(iii) ग्रामं परितः क्षेत्राणि सन्ति।
(iv) नृपः निर्धनाय धनं यच्छति।
(v) नगरस्य समीपं ग्रामः अस्ति।

2. *(i)* मयूरः अस्माकं राष्ट्रीयः पक्षी वर्तते।
(ii) बालकः वृद्धस्य सहायतां करोति।
(iii) व्याघ्रः अस्माकं राष्ट्रीयः पशुः वर्तते।
(iv) राजमार्गे सावाधानतया चलनीयम्।
(v) विद्यालयस्य समीपे उद्यानम् अस्ति।

3. *(i)* पिता पुत्राय कलमम् आनयति।
(ii) छात्रः अध्यापिकां नमति।
(iii) नदी पर्वतात् निर्गच्छति।
(iv) जनाः वायुयानेन विदेशं गच्छन्ति।
(v) अधुना सः पठति।

4. *(i)* छात्राः पठनाय विद्यालयं गच्छन्ति।
(ii) प्रातःकाले आकाशे सूर्योदयः भवति।
(iii) सागरतटे अनेके नारिकेलवृक्षाः सन्ति।
(iv) श्रीकृष्णस्य मातुः नाम देवकी पितुश्च वासुदेवः आसीत्।
(v) विवेकानन्दस्य जन्म कोलकातानगरे अभवत्।

5. *(i)* विद्यालये एकः पुस्तकालयः एकम् क्रीड़ाक्षेत्रम् च अस्ति।
(ii) वाहनानां धूमेन वायुमण्डल दूषितं भवति।
(iii) बालदिवसः प्रतिवर्षे 14 नवम्बर-दिवसे भवति।
(iv) रामायणं मम प्रिय पुस्तकम् अस्ति।
(v) भारतदेशः कृषिप्रधानः देशः अस्ति।

6. *(i)* हिमालयः भारतदेशस्य उत्तरदिशायां स्थितोऽस्ति।
(ii) सफलतां प्राप्तुम् उद्योगः आवश्यकः भवति।
(iii) अस्मिन् संसारे विद्यायाः अतिमहत्त्वं वर्तते।
(iv) अधुना संगणकयन्त्रं शिक्षायाः अभिन्नम् अङ्गम् अस्ति।
(v) रामः दशरथस्य ज्येष्ठःपुत्रः आसीत्।

7. *(i)* त्वं पुस्तकं पठिष्यसि।
(ii) त्वं लिखित्वा गच्छ।
(iii) राकेशः पठित्वा शेते।
(iv) राधिका समाचार पत्रं पठिष्यसि।
(v) गुरुवे नमः।

8. *(i)* कृषकः क्षेत्रं गच्छति।
(ii) बालिका कन्दुकेन क्रीडति।
(iii) छात्रः क्षेत्रे धावति।
(iv) दिनेशः, रमेशः च पुस्तकं पठतः।
(v) बालकौ चित्रं पश्यतः।

9. *(i)* पथिकः किम् पृच्छति?
(ii) सिंहः वने वसति।
(iii) त्वम् कदा क्रीडसि?
(iv) युवाम् अत्र धावथः।
(v) बालकः अश्वात् पतति।

10. *(i)* सीता पत्रम् अलिखत्।
(ii) रमेशः, सुरेशः च अक्रीडताम्।
(iii) ते ह्यः अत्र आगच्छन्।
(iv) ते किम् अकुर्वन्?
(v) राधा अनृत्यत्।

खंड : 'ग'

अनुप्रयुक्त-व्याकरणम्

अध्याय

01

सन्धिकार्यम्

सन्धि से अभिप्राय

व्याकरण में दो वर्णों या ध्वनियों के मेल से होने वाले विकार को सन्धि कहते हैं।

सन्धि शब्द का अर्थ है–मेल। कुछ शब्दों में दो ध्वनियों के आपस में मिलने से एक नया विकार उत्पन्न होता है, जिसे सन्धि कहते हैं; जैसे 'देव' तथा 'आलयः' शब्दों का संयोग होने पर 'देव' शब्द की अंतिम ध्वनि 'अ' तथा 'आलयः' शब्द की प्रथम ध्वनि 'आ' मिलकर बन जाते हैं। अतः 'देव + आलयः' शब्द की सन्धि 'देवालयः' हो जाती है। इस प्रकार दो ध्वनियों के मध्य होने वाले मेल को सन्धि कहा जाता है।

सन्धि के कुछ अन्य उदाहरण इस प्रकार हैं

गिरि	+	ईशः	=	गिरीशः	→	इ	+	ई	=	ई
नर	+	ईशः	=	नरेशः	→	अ	+	ई	=	ए
सु	+	आगतः	=	स्वागतः	→	उ	+	आ	=	वा
उत्	+	लासः	=	उल्लासः	→	त्	+	ल्	=	ला

इस प्रकार हम यह पाते हैं कि 'सन्धि' केवल दो 'ध्वनियों' या 'वर्णों' (स्वर अथवा व्यंजन) के बीच ही होती है, शब्दों के बीच नहीं। सन्धि होते समय ध्वनियों में परिवर्तन आ जाता है। इस प्रकार का परिवर्तन प्रथम ध्वनि में भी हो सकता है और द्वितीय में भी तथा दोनों में भी।

सन्धि विच्छेद

यदि मिले हुए वर्णों को अलग-अलग करके सन्धि से पूर्व की स्थिति में पहुँचा दिया जाए, तो यह प्रक्रिया 'सन्धि-विच्छेद' कहलाती है; जैसे–

जगन्नाथः	=	जगत्	+	नाथः
निषेधः	=	निः	+	सेधः
निर्द्वंद्वः	=	निः	+	द्वंद्वः
उच्चारणः	=	उत्	+	चारणः
हिमालयः	=	हिम	+	आलयः
गणेशः	=	गण	+	ईशः
निश्चलः	=	निः	+	चलः
संलापः	=	सन्	+	लापः
निष्पापः	=	निः	+	पापः

सन्धि के भेद

सन्धि के तीन भेद हैं

1. स्वर सन्धि 2. व्यंजन सन्धि 3. विसर्ग सन्धि

1. स्वर सन्धि

दो स्वरों के परस्पर मेल होने के फलस्वरूप उससे किसी एक या दोनों स्वरों में जो परिवर्तन या विकार उत्पन्न हो जाता है, वह 'स्वर सन्धि' कहलाता है।

इसके पाँच भेद होते हैं, परंतु पाठ्यक्रम में दीर्घ, गुण, वृद्धि, यण एवं अयादि सन्धियों का अध्ययन किया गया है।

(i) दीर्घ स्वर सन्धि (ii) गुण स्वर सन्धि
(iii) वृद्धि स्वर सन्धि (iv) यण् स्वर सन्धि
(v) अयादि सन्धि

(i) दीर्घ स्वर सन्धि

यदि ह्रस्व अथवा दीर्घ 'अ', 'आ', 'इ', 'ई', 'उ', 'ऊ' एवं 'ऋ' के बाद समान ह्रस्व या दीर्घ स्वर आएँ, तो दोनों मिलकर दीर्घ 'आ', 'ई', 'ऊ' और 'ॠ' हो जाते हैं; जैसे–

अ + अ = आ

अधिक	+	अधिकः	=	अधिकाधिकः
सूर्य	+	अस्तः	=	सूर्यास्तः
मत	+	अनुसारः	=	मतानुसारः
पर	+	अधीनः	=	पराधीनः
नव	+	अंकुरः	=	नवांकुरः
न्याय	+	अधीशः	=	न्यायाधीशः
राम	+	अवतारः	=	रामावतारः
वेद	+	अंतः	=	वेदांतः
रस	+	अयनः	=	रसायनः

अ + आ = आ

आयत	+	आकारः	=	आयताकारः
छात्र	+	आवासः	=	छात्रावासः
शुभ	+	आरंभः	=	शुभारंभः
मरण	+	आसन्नः	=	मरणासन्नः
गज	+	आननः	=	गजाननः
प्राण	+	आयामः	=	प्राणायामः
विरह	+	आकुलः	=	विरहाकुलः
रत्न	+	आकरः	=	रत्नाकरः
युग	+	आदिः	=	युगादिः
स	+	आनंदः	=	सानंदः

आ + अ = आ

दीक्षा	+	अंतः	=	दीक्षांतः
यथा	+	अर्थः	=	यथार्थः
सीमा	+	अंतः	=	सीमांतः
शिक्षा	+	अर्थीः	=	शिक्षार्थीः

आ + आ = आ

महा	+	आत्मा	=	महात्मा
वार्ता	+	आलापः	=	वार्तालापः
विद्या	+	आनंदः	=	विद्यानंदः
चिकित्सा	+	आलयः	=	चिकित्सालयः
श्रद्धा	+	आनंदः	=	श्रद्धानंदः
दया	+	आनंदः	=	दयानंदः

इ + इ = ई

कवि	+	इंद्रः	=	कवींद्रः
कवि	+	इच्छा	=	कवीच्छा
अभि	+	इष्टः	=	अभीष्टः
अति	+	इव	=	अतीव

इ + ई = ई

मुनि	+	ईश्वरः	=	मुनीश्वरः
क्षिति	+	ईशः	=	क्षितीशः
गिरि	+	ईशः	=	गिरीशः
अधि	+	ईश्वरः	=	अधीश्वरः
परि	+	ईक्षा	=	परीक्षा
प्रति	+	ईक्षा	=	प्रतीक्षा

ई + इ = ई

नारी	+	इष्टः	=	नारीष्टः
मही	+	इंद्रः	=	महींद्रः
शची	+	इंद्रः	=	शचींद्रः
सती	+	इच्छा	=	सतीच्छा

ई + ई = ई

मही	+	ईशः	=	महीशः
रजनी	+	ईशः	=	रजनीशः
मही	+	ईश्वरः	=	महीश्वरः

उ + उ = ऊ

भानु	+	उदयः	=	भानूदयः
सु	+	उक्तिः	=	सूक्तिः
गुरु	+	उपदेशः	=	गुरूपदेशः
लघु	+	उत्तरः	=	लघूत्तरः
कटु	+	उक्तिः	=	कटूक्तिः

उ + ऊ = ऊ

सिंधु	+	ऊर्मिः	=	सिंधूर्मिः
लघु	+	ऊर्मिः	=	लघूर्मिः

ऊ + उ = ऊ

वधू	+	उत्सवः	=	वधूत्सवः
भू	+	उद्धारः	=	भूद्धारः

ऊ + ऊ = ऊ

भू	+	ऊर्ध्वः	=	भूर्ध्वः
भू	+	ऊर्जाः	=	भूर्जाः
वधू	+	उर्मिः	=	वधूर्मिः

ऋ + ऋ = ऋ

पितृ	+	ऋणः	=	पितृणः
मातृ	+	ऋणः	=	मातृणः

(ii) गुण स्वर सन्धि

(क) यदि 'अ' अथवा 'आ' के आगे 'इ' या 'ई' आए, तो दोनों के मिलने से 'ए' बन जाता है।

(ख) यदि 'अ' अथवा 'आ' के आगे 'उ' या 'ऊ' आए, तो दोनों के मिलने से 'ओ' बन जाता है।

(ग) यदि 'अ' अथवा 'आ' के आगे 'ऋ' आए, तो दोनों के मिलने से 'अर्' बन जाता है; जैसे–

अ + इ = ए

नर	+	इंद्रः	=	नरेंद्रः
देव	+	इंद्रः	=	देवेंद्रः
शुभ	+	इच्छा	=	शुभेच्छा
स्व	+	इच्छा	=	स्वेच्छा
भारत	+	इंदुः	=	भारतेंदुः

अ + ई = ए

परम	+	ईश्वरः	=	परमेश्वरः
सोम	+	ईशः	=	सोमेशः
गण	+	ईशः	=	गणेशः
राम	+	ईश्वरः	=	रामेश्वरः
योग	+	ईशः	=	योगेशः

आ + इ = ए

राजा	+	इंद्रः	=	राजेंद्रः
यथा	+	इष्टः	=	यथेष्टः

आ + ई = ए

लंका	+	ईशः	=	लंकेशः
महा	+	ईशः	=	महेशः
महा	+	ईश्वरः	=	महेश्वरः

अ + उ = ओ

सूर्य	+	उदयः	=	सूर्योदयः
रोग	+	उपचारः	=	रोगोपचारः
पर	+	उपकारः	=	परोपकारः
वार्षिक	+	उत्सवः	=	वार्षिकोत्सवः
वीर	+	उचितः	=	वीरोचितः
विवाह	+	उत्सवः	=	विवाहोत्सवः
वसंत	+	उत्सवः	=	वसंतोत्सवः
हित	+	उपदेशः	=	हितोपदेशः
सर्व	+	उदयः	=	सर्वोदयः
वीर	+	उक्तिः	=	वीरोक्तिः

अ + ऊ = ओ

नव	+	ऊढ़ा	=	नवोढ़ा
समुद्र	+	ऊर्मिः	=	समुद्रोर्मि

आ + उ = ओ

महा	+	उत्सवः	=	महोत्सवः
महा	+	उदधिः	=	महोदधिः
गंगा	+	उदकः	=	गंगोदकः

आ + ऊ = ओ

गंगा	+	ऊर्मिः	=	गंगोर्मिः
महा	+	ऊर्मिः	=	महोर्मिः

अ + ऋ = अर्

सप्त	+	ऋषिः	=	सप्तर्षिः
ब्रह्म	+	ऋषिः	=	ब्रह्मर्षिः

आ + ऋ = अर्

राजा	+	ऋषिः	=	राजर्षिः
महा	+	ऋषिः	=	महर्षिः

(iii) वृद्धि स्वर सन्धि

(क) यदि 'अ' अथवा 'आ' के आगे 'ए' या 'ऐ' आए, तो दोनों के मिलने से 'ऐ' बन जाता है।

(ख) यदि 'अ' अथवा 'आ' के आगे 'ओ' या 'औ' आए, तो दोनों के मिलने से 'औ' बन जाता है; जैसे–

अ + ए = ऐ

एक	+	एकः	=	एकैकः
लोक	+	एषणा	=	लोकैषणा

अ + ऐ = ऐ

मत	+	ऐक्यः	=	मतैक्यः
भाव	+	ऐक्यः	=	भावैक्यः

आ + ए = ऐ

सदा	+	एव	=	सदैव
तथा	+	एव	=	तथैव

आ + ऐ = ऐ

महा + ऐश्वर्यः = महैश्वर्यः

अ + ओ = औ

वन + ओषधिः = वनौषधिः
जल + ओघः = जलौघः
परम + ओजः = परमौजः
दंत + ओष्ठः = दंतौष्ठः

अ + औ = औ

परम + औषधः = परमौषधः
परम + औदार्यः = परमौदार्यः

आ + ओ = औ

महा + ओजस्वीः = महौजस्वी
महा + ओजः = महौजः

आ + औ = औ

महा + औषधः = महौषधः
महा + औघः = महौघः

(iv) यण् स्वर सन्धि

(क) यदि 'इ' अथवा 'ई' के आगे कोई भिन्न स्वर आए, तो 'इ', 'ई' का 'य्' बन जाता है।

(ख) यदि 'उ' अथवा 'ऊ' के आगे कोई भिन्न स्वर आए, तो 'उ', 'ऊ' का 'व्' बन जाता है।

(ग) यदि 'ऋ' के बाद कोई भिन्न स्वर आए, तो 'ऋ' का 'र्' बन जाता है; जैसे–

इ + अ = य्

यदि + अपि = यद्यपि
अति + अंत = अत्यंत
अति + अधिक = अत्यधिक
अभि + अर्थी = अभ्यर्थी

ई + अ = य्

नदी + अर्पण = नद्यर्पण

इ + आ = या

अति + आनंद = अत्यानंद
इति + आदि = इत्यादि
वि + आप्त = व्याप्तः
अभि + आगत = अभ्यागत
परि + आवरण = पर्यावरणः
अति + आचार = अत्याचारः

ई + आ = या

नदी + आगम = नद्यागम
सखी + आगमन = सख्यागमन

इ + उ = यु

उपरि + उक्त = उपर्युक्त
प्रति + उपकार = प्रत्युपकार

इ + ऊ = यू

नि + ऊन = न्यून
वि + ऊह = व्यूह

ई + ऊ = यू

नदी + ऊर्मि = नद्यूर्मि

इ + ए = ये

प्रति + एक = प्रत्येक
अधि + एषणा = अध्येषणा

ई + ऐ = यै

देवी + ऐश्वर्य = देव्यैश्वर्य
सखी + ऐश्वर्य = सख्यैश्वर्य
नदी + ऐश्वर्य = नद्यैश्वर्य

उ + अ = व

अनु + अय = अन्वयः
मधु + अरि = मध्वरिः
सु + अल्प = स्वल्पः
मनु + अंतर = मन्वंतरः
सु + अच्छ = स्वच्छः

उ + आ = वा

सु + आगत = स्वागतः
मधु + आलय = मध्वालयः

ऊ + आ = वा

वधू + आगमन = वध्वागमन
भू + आदि = भ्वादि

उ + इ = वि

अनु + इति = अन्विति
अनु + इत = अन्वित

उ + ई = वी

अनु + ईक्षण = अन्वीक्षण

उ + ए = वे

अनु + एषण = अन्वेषण
प्रभु + एषणा = प्रभ्वेषणा

उ + ऐ = वै

वधू + ऐश्वर्य = वध्वैश्वय

ऊ + ओ = वो

सरयू + ओध = सरय्वोध

ऊ + औ = वौ

वधू + औदार्य = वध्वौदार्य

ऋ + अ = र

पितृ + अनुमति = पित्रनुमति
धातृ + अंश = धात्रंश

ऋ + आ = रा

पितृ	+	आज्ञा	=	पित्राज्ञा
मातृ	+	आज्ञा	=	मात्राज्ञा
मातृ	+	आनंद	=	मात्रानंद

ऋ + इ = त्रि

मातृ	+	इच्छा	=	मात्रिच्छा
पितृ	+	इच्छा	=	पित्रिच्छा

(v) अयादि सन्धि (एचोऽयवायाव)

सूत्र- यदि ए, ओ, ऐ, औ के बाद कोई भी असमान स्वर आए, तो क्रमशः 'ए' का 'अय्', 'ओ' का 'अव्', ऐ का 'आय्', 'औ' का 'आव्' हो जाता है; *जैसे–*

ने + अनम् = नयनम् (ए + अ = अय्)
कवे + ए = कवये (ए + ए = अय्)
नै + अकः = नायकः (ऐ + अ = आय्)
पो + अनः = पवनः (ओ + अ = अव्)
पौ + अकः = पावकः (औ + अ = आव्)

2. व्यंजन सन्धि

इस सन्धि में पूर्व पद का अंतिम वर्ण तथा उत्तर पद का प्रथम वर्ण व्यंजन ही होते हैं। *पाठ्यक्रम में निम्न सन्धि निर्धारित हैं*

(i) अनुस्वार सन्धि

यदि पूर्व पद का अंतिम वर्ण म् हो तथा उत्तर पद का प्रथम वर्ण कोई व्यंजन हो, तो म् का अनुस्वार हो जाता है।

जैसे– अहम् + पठामि = अहं पठामि
त्वम् + लिखसि = त्वं लिखसि
वेदम् + पठ = वेदं पठ

यदि र्, ष् के बाद न् हो, तो न् का ण हो जाता है तथा र्, ष् के बाद स्वर, ह्, य्, व्, र्, ल्, क वर्ग, प वर्ग हो तो भी न का ण हो जाता है, किंतु अंतिम न् हो, तो यह नियम नहीं लगेगा।

जैसे– रामानाम् (र् आ म् आ न् आ म्) तथा रामाणाम्।

(ii) जश्त्व सन्धि

यदि पूर्व पद का अंतिम वर्ण क्, च्, ट्, त्, प् हो तथा उत्तर पद का प्रथम वर्ण स्वर, झ्, भ्, घ्, ढ्, ध्, ज्, ब्, ग्, ड्, द् हो, तो क् ग्, च् ज, ट् ड्, त् द्, प् ब् हो जाता है।

जैसे–

वाक्	+	ईशः	=	वागीशः	=	क्	+	ई	=	गी
अच्	+	अंतः	=	अजंतः	=	च्	+	अ	=	ज
षट्	+	आननः	=	षडाननः	=	ट्	+	आ	=	डा

- यदि त् के बाद च्, छ्, ज्, झ्, ञ्, श् में से कोई वर्ण हो, तो त् का च् हो जाता है;

जैसे– तत् + च = तच्च (त् + च = च्च)
सत् + चित् = सच्चित् (त् + च = च्च)

- यदि त् के बाद ल हो, तो त् का ल् हो जाता है।

जैसे– तत् + लीनः = तल्लीनः (त् + ल = ल्ल)

- यदि र् के बाद र हो तो पूर्व वाले र् का लोप हो जाता है तथा जिस र् का लोप हुआ है उससे पूर्व यदि अ, इ, उ में से कोई वर्ण हो, तो उसका दीर्घ (आ, ई, ऊ) हो जाता है;

जैसे– निर् + रोगः = नीरोगः
निर् + रसः = नीरसः

3. विसर्ग सन्धि

विसर्गों (:) के बाद स्वर या व्यंजन आने पर होने वाले परिवर्तन को विसर्ग सन्धि कहते हैं। *पाठ्यक्रम में निम्न सन्धि निर्धारित हैं*

(i) विसर्गस्य उत्वम्

यदि विसर्गों (:) से पूर्व ह्रस्व अ हो तथा विसर्गों के बाद ह्रस्व अ, ह्, य्, व्, र्, ल्, ञ्, म्, ङ्, ण्, न्, झ, भ्, घ्, ढ्, ध्, ज्, ब्, ग्, ड्, द् में से कोई वर्ण हो, तो विसर्गों का उ (ओ) हो जाता है।

जैसे– कः	+	असि	=	कोऽसि
बालः	+	हसति	=	बालो हसति
नरः	+	गच्छति	=	नरो गच्छति

(ii) विसर्गस्य रत्वम्

यदि विसर्गों से पूर्व अ को छोड़कर कोई स्वर तथा विसर्गों के बाद स्वर, ह, य, व, र, ल, ञ, म, ङ, ण, न, झ, भ, घ, ढ, ध, ज, ब, ग, ड, द में से कोई वर्ण हो, तो विसर्गों का र् होता है बाद वाला वर्ण यथावत् रहता है;

जैसे– मुनिः	+	अवदत्	=	मुनिरवदत्
हरिः	+	हसति	=	हरिर्हसति

निर्देश उपर्युक्त सन्धि नियमों को भली-भाँति समझें तथा सन्धि विच्छेद करते समय दोनों पदों के अर्थ का भी अवश्य ध्यान रखना चाहिए।

यथा–''रमेशः'' का सन्धि विच्छेद यदि रम + ईशः करेंगे, तो अशुद्ध होगा, क्योंकि रम शब्द यहाँ निरर्थक है और यदि रमा + इशः करेंगे तो यहाँ इशः शब्द निरर्थक है। अतः रमा + ईशः विच्छेद करेंगे। ऐसा अन्यत्र भी जानें।

(iii) विसर्गलोप

यदि विसर्ग के बाद 'र' आता है तो विसर्ग का लोप हो जाता है और विसर्ग के लोप हो जाने के कारण उससे पहले आने वाले अ, इ, उ, का दीर्घ रूप आ, ई, ऊ हो जाता है;

जैसे–

पुनः	+	रमते	=	पुनारमते
कविः	+	राजते	=	कवी राजते

साधित उदाहरणम्

● बहुविकल्पीय प्रश्न

अधोलिखितेषु वाक्येषु स्थूलपदानां समुचितं सन्धि विच्छेद वा चिनुत।

(निम्नलिखित वाक्यों में स्थूल शब्दों की उचित सन्धि अथवा सन्धि विच्छेद चुनिए।)

1. **मुनीन्द्राः** वने वसन्ति।
   (क) मुनि + ईन्द्राः
   (ख) मुनी + इन्द्राः
   (ग) मुनि + इन्द्रः
   (घ) मुनि + इन्द्राः
   उत्तरम् (घ) मुनि + इन्द्राः

2. अधुना **वागीशः** विद्यालये अस्ति।
   (क) वाग् + ईशः
   (ख) वाक् + ईशः
   (ग) वाक + ईशः
   (घ) वाग + ईशः
   उत्तरम् (ख) वाक् + ईशः

3. मूर्खेण पुत्रेण **कोऽर्थः**?
   (क) कोः + अर्थ (ख) कः + अथ
   (ग) कः + अर्थः (घ) क + अर्थः
   उत्तरम् (ग) कः + अर्थः

4. **यथोचितं** क्रियताम्।
   (क) यथा + ओचितम् (ख) यथा + उचितम्
   (ग) यथा + औचितम् (घ) यथ + ओचितम्
   उत्तरम् (ख) यथा + उचितम्

5. **सदाचारः** सदैव आचरणीयः।
   (क) सत् + आचारः (ख) सद् + आचार
   (ग) सद् + आचारः (घ) सतः + आचार
   उत्तरम् (क) सत् + आचारः

6. **बालः + अपि** गच्छति।
   (क) बालः + ऽपि
   (ख) बालः + अपि
   (ग) बाल + अपिः
   (घ) बाल + अपिः
   उत्तरम् (ख) बालः + अपि

● लघु उत्तरात्मक प्रश्न।

अधोलिखितेषु वाक्येषु स्थूलपदानां समुचितं सन्धि विच्छेद वा लिखत।

(निम्नलिखित वाक्यों में स्थूल शब्दों की उचित सन्धि अथवा सन्धि विच्छेद लिखिए।)

स्वर सन्धिः

1. जय **जगदीश** हरे।
   उत्तरम् जय **जगत् + ईशः** हरे।

2. शारदा अस्माकम् **वदनाम्बुजे** निवासं क्रियात्।
   उत्तरम् शारदा अस्माकम् **वदन + अम्बुजे** निवासं क्रियात्।

3. आश्रमे **उभौ + अपि** अतिथिः तिष्ठतः।
   उत्तरम् आश्रमे **उभावपि** अतिथिः तिष्ठतः।

4. सः प्रतिज्ञां करोति **दास्यामीति**।
   उत्तरम् सः प्रतिज्ञां करोति **दास्यामि + इति**।

5. स्वाध्यायाभ्यसनं **चैव** तपः उच्यते।
   उत्तरम् स्वाध्यायाभ्यसनं **च + एव** तपः उच्यते।

6. कालिदासः **अद्यापि** सर्वत्र प्रसिद्धः।
   उत्तरम् कालिदासः **अद्य + अपि** सर्वत्र प्रसिद्धः।

7. अहं **चिकित्सा + अर्थ** गमिष्यामि।
   उत्तरम् अहं **चिकित्सार्थं** गमिष्यामि।

8. **मदोद्धताः** कपयः प्रहस्य अवदन्।
   उत्तरम् **मद + उद्धताः** कपयः प्रहस्य अवदन्।

9. बालकाः **नतोन्नते** मार्गे क्रीडन्ति।
   उत्तरम् बालकाः **नत + उन्नते** मार्गे क्रीडन्ति।

10. **चंद्र + उदयः** निशायां भवति।
    उत्तरम् **चन्द्रोदयः** निशायां भवति।

11. **महर्षिः** सर्वत्र पूज्यः।
    उत्तरम् **महा + ऋषिः** सर्वत्र पूज्यः।

12. **जल आगमे** मयूराः प्रसन्नाः भवन्ति।
    उत्तरम् **जल + आगमे** मयूराः प्रसन्नाः भवन्ति।

13. शिक्षकस्य **प्रश्नस्य + उत्तरं** देहि।
    उत्तरम् शिक्षकस्य **प्रश्नस्योत्तरं** देहि।

14. **इदं + एव** भवति।
    उत्तरम् **इदमेव** भवति।

15. **न + अहं** स्वर्गं कामये।
उत्तरम् **नाहं** स्वर्गं कामये।

16. **नास्ति** विद्या समं चक्षुः।
उत्तरम् **न + अस्ति** विद्या समं चक्षुः।

17. **अभीष्टानि** वस्तूनि प्राप्य सन्तुष्टः अभवत्।
उत्तरम् **अभि + इष्टानि** वस्तूनि प्राप्य सन्तुष्टः अभवत्।

18. परं शक्तिः **दर्प + उन्मत्तः** नकुलः जलम् अपिबत।
उत्तरम् परं शक्तिः **दर्पोन्मत्तः** नकुलः जलम् अपिबत।

19. **मातृणम्** सर्वऋणेषु प्रधानम्।
उत्तरम् **मातृ + ऋणम्** सर्वऋणेषु प्रधानम्।

20. **नर + ईशः** प्रजां पालयति।
उत्तरम् **नरेशः** प्रजां पालयति।

21. **परम + ईश्वरः** एकः एव भवति।
उत्तरम् **परमेश्वरः** एकः एव भवति।

22. **लता + उक्तिः** कथयति।
उत्तरम् **लतोक्तिः** कथयति।

व्यंजन सन्धिः

23. एकम् **अनु + छेदं** लिखत।
उत्तरम् एकम् **अनुच्छेदं** लिखत।

24. **तच्छ्रुत्वा** तेषु एकः बालकः उवाच – अयि भोः।
उत्तरम् **तत् + श्रुत्वा** तेषु एकः बालकः उवाच – अयि भोः।

25. पर्वतीय वातावरणं **स्व + छं** भवति।
उत्तरम् पर्वतीय वातावरणं **स्वच्छं** भवति।

26. **तच्छरेण** तरुशाखा छिन्ना अभवत्।
उत्तरम् **तत् + शरेण** तरुशाखा छिन्ना अभवत्।

27. पश्य **एतच्चित्रम्** लिखत।
उत्तरम् पश्य **एतत् + चित्रम्** लिखत।

28. **त्यागात् + शन्तिः** भवति।
उत्तरम् **त्यागाच्छान्तिः** भवति।

29. **गम् + गा** गङ्गेति यो ब्रूयात् योजनानां शतैरपि।
उत्तरम् **गङ्गा** गङ्गेति यो ब्रूयात् योजनानां शतैरपि।

30. तर्हि **मत् + शिरः** ददामि।
उत्तरम् तर्हि **मच्छिरः** ददामि।

31. **जगदीश्वरः** बालकान् रक्षति।
उत्तरम् **जगत् + ईश्वरः** बालकान् रक्षति।

32. **सम् + रक्षकः** कुत्र गतः?
उत्तरम् **संरक्षकः** कुत्र गतः?

33. **सकलं + जगद्** ध्वस्तं भविष्यति।
उत्तरम् **सकलञ्जगद्** ध्वस्तं भविष्यति।

34. **तत् + शक्यम्** अस्ति।
उत्तरम् **तच्छक्यम्** अस्ति।

35. त्वम् एकम् **अनुच्छेदं** लिख।
उत्तरम् त्वम् एकम् **अनु + छेदम्** लिख।

विसर्ग सन्धिः

36. मनः **दुर्निग्रहं** भवति।
उत्तरम् मनः **दुः + निग्रहम्** भवति।

37. आर्य ! अयथाकालं **समागतः + असि**।
उत्तरम् आर्य ! अयथाकालं **समागतोऽसि**।

38. भारति! तव अयम् अपूर्वः **कः + अपि** कोषः विद्यते।
उत्तरम् भारति ! तव अयम् अपूर्वः **कोऽपि** कोषः विद्यते।

39. **कोऽनर्थः** फलः ? मानः।
उत्तरम् **कः + अनर्थः** फलः ? मानः।

40. **कोऽनर्थफलः** संसारे भवति।
उत्तरम् **कः + अनर्थफलः** संसारे भवति।

41. **कीटोऽपि** सुमनः सङ्गात् सतां शिरः आरोहति।
उत्तरम् **कीटः + अपि** सुमनः सङ्गात् सतां शिरः आरोहति।

42. तस्य विद्यालयः दयानन्दः **विद्यालयः + अस्ति**।
उत्तरम् तस्य विद्यालयः दयानन्दः **विद्यालयोऽस्ति**।

43. मन्ये **वायोः + इव** सुदुष्करम्।
उत्तरम् मन्ये **वायोरिव** सुदुष्करम्।

44. एतैः **जनैः + गम्यते**।
उत्तरम् एतैः **जनैर्गम्यते**।

परीक्षा अभ्यासः

बहुविकल्पीय प्रश्न

अधोलिखितेषु वाक्येषु स्थूलपदानां समुचितं सन्धि विच्छेद वा चिनुत।

(निम्नलिखित वाक्यों में स्थूल शब्दों की उचित सन्धि अथवा सन्धि विच्छेद चुनिए।)

1. प्रातः काले **भानूदयः** भवति।
   (क) भानु + उदयः (ख) भानू + उदयः
   (ग) भानो + दयः (घ) भान् + ओदयः
2. अद्य **वधूत्सवः** अस्ति।
   (क) बधू + उत्सवः (ख) वधु + उत्सवः
   (ग) वधू + उत्सवः (घ) वधू + उत्सव
3. **पितृणम्** न विस्मरणीयम्।
   (क) पितु + ऋणम् (ख) पिता + ऋणम्
   (ग) पितृ + ऋणं (घ) पितृ + ऋणम्
4. कालिदास्येयम् **सूक्तिः** प्रसिद्धाः।
   (क) सु + उक्तिः (ख) सू + क्तिनः
   (ग) सु + उक्ति (घ) सु + उक्तः
5. **'हितोपदेशः'** नामकः ग्रंथः प्रसिद्धः जातः। मणिकातः (षष्ठः पाठः)
   (क) हितो + उपदेश (ख) हित + उपदेशः
   (ग) हितः + उपदेश (घ) हितु + उपदेशः
6. **तथैव** अस्तु।
   (क) तथा + एव (ख) तथो + एव
   (ग) तथाः + एव (घ) तथ + एवम्
7. **अत्रैकः** बालः पठन् आसीत्।
   (क) अत्र + एकः (ख) अत्र + एका
   (ग) अत्र + एक्ः (घ) अत्र + एकम्
8. **परोपकारः** पुण्याय पापाय परपीडनम्।
   (क) पर् + उपकार (ख) पर + उपकारः
   (ग) परः + उपकार (घ) परं + उपकार
9. **भूर्जा** अतिविशाला अकल्पनीया च।
   (क) भूः + ऊर्जा (ख) भू + उर्जा
   (ग) भू + ऊर्जा (घ) भु + ऊर्जाः
10. विवेकः **अद्यैव** उद्यानं गमिष्यति।
    (क) अद्य + एव (ख) अद्यः + एवं
    (ग) अद्यं + एव (घ) अद्य + एवः
11. सः **बालश्शेते**।
    (क) बाल् + शेते (ख) बालु + शेतेः
    (ग) बालः + शेते (घ) बाल + शेते
12. **नमस्ते**।
    (क) नम + तेः (ख) नम + स्ते
    (ग) नमस् + ते (घ) नमः + ते
13. सद्भिस्तु लीलया **प्रोक्तम्**। मणिकातः (पाथेयम्)
    (क) प्र + उक्तम् (ख) प्र + उक्त
    (ग) प्रः + उक्तम् (घ) प्र + उक्तमः
14. **चतुर्विंशति** वर्षः।
    (क) चतुः + विंशति (ख) चतु + विंशति
    (ग) चतुवः + शीति (घ) चतुः + विंशति्
15. जीवने **उल्लासः** आवश्यकः।
    (क) उत् + लास् (ख) उत् + लासः
    (ग) उत् + लासः (घ) उतः + लास्
16. **जगदीशः** कम् न रक्षति?
    (क) जगत + ईशः (ख) जगद + ईश
    (ग) जगत् + ईशः (घ) जगतः + ईश
17. **बालस्तत्र** अस्ति।
    (क) बालः + तत्र् (ख) बालः + तत्र
    (ग) बाल + तत्र (घ) बाल + तत्रः
18. स **जातो येन** जातेन। मणिकातः (षष्ठः पाठः)
    (क) जातः + येन (ख) जातु + येनः
    (ग) जात + येन् (घ) जातः + येनः
19. अस्य **उल्लेखः** करणीयः।
    (क) उत् + लेख्ः (ख) उतः + लेख
    (ग) उत् + लेखः (घ) उत्ः + लेखः

लघु उत्तरात्मक प्रश्न

अधोलिखितेषु वाक्येषु स्थूलपदानां समुचितं सन्धि विच्छेद वा लिखत।

(निम्नलिखित वाक्यों में स्थूल शब्दों की उचित सन्धि अथवा सन्धि-विच्छेद लिखिए।)

1. **गुरुपदेशः** सर्वदा अनुकरणीयः।
2. जन्मोत्सवे **लघुत्सवः** आयोज्यते।
3. पूर्णिमायां **विधूदयः** दर्शनीयः।

4. **वधूपरि** शेते।
5. सर्वत्र **सिन्धूर्मयः** सन्ति।
6. अत्र **लघूर्णा** अस्ति।
7. मनुष्यस्योपरि **मातृणम्** अस्ति।
8. इदानी **नीतिशास्त्रोपदेशेन** पुनर्जन्म कारयितुं समर्थः। मणिकातः (षष्ठ पाठः)
9. **पुरुषोत्तमः** भगवान् श्रीरामः आदर्शनृपः आसीत्।
10. खे **सप्तर्षिः** संज्ञकाः नक्षत्राः सन्ति।
11. **ग्रीष्मर्तौ** जलं अधिकं पानीपम्।
12. **महर्षिः** दयानन्दः गुजरात वास्तव्यः आसीत्।
13. विश्वामित्रः **राजर्षिः** आसीत्।
14. **देवर्षिः** नारदः परमभक्तः आसीत्।
15. **वर्षर्तौ** रोगाः जायंते।
16. **ब्रह्मर्षि** वशिष्ठः कुलगुरुः आसीत्।
17. **पश्यैतम्** बालकम्।
18. तस्मै **तण्डुलौदनम्** रोचते।
19. एषा **महौषधिः** अस्ति।
20. अत्र **जलौघः** वर्तते।
21. रामाय **गुडौदनं** रोचते।
22. यः **सम्यगनुतिष्ठति**। मणिकातः (चतुर्थ पाठः)
23. **यावद् भविष्यति**। मणिकातः (पंचम पाठः)
24. **त्वदागमनं** आर्याय निवेदयामि। मणिकातः (पंचम पाठः)
25. **महद्भिः** सुप्रतिष्ठितः। मणिकातः (षष्ठः पाठः)
26. **सङ्गादारोहति** सतां शिरः। मणिकातः (षष्ठः पाठः)
27. सांसारिकाः **जगल्लीनाः** एव भवन्ति।
28. नियमः न **उल्लङ्घनीयः**।
29. **तल्लाङ्गूलम्** विस्तृतं भूतम्।
30. नवाम्बुभिर्भूरि **विलम्बिनो** घनाः। मणिकातः (तृतीयः पाठः)
31. मनसि च परितुष्टे **कोऽर्थवान्** को दरिद्रः। मणिकातः (तृतीय पाठः)
32. मनसि च परितुष्टे कोऽर्थवान् **को दरिद्रः**। मणिकातः (तृतीय पाठः)
33. मृतः **कोवा** जायते। मणिकातः (षष्ठः पाठः)
34. तावद् भविष्याम्य **नयोर्विधेयः**। मणिकातः (पंचम पाठः)
35. न च **तारागणैरपि**। मणिकातः (षष्ठः पाठः)
36. **पत्युर्गृहम्** गच्छति।
37. **रोगा दहन्ति** देहम्।
38. **ते जना हसन्ति।**
39. बालकः **एषलिखति**।
40. **रामश्चलति** गृहम्।
41. **काष्ठादग्निर्जायते**। मणिकातः (तृतीयः पाठः)
42. स समाः **शतमव्याधिरायुषा** न वियुज्यते। मणिकातः (चतुर्थ पाठः)
43. मान **हेतोर्मातेव**। मणिकातः (पंचमः पाठः)
44. **स्वभाव एवैष** परोपकारिणाम्। मणिकातः (तृतीय पाठः)
45. **स एव** वरस्ता एव चैत्र क्षपाः।
46. स एव **वस्ता एव** चैत्र क्षपाः।
47. **कश्चित्** कांता विरह गुरुणा। (मेघदूतम्)
48. **बालषष्ठो** वर्तते।
49. विद्यालये अद्यावकाशः **नास्ति**।
50. बालः **तच्चित्रं** पश्यति।
51. **ग्रीष्मर्तौ** जनोः पर्वतेषु गच्छन्ति।

उत्तराणि

बहुविकल्पीय प्रश्न

1. (क) भानु + उदयः
2. (ग) वधू + उत्सवः
3. (घ) पितृ + ऋणम्
4. (क) सु + उक्तिः
5. (ख) हित + उपदेशः
6. (क) तथा + एव
7. (क) अत्र + एकः
8. (ख) पर + उपकारः
9. (ग) भू + ऊर्जा
10. (क) अद्य + एव
11. (ग) बालः + शेते।
12. (घ) नमः+ ते।
13. (क) प्र + उक्तम्।
14. (क) चतुः + विंशति
15. (ग) उत् + लासः
16. (ग) जगत् + ईशः
17. (ख) बालः + तत्र
18. (क) जातः + येन
19. (ग) उत् + लेखः

लघु उत्तरात्मक प्रश्न

1. **गुरु + उपदेशः** सर्वदा अनुकरणीयः।
2. जन्मोत्सवे **लघु + उत्सवः** आयोज्यते।
3. पूर्णिमायां **विधु + उदयः** दर्शनीयः।
4. **वधू + उपरि** शेते।
5. सर्वत्र **सिंधु + ऊर्मयः** सन्ति।
6. अत्र **लघु + ऊर्णा** अस्ति।
7. मनुष्यस्योपरि **मातृ + ऋणम्** अस्ति।
8. इदानी **नीतिशास्त्र + उपदेशेन** पुनर्जन्म कारयितुं समर्थः।
9. **पुरुष + उत्तमः** भगवान् श्रीरामः आदर्श नृपः आसीत्।
10. खे **सप्त + ऋषिः** संज्ञका नक्षत्राः सन्ति।
11. **ग्रीष्म + ऋतौ** जलं अधिकं पानीयम्।
12. **महा + ऋषिः** दयानन्दः गुजरात वास्तव्यः आसीत्।
13. विश्वामित्रः **राज + ऋषिः** आसीत्।
14. **देव + ऋषिः** नारदः परमभक्तः आसीत्।
15. **वर्षा + ऋतौ** रोगाः जायन्ते।
16. **ब्रह्मा + ऋर्षिः** वशिष्ठः कुलगुरुः आसीत्।
17. **पश्य + एतम्** बालकम्।
18. तस्मै **तण्डुल + ओदनम्** रोचते।
19. एषा **महा + औषधिः** ओषधिः अस्ति।
20. अत्र **जल + औघः** वर्तते।
21. रामाय **गुड + ओदनम्** रोचते।
22. यः **सम्यक् + अनुतिष्ठति**।
23. **यावत् + भविष्यति**।
24. **त्वत् + आगमनम्** आर्याय निवेदयामि।
25. **महत् + भिः** सुप्रतिष्ठितः।
26. **सङ्गात् + आरोहति** सतां शिरः।
27. सांसारिकाः **जगत् + लीनाः** एव भवन्ति।
28. नियमः न **उत् + लङ्घनीयः**।
29. **तत् + लाङ्गूलम्** विस्तृतं भूतम्।
30. नवाम्बुभिर्भूरि **विलम्बिनः + घनाः**।
31. मनसि च परितुष्टे **कः + अर्थवान्** को दरिद्रः।
32. मनसि च परितुष्टे कोऽर्थवान् **कः + दरिद्रः**।
33. मृत **कः + वा** जायते।
34. तावद् भविष्याम्य **अनयोः + विधेयः**।
35. न च **तारागणैः + अपि**।
36. **पत्युः + गृहम्** गच्छति।
37. **रोगाः + दहन्ति** देहम्।
38. ते **जनाः + हसन्ति**।
39. बालकः **एषः + लिखति**।
40. **रामः + चलति** गृहम्।
41. **काष्ठादग्निः + जायते**।
42. स समाः शतम् **अव्याधिः + आयुषा** न वियुज्यते।
43. मान **हेतोः + मातेव**।
44. **स्वभावः + एव** परोपकारिणाम्।
45. **सः + एव** वरस्ता एव चैत्र क्षपाः।
46. स एव **ताः + एव** चैत्र क्षपाः।
47. **कः + चित्** कांता विरह गुरुणा।
48. **बालः + षष्ठः** वर्तते।
49. विद्यालये अद्यावकाशः **न + अस्ति**।
50. बालः **तत् + चित्रम्** पश्यति।
51. **ग्रीष्म + ऋतौ** जनाः पर्वतेषु गच्छन्ति।

परीक्षा अभ्यासः

अध्याय

02

शब्दरूपाणि

शब्द की परिभाषा

वर्णों के सार्थक समूह को शब्द कहते हैं; जैसे—राम, मोहन, सुनीता आदि।

शब्द के प्रकार

संस्कृत में शब्द रूपों का ज्ञान अत्यंत आवश्यक है। यह तीन भागों में विभक्त हैं—अजन्त (स्वरान्त), हलन्त (व्यञ्जनान्त) सर्वनाम। जिनमें पुल्लिङ्ग, स्त्रीलिङ्ग तथा नपुंसकलिङ्ग के रूप बनते हैं। इसके लिए मूल शब्द में निम्नलिखित 21 सुप् प्रत्ययों को लगाकर विभक्तियों में तथा वचनों में रूप बनाते हैं।

सुप् प्रत्ययः

विभक्ति	एकवचन	द्विवचन	बहुवचन
प्रथमा	सु	औ	जस्
द्वितीया	अम्	औट्	शस्
तृतीया	टा	भ्याम्	भिस्
चतुर्थी	ङे	भ्याम्	भ्यस्
पञ्चमी	ङसि	भ्याम्	भ्यस्
षष्ठी	ङस्	ओस्	आम्
सप्तमी	ङि	ओस्	सुप्

उपरोक्त प्रत्ययों के द्वारा सभी शब्दों के रूप बनते हैं, किंतु शब्दों के लिङ्ग तथा शब्द के अंतिम अक्षर के अनुसार ही रूपों का निर्माण होता है।

सामान्यतया निम्नलिखित रूपों को ध्यान में रखें

1. **अकारान्त पुल्लिङ्ग** तथा **नपुंसकलिङ्ग** इनमें तृतीया में एन/एण, चतुर्थी में आय, पञ्चमी में आत्, षष्ठी में स्य, सप्तमी में 'ए' मिलाकर शब्द रूप बनाते हैं; *जैसे*—

तृतीया में	रामेण, धनेन, केन, येन, गृहेण, मोहनेन
चतुर्थी में	रामाय, धनाय, गृहाय, मोहनाय
पञ्चमी में	रामात्, धनात्, गृहात्, मोहनात्
षष्ठी में	रामस्य, धनस्य, गृहस्य, मोहनस्य
सप्तमी में	रामे, धने, गृहे, मोहने

विशेष कुछ शब्दों में तृतीया में टा प्रत्यय का (आ) शेष रहता है तथा शब्दों में जुड़कर रूप निर्माण में सहयोग करता है; *जैसे*—नदी-नद्या, वधू-वध्वा, यत् (स्त्री) यया, किम् (स्त्री) कया, तत् (स्त्री) तया, मातृ-मात्रा, पितृ-पित्रा, गुरु-गुरुणा, हरि-हरिणा, मति-मत्या, रमा-रमया आदि।

2. स्त्रीलिङ्ग इसमें तृतीया, चतुर्थी तथा पञ्चमी विभक्ति के द्विवचन और बहुवचन में कोई भी परिवर्तन नहीं होता मात्र प्रत्यय को जोड़ते हैं; *जैसे*—

रमा रमाभ्याम्, रमाभिः, रमाभ्यः **यत्** याभ्याम्, याभिः–, याभ्यः, **नदीः** नदीभ्याम्, नदीभिः, नदीभ्यः आदि।

उपरोक्त भिन्न रूपों को स्मरण तथा समझना आवश्यक है।

जैसे–सप्तमी बहुवचन में सुप् प्रत्यय है तथा उसे मिलाकर शब्दरूप बनाते हैं। रमा-रमासु, कवि-कविषु, नदी-नदीषु यत्-येषु (पु.) यासु (स्त्री.) आदि।

षष्ठी, सप्तमी द्विवचन में ओस् प्रत्यय को जोड़कर निम्न रूप बनाते हैं—रमा-रमयोः, धन-धनयोः, गृह-गृहयोः, किं-कयोः, तत्-तयोः, यत्-ययोः, इदम्-अनयोः आदि।

3. सर्वनाम शब्दों में चतुर्थी में स्मै, पञ्चमी में स्मात् षष्ठी में स्य तथा **सप्तमी में** स्मिन् लगाते हैं; *जैसे*—

चतुर्थी में सर्वस्मै, तस्मै, कस्मै, यस्मै,
पञ्चमी में सर्वस्मात्, तस्मात्, कस्मात्, यस्मात्
षष्ठी में सर्वस्य, तस्य, कस्य,
सप्तमी में सर्वस्मिन्, तस्मिन्, कस्मिन्, यस्मिन्

शब्दरूप

• अजन्त पुल्लिङ्ग	अ, इ, उकारान्त
• स्त्रीलिङ्ग	आ, इकारान्त
• नपुंसकलिङ्ग	अ, इकारान्त
• सर्वनाम	यत्, तत्, किम्, इदम्, (तीनों लिङ्गों में) अस्मद् एवं युष्मद्

विभिन्न शब्दरूपाणि

(क) पुल्लिङ्गशब्दाः

बालक शब्द (अकारान्त पुल्लिङ्ग)

विभक्तयः	एकवचनम्	द्विवचनम्	बहुवचनम्
प्रथमा	बालकः	बालकौ	बालकाः
द्वितीया	बालकम्	बालकौ	बालकान्
तृतीया	बालकेन	बालकाभ्याम्	बालकैः
चतुर्थी	बालकाय	बालकाभ्याम्	बालकेभ्यः
पञ्चमी	बालकात्	बालकाभ्याम्	बालकेभ्यः
षष्ठी	बालकस्य	बालकयोः	बालकानाम्
सप्तमी	बालके	बालकयोः	बालकेषु
सम्बोधन	हे बालक!	हे बालकौ!	हे बालकाः!

कवि शब्द (इकारान्त पु.) वचन

विभक्तयः	एकवचनम्	द्विवचनम्	बहुवचनम्
प्रथमा	कविः	कवी	कवयः
द्वितीया	कविम्	कवी	कवीन्
तृतीया	कविना	कविभ्याम्	कविभिः
चतुर्थी	कवये	कविभ्याम्	कविभ्यः
पंचमी	कवेः	कविभ्याम्	कविभ्यः
षष्ठी	कवेः	कव्योः	कवीनाम्
सप्तमी	कवौ	कव्योः	कविषु
सम्बोधन	है कवे!	हे कवी!	हे कवयः!

'साधु' शब्द (उकारान्त पुल्लिङ्ग)

विभक्तयः	एकवचनम्	द्विवचनम्	बहुवचनम्
प्रथमा	साधुः	साधू	साधवः
द्वितीया	साधुम्	साधू	साधून्
तृतीया	साधुना	साधुभ्याम्	साधुभिः
चतुर्थी	साधवे	साधुभ्याम्	साधुभ्यः
पञ्चमी	साधोः	साधुभ्याम्	साधुभ्यः
षष्ठी	साधोः	साध्वोः	साधूनाम्
सप्तमी	साधौ	साध्वोः	साधुषु
सम्बोधनम्	हे साधो!	हे साधू!	हे साधवः!

पितृ (पिता) शब्द (ऋकारान्त पुल्लिङ्ग) वचन

विभक्तयः	एकवचन	द्विवचन	बहुवचन
प्रथमा	पिता	पितरौ	पितरः
द्वितीया	पितरम्	पितरौ	पितृन्
तृतीया	पित्रा	पितृभ्याम्	पितृभिः
चतुर्थी	पित्रे	पितृभ्याम्	पितृभ्यः
पञ्चमी	पितुः	पितृभ्याम्	पितृभ्यः
षष्ठी	पितुः	पित्रोः	पितृणाम्
सप्तमी	पितरि	पित्रोः	पितृषु
सम्बोधनम्	हे पितः!	हे पितरौ!	हे पितरः!

(ख) स्त्रीलिङ्गशब्दाः (अजन्ताः)

लता (बेल) शब्द (आकारान्त स्त्रीलिङ्ग)

विभक्तयः	एकवचनम्	द्विवचनम्	बहुवचनम्
प्रथमा	लता	लते	लताः
द्वितीया	लताम्	लते	लताः
तृतीया	लतया	लताभ्याम्	लताभिः
चतुर्थी	लतायै	लताभ्याम्	लताभ्यः
पञ्चमी	लतायाः	लताभ्याम्	लताभ्यः
षष्ठी	लतायाः	लतयोः	लतानाम्
सप्तमी	लतायाम्	लतयोः	लतासु
सम्बोधनम्	हे लते!	हे लते!	हे लताः!

'नदी' ईकारान्तः स्त्रीलिङ्ग

विभक्तयः	एकवचनम्	द्विवचनम्	बहुवचनम्
प्रथमा	नदी	नद्यौ	नद्यः
द्वितीया	नदीम्	नद्यौ	नदीः
तृतीया	नद्या	नदीभ्याम्	नदीभिः
चतुर्थी	नद्यै	नदीभ्याम्	नदीभ्यः
पञ्चमी	नद्याः	नदीभ्याम्	नदीभ्यः
षष्ठी	नद्याः	नद्योः	नदीनाम्
सप्तमी	नद्याम्	नद्योः	नदीषु
सम्बोधनम्	हे नदि!	हे नद्यौ!	हे नद्यः!

मातृ (माता) शब्द (ऋकारान्त स्त्री)
वचन

विभक्तयः	एकवचन	द्विवचन	बहुवचन
प्रथमा	माता	मातरौ	मातरः
द्वितीया	मातरम्	मातरौ	मातृ
तृतीया	मात्रा	मातृभ्याम्	मातृभिः
चतुर्थी	मात्रे	मातृभ्याम्	मातृभ्यः
पञ्चमी	मातुः	मात्रोः	मातृणाम्
षष्ठी	मातरि	मात्रोः	मातृषु
सम्बोधनम्	हे मातः!	हे मातरौ!	हे मातरः!

(ग) सर्वनामशब्दाः
'तत्' पुल्लिङ्ग

विभक्तयः	एकवचनम्	द्विवचनम्	बहुवचनम्
प्रथमा	सः	तौ	ते
द्वितीया	तम्	तौ	तान्
तृतीया	तेन	ताभ्याम्	तैः
चतुर्थी	तस्मै	ताभ्याम्	तेभ्यः
पञ्चमी	तस्मात्	ताभ्याम्	तेभ्यः
षष्ठी	तस्य	तयोः	तेषाम्
सप्तमी	तस्मिन्	तयोः	तेषु

'तत्' स्त्रीलिङ्ग

विभक्तयः	एकवचनम्	द्विवचनम्	बहुवचनम्
प्रथमा	सा	ते	ताः
द्वितीया	ताम्	ते	ताः
तृतीया	तया	ताभ्याम्	ताभिः
चतुर्थी	तस्यै	ताभ्याम्	ताभ्यः
पञ्चमी	तस्याः	ताभ्याम्	ताभ्यः
षष्ठी	तस्याः	तयोः	तासाम्
सप्तमी	तस्याम्	तयोः	तासु

'तत्' नपुंसकलिङ्ग

विभक्तयः	एकवचनम्	द्विवचनम्	बहुवचनम्
प्रथमा	तत्	ते	तानि
द्वितीया	तत्	ते	तानि
तृतीया	तेन	ताभ्याम्	तैः
चतुर्थी	तस्मै	ताभ्याम्	तेभ्यः
पञ्चमी	तस्मात्	ताभ्याम्	तेभ्यः
षष्ठी	तस्य	तयोः	तेषाम्
सप्तमी	तस्मिन्	तयोः	तेषु

'किम्' पुल्लिङ्ग

विभक्तयः	एकवचनम्	द्विवचनम्	बहुवचनम्
प्रथमा	कः	कौ	के
द्वितीया	कम्	कौ	कान्
तृतीया	केन	काभ्याम्	कैः
चतुर्थी	कस्मै	काभ्याम्	केभ्यः
पञ्चमी	कस्मात्	काभ्याम्	केभ्यः
षष्ठी	कस्य	कयोः	केषाम्
सप्तमी	कस्मिन्	कयोः	केषु

'किम्' स्त्रीलिङ्ग

विभक्तयः	एकवचनम्	द्विवचनम्	बहुवचनम्
प्रथमा	का	के	काः
द्वितीया	काम्	के	काः
तृतीया	कया	काभ्याम्	काभिः
चतुर्थी	कस्यै	काभ्याम्	काभ्यः
पञ्चमी	कस्याः	काभ्याम्	काभ्यः
षष्ठी	कस्याः	कायोः	कासाम्
सप्तमी	कस्याम्	कयोः	कासु

'किम्' नपुंसकलिङ्ग

विभक्तयः	एकवचनम्	द्विवचनम्	बहुवचनम्
प्रथमा	किम्	के	कानि
द्वितीया	किम्	के	कानि
तृतीया	केन	काभ्याम्	कैः
चतुर्थी	कस्मै	काभ्याम	केभ्यः
पञ्चमी	कस्मात्	काभ्याम्	केभ्यः
षष्ठी	कस्य	कयोः	केषाम्
सप्तमी	कस्मिन्	कयोः	केषु

इदम् (यह, इस, इन) शब्द पुल्लिंग वचन

विभक्तयः	एकवचनम्	द्विवचनम्	बहुवचनम्
प्रथमा	अयम्	इमौ	इमे
द्वितीया	इमम्	इमौ	इमान्
तृतीया	अनेन	आभ्याम्	एभिः
चतुर्थी	अस्मै	आभ्याम्	एभ्यः
पंचमी	अस्मात्	आभ्याम्	एभ्यः
षष्ठी	अस्य	अनयोः	एषाम
सप्तमी	अस्मिन्	अनयोः	एषु

इदम् (यह, इस, इन) शब्द स्त्रीलिंग वचन

विभक्तयः	एकवचनम्	द्विवचनम्	बहुवचनम्
प्रथमा	इयम्	इमे	इमाः
द्वितीया	इमाम्	इमे	इमाः
तृतीया	अनया	आभ्याम्	आभिः
चतुर्थी	अस्यै	आभ्याम्	आभ्यः
पञ्चमी	अस्याः	आभ्याम्	आभ्यः
षष्ठी	अस्याः	अनयोः	आसाम्
सप्तमी	अस्याम्	अनयोः	आसु

इदम् (यह, इस, इन) शब्द नपुंसकलिंग वचन

विभक्तयः	एकवचनम्	द्विवचनम्	बहुवचनम्
प्रथमा	इदम्	इमे	इमानि
द्वितीया	इदम्	इमे	इमानि
तृतीया	अनेन	आभ्याम्	एभिः
चतुर्थी	अस्मै	आभ्याम्	एभ्यः
पंचमी	अस्मात्	आभ्याम्	एभ्यः
षष्ठी	अस्य	अनयोः	एषाम्
सप्तमी	अस्मिन्	अनयोः	एषु

युष्मद् (तुम, तू) तीनों लिंगों में

विभक्ति	एकवचन	द्विवचन	बहुवचन
प्रथमा	त्वम्	युवाम्	यूयम्
द्वितीया	त्वाम्/त्वा	युवाम्/वाम्	युष्मान्/वः
तृतीया	त्वया	युवाभ्याम्	युष्माभिः
चतुर्थी	तुभ्यम्/ते	युवाभ्याम्/वाम्	युष्मभ्यम्/वः
पञ्चमी	त्वत्	युवाभ्याम्	युष्मत्
षष्ठी	तव/ते	युवयोः/वाम्	युष्माकम्/वः
सप्तमी	त्वयि	युवयोः	युष्मासु

अस्मद् (हम, मैं) तीनों लिंगों में

विभक्ति	एकवचन	द्विवचन	बहुवचन
प्रथमा	अहम्	आवाम्	वयम्
द्वितीया	माम्/मा	आवाम्/नौ	अस्मान्/नः
तृतीया	मया	आवाभ्याम्	अस्माभिः
चतुर्थी	महयम्/मे	आवाभ्याम्/नौ	अस्मभ्यम्/नः
पञ्चमी	मत्	आवाभ्याम्	अस्मत्
षष्ठी	मम/मे	आवयोः/नौ	अस्माकम्/नः
सप्तमी	मयि	आवयोः	अस्मासु

विशेषः युष्मद्, अस्मद् शब्दों को छोड़कर प्रायः सभी सर्वनामों के रूप एक समान ही चलते हैं। इनमें तीनों लिङ्ग होते हैं। सर्वनाम के किसी भी शब्द रूप में सम्बोधन नहीं होता है।

(घ) हलन्ताः

राजन् (राजा) शब्द (नकारान्त पु.) वचन

विभक्तयः	एकवचनम्	द्विवचनम्	बहुवचनम्
प्रथमा	राजा	राजानौ	राजानः
द्वितीया	राजानम्	राजानौ	राज्ञः
तृतीया	राज्ञा	राजभ्याम्	राजभिः
चतुर्थी	राज्ञे	राजभ्याम्	राजभ्यः
पंचमी	राज्ञः	राजभ्याम्	राजभ्यः
षष्ठी	राज्ञः	राज्ञोः	राज्ञाम्
सप्तमी	राज्ञि, राजनि	राज्ञोः	राजसु
सम्बोधन	हे राजन् !	हे राजानौ!	हे राजानः!

भवत् (आप) शब्द पुल्लिंग वचन

विभक्तयः	एकवचनम्	द्विवचनम्	बहुवचनम्
प्रथमा	भवान्	भवन्तौ	भवन्तः
द्वितीया	भवन्तम्	भवन्तौ	भवतः
तृतीया	भवता	भवद्भ्याम्	भवद्भिः
चतुर्थी	भवते	भवद्भ्याम्	भवद्भ्यः
पञ्चमी	भवतः	भवद्भ्याम्	भवद्भ्यः
षष्ठी	भवतः	भवतोः	भवताम्
सप्तमी	भवति	भवतोः	भवत्सु
सम्बोधन	हे भवान्!	हे भवन्तौ!	है भवन्त!

विद्वस् (विद्वान) शब्द (सकारान्त पु.) वचन

विभक्तयः	एकवचनम्	द्विवचनम्	बहुवचनम्
प्रथमा	विद्वान्	विद्वांसौ	विद्वांसः
द्वितीया	विद्वांसम्	विद्वांसौ	विदुषः
तृतीया	विदुषा	विद्वद्भ्याम्	विद्वद्भिः
चतुर्थी	विदुषे	विद्वद्भ्याम	विद्वद्भ्यः
पञ्चमी	विदुषः	विद्वद्भ्याम	विद्वद्भ्यः
षष्ठी	विदुषः	विदुषोः	विदुषाम्
सप्तमी	विदुषि	विदुषोः	विद्वत्सु
सम्बोधन	हे विद्वन्!	हे विद्वांसौ!	हे विद्वांसः!

गुणिन् शब्द

विभक्तयः	एकवचनम्	द्विवचनम्	बहुवचनम्
प्रथमा	गुणी	गुणिनौ	गुणिनः
द्वितीया	गुणिनम्	गुणिनौ	गुणिनः
तृतीया	गुणिना	गुणिभ्याम्	गुणिभिः
चतुर्थी	गुणिने	गुणिभ्याम्	गुणिभ्यः
पंचमी	गुणिनः	गुणिभ्याम्	गुणिभ्यः
षष्ठी	गुणिनः	गुणिनोः	गुणिनाम्
सप्तमी	गुणिनि	गुणिनोः	गुणिषु
सम्बोधन	हे गुणिन्!	हे गुणिनौ!	हे गुणिनः!

साधित उदाहरणम्

अधोलिखितवाक्येषु कोष्ठके प्रदत्त शब्दस्य उचित रूपेण रिक्तस्थान पूर्ति कृत्वा पुनः लिखत।
(निम्नलिखित वाक्यों में कोष्ठक में दिए गए शब्द के उचित रूप से रिक्तस्थान की पूर्ति करके पुनः लिखिए।)

1. इमे ..... विद्यालये पठन्ति। (बालक)
(क) बालकौ (ख) बालकाः (ग) बालकान् (घ) बालकम्
उत्तरम् *(ख)* बालकाः

2. अस्यै ..... पुष्पं रोचते। (रमा)
(क) रमायाः (ख) रमायै (ग) रमायाम् (घ) रमया
उत्तरम् *(ख)* रमायै

3. ..... किं रोचते (युष्मद्)
(क) त्वत् (ख) त्वयि (ग) तुभ्यम् (घ) तव
उत्तरम् *(ग)* तुभ्यम्

4. रामः ..... पठति। (वेद)
(क) वेदः (ख) वेदम् (ग) वेदेन (घ) वेदाय
उत्तरम् *(ख)* वेदम्

5. ..... उभयतः मार्गम् आस्ति। (विद्यालय)
(क) विद्यालयः (ख) विद्यालयम्
(ग) विद्यालयेन (घ) विद्यालयस्य
उत्तरम् *(ख)* विद्यालयम्

6. सः ..... पठति। (नगर)
(क) नगरम् (ख) नगरेण (ग) नगरे (घ) नगरात्
उत्तरम् *(ग)* नगरे

7. ..... फलं देहि (गुरु)
(क) गुरुम् (ख) गुरवे (ग) गुरुणा (घ) गुरौ
उत्तरम् *(ख)* गुरवे

8. रामः ..... ईर्ष्यति। (रमा)
(क) रमायै (ख) रमायाः (ग) रमया (घ) रमाम्
उत्तरम् *(क)* रमायै

9. आरुणि..... सह पठति। (सीता)
(क) सीतायाः (ख) सीतायै
(ग) सीतया (घ) सीताम्
उत्तरम् *(ग)* सीतया

10. छात्रः ..... नमति। (गुरु)
(क) गुरुम् (ख) गुरोः
(ग) गुरवे (घ) गुरुणा
उत्तरम् *(ग)* गुरवे

11. तस्मै श्री ..... नमः। (गुरु)
(क) गुरुम् (ख) गुरवे (ग) गुरुणा (घ) गुरोः
उत्तरम् *(ख)* गुरवे

12. गंगा ..... प्रभवति। (हिमालय)
(क) हिमालयेन (ख) हिमालयात् (ग) हिमालये (घ) हिमालयस्य
उत्तरम् *(ख)* हिमालयात्

13. सा बालिका ..... जुगुप्सते।
(क) पापेन (ख) पापम् (ग) पापात् (घ) पापस्य
उत्तरम् *(ग)* पापात्

14. सः बालकः तस्मात् ..... अपतत्। (वृक्ष)
(क) वृक्षेण (ख) वृक्षाय
(ग) वृक्षात् (घ) वृक्षस्य
उत्तरम् *(ग)* वृक्षात्

15. इमे बालिके ..... बिभीतः। (किम्)
(क) केन (ख) कस्मात्
(ग) कस्य (घ) कस्मिन्
उत्तरम् *(ख)* कस्मात्

16. ..... बालकेन सह तौ पठतः। (यत्)
(क) यम (ख) येन
(ग) यस्यै (घ) यस्मात्
उत्तरम् *(ख)* येन

17. ..... कक्षायां मोहनः अपि पठति। (अस्मद्)
(क) मयि (ख) मम
(ग) मत् (घ) मह्यम्
उत्तरम् *(ख)* मम

18. शिशु ····· निवेदयति। (मातृ)
(क) माता (ख) मात्रा
(ग) मात्रे (घ) मातुः
उत्तरम् *(ग)* मात्रे

19. ओषधिं ····· सह गृहाण। (मधु)
(क) मधु (ख) मधुना
(ग) मधुनः (घ) मधुनि
उत्तरम् *(ख)* मधुना

20. ····· अभितः नगरम् अस्ति। (नदी)
(क) नदीम् (ख) नद्या
(ग) नद्याः (घ) नद्याम्
उत्तरम् *(क)* नदीम्

21. ····· विद्यालये भवान् पठति। (किम्)
(क) कस्मात् (ख) कस्य
(ग) कस्मिन् (घ) केन
उत्तरम् *(ग)* कस्मिन्

22. ····· गानं रोचते। (कवि)
(क) कविना (ख) कविम्
(ग) कवये (घ) कवेः
उत्तरम् *(ग)* कवये

23. ····· परितः नार्यः सन्ति। (वधु)
(क) वधूः (ख) वधूम्
(ग) वध्वा (घ) वध्वाः
उत्तरम् *(ख)* वधूम्

24. ····· कालिदासः श्रेष्ठः। (कवि)
(क) कविभ्यः (ख) कविभिः
(ग) कवीन् (घ) कविषु
उत्तरम् *(घ)* कविषु

25. ऋते ····· न मुक्तिः। (ज्ञान)
(क) ज्ञानम् (ख) ज्ञानेन्
(ग) ज्ञानात् (घ) ज्ञानस्य
उत्तरम् *(ग)* ज्ञानात्

26. राजा ····· पुरस्कारं यच्छति। (कवि)
(क) कविम् (ख) कविना (ग) कवये (घ) कवेः
उत्तरम् *(ग)* कवये

27. वृक्षे ····· वानराः कूर्दन्ते। (इदम्)
(क) इमे (ख) इमान् (ग) एभिः (घ) एभ्यः
उत्तरम् *(क)* इमे

28. अहं ····· आपणं गच्छामि। (फल)
(क) फलान् (ख) फलेभ्यः
(ग) फलानाम् (घ) फलेषु
उत्तरम् *(ख)* फलेभ्यः

29. मोहनः ····· मिष्ठान्नं ददाति। (वधू)
(क) वध्वा (ख) वध्वै
(ग) वध्वाः (घ) वधूम्
उत्तरम् *(ख)* वध्वै

30. ····· परितः खगाः उड्डीयन्ते। (वृक्ष)
(क) वृक्षः (ख) वृक्षम्
(ग) वृक्षस्य (घ) वृक्षात्
उत्तरम् *(ख)* वृक्षम्

31. वन्दे ·····। (मातृ)
(क) माता (ख) मातरम्
(ग) मात्रा (घ) मात्रे
उत्तरम् *(ख)* मातरम्

32. ····· बालकाय मोदकं ददासि ····· बालकाय दुग्धमपि देहि। (यत्, तत्)
(क) यम्, तम् (ख) यस्मै, तस्मै
(ग) यस्मात्, तस्मात् (घ) यस्य, तस्य
उत्तरम् *(ख)* यस्मै, तस्मै

33. ····· विद्यालये छात्राः बुद्धिमन्तः सन्ति। (अस्मद्)
(क) अस्मद् (ख) अस्माभिः
(ग) अस्मासु (घ) अस्माकम्
उत्तरम् *(घ)* अस्माकम्

34. ····· रामः पठने श्रेष्ठः अस्ति, ····· मोहनः क्रीडने श्रेष्ठः। (यत्, तत्)
(क) यैः, तैः (ख) येभ्यः, तेभ्यः
(ग) यान्, तान् (घ) येषु, तेषु
उत्तरम् *(घ)* येषु, तेषु

35. ···· पुत्रेण किम्? यो न विद्वान् न धार्मिकः। (तत्)
(क) तम् (ख) तेन
(ग) तस्य (घ) तस्मिन्
उत्तरम् *(ख)* तेन

36. उपवने ····· नृत्यन्ति। (मयूर)
(क) मयूरः (ख) मयूरौ
(ग) मयूराः (घ) मयूरान्
उत्तरम् *(ग)* मयूराः

37. विद्यालये के ····· शेरते। (छात्र)
(क) छात्रः (ख) छात्रौ (ग) छात्राः (घ) छात्रे
उत्तरम् *(ग)* छात्राः

38. ····· दुर्जनेभ्यः बिभ्यति। (वधू)
(क) वधूः (ख) वध्वौ (ग) वध्वः (घ) वधूम्
उत्तरम् *(क)* वधूः

39. लक्ष्मणः ····· आगमनं रामाय निवेदयति। (भरत)
(क) भरतम् (ख) भरताय (ग) भरतस्य (घ) भरते
उत्तरम् *(ग)* भरतस्य

40. त्वदागमनम् ····· निवेदयामि। (मणिकात: भ्रातृ स्नेहस्तु दुर्लभ:)
(क) आर्यम् (ख) आर्येण (ग) आर्याय (घ) आर्यस्य
उत्तरम् *(ग)* आर्याय

41. नकुल: ····· दृष्टवान्। (कृष्णसर्प) (मणिकात: द्वितीय पाठ:)
(क) कृष्णसर्पम् (ख) कृष्णसर्पेण
(ग) कृष्णासर्पस्य (घ) कृष्णसर्पात्
उत्तरम् *(क)* कृष्णसर्पम्

42. तस्यै ····· नृत्यम् रोचते। (कन्या)
(क) कन्याया: (ख) कन्यायै
(ग) कन्यायाम् (घ) कन्यया
उत्तरम् *(ख)* कन्यायै

43. ····· बालका: तरन्ति। (नदी)
(क) नद्या: (ख) नद्यै (ग) नद्याम् (घ) नद्या
उत्तरम् *(ग)* नद्याम्

44. तस्मै ····· स्वस्ति। (शिष्य)
(क) शिष्यम् (ख) शिष्यात्
(ग) शिष्याय (घ) शिष्येण
उत्तरम् *(ग)* शिष्याय

45. ····· गुरुभ्य: नम:। (तत्)
(क) तै: (ख) तेभ्य: (ग) तेषाम् (घ) तेषु
उत्तरम् *(ख)* तेभ्य:

46. ····· रमया सह सीता अपि पठति। (तत्)
(क) ताम् (ख) तया
(ग) तस्यै (घ) तस्या:
उत्तरम् *(ख)* तया

47. ····· वृक्षात् एतानि फलानि अपतन्। (किम्)
(क) केन (ख) कस्मै
(ग) कस्मात् (घ) कस्य
उत्तरम् *(ग)* कस्मात्

48. त्वं ····· नगरं गच्छसि ····· नगरं अहमपि गच्छामि। (यत/तत्)
(क) यत/तत् (ख) य:/स:
(ग) येन/तेन (घ) यस्मै/तस्मै
उत्तरम् *(क)* यत्, तत्

49. स: तस्मात् ····· अपठत्। (गुरु)
(क) गुरवे (ख) गुरो:
(ग) गुरुणा (घ) गुरुम्
उत्तरम् *(ख)* गुरो:

50. ····· नाम रमेश: अस्ति। (अस्मद्)
(क) माम् (ख) मया
(ग) मम (घ) मह्यम्
उत्तरम् *(ग)* मम

51. बालका: ····· गृहम् आगच्छन्ति।
(क) पाठशालया (ख) पाठशालायाम्
(ग) पाठशालाया: (घ) पाठशालाम्
उत्तरम् *(ख)* पाठशालायाम्

52. त्वम् ····· धनम् यच्छ।
(क) साधवे (ख) साधुम् (ग) साधूनाम् (घ) साधे:
उत्तरम् *(ख)* साधुम्

53. ····· विद्यालये मम मित्रम् पठति।
(क) अस्य (ख) अनेन
(ग) अस्मिन् (घ) अस्या:
उत्तरम् *(ग)* अस्मिन्

54. वृक्षेषु मधुराणि ····· उद्‌भवन्ति।
(क) फले (ख) जलम् आनयति
(ग) फलानि (घ) फलानाम्
उत्तरम् *(ग)* फलानि

55. उर्वसी ····· जलम् आनयति।
(क) मात्रा (ख) मात्रे (ग) मातु: (घ) मातरम्
उत्तरम् *(ख)* मात्रे

56. 'युष्मद्' शब्द के षष्ठी, एकवचन का रूप है
(क) त्वया (ख) तुभ्यम् (ग) तव (घ) युष्मास्द
उत्तरम् *(ग)* तव

57. 'अस्मद्' शब्द के तृतीया एकवचन का रूप है?
(क) माम् (ख) मह्यम् (ग) मया (घ) मयि
उत्तरम् *(ग)* मया

58. 'युष्मद्' प्रातिपदिक के तृतीया विभक्ति एकवचन का रूप है?
(क) तुभ्यम् (ख) त्वत् (ग) त्वया (घ) त्वयि
उत्तरम् *(ग)* त्वया

59. 'राजन्' हलन्त द्वितीया विभक्ति का एकवचन रूप है
(क) राजानम् (ख) राज्ञे (ग) राज्ञ: (घ) राज्ञि
उत्तरम् *(क)* राजानम्

60. 'भवत्' हलन्त पुल्लिंग प्रथमा विभक्ति बहुवचन का रूप है
(क) भवान् (ख) भवन्त: (ग) भवता (घ) भवते
उत्तरम् *(ख)* भवन्त:

61. 'विद्वस्' शब्द तृतीया विभक्ति एकवचन का रूप है
(क) विद्वान् (ख) विदुष: (ग) विदुषा (घ) विदुषे
उत्तरम् *(ग)* विदुषा

62. 'गुणिन्' शब्द सप्तमी विभक्ति बहुवचन का रूप है
(क) गुणिषु (ख) गुणिन: (ग) गुणी (घ) गुणिना
उत्तरम् *(क)* गुणिषु

परीक्षा अभ्यासः

अधोलिखितवाक्येषु कोष्ठके प्रदत्त शब्दस्य उचित रूपेण रिक्तस्थानपूर्ति कृत्वा पुनः लिखत।
(निम्नलिखित वाक्यों में कोष्ठक में दिये गए शब्द के उचित रूप से रिक्तस्थान की पूर्ति करके पुनः लिखिए।)

1. ····· नाम उमा अस्ति। (किम्)
(क) कया (ख) कस्यै
(ग) कस्याः (घ) कस्याम्

2. ····· उपवने पुष्पाणि विकसन्ति। (तत्)
(क) तेन (ख) तस्मिन्
(ग) तस्मै (घ) तम्

3. नृपः प्रजाः ····· दैत्यात् त्रायते। (इदम्)
(क) अस्य (ख) अनेन
(ग) अस्मात् (घ) अस्मिन्

4. तस्याः ····· प्राक् वटवृक्षः अस्ति। (पाठशाला)
(क) पाठशालाम् (ख) पाठशालया
(ग) पाठशालायाः (घ) पाठशालायै

5. अस्मात् ····· सः ····· पटुतरः अस्ति। (बालक)
(क) बालकं/बालकः (ख) बालकेन, बालकः
(ग) बालकात्, बालकम (घ) बालकात्, बालकः

6. अत्र त्रयः ····· सन्ति। (साधु)
(क) साधुः (ख) साधवः
(ग) साधुम् (घ) साधून्

7. ····· सह कः पठति। (युष्मद्)
(क) त्वम् (ख) त्वाम्
(ग) त्वया (घ) तव

8. मनः ····· शुध्यति। (सत्य)
(क) सत्यम् (ख) सत्येन
(ग) सत्यात् (घ) सत्यस्य

9. मोहनः ····· प्रतिदिनं प्रणमति। (गुरु)
(क) गुरवः (ख) गुरून् (ग) गुरुभिः (घ) गुरुभ्यः

10. ····· विद्यालये पठन्ति। (बालक)
(क) बालकान् (ख) बालकाः
(ग) बालकेभ्यः (घ) बालकानाम्

11. इदं कार्यं ····· न कृतम्। (अस्मद्)
(क) मम (ख) मह्यम्
(ग) मया (घ) अहम्

12. मम त्रयः ····· सन्ति। (भ्रातृ)
(क) भ्रातरौ (ख) भ्रातरः
(ग) भ्राता (घ) भ्रातरम्

13. ····· बालिकायै पठनं रोचते। (किम्)
(क) कस्मै (ख) कस्यै
(ग) कस्याः (घ) कान्

14. ····· बालकेषु सुधीरः पटुतमः अस्ति। (इदम्)
(क) एभ्यः (ख) एभिः
(ग) एषु (घ) एषाम्

15. बालः ····· बिभेति। (वानर)
(क) वानरम् (ख) वानरेण
(ग) वानरात् (घ) वानरस्य

16. हे श्वेतकेतो! ····· प्रति गच्छ अध्ययनार्थम्। (गुरु) (मणिकातः) प्रथम पाठः
(क) गुरुम् (ख) गुरुणा
(ग) गुरोः (घ) गुरौ

17. सः सर्वान् ····· अधीत्य पितुः सकाशम् आगच्छत्। (वेद) (मणिकातः प्रथम पाठः)
(क) वेदम् (ख) वेदान्
(ग) वेदैः (घ) वेदात्

18. इदं श्रुत्वा पिता ····· उवाच। (पुत्र) (मणिकातः प्रथम पाठः)
(क) पुत्रम् (ख) पुत्राय
(ग) पुत्रेण (घ) पुत्रे

19. किन्तु अत्र ····· रक्षकः नास्ति। बाल (मणिकातः द्वितीय पाठः)
(क) बालम् (ख) बालेन
(ग) बालस्य (घ) बालात्

20. ····· नकुलेन कृष्णसर्पः दृष्टः। (तत्) (मणिकातः द्वितीयः पाठः)
(क) तम् (ख) तेन
(ग) तस्मै (घ) तस्य

21. पृथिव्यां त्रीणि ····· सन्ति। (रत्न) (मणिकातः तृतीय पाठः)
(क) रत्नम् (ख) रत्नानि
(ग) रत्ना (घ) रत्नेन

22. वैनतेयः एकं ····· न गच्छति। (पद) (मणिकातः तृतीय पाठः)
(क) पदम् (ख) पदैः
(ग) पदा (घ) पदि

23. ····· फलोद्गमैः नम्राः भवन्ति। (तरु) (मणिकातः तृतीय पाठः)
(क) तरुः (ख) तरवः
(ग) तरुण (घ) तरोः

24. अग्निः मध्यमानात् ····· जायते। (काष्ठ) मणिकातः (तृतीय पाठः)
(क) काष्ठम् (ख) काष्ठेन
(ग) काष्ठात् (घ) काष्ठैः

25. ····· तृष्णा विशाला भवति सः दरिद्रः भवति। (यत्) मणिकातः तृतीय पाठः)
(क) येन
(ख) यस्मै
(ग) यस्मात्
(घ) यस्य

26. सुजनता ····· विभूषणम् अस्ति। (ऐश्वर्य) (मणिकातः तृतीय पाठः)
(क) ऐश्वर्यम् (ख) ऐश्वर्येण
(ग) ऐश्वर्यस्य (घ) ऐश्वर्ये

27. ····· स्वाहा। (प्रजापति)
(क) प्रजापतिः (ख) प्रजापतिम्
(ग) प्रजापतये (घ) प्रजापतेः

28. तेन ····· सह रामः अगच्छत्। (बालक)
(क) बालकम् (ख) बालकेन
(ग) बालकस्य (घ) बालके

29. धनिकः ····· धनं यच्छति। (निर्धन)
(क) निर्धनाय (ख) निर्धनम्
(ग) निर्धनस्य (घ) निर्धनेन

उत्तराणि

1. *(ग)* कस्याः
2. *(ख)* तस्मिन्
3. *(ग)* अस्मात्
4. *(ग)* पाठशालायाः
5. *(घ)* बालकात्, बालकः
6. *(ख)* साधवः
7. *(ग)* त्वया
8. (ख) सत्येन
9. *(घ)* गुरुभ्यः
10. (ख) बालकाः
11. *(ग)* मया
12. (ख) भ्रातरः
13. *(ख)* कस्यै
14. (ग) एषु
15. *(ग)* वानरात्
16. *(क)* गुरुम्
17. *(ख)* वेदान्
18. *(क)* पुत्रम्
19. *(ग)* बालस्य
20. *(ख)* तेन
21. *(ख)* रत्नानि
22. *(क)* पदम्
23. *(ख)* तरवः
24. *(ग)* काष्ठात्
25. *(घ)* यस्य
26. *(ग)* ऐश्वर्यस्य
27. *(ग)* प्रजापतये
28. *(ख)* बालकेन
29. *(क)* निर्धनाय

अध्याय

03

धातुरूपाणि

धातु की परिभाषा

क्रिया के मूल रूप को धातु कहते हैं; जैसे– पठ्, गम्, लिख्, नम् आदि।

संस्कृत भाषा में काल को लकार कहते हैं। वर्तमान काल को लट् लकार, भूतकाल को लङ्लकार, भविष्य काल को लृट् लकार, लोट्लकार 'आज्ञा' अर्थ में तथा विधिलिङ्ग लकार चाहिए अर्थ में प्रयोग किया जाता है।

धातु के भेद

धातु के तीन भेद होते हैं

(i) परस्मैपदी (ii) आत्मनेपदी (iii) उभयपदी

समस्त धातुओं को 10 गणों में विभक्त करते हैं तथा एक गण में धातुओं के रूप सामान्यतया एक ही प्रकार से चलते हैं।

धातुओं के अंत में 'तिङ्' प्रत्यय लगाते हैं परस्मैपदी धातुओं में परस्मैपदी प्रत्यय तथा आत्मनेपदी धातुओं में आत्मनेपदी प्रत्यय लगाते हैं। 'तिङ्' प्रत्यय *निम्न* हैं

	एकवचन	**द्विवचन**	**बहुवचन**	
प्रथम पुरुष	तिप्	तस्	झि	परस्मैपदी प्रत्यय
मध्यम पुरुष	सिप्	थस्	थ	
उत्तम पुरुष	मिप्	वस्	मस्	
प्रथम पुरुष	त	आताम्	झ	आत्मनेपदी
मध्यम पुरुष	थास्	आथाम्	ध्वम्	
उत्तम पुरुष	इट्	वहिङ्	महिङ्	

अस् (होना) धातु

लट् लकार (वर्तमानकाल)

पुरुष	एकवचन	द्विवचन	बहुवचन
प्रथम	अस्ति	स्तः	सन्ति
मध्यम	असि	स्थः	स्थ
उत्तम	अस्मि	स्वः	स्मः

लङ् लकार (अनद्यतन भूतकाल)

पुरुष	एकवचन	द्विवचन	बहुवचन
प्रथम	आसीत्	आस्ताम्	आसन्
मध्यम	आसीः	आस्तम्	आस्त
उत्तम	आसम्	आस्व	आस्म

लृट् लकार (भविष्यकाल)

पुरुष	एकवचन	द्विवचन	बहुवचन
प्रथम	भविष्यति	भविष्यतः	भविष्यन्ति
मध्यम	भविष्यसि	भविष्यथः	भविष्यथ
उत्तम	भविष्यामि	भविष्याबः	भविष्यामः

लोट् लकार (आज्ञार्थक)

पुरुष	एकवचन	द्विवचन	बहुवचन
प्रथम	अस्तु	स्ताम्	सन्तु
मध्यम	एधि	स्तम्	स्त
उत्तम	असानि	असाव	असाम

विधिलिङ् लकार (चाहिए अर्थ में)

पुरुष	एकवचन	द्विवचन	बहुवचन
प्रथम	स्यात्	स्याताम्	स्युः
मध्यम	स्याः	स्यातम्	स्यात
उत्तम	स्याम्	स्याव	स्याम

भू (होना) धातु

लट् लकार (वर्तमानकाल)

वचन

पुरुष	एकवचन	द्विवचन	बहुवचन
प्रथम	भवति	भवतः	भवन्ति
मध्यम	भवसि	भवथः	भवथ
उत्तम	भवामि	भवावः	भवामः

लङ् लकार (अनद्यतन भूतकाल)

पुरुष	एकवचन	द्विवचन	बहुवचन
प्रथम	अभवत्	अभवताम्	अभवन्
मध्यम	अभवः	अभवतम्	अभवत्
उत्तम	अभवम्	अभवाव	अभवाम

लृट् लकार (भविष्यकाल)

पुरुष	एकवचन	द्विवचन	बहुवचन
प्रथम	भविष्यति	भविष्यतः	भविष्यन्ति
मध्यम	भविष्यसि	भविष्यथः	भविष्यथ
उत्तम	भविष्यामि	भविष्यावः	भविष्यामः

लोट् लकार (आज्ञार्थक)

पुरुष	एकवचन	द्विवचन	बहुवचन
प्रथम	भवतु	भवताम्	भवन्तु
मध्यम	भव	भवतम्	भवत
उत्तम	भवानि	भवाव	भवान

विधिलिङ् लकार (चाहिए अर्थ में)

पुरुष	एकवचन	द्विवचन	बहुवचन
प्रथम	भवेत्	भवेताम्	भवेयुः
मध्यम	भवेः	भवेतम्	भवेत
उत्तम	भवेयम्	भवेव	भवेम

पठ् (पढ़ना) धातु

लट् लकार (वर्तमानकाल)

वचन

पुरुष	एकवचन	द्विवचन	बहुवचन
प्रथम	पठति	पठतः	पठन्ति
मध्यम	पठसि	पठथः	पठथ
उत्तम	पठामि	पठावः	पठामः

लङ् लकार (अनद्यतन भूतकाल)

पुरुष	एकवचन	द्विवचन	बहुवचन
प्रथम	अपठत्	अपठताम्	अपठन्
मध्यम	अपठः	अपठतम्	अपठत्
उत्तम	अपठम्	अपठाव	अपठाम

लृट् लकार (भविष्यकाल)

पुरुष	एकवचन	द्विवचन	बहुवचन
प्रथम	पठिष्यति	पठिष्यतः	पठिष्यन्ति
मध्यम	पठिष्यसि	पठिष्यथः	पठिष्यथः
उत्तम	पठिष्यामि	पठिष्यावः	पठिष्यामः

लोट् लकार (आज्ञार्थक)

पुरुष	एकवचन	द्विवचन	बहुवचन
प्रथम	पठतु	पठताम्	पठन्तु
मध्यम	पठ	पठतम्	पठत
उत्तम	पठानि	पठाव	पठाम

विधिलिङ् लकार (चाहिए अर्थ में)

पुरुष	एकवचन	द्विवचन	बहुवचन
प्रथम	पठेत्	पठेताम्	पठेयुः
मध्यम	पठेः	पठेतम्	पठेत
उत्तम	पठेयम्	पठेव	पठेम

सेव् (सेवा करना) धातु

लट् लकार (वर्तमानकाल)

पुरुष	एकवचन	द्विवचन	बहुवचन
प्रथम	सेवते	सेवेते	सेवन्ते
मध्यम	सेवसे	सेवेथे	सेवध्वे
उत्तम	सेवे	सेवावहे	सेवामहे

लृट् लकार (भविष्यकाल)

पुरुष	एकवचन	द्विवचन	बहुवचन
प्रथम	सेविष्यते	सेविष्येते	सेविष्यन्ते
मध्यम	सेविष्यसे	सेविष्येथे	सेविष्यध्वे
उत्तम	सेविष्ये	सेविष्यावहे	सेविष्यामहे

सेव् (सेवा करना) धातु

लङ् लकार

पुरुष	एकवचन	द्विवचन	बहुवचन
प्रथम	असेवत	असेवेताम्	असेवन्त
मध्यम	असेवथाः	असेवेथाम्	असेवध्वम्
उत्तम	असेवे	असेवावहि	असेवामहि

लोट् लकार

पुरुष	एकवचन	द्विवचन	बहुवचन
प्रथम	सेवताम्	सेवेताम्	सेवन्ताम्
मध्यम	सेवस्व	सेवेथाम्	सेवध्वम्
उत्तम	सेवै	सेवावहै	सेवामहै

विधिलिङ् लकार

पुरुष	एकवचन	द्विवचन	बहुवचन
प्रथम	सेवेत	सेवेयाताम्	सेवेरन्
मध्यम	सेवेथाः	सेवेयाथाम्	सेवेध्वम्
उत्तम	सेवेय	सेवेवहि	सेवेमहि

लभ् (प्राप्त करना) धातु

लट् लकार (वर्तमानकाल)

पुरुष	एकवचन	द्विवचन	बहुवचन
प्रथम	लभते	लभेते	लभन्ते
मध्यम	लभसे	लभेथे	लभध्वे
उत्तम	लभे	लभावहे	लभामहे

लृट् लकार (भविष्यकाल)

पुरुष	एकवचन	द्विवचन	बहुवचन
प्रथम	लप्स्यते	लप्स्येते	लप्स्यन्ते
मध्यम	लप्स्यसे	लप्स्येथे	लप्स्यध्वे
उत्तम	लप्स्ये	लपस्यावहे	लप्स्यामहे

लभ् (प्राप्त करना) धातु

लङ् लकार

पुरुष	एकवचन	द्विवचन	बहुवचन
प्रथम	अलभत	अलभेताम्	अलभन्त
मध्यम	अलभथाः	अलभेथाम्	अलभध्वम्
उत्तम	अलभे	अलभावहि	अलभामहि

लोट् लकार

पुरुष	एकवचन	द्विवचन	बहुवचन
प्रथम	लभताम्	लभेताम्	लभन्ताम्
मध्यम	लभस्व	लभेथाम्	लभध्वम्
उत्तम	लभै	लभिवहे	लभिमहै

विधिलिङ् लकार

पुरुष	एकवचन	द्विवचन	बहुवचन
प्रथम	लभेत	लभेयाताम्	लभेरन्
मध्यम	लभेथाः	लभेयाथाम्	लभेध्वम्
उत्तम	लभेय	लभेवहि	लभेमहि

'पा' (पिब् + पानी) धातु

लट् लकार (वर्तमान काल)

पुरुष	एकवचन	द्विवचन	बहुवचन
प्रथम	पिबति	पिबतः	पिबन्ति
मध्यम	पिबसि	पिबथः	पिबथ
उत्तम	पिबामि	पिबावः	पिबामः

लङ्ङ लकार (भूतकाल)

पुरुष	एकवचन	द्विवचन	बहुवचन
प्रथम	अपिबत्	अपिबताम्	अपिबन्
मध्यम	अपिबः	अपिबतम्	अपिबत
उत्तम	अपिबम्	अपिबाव	अपिबाम

लोट् लकार (आज्ञार्थ)

पुरुष	एकवचन	द्विवचन	बहुवचन
प्रथम	पिबतु	पिबताम्	पिबन्तु
मध्यम	पिब	पिबतम्	पिबत
उत्तम	पिबानि	पिबाव	पिबाम

विधिलिङ्ग लकार (विध्यर्थ)

पुरुष	एकवचन	द्विवचन	बहुवचन
प्रथम	पिबेत्	पिबेताम्	पिबेयुः
मध्यम	पिबेः	पिबेतम्	पिबेत
उत्तम	पिबेयम्	पिबेव	पिबेम

लृट् लकार (भविष्यत काल)

पुरुष	एकवचन	द्विवचन	बहुवचन
प्रथम	पास्यति	पास्यतः	पास्यन्ति
मध्यम	पास्यसि	पास्यथः	पास्यथ
उत्तम	पास्यामि	पास्यावः	पास्यामः

'कृ' (करना) धातु

लट् लकार

पुरुष	एकवचन	द्विवचन	बहुवचन
प्रथम	करोति	कुरूतः	कुर्वन्ति
मध्यम	करोषि	करूथः	कुरूथ
उत्तम	करोमि	अकुर्वः	कुर्मः

लङ् लकार

पुरुष	एकवचन	द्विवचन	बहुवचन
प्रथम	अकरोत्	अकुरूताम्	अकुर्वन्
मध्यम	अकरोः	अकुरूतम्	अकुरूत
उत्तम	अकरवम्	अकुर्व	अकुर्म

लृट् लकार

पुरुष	एकवचन	द्विवचन	बहुवचन
प्रथम	करिष्यति	करिष्यतः	करिष्यन्ति
मध्यम	करिष्यसि	करिष्यथः	करिष्यथ
उत्तम	करिष्यामि	करिष्यावः	करिष्यामः

लोट् लकार

पुरुष	एकवचन	द्विवचन	बहुवचन
प्रथम	करोतु	कुरूताम्	कुर्वन्तु
मध्यम	कुरू	कुरूतम्	कुरूत
उत्तम	करवाणि	करवाव	करवाम

विधिलिङ् लकार

पुरुष	एकवचन	द्विवचन	बहुवचन
प्रथम	कुर्यात्	कुर्याताम्	कुर्युः
मध्यम	कुर्याः	कुर्यातम्	कुर्यात
उत्तम	कुर्याम्	कुर्याव	कुर्याम

दृश् पश्च (देखना) धातु

लट् लकार

वचन

पुरुष	एकवचन	द्विवचन	बहुवचन
प्रथम	पश्यति	पश्यतः	पश्यन्ति
मध्यम	पश्यसि	पश्यथः	पश्यथ
उत्तम	पश्यामि	पश्यावः	पश्यामः

लङ् लकार

पुरुष	एकवचन	द्विवचन	बहुवचन
प्रथम	अपश्यत्	अपश्यताम्	अपश्यन्
मध्यम	अपश्यः	अपश्यतम्	अपश्यत
उत्तम	अपश्यम्	अपश्याव	अपश्याम

लृट् लकार

पुरुष	एकवचन	द्विवचन	बहुवचन
प्रथम	द्रक्ष्यति	द्रक्ष्यतः	द्रक्ष्यन्ति
मध्यम	द्रक्ष्यसि	द्रक्ष्यथः	द्रक्ष्यथ
उत्तम	द्रक्ष्यामि	द्रक्ष्यावः	द्रक्ष्यामः

लोट् लकार

पुरुष	एकवचन	द्विवचन	बहुवचन
प्रथम	पश्यतु	पश्यताम्	पश्यन्तु
मध्यम	पश्य	पश्येतम्	पश्यत
उत्तम	पश्यानि	पश्याव	पश्याम

विधिलिङ् लकार

पुरुष	एकवचन	द्विवचन	बहुवचन
प्रथम	पश्येत्	पश्येताम्	पश्येयुः
मध्यम	पश्येः	पश्येतम्	पश्येत
उत्तम	पश्येयम्	पश्येव	पश्येम

नी नय (ले जाना) धातु

लट् लकार

पुरुष	एकवचन	द्विवचन	बहुवचन
प्रथम	नयति	नयतः	नयन्ति
मध्यम	नयसि	नयथः	नयथ
उत्तम	नयामि	नयावः	नयामः

लङ् लकार

प्रथम	अनयत्	अनयताम्	अनयन्
मध्यम	अनयः	अनयतम्	अनयत
उत्तम	अनयम्	अनयाव	अनयाम

लृट् लकार

प्रथम	नेष्यति	नेष्यतः	नेष्यन्ति
मध्यम	नेश्यसि	नेष्यथः	नेष्यथ
उत्तम	नेष्यामि	नेष्यावः	नेष्यामः

लोट् लकार

प्रथम	नयतु	नयताम्	नयन्तु
मध्यम	नय	नयतम्	नयत
उत्तम	नयानि	नयाव	नयाम

विधिलिङ् लकार

प्रथम	नयेत्	नयेताम्	नयेयुः
मध्यम	नयेः	नयेतम्	नयेत
उत्तम	नयेयम्	नयेव	नयेम

क्रीड् (खेलना) धातु

लट् लकार

	वचन		
पुरुष	एकवचन	द्विवचन	बहुवचन
प्रथम	क्रीडति	क्रीडतः	क्रीडन्ति
मध्यम	क्रीडसि	क्रीडथः	क्रीडथ
उत्तम	क्रीडामि	क्रीडावः	क्रीडामः

लङ् लकार

प्रथम	अक्रीडत्	अक्रीडताम्	अक्रीडन्
मध्यम	अक्रीडः	अक्रीडतम्	अक्रीडत
उत्तम	अक्रीडम्	अक्रीडाव	अक्रीडाम

लृट् लकार

प्रथम	क्रीडिष्यति	क्रीडिष्यतः	क्रीडिष्यन्ति
मध्यम	क्रीडिष्यसि	क्रीडिष्यथः	क्रीडिष्यथ
उत्तम	क्रीडिष्यामि	क्रीडिष्यावः	क्रीडिष्यामः

लोट् लकार

प्रथम	क्रीडतु	क्रीडताम्	क्रीडन्तु
मध्यम	क्रीड	क्रीडतम्	क्रीडत
उत्तम	क्रीडानि	क्रीडाव	क्रीडाम

विधिलिङ् लकार

प्रथम	क्रीडेत्	क्रीडेताम्	क्रीडेयुः
मध्यम	क्रीडेः	क्रीडेतम्	क्रीडेत
उत्तम	क्रीडेयम्	क्रीडेव	क्रीडेम

गम् गचछ (जाना) धातु

लट् लकार वचन

पुरुष	एकवचन	द्विवचन	बहुवचन
प्रथम	गच्छति	गच्छतः	गच्छन्ति
मध्यम	गच्छसि	गच्छथः	गच्छथ
उत्तम	गच्छामि	गच्छावः	गच्छामः

लङ् लकार

प्रथम	अगच्छत्	अगच्छताम्	अगच्छन्
मध्यम	अगच्छः	अगच्छतम्	अगच्छत
उत्तम	अगच्छम्	अगच्छाव	अगच्छाम

लृट् लकार

प्रथम	गमिष्यति	गमिष्यतः	गमिष्यन्ति
मध्यम	गमिष्यसि	गमिष्यथः	गमिष्यथ
उत्तम	गमिष्यामि	गमिष्यावः	गमिष्यामः

लोट् लकार

प्रथम	गच्छतु	गच्छताम्	गच्छन्तु
मध्यम	गच्छ	गच्छतम्	गच्छत
उत्तम	गच्छानि	गच्छाव	गच्छाम

विधिलिङ् लकार

प्रथम	गच्छेत्	गच्छेताम्	गच्छेयुः
मध्यम	गच्छेः	गच्छेतम्	गच्छेत
उत्तम	गच्छेयम्	गच्छेव	गच्छेम

वद् (बोलना) धातु

लट् लकार

	वचन		
पुरुष	एकवचन	द्विवचन	बहुवचन
प्रथम	वदति	वदतः	वदन्ति
मध्यम	वदसि	वदथः	वदथ
उत्तम	वदामि	वदावः	वदामः

लङ् लकार

प्रथम	अवदत्	अवदताम्	अवदन्
मध्यम	अवदः	अवदतम्	अवदत
उत्तम	अवदम्	अवदाव	अवदाम

लृट् लकार

प्रथम	वदिष्यति	वदिष्यतः	वदिष्यन्ति
मध्यम	वदिष्यसि	वदिष्यथः	वदिष्यथ
उत्तम	वदिष्यामि	वदिष्यावः	वदिष्यामः

लोट् लकार

प्रथम	वदतु	वदताम्	वदन्तु
मध्यम	वद	वदतम्	वदत
उत्तम	वदानि	वदाव	वदाम

विधिलिङ् लकार

प्रथम	वदेत्	वदेताम्	वदेयुः
मध्यम	वदेः	वदेतम्	वदेत
उत्तम	वदेयम्	वदेव	वदेम

दा (दान देना) धातु

लट् लकार

पुरुष	एकवचन	द्विवचन	बहुवचन
प्रथम	ददाति	दत्तः	ददति
मध्यम	ददासि	दत्थः	दत्थ
उत्तम	ददामि	दद्वः	दद्मः

लङ् लकार

प्रथम	अददात्	अदत्ताम्	अददुः
मध्यम	अददाः	अदत्तम्	अदत्त
उत्तम	अददाम्	अदद्व	अदद्म

लृट् लकार

प्रथम	दास्यति	दास्यतः	दास्यन्ति
मध्यम	दास्यासि	दास्यथः	दास्यथ
उत्तम	दास्यामि	दास्यावः	दास्यामः

लोट् लकार

प्रथम	ददातु	दत्ताम्	ददतु
मध्यम	देहि, दत्तात्	दत्तम्	दत्त
उत्तम	ददानि	ददाव	ददाम

विधिलिङ् लकार

प्रथम	दद्यात्	दद्याताम्	दद्युः
मध्यम	दद्याः	दद्यातम्	दद्यात
उत्तम	दद्याम्	दद्याव	दद्याम

ज्ञा (जानना) धातु

लट् लकार

पुरुष	एकवचन	द्विवचन	बहुवचन
प्रथम	जानाति	जानीतः	जानन्ति
मध्यम	जानासि	जानीथः	जानीथ
उत्तम	जानामि	जानीवः	जानीमः

लङ् लकार

प्रथम	अजानात्	अजानीताम्	अजानन्
मध्यम	अजानाः	अजानीतम्	अजानीत
उत्तम	अजानाम्	अजानीव	अजानीम

लृट् लकार

प्रथम	ज्ञास्यति	ज्ञास्यतः	ज्ञास्यन्ति
मध्यम	ज्ञास्यसि	ज्ञास्यथः	ज्ञास्यथ
उत्तम	ज्ञास्यामि	ज्ञास्यावः	ज्ञास्यामः

लोट् लकार

प्रथम	जानातु	जानीताम्	जानन्तु
मध्यम	जानीहि	जानीतम्	जानीत
उत्तम	जानानि	जानाव	जानाम

विधिलिङ् लकार

प्रथम	जानीयात्	जानीयाताम्
मध्यम	जानीयाः	जानीयातम्
उत्तम	जानीयाम्	जानीयाव

श्रु (सुनना) धातु

लट् लकार

पुरुष	एकवचन	द्विवचन	बहुवचन
प्रथम	शृणोति	शृणुतः	शृण्वन्ति
मध्यम	शृणोषि	शृणुथः	शृणुथ
उत्तम	शृणोमि	शृणुवः	शृणुमः

लङ् लकार

प्रथम	अशृणोत्	अशृणुताम्	अशृण्वन्
मध्यम	अशृणोः	अशृणुतम्	अशृणुत
उत्तम	अशृणवम्	अशृणुव	अशृणुम

लृट् लकार

प्रथम	श्रोष्यति	श्रोष्यतः	श्रोष्यन्ति
मध्यम	श्रोष्यसि	श्रोष्यथः	श्रोष्यथ
उत्तम	श्रोष्यामि	श्रोष्यावः	श्रोष्यामः

लोट् लकार

प्रथम	शृणोतु	शृणुताम्	शृण्वन्तु
मध्यम	शृणु	शृणुतम्	शृणुत
उत्तम	शृणवानि	शृणयाव	शृणवाम

विधिलिङ् लकार

प्रथम	शृणुयात्	शृणुयाताम्	शृणुयुः
मध्यम	शृणुयाः	शृणुयातम्	शृणुयात
उत्तम	शृणुयाम्	शृणुयाव	शृणुयाम

शक् (सकना) धातु

लट् लकार

पुरुष	एकवचन	द्विवचन	बहुवचन
प्रथम	शक्नोति	शक्नुतः	शक्नुवन्ति
मध्यम	शक्नोषि	शक्नुथः	शक्नुथ
उत्तम	शक्नोमि	शक्नुवः	शक्नुमः

लोट् लकार

प्रथम	शक्नोतु	शक्नुताम्	शक्नुवन्तु
मध्यम	शक्नुहि	शक्नुतम्	शक्नुत
उत्तम	शक्नवानि	शक्नवाव	शक्नवाम

लङ् लकार

प्रथम	अशक्नोत्	अशक्नुताम्	अशक्नुवन्
मध्यम	अशक्नोः	अशक्नुतम्	अशक्नुत
उत्तम	अशक्नवम्	अशक्नुव	अशक्नुम

विधिलिङ् लकार

प्रथम	शक्नुयात्	शक्नुयाताम्	शक्नुयुः
मध्यम	शक्नुयाः	शक्नुयातम्	शक्नुयात
उत्तम	शक्नुयाम्	शक्नुयाव	शक्नुयाम

लृट् लकार

प्रथम	शक्ष्यति	शक्ष्यतः	शक्ष्यन्ति
मध्यम	शक्ष्यसि	शक्ष्यथः	शक्ष्यथ
उत्तम	शक्ष्यामि	शक्ष्यावः	शक्ष्यामः

क्री (मोल लेना/खरीदना) धातु

लट् लकार

पुरुष	एकवचन	द्विवचन	बहुवचन
प्रथम	क्रीणाति	क्रीणीतः	क्रीणन्ति
मध्यम	क्रीणासि	क्रीणीथः	क्रीणीथ
उत्तम	क्रीणामि	क्रीणीवः	क्रीणीमः

लोट् लकार

प्रथम	क्रीणातु	क्रीणीताम्	क्रीणन्तु
मध्यम	क्रीणीहि	क्रीणीतम्	क्रीणीत
उत्तम	क्रीणानि	क्रीणाव	क्रीणाम

लङ् लकार

प्रथम	अक्रीणात्	अक्रीणीताम्	अक्रीणन्
मध्यम	अक्रीणाः	अक्रीणतम्	अक्रीणीत
उत्तम	अक्रीणाम्	अक्रीणीव	अक्रीणीम

विधिलिङ् लकार

प्रथम	क्रीणीयात्	क्रीणीयाताम्	क्रीणीयुः
मध्यम	क्रीणीयाः	क्रीणीयातम्	क्रीणीयात
उत्तम	क्रीणीयाम्	क्रीणीयाव	क्रीणीयाम

लट् लकार

प्रथम	क्रेष्यति	क्रेष्यतः	क्रेष्यन्ति
मध्यम	क्रेष्यसि	क्रेष्यव्यः	क्रेष्यव्यः
उत्तम	क्रेष्यामि	क्रेष्यावः	क्रेष्यामः

साधित उदाहरणम्

अधोलिखित वाक्येषु विकल्पेभ्यः उचित धातुरूपेण वाक्यपूर्ति कृत्वा पुनः लिखत।
(निम्नलिखित वाक्यों में विकल्पों के उचित धातुरूप से वाक्यपूर्ति करके पुनः लिखिए।)

1. 'भू' धातोः लट् लकारस्य उत्तमैकवचने रूपम् अस्ति।
(क) भवानि (ख) भवामि
(ग) अभवम् (घ) भविष्यामि
उत्तरम् *(ख)* भवामि

2. 'भू' धातोः लङ् लकारस्य मध्यम पुरुष बहुवचने रूपम् अस्ति।
(क) अभूत् (ख) अभूवन
(ग) अभवत (घ) अभूम
उत्तरम् *(ग)* अभवत

3. 'अपठः' रूपं ····· अस्ति।
(क) लट् प्रथम बहुवचने (ख) लङ् मध्यम द्विवचने
(ग) लृट् प्रथमैकवचने (घ) लङ् मध्यमैकवचने
उत्तरम् *(घ)* लङ् मध्यमैकवचने

4. 'हस्' धातोः लृट् लकारे मध्यम द्विवचने रूपम् अस्ति।
(क) हसिष्यथः (ख) हसस्यथः
(ग) हसिस्याथः (घ) हसिष्यथ
उत्तरम् *(क)* हसिष्यथः

5. 'गम्' धातोः लट् लकारे प्रथम पुरुष बहुवचने रूपम् अस्ति।
(क) गमन्ति (ख) गच्छन्ति
(ग) अगच्छन् (घ) अगमन्
उत्तरम् *(ख)* गच्छन्ति

6. गम् धातोः लृट् लकारे प्रथम पुरुष द्विवचने रूपम् अस्ति।
(क) गमिष्यथः (ख) गमिष्यावः
(ग) गंस्यतः (घ) गमिष्यतः
उत्तरम् *(घ)* गमिष्यतः

7. गम् धातोः लट् लकारे उत्तम पुरुषे बहुवचने रूपम् अस्ति।
(क) गच्छथः (ख) गच्छतिः
(ग) गच्छामः (घ) गच्छाम्
उत्तरम् *(ग)* गच्छामः

8. 'सेवध्वे' रूपं ····· अस्ति।
(क) लट्लकारे प्रथम पुरुष बहुवचने
(ख) लट्लकारे मध्यम पुरुष बहुवचने
(ग) लङ्लकारे उत्तम पुरुष बहुवचने
(घ) लङ्लकारे मध्यम पुरुष बहुवचने
उत्तरम् *(ख)* लट्लकारे मध्यम पुरुष बहुवचने

9. गम् धातोः लृट्लकारे अशुद्धं रूपं अस्ति।
(क) गंस्यति (ख) गमिष्यावः (ग) गमिष्यन्ति (घ) गमिष्यसि
उत्तरम् *(क)* गंस्यति

10. 'आसम्' इति रूपम् अस् धातो ····· अस्ति।
(क) लङ् उत्तमैकवचने (ख) लङ् उत्तम बहुवचने
(ग) लङ् उत्तम द्विवचने (घ) लट् उत्तमैकवचने
उत्तरम् *(क)* लङ् उत्तमैकवचने

11. वयम् संस्कृत-अध्ययनाय संस्कृतशिविरं ·······।
(क) गमिष्यन्ति (ख) गच्छिष्यामः
(ग) गमिष्यावः (घ) गमिष्यामः
उत्तरम् *(घ)* गमिष्यामः

12. किम् त्वम् तदा गमिष्यसि यदा आवाम् ·········।
(क) गमिष्यसि (ख) गमिष्यामि
(ग) गमिष्यावः (घ) गमिष्यामः
उत्तरम् *(ग)* गमिष्यावः

13. 'पठ्' धातोः लृट्लकारे उत्तमैकवचने रूपम् अस्ति।
(क) पठिष्यामि (ख) पठष्यामि
(ग) पक्ष्यामि (घ) पठिश्यामि
उत्तरम् *(क)* पठिष्यामि

14. 'अस्' धातोः लृट्लकारे प्रथमैकवचने रूपम् अस्ति।
(क) भविष्यति (ख) भविष्यतः
(ग) अस्ति (घ) अस्मि
उत्तरम् *(क)* भविष्यति

15. 'लभ्' धातोः लङ् मध्यमैकवचने रूपम् अस्ति।
(क) अलभसे (ख) अलभथाः
(ग) अलभेथाः (घ) अलभस्व
उत्तरम् *(ख)* अलभथाः

16. पठ् धातोः लृट्लकारे प्रथमैकवचने रूपम् अस्ति।
(क) पठिष्यति (ख) पक्षिष्यति
(ग) पक्श्यति (घ) पक्ष्यति
उत्तरम् *(क)* पठिष्यति

17. 'सेव्' धातोः लङ्लकारे उत्तमैकवचने रूपम् अस्ति।
(क) सेवेः (ख) असेवे
(ग) सेविष्ये (घ) सेवते
उत्तरम् *(ख)* असेवे

18. 'नश्' धातोः लङ्लकारे उत्तम द्विवचने रूपम् अस्ति।
(क) अनशयत् (ख) अनशयः
(ग) अनशयम् (घ) अनश्याव
उत्तरम् *(घ)* अनश्याव

19. नम् धातोः लङ्लकारे उत्तमैकवचने रूपम् अस्ति।
(क) अनमत् (ख) अनमः
(ग) अनमम् (घ) अनमाव
उत्तरम् *(ग)* अनमम्

20. मूर्खः वृथा ………।
(क) हसन्ति (ख) हसष्यति
(ग) हसिष्यन्तिः (घ) हसिष्यति
उत्तरम् *(घ)* हसिष्यति

21. महर्षेः आरुणेः पुत्रः श्वेतकेतुः ……। (अस् लङ्) (मणिकात्ः)
(क) आसन् (ख) अस्मि
(ग) आसी (घ) आसीत्
उत्तरम् *(घ)* आसीत्

22. त्वं कुलाननुरूपम् उद्धतः ……। (अस् लट्) (मणिकातः)
(क) अस्मि (ख) अस्ति (ग) असि (घ) सन्ति
उत्तरम् *(ग)* असि

23. पिता पुत्राय…………… (मणिकातः)
(क) क्रुधति (ख) कुध्यन्ति
(ग) क्रुरध्यति (घ) क्रुध्यति
उत्तरम् *(घ)* क्रुध्यति

24. ब्राह्मणः परं विषादं अगच्छत्। पुरुषः कः? मणिकातः
(क) उत्तम पुरुषः (ख) मध्यम पुरुषः
(ग) प्रथम पुरुषः (घ) कोऽपि न
उत्तरम् *(ग)* प्रथम पुरुषः

25. यदि सत्सङ्गनिरतो भविष्यसि। लकारः कः? मणिकातः
(क) लट् (ख) लङ् (ग) लृट् (घ) लिङ्
उत्तरम् *(ग)* लृट्

26. **भवन्ति** नम्रास्तरवः फलोद्गमैः। धातुः कः? (मणिकातः)
(क) भव् (ख) भो
(ग) भू (घ) भु
उत्तरम् *(ग)* भू

27. अहम् षण्मासाभ्यन्तरे भवत्पुत्रान् नीतिशास्त्राभिज्ञान् …… । कृ-लृट् (मणिकातः षष्ठपाठः)
(क) करोमि (ख) करिष्यामि
(ग) करवाणि (घ) अकरवम्
उत्तरम् *(ख)* करिष्यामि

28. सततं योगेन क्रोधः ………।
(क) अनश्यत् (ख) अनश्य
(ग) अनाश्यत् (घ) अनशयत्
उत्तरम् *(क)* अनश्यत्

29. बकः हंस मध्ये न **शोभते**। (किम् वचनम्) मणिकातः
(क) एकवचनम् (ख) द्विवचनम्
(ग) बहुवचनम् (घ) किमपि न
उत्तरम् *(क)* एकवचनम्

30. निर्गन्धाः किंशुकाः न **शोभन्ते**। (कः पुरुषः) मणिकातः।
(क) प्रथमः (ख) मध्यमः
(ग) उत्तमः (घ) कोऽपि न
उत्तरम् *(क)* प्रथमः

31. वयम् अद्य विद्यालयं न …… । गम् (लृट्)
(क) गमिष्यामि (ख) गमिष्यावः
(ग) गमिष्यन्ति (घ) गमिष्यामः
उत्तरम् *(घ)* गमिष्यामः

32. कृष्णः कक्षायाम् उच्चैः ……।
(क) पठ (ख) पठत (ग) अपठत् (घ) अपठत
उत्तरम् *(ग)* अपठत्

33. ये बालाः वृद्धान् उपकुर्वन्ति ते सदायशः ……।
(क) लभते (ख) लभध्वे (ग) लभेते (घ) लभन्ते
उत्तरम् *(घ)* लभन्ते

34. ह्यः विद्यालये अवकाशः…… ।
(क) अस्ति (ख) भविष्यति
(ग) सन्ति (घ) आसीत्
उत्तरम् *(घ)* आसीत्

35. वयम् भारतीयाः …… । अस् (लट्)
(क) स्मः (ख) सन्ति (ख) स्थः (घ) स्थ
उत्तरम् *(क)* स्मः

36. मधुरं गीतम् श्रुत्वा श्रोतारः आनन्दविभोराः …… ।
(क) अभवत् (ख) अभवताम्
(ग) अभवन् (घ) अभवम्
उत्तरम् *(ग)* अभवन्

37. श्रद्धावान् ····· ज्ञानम्।

(क) लभाति (ख) लभन्ति (ग) लभते (घ) लभन्ते

उत्तरम् *(ग)* लभते

38. प्रताप: देशभक्त: ....।

(क) आसीत् (ख) आसी:

(ग) आस्ताम् (घ) आसम्

उत्तरम् *(क)* आसीत्

39. भवान् कस्याम् कक्षायाम्·····।

(क) पठसि (ख) पठन्ति (ख) पठत: (घ) पठति

उत्तरम् *(घ)* पठति

40. सोहन: रामाय ····· । क्रुध् (लृट्)

(क) क्रोधिष्यते (ख) क्रोधिष्यति

(ग) क्रुत्स्यति (घ) क्रोत्स्यति

उत्तरम् *(घ)* क्रोत्स्यति

41. अहं कक्षायां प्रथमश्रेणीं ····· । लभ् (लङ्)

(क) अलभत् (ख) अलभताम्

(ग) अलभन् (घ) अलभे

उत्तरम् *(घ)* अलभे

42. त्वम् अतिथीम्········।

(क) असेवत (ख) असेवथा:

(ग) असेवध्वम् (घ) असेवे

उत्तरम् *(ख)* असेवथा:

43. अहम् श्व: कोलकातानगरं ····· ।

(क) गमिष्यसि (ख) गमिष्यति

(ग) गमिष्याव: (घ) गमिष्यामि

उत्तरम् *(घ)* गमिष्यामि

44. वयं प्रात: काले सन्ध्या वन्दनं ····· । कृ (लट्)

(क) करोमि (ख) कुर्व: (ग) कुरुम: (घ) कुर्म:

उत्तरम् *(घ)* कुर्म:

45. रामलक्ष्मणौ नद्यास्तीरे सन्ध्यां ·····। कृ (लङ्)

(क) अकुर्वन् (ख) अकुरुताम्

(ग) अकरोत् (घ) अकुरुतम्

उत्तरम् *(ख)* अकुरुताम्

46. आवाम् स्वगुरुन् प्रतिदिनम् सेवां ·····। कृ (लृट्)

(क) करिष्यामि (ख) करिष्याव:

(ग) करिष्याम: (घ) कुर्व:

उत्तरम् *(ख)* करिष्याव:

47. स्वामी भृत्याय ·····।

(क) क्रुध्यति (ख) क्रुध्यन्ति

(ग) क्रुध्यथ: (घ) क्रुध्याम:

उत्तरम् *(क)* क्रुध्यति

48. चिराद् आगतं छात्रं दृष्ट्वा अध्यापक: ·····।

(क) अक्रुध्यत् (ख) अक्रोधत्

(ग) अक्रुध्य: (घ) अक्रोधताम्

उत्तरम् (क) अक्रुध्यत्

49. अहम् अत्र उषित्वा धनं ····· । लभ् (लट्)

(क) लभामि (ख) लभे

(ग) लभै (घ) लभ्ये

उत्तरम् *(ख)* लभे

50. ह्य: छात्रा: कक्षायाम् सुभाषितानि इति पाठ ·····।

(क) अपठत् (ख) अपठन्

(ग) अपठताम् (घ) अपठ:

उत्तरम् *(ख)* अपठन्

51. 'सेव्' धातो: लोट् प्रथम पुरुषैकवचने रूपम् अस्ति।

(क) सेवताम् (ख) सेवेत

(ग) सेवेय (घ) सेवे

उत्तरम् *(क)* सेवताम्

52. 'लभ्' धातो: विधिलिङ्गे उत्तमपुरुष बहुवचन रूपम् अस्ति।

(क) लभेत (ख) लभेमहि

(ग) लभेरन् (घ) लभेव्या:

उत्तरम् *(ख)* लभेमहि

53. 'दा' धातो: लृट् लकारैकवचनै प्रथम पुरुषे रूपम् अस्ति।

(क) दास्यसि (ख) दास्यामि

(ग) दास्यति (घ) दास्यथ:

उत्तरम् *(ग)* दास्यति

54. 'ज्ञा' धातो: लङ्लकार प्रथमपुरुष बहुवचने रूपम् अस्ति।

(क) अजानात् (ख) अजानन्

(ग) ज्ञास्यति (घ) जानातु

उत्तरम् *(ख)* अजानन्

55. 'श्रु' धातो: लट्लकार प्रथमपुरुषैकवचने रूपम् अस्ति।

(क) शृणोति (ख) श्रोष्यति

(ग) शृणोतु (घ) शृणुयात्

उत्तरम् *(क)* शृणोति

56. 'शक्' धातो: लोट् लकार मध्यमपुरुषैकवचने रूपम् अस्ति।

(क) शक्नोमि (ख) शक्नुताम्

(ग) शक्नुहि (घ) अशक्नुम्

उत्तरम् *(ग)* शक्नुहि

57. 'क्री' धातो: लृट् लकार उत्तमपुरुषैकवचने रूपम् अस्ति।

(क) क्रेष्यामि (ख) क्रेष्यत:

(ग) क्रेष्यति (घ) क्रेष्याम:

उत्तरम् *(क)* क्रेष्यामि

परीक्षा अभ्यासः

अधोलिखित वाक्येषु विकल्पेभ्यः उचित धातुरूपेण वाक्यपूर्तिं कृत्वा पुनः लिखत।

(निम्नलिखित वाक्यों में विकल्पों के उचित धातुरूप से वाक्यपूर्ति करके पुनः लिखिए।)

1. चौराः रात्रौ सर्वधनं ·····। हृ (लङ्)
   (क) अहरत्　　(ख) अहरन्
   (ग) अहृत　　(घ) अहार्षीत्

2. ते सर्वदा स्वकार्यं परिश्रमेण ·····। कृ (लृट्)
   (क) करिष्यन्ति　　(ख) कृष्यन्ति
   (ग) करिष्यति　　(घ) कृष्यति

3. वयं विवाहोत्सवे मिष्ठान्नं ····· । भक्ष (लृट्)
   (क) भक्षिष्यामः　　(ख) भक्षिष्यन्ति
   (ग) भक्षयिष्यामः　　(घ) भक्षयिष्यामि

4. वयं सर्वे भारतीयाः ·····। अस् (लट्)
   (क) अस्मि　　(ख) अस्मः
   (ग) स्मः　　(घ) स्म

5. यूयम् **श्वः** तत्र ·····। अस् (लृट्)
   (क) असिष्यथ　　(ख) भविष्यथ
   (ग) असिष्यथः　　(घ) भविष्यथः

6. मह्यम् पठनम् ·····। रुच् (लट्)
   (क) रोचामि　　(ख) रोचे
   (ग) रोचते　　(घ) रुचते

7. ये जीवने परिश्रमं कुर्वन्ति ते सफलतां ·····। आप् (लट्)
   (क) आप्नोति　　(ख) आपति
   (ग) आप्नुवन्ति　　(घ) आपन्ति

8. बाल्मीकि रामायणस्य रचनाम् ·····। कृ (लङ्)
   (क) अकरोत्　　(ख) अकुरुत
   (ग) अकुर्वन्　　(घ) अकरवम्

9. नर्तक्यः मञ्चे ·····। नृत् (लङ्)
   (क) अनृत्यत　　(ख) अनृत्यन्
   (ग) अनृत्यन्त　　(घ) अनृत्यत्

10. अद्य मंगलवासरः ·····। श्वः बुधवासरः ·····। अस्
    (क) अस्ति, आसीत्
    (ख) अस्ति, भविष्यति
    (ग) आसीत्, भविष्यति
    (घ) भवति, भविष्यन्ति

11. त्वम् अतिथीन् ·····।
    (क) असेवत　　(ख) असेवथाः
    (ग) असेवध्वम्　　(घ) असेवे

12. तौ ह्यः कुत्र ·····। अस् (लङ्)।
    (क) असीत्　　(ख) आस्ताम्
    (ग) अभवन्　　(घ) अभवताम्

13. साधवः वस्त्राणि ·····।
    (क) नयिष्यामि　　(ख) नेष्यामि
    (ग) नेस्यामि　　(घ) नेष्यन्ति

14. ते पित्रा सह दिल्ली नगरं ·····। गम् (लृट्)
    (क) गमिष्यति　　(ख) गंस्यति
    (ग) गमिष्यन्ति　　(घ) गंस्यन्ति

15. ह्यः त्वं कुत्र ....?
    (क) आसीः　　(ख) आसीत्
    (ग) आस्ताम्　　(घ) आसन्

16. 'अस्' धातोः लृट् लकारे रूपम् अस्ति।
    (क) असिष्यति　　(ख) आसीत्
    (ग) भविष्यति　　(घ) भूस्यति

17. 'भू' धातु लोट् लकारे, प्रथम पुरुषं, बहुवचन रूपम् अस्ति।
    (क) भवन्तु　　(ख) भवामि
    (ग) भवथ　　(घ) अभवत्

18. 'भू' धातु लृट् लकारे, प्रथम पुरुषं, एकवचन रूपम् अस्ति।
    (क) भविष्यति　　(ख) भविष्यन्ति
    (ग) भविष्यतः　　(घ) भविष्यथ

19. 'पठ्' धातु लृट् लकारे उत्तम पुरुषं, बहुवचन रूपम् अस्ति।
    (क) पठिष्यामः
    (ख) पठन्तु
    (ग) पठिष्यामि
    (घ) पठामि

20. कृ धातोः लङ् लकारस्य रूपम् अस्ति।
    (क) अकरूत्　　(ख) अकरोत्
    (ग) अकुरूत्　　(घ) अकुर्वत्

21. आचार्यः असत्यवादिने शिष्याय ············।
    (क) अक्रुध्य　　(ख) अक्रुध्यत्
    (ग) अक्रुध्यत　　(घ) अक्रोधः

22. सेवकौ नृपं ············।
    (क) असेवत　　(ख) असेवेताम्
    (ग) असेवन्त　　(घ) सेवे

23. भीमार्जुनौ युद्धनिपुणौ …………।
(क) आस्त (ख) आस्तम्
(ग) आसीत् (घ) आस्ताम्

24. 'आसीत्' रूपम् अस्ति।
(क) आस् धातो लङ् लकारे (ख) अस् धातोः लङ् लकारे
(ग) आस् धातो लुङ् लकारे (घ) अस् धातोः लुङ् लकारे

25. आज्ञाकारी पुत्रः पितरौ …………।
(क) असेवेत (ख) असेवे
(ग) असेवत (घ) असेव

26. ह्यः सर्वे परिवारसदस्याः उत्सवे …………।
(क) अगच्छत् (ख) अगच्छताम्
(ग) अगच्छन् (घ) अगच्छ

27. त्वम् किमर्थन् रामायणं न …………।
(क) अपठत् (ख) अपठः
(ग) अपठाव (घ) अपठतम्

28. तौ राजानम् …………।
(क) असेवत् (ख) असेवेताम्
(ग) असेवेतम् (घ) असेवे

29. ते सर्वे प्रतियोगितासु सफला …………।
(क) अभवत् (ख) अभवताम्
(ग) अभवन् (घ) अभवत

30. अघ शनिवासरः श्वः च रविवासरः …………।
(क) भविष्यति (ख) भूषयति
(ग) उपासीत् (घ) भविष्यन्ति

उत्तराणि

1. *(ख)* अहरन्
2. *(क)* करिष्यन्ति
3. *(ग)* भक्षयिष्यामः
4. *(ग)* स्मः
5. *(ख)* भविष्यथ
6. *(ग)* रोचते
7. *(ग)* आप्नुवन्ति
8. *(क)* अकरोत्
9. *(ख)* अनृत्यन्
10. *(ख)* अस्ति, भविष्यति
11. *(ख)* असेवथाः
12. *(ख)* आस्ताम्
13. *(घ)* नेष्यन्ति
14. *(ग)* गमिष्यन्ति
15. *(क)* आसीः
16. *(ग)* भविष्यति
17. *(क)* भवन्तु
18. *(क)* भविष्यति
19. *(क)* पठिष्यामः
20. *(ख)* अकरोत्
21. *(ख)* अक्रुध्यत्
22. *(ख)* असेवेताम्
23. *(घ)* आस्ताम्
24. *(ख)* अस् धातो लङ् लकारे
25. *(ग)* असेवत
26. *(ग)* अगच्छन्
27. *(ख)* अपठः
28. *(ख)* असेवेताम्
29. *(ग)* अभवन्
30. *(क)* भविष्यति

अध्याय

04

कारकः परिचयः उपपदविभक्तयश्च

कारक क्रिया के प्रयोग में जिन-जिन पदों या शब्दों का उपयोग होता है, उन्हें कारक कहते हैं। 'क्रियाऽन्वयित्वं कारकत्वम्।' जिस कर्ता का सीधा सम्बन्ध क्रिया से होता है वे कारक कहलाते हैं। राम जाता है, रामः गच्छति। यहाँ "रामः" कर्ता का सीधा सम्बन्ध क्रिया गच्छति से है। अतः 'रामः' पद कारक हुआ। जैसे-

कारक के प्रकार

कारक छः होते हैं

कर्ता कर्म च करणं च सम्प्रदानं तथैवच।
अपादानाधिकरणे इत्याहुः कारकाणि षट् ॥

इनके अतिरिक्त सम्बन्ध की स्थिति में भी कारकों के साथ प्रयोग किया जाता है। जिसमें षष्ठी विभक्ति लगती है तथा सम्बोधन के लिए प्रथमा विभक्ति का ही प्रयोग किया जाता है।

विभक्तिः	कारक	चिह्न	एकवचन	द्विवचन	बहुवचन
प्रथमा	कर्ता	ने	बालकः	बालकौ	बालकाः
द्वितीया	कर्म	को	बालकम्	बालकौ	बालकान्
तृतीया	करण	से द्वारा	बालकेन	बालकाभ्याम्	बालकैः
चतुर्थी	सम्प्रदान	के लिए	बालकाय	बालकाभ्याम्	बालकेभ्यः
पञ्चमी	अपादान	से अलग होना	बालकात्	बालाकाभ्याम्	बालकेभ्यः
षष्ठी	सम्बन्ध	क की के, रा री रे, ना नी ने	बालकस्य	बालकयोः	बालकानाम्
सप्तमी	अधिकरण	में, पै, पर	बालके	बालकयोः	बालकेषु
सम्बोधन	सम्बोधन	हे!, अरे! भो! इत्यादि	हे बालक!	हे बालकौ!	हे बालकाः

संस्कृत में ध्यातव्य

1. तीन लिङ्ग-पुल्लिङ्ग, स्त्रीलिङ्ग, नपुंसक लिङ्ग
2. तीन वचन-एकवचन, द्विवचन, बहुवचन

3. तीन पुरुष-प्रथमपुरुष, मध्यमपुरुष, उत्तमपुरुष

कर्ता कारक प्रथमपुरुष में	क्रिया
बालकः/लता/सः/तत्/सा/भवान्	गच्छति/पठति/लिखति
बालकौ/लते/तौ/ते/ते/भवन्तौ	गच्छतः/पठतः/लिखतः
बालकाः/लताः/ते/तानि/ताः/भवन्तः	गच्छन्ति/पठन्ति/लिखन्ति

कर्ता कारक मध्यमपुरुष में	क्रिया
त्वम्	गच्छसि/पठसि/लिखसि
युवाम्	गच्छथः/पठथः/लिखथः
यूयम्	गच्छथ/पठथ/लिखथ

कर्ता कारक उत्तमपुरुष में	क्रिया
अहम्	गच्छामि/पठामि/लिखामि
आवाम्	गच्छावः/पठावः/लिखावः
वयम्	गच्छामः/पठामः/लिखामः

विशेष अस्मद् (अहम्, आवाम्, वयम्) उत्तम पुरुष, युष्मद् (त्वम्, युवाम्, यूयम्) मध्यम पुरुष, इन दोनों के अतिरिक्त सम्पूर्ण पद या शब्द प्रथम पुरुष में प्रयुक्त होते हैं।

कर्म कारक-द्वितीय विभक्तिः उप पद विभक्ति प्रयोगः

सूत्र *कर्तुरीप्सिततं कर्म। कर्मणि द्वितीया अकथितञ्च।*

कर्म कारक-द्वितीया-कर्म कारक का चिह्न 'को' है। यानी जिस शब्द के बाद 'को' लगा रहता है उसमें कर्म कारक होता है। परन्तु कहीं कहीं 'को' चिह्न छिपा रहता है।

"कर्म कारक" जानने का सबसे आसान तरीका यह है कि क्रिया से पूर्व क्या अथवा किसको लगाने से जो उत्तर आता है, वह कर्म कारक कहलाता है।

जैसे
1. वह सूर्य को देखता है। सः सूर्यं पश्यति।
2. मैं गाँव को जाता हूँ। अहं ग्रामं गच्छामि।
3. वे पुस्तक पढ़ते हैं। ते पुस्तकं पठन्ति।
4. श्याम विद्यालय को गया। श्यामः विद्यालयम् अगच्छत्।
5. तुम कल प्रयाग जाओगे। त्वं श्वः प्रयागं गमिष्यसि।
6. तुम सब नाटक देखते हो। यूयं नाटकं पश्यथ।
7. हम दोनों पत्रा लिखे हैं। आवां पत्रं लिखावः।
8. वे दोनों कल लखनऊ गए। तौ ह्यः लक्ष्मणपुरम् अगच्छताम्
9. तुम दोनों पाठ पढ़े। युवां पाठं अपठतम्।
10. हम ईश्वर को भजते हैं। वयं ईश्वरं भजामः।

कुछ उप पद विभक्ति के योग में द्वितीया विभक्ति प्रयुक्त होती है। वे उपपद विभक्ति अधोलिखित है

उभयतः, अभितः, परितः, समया, निकषा, प्रति, धिक्, विना योगे द्वितीया।

उभयतः राजमार्गम् उभयतः वृक्षाः सन्ति।

अभितः प्रयागम् अभितः नद्यौ स्तः।

परितः मन्दिरं परितः भक्ताः सन्ति।

समया ग्रामं समया जलाशयं वर्तते।

निकषा लङ्कां निकषा समुद्रम् अस्ति।

प्रति दीनानम् प्रति दयां कुरू।

धिक् धिक् कृपणम्।

विना मातरं विना शिशु सुखी न भवति।

ध्यान रखने योग्य बातें

- जिस पद या पदार्थ पर क्रिया का फल पड़ता है, उसे कर्म कारक कहते हैं।
- धातु से पूर्व यदि उप, अनु, अधि उपसर्ग हों, तो वहाँ द्वितीया विभक्ति होती है।
- जो पद कर्म की सूचना देते हैं-उनमें द्वितीया विभक्ति होती है।
- विना के योग में द्वितीया, तृतीय या पञ्चमी विभक्ति होती है।
- क्त्वा, ल्यप्, तुमुन्, शतृ आदि प्रत्ययों से पूर्व भी द्वितीया विभक्ति होती है।

करण-कारक-तृतीया विभक्तिः उपपद विभक्तिः प्रयोग

सूत्र *साधकतमं करणम्। कर्तृ करणयोस्तृतीया।*

से, के द्वारा होता है। जिसकी सहायता से कर्ता अपना कार्य पूर्ण करता है, उसमें करण कारक होता है।

जैसे
1. वह नेत्रों से देखता है। सः नेत्राभ्यां पश्यति।
2. हम सब गेंद से खेलते हैं। वयं कन्दुकेन क्रीडामः।
3. विद्या से कीर्ति प्राप्त होती है। विद्यया कीर्तिः प्राप्यते।
4. साधु हाथों से जल पीते हैं। साधुः हस्ताभ्यां जलं पिबति।
5. वह लेखनी से लिखता है। सः लेखन्या लिखति।
6. यात्री बस से यात्रा करते हैं। यात्रिणः लोकयानेन यात्रां कुर्वन्ति।
7. मेरे पिता कार से ऑफिस जाते हैं। मम पिता कारयानेन लिखामि।
8. मैं कलम से पत्र लिखता हूँ। अहं कलमेन पत्रं लिखामि।
9. राम ने रावण को बाण से मारा। रामः रावणं बाणेन हतवान्।
10. किसान हल से खेत जोतता है। कृषकः हलेन क्षेत्रं कर्षति।

कुछ उपपद विभक्ति के योग में तृतीया विभक्ति प्रयुक्त होती है। वे उपपद विभक्ति अधोलिखित हैं। अङ्ग विकार, हीन,

सह/साकम्/समम्/सार्धम्/विना, अलम् के योग में तृतीया।

काणः रमेशः नेत्रेण काणः अस्ति।

खञ्जः मोहनः पादेन खञ्जः अस्ति।

बधिरः सुरेशः कर्णेन बधिरः अस्ति।

हीनः ज्ञानेन हीनः जनः सम्मानं न लभते।

सह पुत्रः पित्रा सह गच्छति।

साकम् त्वं मित्रेण सह पठसि।

समं अहं भ्रात्रा समं खादामि।

सार्धम् सः मोहनेन सार्धं वार्तालापं करोति।

विना यानेन विना यात्रा न भवति।

अलं अलं विवादेन।

पितृ सदृशः अयं बालकः सुन्दरः अस्ति।

मातृ सदृशः दूयं बालिका गुणवती अस्ति।

ध्यान रखने योग्य बातें

- हेतु (कारण) के योग में तृतीया विभक्ति होती है।
- जिस अंङ्ग के विकार द्वारा शरीर धारी में कोई विकास या कमी आ जाती है उस अङ्ग में तृतीय विभक्ति होती है।
- जिसके साथ कोई कार्य किया जाता है उसमें तृतीय विभक्ति होती है।
- स्वभाव प्रकृति आदि में भी तृतीया विभक्ति होती है।

सम्प्रदान-कारक-चतुर्थी विभक्तिः उपपद विभक्ति प्रयोगः

सूत्र *कर्मणायमभिप्रैति स सम्प्रदानम्। चतुर्थी सम्प्रदाने।*

सम्प्रदान-कारक-चतुर्थी विभक्ति-सम्प्रदान कारक का चिह्न के लिए होता है। जहाँ दान क्रिया के कर्म के साथ कर्ता जिससे सम्बद्ध उद्दिष्ट या युक्त रहता है या जिससे वस्तु प्रदान की जाती है उसमें चतुर्थी विभक्ति होती है;

जैसे

1. राजा ब्राह्मण को गाय देता है। राज विप्राय धेनुं ददाति।
2. प्रधानाचार्य छात्र को पुरस्कार देते हैं। प्रधानाचार्यः छात्राय पुरस्कारं यच्छति।
3. माता पुत्र को दूध देती है। मात्रा पुत्राय दुग्धं यच्छति।
4. यज्ञा के लिए लकड़ी लाओ। यूयाय दारूम् आनय।
5. फल भोजन के लिए हैं। फलानि भोजनाय सन्ति।
6. भक्त के लिए ये फल हैं। भक्ताय एतानि फलानि सन्ति।
7. शिव ने अर्जुन के लिए अस्त्र दिया। शिवः अर्जुनाय अस्त्रम् अपच्छत्।
8. रमेश सुरेश के लिए पुस्तक देता है। रमेशः सुरेशाय पुस्तकं ददाति।
9. विद्या ज्ञान के लिए होती है। विद्या ज्ञानाय भवति।
10. बल रक्षा के लिए होता है। बलं रक्षाय भवति।

कुछ उपपद विभक्ति के योग में चतुर्थी विभक्ति प्रयुक्त होती है। वे उपपद विभक्ति अधोलिखित है।

रूच्, दा (यच्छ्) कुप्, क्रुध्, नमः, स्वाहा, स्वधा, अलम् (समर्थभाव में)

रूच्-विप्राय मधुरं रोचते।

दा (यच्छ्) बालकाय मोदकं यच्छति।

कुप् सेवकाय कुप्यति।

क्रुध् श्रीरामः रावणयं क्रुध्यति।

नमः-श्रीगुरवे नमः।

स्वाहा देवाय स्वाहा।

स्वधा पितृभ्यः स्वधा।

अलम् एषा भिक्षा याचकाय अलम्।

स्वस्ति गणेशाय स्वस्ति।

ध्यान रखने योग्य बातें

- जब कोई वस्तु सदैव के लिए दी जाती है और देने वाले का उस पर से अधिकार समाप्त हो जाता है। तब प्राप्तकर्ता में चतुर्थी विभक्ति का प्रयोग होता है।
- जिसके लिए कोई कार्य किया जाता है उसमें चतुर्थी विभक्ति होती है।

अपादान-कारक-पञ्चमी विभक्तिः-उपपद विभक्ति प्रयोगः

सूत्र *ध्रुवमपायेऽपादानम्। अपादाने पञ्चमी।*

अपादान-कारक-पञ्चमी विभक्ति-अपादान कारक का चिहन से, अलग होना होता है। जब कोई व्यक्ति या वस्तु किसी से अलग (विश्लेष) होती है तब जिससे अलग होती है, उसमें पञ्चमी विभक्ति का प्रयोग होता है।

जैसे

1. पेड़ से पत्ते गिरते हैं। वृक्षात् पत्राणि पतन्ति।
2. घोड़े से राजकुमार गिरा। अश्वात् राजकुमारः अपतत्।
3. उसके हाथ से पुस्तक गिरी। तस्य हस्तात् पुस्तकम् अपतत्।
4. गङ्गा हिमालय से निकलती है। गङ्गा हिमालयात् निर्गच्छति।
5. चूहा बिल से निकलता है। मूषकः बिलात् निर्गच्छति।
6. मोहन घर से आता है। मोहनः गृहात् आगच्छति।
7. राजा महल से उतरता है। नरेशः प्रासादात् अवतरति।
8. कुए से शुद्ध जल लाओ। कूपात् शुद्धं जलम् आनय।
9. भक्त घर से मन्दिर जाता है। भक्तः गृहात् मन्दिरं गच्छति।
10. मैं अध्यापक से संस्कृत पढ़ता हूँ। अहं अध्यापकात् संस्कृतं पठामि।

कुछ उपपद विभक्ति के योग में पञ्चमी विभक्ति प्रयुक्त होती हैं। वे उपपद विभक्ति अधोलिखित हैं-

विना/ऋते, बहिः, परः, पूर्व;

अनन्तरम्, आरभ्य, भी (विभ्), रक्ष्, प्रमद्, तरप्!

विना रामः लक्ष्मणातः विना अयोध्यां गन्तुं नेच्छति स्म।

ऋते ज्ञानात् ऋते मुक्तिः नास्ति।

बहिः विद्यालयात् बहिः राजमार्गम् अस्ति।

परः चैत्रमापसात् परः वैशाखमासः भवति।

पूर्वः चैत्रमासः वैशाखमासाः पूर्वः अस्ति।

अनन्तरम् बालकः अध्ययनात् अनन्तरं क्रीडति।

आरभ्य आषाढमासात् आरभ्य भाद्रपदमास पर्यन्तम् वर्षा भवति।

भी (बिभेति) मूषकः बिडालात् विभेति।

रक्ष् (रक्षति/निवारयति) गुरुः शिष्यं कुमार्गात् रक्षति।

प्रमद् स्वाध्यायात् न प्रमदितव्यम्।

तरप् दुर्योधनात् बलवत्तरः भीमः।

ध्यान रखने योग्य बातें

- जिससे प्रत्यक्ष या अप्रत्यक्ष रूप से कोई वस्तु अलग हो रही है। उसमें अपादान कारक से पञ्चमी विभक्ति का प्रयोग होता है।
- जिससे हटाया जाता है या रक्षा की जाती है उसमें पञ्चमी विभक्ति होती है।
- जिससे अध्ययन किया जाता है उसमें पञ्चमी विभक्ति होती है।
- जिससे उत्पन्न होता है उसमें पञ्चमी विभक्ति होती है।
- जब दो वस्तुओं की तुलना की जाती है तो पञ्चमी विभक्ति होती है।

सम्बन्ध कारक-षष्ठी विभक्तिः उपपद विभक्ति प्रयोगः

सूत्र *षष्ठी शेषे*

सम्बन्ध कारक-षष्ठी विभक्ति-सम्बन्ध कारक का चिह्न का की के रा री रे होता है। जब दो-या-दो से अधिक संज्ञा या सर्वनाम शब्दों में कोई सम्बन्ध दिखलाया जाता है, तब जिसका सम्बन्ध होता है, उसमें षष्ठी विभक्ति का प्रयोग होता है।

जैसे

1. कृष्ण वसुदेव के पुत्र थे। कृष्णः वसुदेवस्य पुत्रः आसीत्।
2. गाय का दूध मीठा होता है। धेनोः दुग्धं मधुरं भवति।
3. राम का भाई लक्ष्मण है। रामस्य भ्राता लक्ष्मणः अस्ति।
4. अर्जुन का पुत्र अभिमन्यु है। अर्जुनस्य पुत्रः अभिमन्युः।
5. तुम्हारा क्या नाम है। तव किम् नाम अस्ति।
6. अपनी चिन्ता करनी चाहिए। स्वस्य चिन्तां कुर्यात्।
7. गङ्गा का जल गुणदायक है। गङ्गायाः जलं गुणदायकं भवति।
8. कुएँ का जल स्वादिष्ट होता है। कूपस्य जलं स्वादिष्टं भवति।
9. मेरा घर उत्तर प्रदेश में है। मम गृहम् उत्तर प्रदेशे भवति।
10. हमारा देश भारत है। अस्माकं देशः भारतम् अस्ति।

कुछ उपपद विभक्ति के योग में षष्ठी विभक्ति प्रयुक्त होती है। वे उपपद विभक्ति अधोलिखित है।-उपरि, अधः, पुरतः,
पृष्ठतः, तुल्यः, सदृशः, अन्तः, अग्रतः।

उपरि वृक्षस्य उपरि खगाः तिष्ठन्ति।

अधः मञ्चस्य अधः कूपः अस्ति।

पुरतः गृहस्य पुरतः कूपः अस्ति।

पृष्ठतः मन्दिरस्य पृष्ठतः उद्यानम् अस्ति।

तुल्यः हरिश्चन्द्रस्य तुल्यः गान्धी आसीत्।

सदृशः अर्जुनस्य सदृशः कोऽपि नासीत्।

अंतः महलस्य अन्तः प्रकोष्ठाः सन्ति।

अग्रतः मम अग्रतः मन्दिरम् अस्ति।

अधः वृक्षस्य अधः बालकाः सन्ति।

षष्ठी विभक्ति

सूत्र ''यतश्च निर्धारणम्''

जब बहुत में से किसी एक की जाति, गुण, क्रिया के द्वारा विशेषता प्रकट की जाती है, तब विशेषण शब्दों के साथ इष्ठन् अथवा तमप् प्रत्यय का प्रयोग किया जाता है और जिससे विशेषता प्रकट की जाती है, उसमें षष्ठी अथवा सप्तमी विभक्ति का प्रयोग होता है।

जैसे कवीनां/कविषु कालिदासः श्रेष्ठः अस्ति।

छात्राणां/छात्रेषु सुरेशः पटुतमः अस्ति।

ध्यान रखने योग्य बातें

- जब दो-या-दो से अधिक संज्ञा या सर्वनाम शब्दों में कोई सम्बन्ध बतलाया जाता है, तब जिसका सम्बन्ध होता है, उसमें षष्ठी विभक्ति होती है।
- बराबर या समान अर्थ रखने पर या तुलना करने पर षष्ठी या तृतीया विभक्ति होती है।
- इसमें उपपद विभक्ति उपरि, अधः, पुरतः, पृष्ठतः विशेष उपयोगी है।

अधिकरण कारक-सप्तमी विभक्तिः उपपद विभक्ति प्रयोगः

सूत्र *आधारोऽधिकरणम्। सप्तम्यधिकरणे च।*

जिस वस्तु स्थान में आधार या कोई कार्य होता है उसमें अधिकरण कारक होता है।

जैसे

1. मैं प्रयाग में निवास करता हूँ। अहं प्रयागे निवासामि।
2. राम आयोध्या में रहते थे। श्री रामः आयोध्यां वसति स्म।
3. रात में अन्धकार फैलता है। रात्रौ अन्धकारः प्रसरति।
4. बगीचे में फूल खीते हैं। उद्याने पुष्पाणि विकसन्ति।
5. तालाबों में कमल खिलते हैं। जलाशयेषु कमलानि विकसिन्ति।
6. पेड़ पर पक्षी कूजते हैं। वृक्षे खगाः कूजन्ति।
7. आपने पत्र में क्या लिखा। भवान् पत्रे किम् अलिखत्।
8. विद्यालय में छात्र पढ़ते हैं। विद्यालये छात्राः पठन्ति।
9. नदी में मछलियाँ तैरती हैं। नद्यां मीनाः तरन्ति।
10. वृक्ष पर बन्दर हैं। वृक्षे वानराः सन्ति।

कुछ उपपद विभक्ति के योग में सप्तमी विभक्ति प्रयुक्त होती है। वे उपपद विभक्ति अधोलिखित हैं।

स्निह, निपुणः, विश्वस्, श्रेष्ठः (निर्धारणे)

स्निह शकुन्तलायां दुष्यन्तस्य स्नेहः।

आसक्तिः पुत्रे पितुः आसक्तिः।

स्निह भारत रामे अधिक स्निह्यति सम।

निपुण: अहं कन्दुक क्रीडने निपुण:।
कुशल: भीम: भोजनपाचने कुशल:।
विश्वस: ईश्वरे विश्वसति।
श्रेष्ठ: कविषु कालिदास: श्रेष्ठ:।
प्रवीण: मम मित्रं श्लोक गायने प्रवीण:।
स्निह् सर्वे स्वदेशे स्निह्यन्ति।
विश्वस् पिता पुत्रे विश्वसति।

ध्यान रखने योग्य बातें

- जिस पर स्नेह किया जाता है, उसमें सप्तमी विभक्ति होती है।
- जिस पर भक्ति की जाती है उसमें सप्तमी विभक्ति होती है।
- जिस पर आसक्ति, स्नेह, अभिलाषा अनादर किया जाता है वहाँ सप्तमी विभक्ति होती है।
- जहाँ निपुणता, कुशलता, प्रवीणता, श्रेष्ठता आदि बतायी जाए उसमें सप्तमी विभक्ति होती है।

साधित उदाहरणम्

अधोलिखित वाक्येषु विकल्पेभ्य: उचित विभक्तिरूपेण वाक्यपूर्ति कृत्वा पुन: लिखत।
(निम्नलिखित वाक्यों में विकल्पों के उचित विभक्ति रूप से वाक्यों की पूर्ति करके पुन: लिखिए।)

1. ……… गच्छति।
(क) बालक: (ख) बालकौ (ग) बालका: (घ) अहम्
उत्तरम् *(क)* बालक:

2. ……… गच्छामि।
(क) स: (ख) अहम् (ग) आवाम् (घ) वयम्
उत्तरम् *(ख)* अहम्

3. ……… गच्छसि।
(क) बालक: (ख) युवाम् (ग) त्वम् (घ) यूयम्
उत्तरम् *(ख)* युवाम्

4. ……… गच्छत:।
(क) अहम् (ख) आवाम् (ग) तौ (घ) वयम्
उत्तरम् *(ग)* तौ

5. ……… गच्छथ:।
(क) ते (ख) त्वम् (ग) अहम् (घ) युवाम्
उत्तरम् *(घ)* युवाम्

6. ……… गच्छाव:।
(क) आवाम् (ख) तौ (ग) युवाम् (घ) अहम्
उत्तरम् *(क)* आवाम्

7. ……… गच्छाम:।
(क) तौ (ख) त्वम् (ग) यूयम् (घ) वयम्
उत्तरम् *(घ)* वयम्

8. ……… गच्छथ।
(क) यूयम् (ख) त्वम् (ग) तौ (घ) अहम्
उत्तरम् *(क)* यूयम्

9. ……… गच्छन्ति।
(क) बालका: (ख) वयम् (ग) यूयम् (घ) अहम्
उत्तरम् *(क)* बालका:

10. ……… गच्छति।
(क) ते (ख) तौ (ग) भवान् (घ) वयम्
उत्तरम् *(ग)* भवान्

11. ……… परित: आम्रवृक्षा: सन्ति।
(क) उद्याने (ख) उद्यानस्य (ग) उद्यानम् (घ) उद्यानेन
उत्तरम् *(ग)* उद्यानम्

12. ……… उभयत: जलाशयौ स्त:।
(क) ग्रामम् (ख) ग्रामस्य (ग) ग्रामे (घ) ग्रामत:
उत्तरम् *(क)* ग्रामम्

13. ……… अभित: वृक्षा: सन्ति।
(क) राजमार्ग (ख) राजमार्गम् (ग) राजमार्गे (घ) राजमार्गस्य
उत्तरम् *(ख)* राजमार्गम्

14. ……… समया जलाशयम् अस्ति।
(क) वृक्षस्य (ख) वृक्षे (ग) वृक्षम् (घ) वृक्षात्
उत्तरम् *(ग)* वृक्षम्

15. ……… निकषा उद्यानम् अस्ति।
(क) जलाशय: (ख) जलाशयात् (ग) जलाशये (घ) जलाशयम्
उत्तरम् *(घ)* जलाशयम्

16. ……… प्रति दयां कुरू।
(क) दीनान् (ख) दीने (ग) दीनस्य (घ) दीन:
उत्तरम् *(क)* दीनान्

17. तान् ……… धिक् ये स्वच्छतां न कुर्वन्ति।
(क) जनस्य (ख) जने (ग) जनान् (घ) जन:
उत्तरम् *(ग)* जनान्

18. ……… विना जीवनं निरर्थकम् अस्ति।
(क) शिक्षा (ख) शिक्षां (ग) शिक्षै: (घ) शिक्षायै:
उत्तरम् *(ख)* शिक्षां

19. राजमार्गम् ……… वृक्षा: सन्ति।
(क) विना (ख) परित: (ग) धिक् (घ) उभयत:
उत्तरम् *(घ)* उभयत:

20. मातरं ……… श्रद्धां कुरू
(क) प्रति (ख) विना (ग) धिक् (घ) निकषा
उत्तरम् *(क)* प्रति

परीक्षा अभ्यासः

अधोलिखित वाक्येषु विकल्पेभ्यः उचित विभक्तिरूपेण वाक्यपूर्ति कृत्वा पुनः लिखत।
(निम्नलिखित वाक्यों में विकल्पों के उचित विभक्ति रूप से वाक्यों की पूर्ति करके पुनः लिखिए।)

1. अलं तव ………।
(क) विवादम् (ख) विवादे
(ग) विवादस्य (घ) विवादेन

2. ……… विना धर्मः न भवति।
(क) धनेन (ख) धनाय (ग) धने (घ) धनेभ्यः

3. सः ……… काणः अस्ति।
(क) नेत्रम् (ख) नेत्रेण
(ग) नेत्राय (घ) नेत्रस्य

4. हंसः ……… खञ्जः अस्ति।
(क) पादम् (ख) पादात्
(ग) पादेन (घ) पादाय

5. मनोजः ……… बधिरः अस्ति।
(क) कर्णेन (ख) कर्णः (ग) कर्णम् (घ) कर्णात्

6. ……… हीनः वस्त्रम् न प्राप्नोति
(क) धने (ख) धनेन
(ग) धनाय (घ) धनेषु

7. रामः ……… सह वनम् अगच्छत्।
(क) सीता (ख) सीते
(ग) सीतया (घ) सीतेः

8. पुत्रः ……… साकम् गच्छति।
(क) मातृ (ख) मात्रे
(ग) मातरं (घ) मात्रा

9. अहं ……… समं खादामि।
(क) मित्रेण (ख) मित्रम्
(ग) मित्राणि (घ) मित्रे

10. केशवः पादेन ……… अस्ति।
(क) बधिरः (ख) काणः
(ग) खञ्ज (घ) खल्वाटः

11. वयं ……… अलम्।
(क) शत्रुः (ख) शत्रवः
(ग) शत्रुभ्यः (घ) शत्रोः

12. ……… नमः।
(क) शिवाय (ख) शिवे (ग) शिवः (घ) शिवस्य

13. ……… स्वाहा।
(क) अग्निः (ख) अग्नये (ग) अग्नेः (घ) अग्नी

14. श्री कृष्णः ……… क्रुध्यति।
(क) कंसः (ख) कंसे (ग) कंसम् (घ) कंसाय

15. गुरुः ……… कुप्यति।
(क) शिष्याय (ख) शिष्यः
(ग) शिष्यम् (घ) शिष्यस्य

16. ……… अध्ययनं रोचते।
(क) अहम् (ख) आवाम्
(ग) वयम् (घ) मह्यम्

17. भक्तः ……… पुष्पं यच्छति।
(क) विष्णुम् (ख) विष्णवे
(ग) विष्णु (घ) विष्णवः

18. ……… स्वाहा।
(क) इन्द्राय (ख) इन्द्रम्
(ग) इन्द्राः (घ) इन्द्रस्य

19. ……… स्वधा।
(क) पितरम् (ख) पिता
(ग) पितृन् (घ) पितृभ्यः

20. श्रीरामः ……… अलम् आसीत्।
(क) रावणः (ख) रावणम्
(ग) रावणाय (घ) रावणे

21. मृग ……… बिभेति।
(क) सिंहात् (ख) सिंहम्
(ग) सिंहः (घ) सिंहेन

22. ……… बहिः उद्यानम् अस्ति।
(क) ग्रामः (ख) ग्रामम (ग) ग्रामे (घ) ग्रामात्

23. अहं केशवं ……… रक्षामि।
(क) व्याघ्रः (ख) व्याघ्रात्
(ग) व्याघ्रम् (घ) व्याघ्रे

24. मोहनः स्वमित्रं ……… निवारयति।
(क) पापः (ख) पापे (ग) पापात् (घ) पापस्य

25. ……… ऋते कोऽपि सहयोगं न करोति।
(क) धनात् (ख) धनस्य (ग) धनम् (घ) धने

26. ……… विना वृष्टिः न भवति।
(क) मेघम (ख) मेघस्य
(ग) मेघात (घ) मेघे

27. ········· बहि: वृक्षा: सन्ति।
(क) गृहे (ख) गृहम् (ग) गृहस्य (घ) गृहात्

28. केशव: ········· विना न गच्छति।
(क) राम: (ख) रामात् (ग) रामे (घ) रामा:

29. ········· पूर्व भौमवासर: भवति।
(क) सोमवासरात् (ख) बुधवासरात्
(ग) गुरूवासारात् (घ) रविवासरात्

30. ········· सिंह: बिभेति।
(क) आखेटकं (ख) आखेटक:
(ग) आखेटकात् (घ) आखेटकेन

31. ········· उपरि वक्तार: सन्ति।
(क) मञ्चे (ख) मञ्चे
(ग) मञ्चम् (घ) मञ्चस्य

32. ········· पुरत: उपवनम् अस्ति।
(क) गृहस्य (ख) गृहम् (ग) गृहे (घ) गृहाणि

33. ········· पृष्ठत: प्रार्थना काले छात्रा: सन्ति।
(क) छात्रस्य (ख) छात्रम् (ग) छात्रे (घ) छात्रौ

34. ········· अध: श्रोतार: सन्ति।
(क) मञ्चे (ख) मञ्चम्
(ग) मञ्चस्य (घ) मञ्चेन

35. ········· तुल्य: दुर्योधन: नासीत्।
(क) भीम: (ख) भीमे
(ग) भीमस्य (घ) भीमम्

36. ········· पुरत: जलाशय: अस्ति।
(क) वृक्ष: (ख) वृक्षस्य (ग) वृक्षम् (घ) वृक्षे

37. ········· उपरिशिरस्त्राणम् अस्ति।
(क) शिर: (ख) शिरम् (ग) शिरस्य (घ) शिरौ

38. ········· अन्त: भोजनम् अस्ति।
(क) भोजनाल्यात् (ख) भोजनालम्
(ग) भोजनलये (घ) भोजनालयस्य

39. ········· अध: फलानि सन्ति।
(क) वृक्षस्य (ख) वृक्षम्
(ग) वृक्षे (घ) वृक्षौ

40. ········· पृष्ठत: आरक्षक: धावति।
(क) चौरेण (ख) चौरम्
(ग) चौरस्य (घ) चौरात्

41. ········· भक्तस्य आसक्ति:।
(क) ईश्वरं (ख) ईश्वरस्य
(ग) ईश्वर: (घ) ईश्वरे

42. स: ········· निपुण: अस्ति।
(क) गीतगायने (ख) गीतगायनम्
(ग) गीतगायनानि (घ) गीतगयनेन

43. वानरा: ········· स्निह्यन्ति।
(क) कदली फलम् (ख) कदली फले
(ग) कदली फलानि (घ) कदलीफल

44. स: ········· प्रवीण: अस्ति।
(क) धावनम् (ख) धावने
(ग) धावनस्य (घ) धावनौ

45. ········· भक्त: विश्वसति।
(क) गणेशं (ख) गणेशेन
(ग) गणेश: (घ) गणेशे

उत्तराणि

1. (घ) विवादेन
2. (क) धनेन
3. (ख) नेत्रेण
4. (ग) पादेन
5. (क) कर्णेन
6. (ख) धनेन
7. (ग) सीतया
8. (घ) मात्रा
9. (क) मित्रेण
10. (ग) खञ्ज
11. (ग) शत्रुभ्य:
12. (क) शिवाय
13. (ख) अग्नये
14. (घ) कंसाय
15. (ग) शिष्यम्
16. (घ) महयम्
17. (ख) विष्णवे
18. (क) इन्द्राय
19. (घ) पितृभ्य:
20. (ग) रावणाय
21. (क) सिंहात्
22. (घ) ग्रामात्
23. (ख) व्याघ्रात्
24. (ग) पापात्
25. (क) धनात्
26. (ग) मेघात
27. (घ) गृहात्
28. (ख) रामात्
29. (ख) बुधवासरात्
30. (ग) आखेटकात्
31. (घ) मञ्चस्य
32. (क) गृहस्य
33. (क) छात्रस्य
34. (ग) मञ्चस्य
35. (ग) भीमस्य
36. (ख) वृक्षस्य
37. (ग) शिरस्य
38. (घ) भोजनालयस्य
39. (क) वृक्षस्य
40. (ग) चौरस्य
41. (घ) ईश्वरे
42. (क) गीतगायने
43. (ख) कदली फले
44. (ख) धावने
45. (क) गणेशं

अध्याय

05

प्रत्यया:

प्रत्यय की परिभाषा

किसी धातु या शब्द के बाद किसी अर्थ को स्पष्ट करने के लिए जो शब्दांश जोड़ दिया जाता है,उसे प्रत्यय कहते हैं उदाहरण–लघुत्व में 'त्व' प्रत्यय है, सुंदरता में ता 'प्रत्यय' है।

क्त्वा (त्वा)

जब एक क्रिया की समाप्ति तथा दूसरी क्रिया के आरंभ होने का बोध होता है तथा दोनों क्रियाओं का कर्ता एक ही होता है। वहाँ क्त्वा प्रत्यय होता है क्त्वा का 'त्वा' शेष रह जाता है। यह प्रत्यय 'कर' तथा 'करके' अर्थ में प्रयोग होता है;

जैसे– पठ् + क्त्वा = पठित्वा भू + क्त्वा = भूत्वा

क्त्वा धातु के उदाहरण

धातु	(अर्थ)	प्रत्यया	धातु	(अर्थ)	प्रत्यया
क्री	(खरीदना)	क्रीत्वा	गै	(गाना)	गीत्वा
हु	(हवन करना)	हुत्वा	घ्रा	(सूँघना)	घ्रात्वा
भी	(डरना)	भीत्वा	चुर्	(चुराना)	चोरयित्वा
श्रु	(सुनना)	श्रुत्वा	ज्ञा	(जानना)	ज्ञात्वा
इष्	(चाहना)	इष्ट्वा	तन्	(फैलाना)	तनित्वा

ल्यप् (य)

यदि धातु से पूर्व कोई उपसर्ग लगा हो, तो उस स्थान पर क्त्वा प्रत्यय के स्थान पर 'ल्यप् प्रत्यय' होता है। इस प्रत्यय का 'य' शेष रहता है, परंतु यदि धातु से पूर्व 'अ' या 'अन्' हो तो 'ल्यप् प्रत्यय' नहीं होता है;

जैसे– वि + हस् + ल्यप् = विहस्य
निर्+ गम् + ल्यप् = निर्गत्य

ल्यप धातु के उदाहरण

धातु	(अर्थ)	प्रत्यया	धातु	(अर्थ)	प्रत्यया
क्री	(खरीदना)	विक्रीय	गै	(गाना)	प्रगाय
हु	(हवन करना)	आहुत्य	घ्रा	(सूँघना)	आघ्राय
भी	(डरना)	संभीय	चुर्	(चुराना)	संचोर्य
श्रु	(सुनना)	संश्रुत्य	ज्ञा	(जानना)	विज्ञाय
इष्	(चाहना)	समिष्य	तन्	(फैलाना)	वितत्य

तुमुन् (तुम)

जिस कर्ता के लिए कोई क्रिया की जाती है, 'के लिए ' अर्थ को प्रकट करने में उसकी धातु में 'तुमुन् (तुम) प्रत्यय' लगाया जाता है जिस क्रिया के साथ 'तुमुन् प्रत्यय' आता है, उसका व मुख्य क्रिया का कर्ता एक ही होना चाहिए। अलग-अलग कर्ता होने पर 'तुमुन् प्रत्यय' का प्रयोग नहीं होता है। 'तुमुन्' के 'उन' का लोप होकर 'तुम' शेष रहता है, जो धातु रूप में अंत में जुड़ता है। तुमुन् (तुम) प्रत्ययांत रूप यथा पा + तुमुन् = पातुम, खाद + तुमुन् = खदितुम। सेट् धातुओं में 'इ' का आगमन हो जाता है।

धातु (अर्थ)	**क्त्वा**	**ल्यप्**	**तुमुन्**
पठ् (पढ़ना)	पठित्वा	संपठ्य	पठितुम्
लिख् (लिखना)	लिखित्वा	विलिख्य	लेखितुम्
हस् (हँसना)	हसित्वा	विहस्य	हसितुम्
धाव् (दौड़ना)	धावित्वा	–	धावितुम्

जिन धातुओं के अंत में इ, ई, उ, ऊ, ऋ होते हैं, उनमें क्त्वा प्रत्यय लगाते समय बीच में 'इ' नहीं लगाते तथा तुमुन् प्रत्यय के समय इ, ई = को ए, ऋ का अर् होता है;

जैसे–	चि (चुनना)	चित्वा	संचित्य	चेतुम्
	जि (जीतना)	जित्वा	विजित्य	जेतुम्

तुमुन् धातु के उदाहरण

धातु	**(अर्थ)**	**प्रत्यया**	**धातु**	**(अर्थ)**	**प्रत्यया**
क्री	(खरीदना)	क्रेतुम्	गै	(गाना)	गातुम्
हु	(हवन करना)	भेतुम्	घ्रा	(सूँघना)	घ्रातुम्
भी	(डरना)	संभीय	चुर्	(चुराना)	चोरयितुम
श्रु	(सुनना)	श्रोतुम्	ज्ञा	(जानना)	ज्ञातुम्
इष्	(चाहना)	एषितुम्	तन्	(फैलाना)	तनितुम्

जिन धातुओं के अंत में न्, म् होते हैं क्त्वा प्रत्यय से पहले न्, म् का लोप हो जाता है; *जैसे—*

गम् (जाना)	गत्वा	आगम्य	गन्तुम्
हन् (मारना)	हत्वा	निहत्य	हन्तुम्
नम् (नमस्कार करना)	नत्वा	प्रणम्य	नन्तुम्

क्तवतु प्रत्यय

'क्तवतु' प्रत्यय का प्रयोग भूतकाल के लिए होता है। यह प्रत्यय निष्ठा संज्ञक होता है। इसमें 'क्तवतु' का 'क्', 'उ' का लोप होकर तवत् शेष रहता है। यह प्रत्यय कर्तृवाच्य में होता है। क्तवतु प्रत्यान्त क्रिया का कर्त्ता प्रथमा विभक्ति में तथा कर्म द्वितीया विभक्ति में होता है। क्तवतु प्रत्ययों से बनने वाले शब्द-रूप तीनों लिङ्गों व सातों विभक्तियों में चलते हैं।

क्तवतु धातु के उदाहरण

धातु	**(अर्थ)**	**प्रत्यया**
लिख्	(लिखा)	लिखितवान्
श्रु	(सुना)	श्रुतवान्
गम्	(चला गया)	गतवान्
पठ्	(पढ़ा)	पठितवान्

शतृ प्रत्यय

वर्तमान काल के अर्थ में अर्थात् 'कुर्वन्' (करते हुए) इस अर्थ में परस्मैपद की धातुओं के साथ शतृ प्रत्यय लगता है। इसका 'अत्' भाग शेष रहता है और ऋकार का लोप हो जाता है। शतृ प्रत्ययान्त शब्द का प्रयोग विशेषण के समान होता है। इसके रूप तीनों लिङ्गों में चलते हैं।

शतृ धातु के उदाहरण

धातु (अर्थ)	प्रत्यया
गम् (जाते हुए)	गच्छन्
पठ् (पढ़ते हुए)	पठन्
हसन् + हस् (हँसते हुए)	हसन्

शानच् प्रत्यय

वर्तमान काल के अर्थ में आत्मनेपदी धातुओं के साथ शानच् प्रत्यय लगता है। इसके श्, च् का लोप हो जाता है, 'आन' शेष रहता है, शानच् प्रत्ययान्त शब्द का प्रयोग विशेषण के समान होता है, इसके रूप तीनों लिङ्गों में चलते हैं।

शानच् धातु के उदाहरण

धातु (अर्थ)	प्रत्यया
लभ् (प्राप्त करता हुआ)	लभमानः
वृध (बढ़ते हुए)	वर्धमानः
सह (सहन करते हुए)	सहमान्ः

साधित उदाहरणम्

I. रेखाङ्कितपदेषु प्रदत्तविकल्पेभ्यः समीचीनं पदं चिनुत।

(रेखांकित पदों के लिए दिए गए विकल्पों में से उचित पद चुनिए)

(i) सः सर्वान् वेदान् सार्थान् <u>अधीत्य</u> पितुः सकाशम् आगच्छत्। (मणिकातः)

(क) क्त्वा (ख) ल्यप् (ग) तुमुन् (घ) शतृ

उत्तरम् *(ख)* ल्यप्

(ii) एवं भूतं पुत्रं <u>दृष्ट्वा</u> पिता उवाच। (मणिकातः प्रथम पाठः)

(क) क्त्वा (ख) ल्यप् (ग) तुमुन् (घ) शतृ

उत्तरम् *(क)* क्त्वा

(iii) एतत् अद्भुतं प्रश्नं <u>श्रुत्वा</u> पृच्छति। (मणिकातः प्रथम पाठः)

(क) क्त्वा (ख) तत्पम् (ग) अनीयर् (घ) तुमुन्

उत्तरम् *(क)* क्त्वा

(iv) तम् अवस्थाप्य <u>स्नातुं</u> गता। (मणिकातः द्वितीय पाठः)

(क) तुमुन् (ख) तत्यत् (ग) क्त्वा (घ) ल्यप्

उत्तरम् *(क)* तुमुन्

(v) तथा <u>कृत्वा</u> गतः। (मणिकातः द्वितीय पाठः)

(क) तुमुन् (ख) क्त्वा (ग) तव्यत् (घ) शतृ

उत्तरम् *(ख)* क्त्वा

(vi) सः तं <u>व्यापाद्य</u> खण्डशः कृतवान्। (मणिकातः द्वितीय पाठः)

(क) क्त्वा (ख) ल्यप्
(ग) तव्यत् (घ) तुमुन्

उत्तरम् *(ख)* ल्यप्

(vii) ब्राह्मणोऽपि श्राद्धं <u>गृहीत्वा</u> गृहम् उपावृत्तः। (मणिकातः)

(क) क्त्वा (ख) ल्यप् (ग) अनीयर् (घ) तुमुन्,

उत्तरम् *(क)* क्त्वा

(viii) यावत् <u>उपसृत्य</u> अपत्यम् पश्यति। (मणिकातः)

(क) क्त्वा (ख) ल्यप् (ग) तुमुन् (घ) अनीयर

उत्तरम् *(ख)* ल्यप्

(ix) उत्थाय, परिक्रम्य, भरतम् <u>अवलोक्य</u>। (मणिकातः)

(क) ल्यप् (ख) क्त्वा
(ग) अनीयर (घ) तुमुन्

उत्तरम् *(क)* ल्यप्

(x) अन्यम् अपि वरं <u>हर्तुम्</u> इच्छामि। (मणिकातः)

(क) क्त्वा (ख) ल्यप्
(ग) तुमुन् (घ) शतृ

उत्तरम् *(ग)* तुमुन्

II. समुचितं प्रकृति प्रत्ययानां संयोज्य रिक्त स्थानानि पूरयत।

(उचित प्रकृति प्रत्ययों को जोड़कर रिक्त-स्थानों की पूर्ति कीजिए)

(i) अहम् प्रतिदिनं .... इच्छामि। (यज् + तुमुन्)

उत्तरम् यष्टुम्

(ii) ते अत्र .... प्रतिदिनं क्रीडन्ति (आ + गम् + ल्यप्)

उत्तरम् आगत्य

(iii) बालकाः दुग्धं ...... शेरते। (नि + पा + ल्यप्)

उत्तरम् निपाय

(iv) स्ववचनं .... सः तूष्णीम् अतिष्ठत्। (वच् + क्त्वा)

उत्तरम् उक्त्वा

(v) समरे शत्रून् ...... आगतः। (नि + हन् + ल्यप्)

उत्तरम् निहत्य

(vi) सेनाः नदीम् ...... गतवत्यः। (उत् + तृ + ल्यप्)

उत्तरम् उत्तीर्य

(vii) अहं छात्रेभ्यः मिष्ठान्नं .... इच्छामि (दा + तुमुन्)

उत्तरम् दातुम्

(viii) रामः भोजनं ...... विद्यालयं गच्छति। (भुज् + क्त्वा)

उत्तरम् भुक्त्वा

(ix) यूयम् अत्र .... एव पठत। (वस् + क्त्वा)

उत्तरम् उषित्वा

(x) सर्वं .... ईश्वरमेकं भजस्व। (त्यज् + क्त्वा)

उत्तरम् त्यक्त्वा

III. स्थूलपदानां प्रकृति-प्रत्यययोः विभाजनं कुरुत।

(स्थूल पदों के प्रकृति प्रत्ययों का विभाजन कीजिए)

(i) धनम् **आदाय** गृहं गच्छ।

उत्तरम् आ + दा + ल्यप्

(ii) सा शिशुं **सुप्त्वा** कार्यं करोति स्म।

उत्तरम् स्वप् + क्त्वा

(iii) विद्वांसः **विचार्य** एव कार्यं कुर्वन्ति।

उत्तरम् वि + चर् + ल्यप्

(iv) काकः जलं **पीत्वा** आनंदम् अनुभूतः।

उत्तरम् पा + क्त्वा

(v) युवाम् चलचित्रं **द्रष्टुम्** इच्छथः।

उत्तरम् दृश् + तुमुन्

(vi) पुष्पम् **आघ्राय** प्रसन्नः जातः।

उत्तरम् आ + घ्रा + ल्यप्

(vii) श्वा **भीत्वा** कक्षे प्राविशत्।

उत्तरम् भी +क्त्वा

(viii) श्रद्धालवः कथां **श्रोतुम्** इच्छन्ति।

उत्तरम् श्रु +तुमुन्

(ix) धनी धनं **दत्त्वा** पुण्यम् अर्जयति।

उत्तरम् दा +क्त्वा

(x) साधुः सर्वं **परित्यज्य** हरिद्वार नगरं गतवान्।

उत्तरम् परि + त्यज् + ल्यप्

(xi) रामः रावणं **हत्वा** लङ्कां अजयत्।

उत्तरम् हन् + क्त्वा

(xii) अर्जुनः युद्धे **योद्धुम्** उद्यतः न आसीत्।

उत्तरम् युध् + तुमुन्

(xiii) छात्राः विद्यालयं **प्रविश्य** गुरुं प्रणमन्ति।

उत्तरम् प्र + विश् + ल्यप्

(xiv) हरिः **विहस्य** वार्तां करोति।

उत्तरम् वि + हस् + ल्यप्

(xiiv) तव कष्टं **संश्रूय** अहं व्याकुलः जातः।

उत्तरम् सम् + श्रु + ल्यप्

IV. प्रदत्तविकल्पेभ्यः उचितम् उत्तरं चित्वा लिखत।

(दिए गए विकल्पों में से उचित उत्तर चुनकर लिखिए)

(i) छात्राः कक्षायां वद् + क्त्वा अन्योन्यं हसन्ति।

(क) वदित्वा (ख) वदत्वा

(ग) उदित्वा (घ) उदत्वा

उत्तरम् *(ग)* उदित्वा

(ii) सः धनं हृ + तुमुन् इच्छति।

(क) हर्तुम् (ख) हरितुम्

(ग) हृतुम् (घ) हर्तम्

उत्तरम् *(क)* हर्तुम्

(iii) ते मुनिं दृश् + क्त्वा प्रसन्नाः जाताः।

(क) दृशित्वा (ख) दृष्ट्वा

(ग) दृष्टित्वा (घ) दर्शित्वा

उत्तरम् *(ख)* दृष्ट्वा

(iv) नम्रतां अनु + भू + ल्यप् सः प्रसीदति।

(क) अनुभूत्य (ख) अनुभूय

(ग) अनुभूत्वा (घ) अनुभूत्य

उत्तरम् *(ख)* अनुभूय

(v) सः परीक्षां उत् + तृ + ल्यप् अधिकारी जातः।

(क) उत्तीर्ण (ख) उत्तृय

(ग) उत्तीर्य (घ) उत्तर्यः

उत्तरम् *(ग)* उत्तीर्य

(vi) चौरं बध् + क्त्वा अत्र आनय।

(क) बधित्वा (ख) बधत्वा

(ग) बद्ध्वा (घ) बधिध्वा

उत्तरम् *(ग)* बद्ध्वा

(vii) आलस्यं वि + हा + ल्यप् परिश्रमं कुरु।

(क) विहाय (ख) विधाय

(ग) विहत्य (घ) विहात्य

उत्तरम् *(क)* विहाय

(viii) शास्त्राणि (अधि + इङ + ल्यप्) अपि मूर्खाः भवन्ति।

(क) अधित्य (ख) अधीय

(ग) अधीत्य (घ) अधिय

उत्तरम् *(ग)* अधीत्य

(ix) सः तण्डुलान् वि + कृ + ल्यप् अतिष्ठत्।

(क) विक्रीय (ख) विक्रीत्य

(ग) विकीर्य (घ) विकृत्य

उत्तरम् *(ग)* विकीर्य

(x) ते अत्र आ + गम् + ल्यप् कोलाहलं कुर्वन्ति।

(क) आगम्य (ख) आगाय

(ग) आगत्वा (घ) आगमीय

उत्तरम् *(क)* आगम्य

परीक्षा अभ्यासः

1. अधोलिखितेषु वाक्येषु प्रदत्त विकल्पेभ्यः उचितपदं चित्वा लिखत।
(निम्नलिखित वाक्यों में दिए गए विकल्पों से उचित पद चुनकर लिखिए)

(i) ....उभयतः छात्राः सीदन्ति।
(क) गुरुः (ख) गुरुम् (ग) गुरोः (घ) गुरवे

(ii) ....अभितः भक्ताः सन्ति।
(क) साधुः (ख) साधोः (ग) साधुम् (घ) साधवे

(iii) .... परितः सैनिकः सन्ति।
(क) देशस्य (ख) देशम् (ग) देशाय (घ) देशेन

(iv) .....उभयतः क्रीडकाः सन्ति।
(क) मम (ख) माम् (ग) मह्यम् (घ) मया

(v) ......परितः जनाः अतिष्ठन्।
(क) तव (ख) तुभ्यम् (ग) त्वाम् (घ) त्वयि

2. अधोलिखितेषु वाक्येषु प्रदत्त विकल्पेभ्यः उचितपदं चित्वा लिखत।
(निम्नलिखित वाक्यों में दिए गए विकल्पों से उचित पद चुनकर लिखिए)

(i) तेन .... किम्? यो धनं देशरक्षायै न ददाति।
(क) धनी (ख) धनिनम् (ग) धनिना (घ) धनिनः

(ii) अनेन .... किम् ? यो दुर्बलान् न रक्षति।
(क) बलिनम् (ख) बलिने (ग) बलिना (घ) बलिनि

(iii) अहं .... सह गृहं गमिष्यामि।
(क) जनकम् (ख) जनकेन (ग) जनकस्य (घ) जनकाय

(iv) त्वं .... सह वत्स्यसि?
(क) केन (ख) कस्मात्
(ग) कस्य (घ) कस्मिन्

(v) तेन .... किम् ? यो छात्रान् न पाठयति।
(क) अध्यापकम् (ख) अध्यापकेन
(ग) अध्यापकस्य (घ) अध्यापके

3. अधोलिखितेषु वाक्येषु प्रदत्त विकल्पेभ्यः उचितपदं चित्वा लिखत।
(निम्नलिखित वाक्यों में दिए गए विकल्पों से उचित पद चुनकर लिखिए)

(i) ....स्वाहा।
(क) लक्ष्मीः (ख) लक्ष्मीम्
(ग) लक्ष्म्यै (घ) लक्ष्म्याः

(ii) ....क्रीडनम् रोचते।
(क) शिशुम् (ख) शिशोः
(ग) शिशवे (घ) शिशुः

(iii) हरिः ..... अलम्।
(क) दैत्यानाम् (ख) दैत्यान् (ग) दैत्यैः (घ) दैत्येभ्यः

(iv) ....अपमानं न रोचते।
(क) किमपि (ख) कस्मै अपि
(ग) कस्मादपि (घ) कस्य अपि

(v) क्रिकेट क्रीडायाम् भारतः........अलम्।
(क) सर्वान् (ख) सर्वैः (ग) सर्वेभ्यः (घ) सर्वेषाम्

4. अधोलिखितेषु वाक्येषु प्रदत्त विकल्पेभ्यः उचितपदं चित्वा लिखत।
(निम्नलिखित वाक्यों में दिए गए विकल्पों से उचित पद चुनकर लिखिए)

(i) .... विना रावणं कः हनिष्यति?
(क) रामेण (ख) रामात् (ग) रामस्य (घ) रामाय

(ii) बालक .... प्रमाद्यते।
(क) धर्मम् (ख) धर्मेण (ग) धर्मात् (घ) धर्माय

(iii) दुग्धम् .... मधुतरम् अस्ति।
(क) जलम् (ख) जलात् (ग) जलेन (घ) जलस्य

(iv) दुर्योधनः......... बिभेति स्म।
(क) भीमेन (ख) भीमात् (ग) भीमस्य (घ) भीमाय

(v) .... पूर्वम् नदी अस्ति।
(क) नगरस्य (ख) नगरेण (ग) नगरात् (घ) नगराय

5. अधोलिखितेषु वाक्येषु प्रदत्त विकल्पेभ्यः उचितपदं चित्वा लिखत।
(अधोलिखित वाक्यों में दिए गए विकल्पों से उचित पद चुनकर लिखिए)

(i) .... अधः सञ्चिका वर्तते।
(क) काष्ठफलम् (ख) काष्ठफलेन
(ग) काष्ठफलस्य (घ) काष्ठफलात्

(ii) .... पुरतः वनम् अस्ति।
(क) ग्रामम् (ख) ग्रामेण (ग) ग्रामाय (घ) ग्रामस्य

(iii) रामः .... पटुतमः अस्ति।
(क) बालकेभ्यः (ख) बालकानाम्
(ग) बालकैः (घ) बालकान्

(iv) .... पुरतः वधिकः पलायितः।
(क) अङ्गरक्षकम् (ख) अङ्गरक्षकेण
(ग) अङ्गरक्षकाय (घ) अङ्गरक्षकस्य

(v) .... अधः दशरूप्यकाणि सन्ति।
(क) सीतायै (ख) सीतायाः
(ग) सीताम् (घ) सीतया

6. अधोलिखितेषु वाक्येषु प्रदत्त विकल्पेभ्यः उचितपदं चित्वा लिखत।
(निम्नलिखित वाक्यों में दिए गए विकल्पों से उचित पद चुनकर लिखिए)

(i) अहं .... प्रवीणः अस्मि।
(क) वाहनचालने (ख) वाहनचालनाय
(ग) वाहनचालनेन (घ) वाहनचालनात्

(ii) सुरेशः चौर........ कुशलः अस्ति।
(क) कर्मणे (ख) कर्मणि (ग) कर्मणः (घ) कर्मण

(iii) नेतारः .... निपुणाः भवन्ति।
(क) भाषाणम् (ख) भाषणेन (ग) भाषणे (घ) भाषणाय

(iv) सचिनः क्रिकेट ....प्रवीणः अस्ति।
(क) क्रीडाम् (ख) क्रीडायै (ग) क्रीडायाम् (घ) क्रीडया

(v) मम पिता........कुशलः वर्तते।
(क) पाककलाम् (ख) पाककलायाः
(ग) पाककलायाम् (घ) पाककलायै

7. अधोलिखितेषु वाक्येषु प्रदत्त विकल्पेभ्यः उचितपदं चित्वा लिखत।
(अधोलिखित वाक्यों में दिए गए विकल्पों से उचित पद चुनकर लिखिए)

(i) ....सर्वे बिभ्यति।
(क) राक्षसैः (ख) राक्षसानाम्
(ग) राक्षसेभ्यः (घ) राक्षसेषु

(ii) .... नमः।
(क) सरस्वतीम् (ख) सरस्वत्या
(ग) सरस्वत्यै (घ) सरस्वत्याः

(iii) ..... स्वाहा।
(क) सोमम् (ख) सोमेन (ग) सोमाय (घ) सोमात्

(iv) विभीषणः .... लघुतरः आसीत्।
(क) रावणम् (ख) रावणेन (ग) रावणात् (घ) रावणस्य

(v) अयं बालकः .... प्रमाद्यते।
(क) क्रीडने (ख) क्रीडनात्
(ग) क्रीडनाय (घ) क्रीडनेन

(vi) .... अध्यापनं रोचते।
(क) गुरुम् (ख) गुरुणा (ग) गुरवे (घ) गुरोः

(vii) ...... क्रीडनं रोचते।
(क) बालकैः (ख) बालकेभ्यः
(ग) बालकानाम् (घ) बालकेषु

(viii) कृष्णः वीणा .... कुशलः आसीत्।
(क) वादनेन (ख) वादने (ग) वादनाय (घ) वादनात्

(ix) ...... उभयतः नगरम् अस्ति।
(क) गंगायाः (ख) गंगाम् (ग) गंगायै (घ) गंगायाम्

(x) ...... सर्वे पशवः बिभ्यति।
(क) सिंहेन (ख) सिंहात्
(ग) सिंहस्य (घ) सिंहाय

8. अधोलिखितेषु वाक्येषु प्रदत्त विकल्पेभ्यः समीचीनं पदं चित्वा लिखत।
(निम्नलिखित वाक्यों में दिए गए विकल्पों से उचित विकल्प चुनकर लिखिए)

(i) मोहन .... निपुणः अस्ति।
(क) धावने (ख) धावनाय
(ग) धावनस्य (घ) धावनात्

(ii) कृष्णः .... कुशलः अस्ति।
(क) पठने (ख) पठनाय
(ग) पठनस्य (घ) पठनात्

(iii) भीमः गदा .... प्रवीणः आसीत्।
(क) युद्धाय (ख) युद्धम्
(ग) युद्धेन (घ) युद्धे

(iv) मम गुरवः ....कुशलाः सन्ति।
(क) अध्यापनम (ख) अध्यापनेन
(ग) अध्यापने (घ) अध्यापनात्

(v) रामस्य भगिनी........निपुणा अस्ति।
(क) गायनम् (ख) गायनाय
(ग) गायनस्य (घ) गायने

9. अधोलिखितेषु वाक्येषु रिक्त स्थाने समीचीनं पदं किं भविष्यति।
(निम्नलिखित वाक्यों में रिक्त स्थान में उचित पद क्या होगा)

(i) अहं .... सह विवाहोत्सवे गमिष्यामि।
(क) त्वाम् (ख) त्वया
(ग) तुभ्यम् (घ) तव

(ii) तस्मै श्री........नमः।
(क) कृष्णम् (ख) कृष्णेन
(ग) कृष्णाय (घ) कृष्णात्

(iii) वयं .... बिभीमः।
(क) पितरम् (ख) पित्रा
(ग) पित्रे (घ) पितुः

(iv) कालिदासः साहित्य........ निपुणः आसीत्।
(क) सृजने (ख) सृजनेन
(ग) सृजनात् (घ) सृजनाय

(v) .... पुरतः मम गृहम् अस्ति।
(क) सरोवरात् (ख) सरोवरस्य
(ग) सरोवरेण (घ) सरोवशण

(vi) .... पूर्वम् रविवासरः अस्ति।
(क) सोमवासरम् (ख) सोमवासरेण
(ग) सोमवासराय (घ) सोमवासरात्

(vii) .... लतामंगेशकरः श्रेष्ठतमा अस्ति।
(क) गायकैः (ख) गायकेभ्यः
(ग) गायकानाम् (घ) गायकान्

(viii) .... विना कोऽपि तत्र न वत्स्यति।

(क) माम् (ख) मम (ग) मत् (घ) मयि

(ix) सः बालकः........ अलम्।

(क) युष्माभिः (ख) युष्मभ्यम्
(ग) युष्माकम् (घ) युष्मासु

(x) ....उभयतः राजमार्गम् अस्ति।

(क) ग्रामेण (ख) ग्रामस्य (ग) ग्रामम् (घ) ग्रामात्

10. अधोलिखितेषु वाक्येषु रिक्त स्थानों समीचीनं पदं किं भविष्यति।
(निम्नलिखित वाक्यों में रिक्त स्थान में उचित पद क्या होगा)

(i) .... परितः अनुयायिनः आसन्।

(क) नेतारम् (ख) नेत्रा (ग) नेत्रे (घ) नेतुः

(ii) नमो.......वासुदेवाय।

(क) भगवताय (ख) भगवते
(ग) भगवन्तम् (घ) भगवतः

(iii) सीता ...... सह वनं गतवती।

(क) रामम् (ख) रामेण
(ग) रामाय (घ) रामस्य

(iv) सुरेश .... लघुतमः अस्ति।

(क) अस्माभिः (ख) अस्माकम्
(ग) अस्मत् (घ) अस्मान्

(v) किम्?

(क) विवादम् (ख) विवादाय
(ग) विवादेन (घ) विवादात्

उत्तराणि

1. *(i)* (ख) गुरुम् *(ii)* (ग) साधुम् *(iii)* (ख) देशम् *(iv)* (ख) माम् *(v)* (ग) त्वाम्

2. *(i)* (ग) धनिना *(ii)* (ग) बलिना *(iii)* (ख) जनकेन *(iv)* (क) केन *(v)* (ख) अध्यापकेन

3. *(i)* (ग) लक्ष्म्यै *(ii)* (ग) शिशवे *(iii)* (घ) दैत्येभ्यः *(iv)* (ख) कस्मै अपि *(v)* (ग) सर्वेभ्यः

4. *(i)* (ख) रामात् *(ii)* (ग) धर्मात् *(iii)* (ख) जलात् *(iv)* (ख) भीमात् *(v)* (ग) नगरात्

5. *(i)* (ग) काष्ठफलस्य *(ii)* (घ) ग्रामस्य *(iii)* (ख) बालकानाम् *(iv)* (घ) अङ्गरक्षकस्य *(v)* (ख) सीतायाः

6. *(i)* (क) वाहनचालने *(ii)* (ख) कर्मणि *(iii)* (ग) भाषणे *(iv)* (ग) क्रीडायाम् *(v)* (ग) पाककलायाम्

7. *(i)* (ग) राक्षसेभ्यः *(ii)* (ग) सरस्वत्यै *(iii)* (ग) सोमाय *(iv)* (ग) रावणात् *(v)* (ख) क्रीडनात्
(vi) (ग) गुरवे *(vii)* (ख) बालकेभ्यः *(viii)* (ख) वादने *(ix)* (ख) गंगाम् *(x)* (ख) सिंहात्

8. *(i)* (क) धावने *(ii)* *(क)* पठने *(iii)* *(घ)* युद्धे *(iv)* (ग) अध्यापने *(v)* (घ) गायने

9. *(i)* (ख) त्वया *(ii)* *(ग)* कृष्णाय *(iii)* (घ) पितुः *(iv)* *(क)* सृजने *(v)* (ख) सरोवरस्य
(vi) (घ) सोमवासरात् *(vii)* (ग) गायकानाम् *(viii)* (ग) मत् *(ix)* (ख) युष्मभ्यम् *(x)* (ग) ग्रामम्

10. *(i)* (क) नेतारम् *(ii)* (ख) भगवते (iii) (ख) रामेण *(iv)* (ख) अस्माकम् *(v)* (ग) विवादेन

अध्याय

06

सङ्ख्या

सङ्ख्या से तात्पर्य

संस्कृत में ''वचनम् इति संख्या'' अर्थात् वचन का अर्थ संख्या होता है। ''एक संख्वाचक शब्द एकवचनान्त होते हैं। ''द्वि'' संख्यावाचक शब्द द्विवचनान्त होते हैं तथा ''त्रि'' और इससे आगे के शब्द बहुवचनान्त होते है।

सङ्ख्या से संबंधित आवश्यक स्मरणीय बातें

एक से चार तक शब्द (संख्या) तीनों लिंगों में भिन्न-भिन्न होतें हैं।
'एक' शब्द सदा एकवचन होता है।
तीन और उससे आगे के शब्द (संख्या) सदा बहुवचन में होते हैं।
पाँच से लेकर आगे तक सभी लिंगों में समान होते हैं।
'दो' शब्द सदा द्विवचन होता है।

सङ्ख्या सम्बन्धित लिंग

अङ्का एक-1

विभक्तिः	पुल्लिंग	स्त्रीलिंग	नपुंसकलिंग
प्रथमा	एकः	एका	एकम्
द्वितीया	एकम्	एकाम्	एकम्
तृतीया	एकेन	एकया	एकेन
चतुर्थी	एकस्मै	एकस्यै	एकस्मै
पञ्चमी	एकस्मात्	एकस्याः	एकस्मात्
षष्ठी	एकस्य	एकस्याः	एकस्य
सप्तमी	एकस्मिन्	एकस्याम्	एकस्मिन्

अङ्काः द्वि-2

विभक्ति	पुल्लिंग	स्त्रीलिंग	नपुंसकलिंग
प्रथमा	द्वौ	द्वे	द्वे
द्वितीया	द्वौ	द्वे	द्वे
तृतीया	द्वाभ्याम्	द्वाभ्याम्	द्वाभ्याम्
चतुर्थी	द्वाभ्याम्	द्वाभ्याम्	द्वाभ्याम्
पञ्चमी	द्वाभ्याम्	द्वाभ्याम्	द्वाभ्याम्
षष्ठी	द्वयोः	द्वयोः	द्वयोः
सप्तमी	द्वयोः	द्वयोः	द्वयोः

अङ्का त्रि-3

विभक्ति	पुल्लिंग	स्त्रीलिंग	नपुंसकलिंग
प्रथमा	त्रयः	तिस्रः	त्रीणि
द्वितीया	त्रीन्	तिस्रः	त्रीणि
तृतीया	त्रीभिः	त्रिसृभिः	त्रिभिः
चतुर्थी	त्रिभ्यः	तिसृभ्यः	त्रिभ्यः
पञ्चमी	त्रिभ्यः	तिसृभ्यः	त्रिभ्यः
षष्ठी	त्रयाणाम्	तिसृणाम्	त्रयाणाम्
सप्तमी	त्रिषु	तिसृषु	त्रिषु

अङ्का चतुर्-4

विभक्ति	पुल्लिंग	स्त्रीलिंग	नपुंसकलिंग
प्रथमा	चत्वारः	चतस्रः	चत्वारि
द्वितीया	चतुरः	चतस्रः	चत्वारि
तृतीया	चतुर्भिः	चतसृभिः	चतुर्भिः
चतुर्थी	चतुर्भ्यः	चतसृभ्यः	चतुर्भ्यः
पञ्चमी	चतुर्भ्यः	चतसृभ्यः	चतुर्भ्यः
षष्ठी	चतुर्णाम्	चतसृणाम्	चतुर्णाम्
सप्तमी	चतुर्षु	चतसृषु	चतुर्षु

सङ्ख्या सम्बन्धित अन्य शब्द

अङ्काः	शब्दाः	अङ्काः	शब्दाः	अङ्काः	शब्दाः
1.	एकः/एका/एकम्	2.	द्वौ/द्वे	3.	त्रयः/तिस्त्रः/त्रीणि
4.	चत्वारः/चत्वारि	5.	पञ्च	6.	षट्
7.	सप्त	8.	अष्ट	9.	नव
10.	दश	11.	एकादशः	12.	द्वादशः
13.	त्रयोदशः	14.	चतुर्दश	15.	पञ्चदश
16.	षोडश	17.	सप्तदश	18.	अष्टादश
19.	एकोनविंशतिः	20.	विंशतिः	21.	एकविंशतिः
22.	द्वाविंशतिः	23.	त्रयोविंशतिः	24.	चतुर्विंशतिः
25	पञ्चविंशतिः	26.	षड्विंशतिः	27.	सप्तविंशतिः
28.	अष्टविंशतिः	29.	नवविंशतिः	30.	त्रिंशत्
31.	एकत्रिंशत्	32.	द्वत्रिंशत्	33.	त्रयस्त्रिंशत्
34.	चतुस्त्रिंशत्	35.	पञ्चत्रिंशत्	36.	षट्त्रिंशत्
37.	सप्तत्रिंशत्	38.	अष्टात्रिंशत्	39.	नवत्रिंशत्
40.	चत्वारिंशत्	41.	एकचत्वारिंशत्	42.	द्विचत्वारिंशत्
43.	त्रिचत्वारिंशत	44.	चतुश्चत्वारिंशत्	45.	पञ्चचत्वारिंशत्
46.	षट्चत्वारिंशत्	47.	सप्तचत्वारिंशत्	48.	अष्टाचत्वारिंशत्
49.	नवचत्वारिंशत्	50.	पञ्चाशत्	51.	एकपञ्चाशत्
52.	द्विपञ्चाशत्	53.	त्रिपञ्चाशत्	54.	चतुःपञ्चाशत्
55.	पञ्चपञ्चाशत्	56.	षट्पञ्चाशत्	57.	सप्तपञ्चाशत्
58.	अष्टपञ्चाशत्	59.	एकोनषष्टिः	60.	षष्टिः
61.	एकषष्टिः	62.	द्विषष्टिः	63.	त्रिषष्टिः
64.	चतुः षष्टिः	65.	पञ्चषष्टिः	66.	षट्षष्टिः
67.	सप्तषष्टिः	68.	अष्टषष्टिः	69.	नवषष्टिः
70.	सप्ततिः	71.	एकसप्ततिः	72.	द्विसप्ततिः
73.	त्रिसप्ततिः	74.	चतुः सप्ततिः	75.	पञ्चसप्ततिः

76.	षट्सप्तति:	77.	सप्तसप्तति:	78.	अष्टसप्तति:
79.	एकोनशीति:	80.	अशीति:	81.	एकाशीति:
82.	द्वयशीति:	83.	त्र्यशीति:	84.	चतुरशीति:
85.	पञ्चाशीति:	86.	षडशीति:	87.	सप्ताशीति:
88.	अष्टाशीति:	89.	एकोननवति:	90.	नवति:
91.	एकनवति:	92.	द्विनवति:	93.	त्रिनवति:
94.	चतुर्नवति:	95.	पञ्चनवति:	96.	षण्णवति:
97.	सप्तनवति:	98.	अष्टनवति:	99.	नवनवति:
100.	शतम्				

साधित उदाहरणम्

I. अधोलिखितेषु वाक्येषु रिक्तस्थानानि विकल्पेभ्यः उचितं संख्याशब्दं चित्वा/लिखत पूरयत।
(दिए गए वाक्यों में रिक्त स्थानों की पूर्ति विकल्पों में से उचित संख्या शब्द चुनकर/लिखकर कीजिए।)

• बहुविकल्पीय प्रश्न

1. ....(1) बालिका लिखति।
(क) एकम् (ख) एका (ग) एकः (घ) एकाम्
उत्तरम् (ख) एका

2. क्रीडाक्षेत्रे........(5) बालकाः क्रीडन्ति।
(क) पञ्च (ख) पञ्चं
(ग) पञ्चाः (घ) पञ्चमं
उत्तरम् (क) पञ्च

3. दशरथस्य........(3) राज्ञ्यः आसन्।
(क) त्रीणि (ख) त्रि
(ग) तिस्त्रः (घ) त्रयः
उत्तरम् (ग) तिस्रः

4. ....महिले फलानि आनयतः।
(क) द्वौ (ख) द्वा
(ग) द्वे (घ) द्वि
उत्तरम् (ग) द्वे

5. सा........(4) फलानि खादति।
(क) चत्वारि (ख) चतस्त्रः
(ग) चत्वारः (घ) चतुराणि
उत्तरम् (क) चत्वारि

• रिक्तस्थान प्रश्न

1. ....(2) अश्वौ तीव्रं धावतः।
उत्तरम् **द्वौ** (2) अश्वौ तीव्रं धावतः।

2. दशरथस्य........(4) पुत्राः आसन्।
उत्तरम् दशरथस्य **चत्वारः** (4) पुत्राः आसन्।

3. वृक्षात्........(1) पक्वं फलं पतति।
उत्तरम् वृक्षात् **एकम्** (1) पक्वं फलं पतति।

4. पाण्डवाः .... (5) आसन्।
उत्तरम् पाण्डवाः **पञ्च** (5) आसन्।

5. पुस्तकालये........(3) मित्राणि पुस्तकं पठन्ति।
उत्तरम् पुस्तकालये **त्रयः** (3) मित्राणि पुस्तकं पठन्ति।

6. वेदाः........(4) सन्ति।
उत्तरम् वेदाः **चत्वारः** (4) सन्ति।

7. अश्वस्य........(4) पादाः भवन्ति।
उत्तरम् अश्वस्य **चत्वारः** (4) पादाः भवन्ति।

8. उद्याने........(3) बालिका कन्दुकेन क्रीडन्ति।
उत्तरम् उद्याने **तिस्रः** (3) बालिका कन्दुकेन क्रीडन्ति।

9. अत्र........(2) वृक्षौ स्तः।
उत्तरम् अत्र **द्वौ** (2) वृक्षौ स्तः।

10. ....(1) नर्तकी रङ्गमञ्चे नृत्यति।
उत्तरम् **एका** (1) नर्तकी रङ्गमञ्चे नृत्यति।

11. ....(4) नायिका: नृत्यन्ति।
उत्तरम् **चतस्रः** (4) नायिकाः नृत्यन्ति।

12. ....(2) छात्रौ पुस्तकं पठत:।
उत्तरम् **द्वौ** (2) छात्रौ पुस्तकं पठत:।

13. ....गजा: धावने असमर्था: सन्ति।
उत्तरम् **त्रयः** गजाः धावने असमर्थाः सन्ति।

14. तत्र........(1) बालक: पठति।
उत्तरम् तत्र **एकः** (1) बालक: पठति।

15. सरोवरे........(4) मत्स्या: आसन्।
उत्तरम् सरोवरे **चतस्रः** (4) मत्स्या: आसन्।

16. .... व्याध: तत्र आसीत्।
उत्तरम् **एकः** व्याध: तत्र आसीत्।

21. एकस्मिन् वृक्षे........(3) शुका: आसन।
उत्तरम् एकस्मिन् वृक्षे **त्रयः** (3) शुका: आसन।

22. मानवस्य शरीरे........(2) पादौ स्त:।
उत्तरम् मानवस्य शरीरे **द्वौ** (2) पादौ स्त:।

23. मानवस्य हस्ते .... (5) अङ्गुल्य: भवन्ति।
उत्तरम् मानवस्य हस्ते **पञ्च** (5) अङ्गुल्यः भवन्ति।

24. अस्मिन वृक्षे........(2) काकौ तिष्ठत:।
उत्तरम् अस्मिन वृक्षे **द्वौ** (2) काकौ तिष्ठत:।

26. मम........ (4) भ्राता सन्ति।
उत्तरम् मम **चत्वारः** (4) भ्राता सन्ति।

27. मम कक्षायां........(5) बालिका: सन्ति।
उत्तरम् मम कक्षायां **पञ्च** (5) बालिका: सन्ति।

28. शङ्करस्य........ (3) नेत्राणि सन्ति।
उत्तरम् शङ्करस्य **त्रीणि** (3) नेत्राणि सन्ति।

29. धनस्य........गतय: भवन्ति।
उत्तरम् धनस्य **तिस्र** गतय: भवन्ति।

30. ....(5) बालका: खादन्ति।
उत्तरम् **पञ्च** (5) बालकाः खादन्ति।

31. मुखे........(1) जिह्वा अस्ति।
उत्तरम् मुखे **एका** (1) जिह्वा अस्ति।

32. मम पार्श्वे........ (4) पुस्तकानि सन्ति।
उत्तरम् मम पार्श्व **चत्वारि** (4) पुस्तकानि सन्ति।

33. विद्यालये........ (4) शिक्षका: पाठयन्ति।
उत्तरम् विद्यालये **चत्वारः** (4) शिक्षकाः पाठयन्ति।

34. ....नार्य: मार्गे गच्छन्ति।
उत्तरम् **तिस्रः** नार्य: मार्गे गच्छन्ति।

35. मह्यं........(4) फलानि यच्छ।
उत्तरम् मह्य **चत्वारि** (4) फलानि यच्छ।

36. नासिकायां........(2) छिद्रे स्त:।
उत्तरम् नासिकायां **द्वे** (2) छिद्रे स्त:।

37. स: बालक:........(1) पत्रं लिखति।
उत्तरम् स: बालक: **एकम्** (1) पत्रं लिखति।

38. ....(2) बालकौ अत्र आगच्छत:।
उत्तरम् **द्वौ** (2) बालकौ अत्र आगच्छत:।

39. गुरुकुले........(4) छात्रा: वेदान् पठन्ति।
उत्तरम् गुरुकुले **चत्वारः** (4) छात्रा: वेदान् पठन्ति।

40. ता:........बालिका: विद्यालयं गच्छन्ति।
उत्तरम् ता: **तिस्रः** बालिका: विद्यालयं गच्छन्ति।

41. वृक्षे........(4) आम्रफलानि सन्ति।
उत्तरम् वृक्षे **चत्वारि** (4) आम्रफलानि सन्ति।

42. ....(3) फलानि मधुराणि सन्ति।
उत्तरम् **त्रीणि** (3) फलानि मधुराणि सन्ति।

43. ....(4) महिला: भोजनं पचन्ति।
उत्तरम् **चतस्रः** (4) महिलाः भोजनं पचन्ति।

44. ....(2) महिले वार्तालापं कुरुत:।
उत्तरम् **द्वे** (2) महिले वार्तालापं कुरुत:।

45. मम........(1) नासिका अस्ति।
उत्तरम् मम **एका** (1) नासिका अस्ति।

46. अत्र........(2) हंसौ विहरत:।
उत्तरम् अत्र **द्वौ** (2) हंसौ विहरत:।

47. अत्र........(3) वर्तिका: तरन्ति।
उत्तरम् अत्र **तिस्रः** (3) वर्तिका: तरन्ति।

48. ....(1) बक: अपि अत्र तिष्ठति।
उत्तरम् **एकः** (1) बक: अपि अत्र तिष्ठति।

49. अस्मिन् सरोवरे........(4) कमलानि सन्ति।
उत्तरम् अस्मिन् सरोवरे **चत्वारि** (4) कमलानि सन्ति।

50. कृषकस्य ....(4) पुत्रा: आसन्।
उत्तरम् कृषकस्य **चत्वारः** (4) पुत्राः आसन्।

II. उचितं सङ्ख्यापदं चित्वा वाक्यानि पूरयत।
(उचित संख्यापद चुनकर वाक्य पूर्ण कीजिए)

51. सः.....पत्रं लिखति।
उत्तरम् सः **एकम्** पत्रं लिखति।

52. स्यूते.....पुस्तकानि सन्ति।
उत्तरम् स्यूत **त्रीणि** पुस्तकानि सन्ति।

53. ....छात्रायाः माता आगच्छति।
उत्तरम् **एकस्याः** छात्रायाः माता आगच्छति।

54. .... बालिके प्रतिदिनं गायतः।
उत्तरम् **द्वे** बालिके प्रतिदिनं गायतः।

55. .... बालकाः क्रीडन्ति।
उत्तरम् **चत्वारः** बालकाः क्रीडन्ति।

56. वेदाः ...... (4) सन्ति।
उत्तरम् वेदाः **चत्वारः** (4) सन्ति।

57. पुराणानि ...... (18) सन्ति।
उत्तरम् पुराणानि **अष्टादश** (18) सन्ति।

58. भासः ...... (13) नाटकानि अलिखत्।
उत्तरम् भासः **त्रयोदश** (13) नाटकानि अलिखत्।

59. वृक्षे ...... (3) कोकिलाः सन्ति।
उत्तरम् वृक्षे **तिस्रः** (3) कोकिलाः सन्ति।

60. मासे .... दिनानि भवन्ति।
उत्तरम् मासे **त्रिंशत्** दिनानि भवन्ति।

61. ताः ...... स्त्रियः ग्रामं गच्छन्ति।
उत्तरम् ताः **तिस्त्रः** स्त्रियः ग्रामं गच्छन्ति।

62. ...... उद्याने विंशतिवृक्षाः आसन्।
उत्तरम् **एकस्मिन्** उद्याने विंशतिवृक्षाः आसन्।

63. तडागे ...... कमलानि विकसन्ति।
उत्तरम् तडागे **चत्वारि** कमलानि विकसन्ति।

64. ...... कोकिले कूजतः।
उत्तरम् **द्वे** कोकिले कूजतः।

65. वृक्षे ...... (2) कौआः कूजते।
उत्तरम् वृक्षे **द्वे** (2) कौआः कूजते।

परीक्षा अभ्यासः

अधोलिखितवाक्येषु अङ्कानां स्थाने सङ्ख्यावाचकपदैः रिक्तस्थानपूर्तिः कृत्वा पुनः लिखत/चिनुत।
(निम्नलिखित वाक्यों में अंकों के स्थान पर संख्यावाचक शब्दों से रिक्त स्थानों की पूर्ति करके पुनः लिखिए/चुनिए।)

• बहुविकल्पीय प्रश्न

1. मम विद्यालय........(1) आदर्शः विद्यालयः अस्ति।
(क) एकः (ख) एका (ग) एकं (घ) एकां

2. नीडे........(2) चटके स्तः।
(क) द्वौ (ख) द्वे (ग) द्वें (घ) द्वि

3. विद्यालये .... (4) विशाल वृक्षाः सन्ति।
(क) चतस्त्रः (ख) चत्वारि (ग) चत्वारः (घ) चत्वाराः

4. ....(4) छात्राः क्रीडास्थले क्रीडन्ति।
(क) चत्वारि (ख) चत्वारः (ग) चतस्त्रः (घ) चत्वाराः

5. इदं ....(1) पुस्तकं मम अस्ति।
(क) एकम् (ख) एका (ग) एकः (घ) एक

6. कालिदासः........(3) नाटकानि अलिखत।
(क) त्रयम (ख) त्रीणि (ग) त्रि (घ) त्रयः

7. तरौ .... (5) पक्षिणः कूजन्ति।
(क) पञ्च (ख) पञ्चाः (ग) पञ्चं (घ) पञ्चमं

8. ताः .... (3) स्त्रियः नगरं गच्छन्ति।
(क) त्रीणि (ख) तिस्त्रः (ग) त्रयः (घ) त्रि

9. .... (2) गजौ चलन्ति।
(क) द्वौ (ख) द्वे (ग) द्वा (घ) द्वि

10. .... (1) पेयं दीयताम्।
(क) एकम् (ख) एकः (ग) एका (घ) एक

11. दशरथस्य .... (4) पुत्राः आसन्।
(क) चत्वारः (ख) चत्वारि (ग) चतस्त्रः (घ) चतुराणि

12. मानवस्य .... (2) हस्तौ भवतः।
(क) द्वौ (ख) द्वे (ग) द्वा (घ) द्वि

13. विद्यालये........(3) प्रयोगशालाः सन्ति।
(क) तिस्त्रः (ख) त्रयः (ग) त्रीणि (घ) त्रि

14. अहं .... (3) पुष्पाणि पश्यामि।
(क) त्रय (ख) तिस्त्रः (ग) त्रीणि (घ) त्रि

15. अस्मिन् उद्याने........(5) आम्रवृक्षाः सन्ति।
(क) पञ्चं (ख) पञ्चाः (ग) पञ्च (घ) पञ्चमं

16. अस्य विद्यालयस्य........(1) प्रमुखं प्रवेशद्वारम् अस्ति।
(क) एकम् (ख) एकः (ग) एका (घ) एक

17. रमेशः .... (4) पुस्तकानि लिखति।
(क) चत्वारि (ख) चतुराणि (ग) चत्वारः (घ) चतस्त्रः

18. .... (1) छात्रः विद्यालयं गच्छति।
(क) एकः (ख) एकम् (ग) एका (घ) एक

19. वृक्षात्........ (5) फलानि पतन्ति।
(क) पञ्च (ख) पञ्चाः (ग) पञ्चमं (घ) पञ्चं

20. विद्यालये .... (4) वृक्षाः अशोकस्य सन्ति।
(क) चत्वारः (ख) चतस्त्रः (ग) चत्वारि (घ) चतुराणि

• रिक्तस्थान प्रश्न

1. विद्यालयस्य........(3) सहायकद्वाराणि अपि सन्ति।
2. उद्याने........ (3) बालिका क्रीडन्ति।
3. ....(2) बालिके तत्र क्रीडतः।
4. विद्यालये........(1) सुयोग्यः प्रधानाचार्यः अस्ति।
5. वेदाः........(4) सन्ति।
6. वृक्षे........(3) कोकिलाः सन्ति।
7. मम हस्ते........(2) फलेस्तः।
8. .... (2) व्याघ्रौ मृगं हन्ति।
9. .... (2) बालकौ नदीं पश्यतः।
10. शिशु........(4) मोदकानि खादति।
11. भवन्तौ........(2) फले खादत।
12. रामस्य........(2) पुत्रौ आस्ताम्।
13. त्वं........ (2) पत्रे लिखसि।
14. विद्यालये .... (2) क्रीडाक्षेत्रे अपि स्तः।
15. विद्यालये .... (3) उद्यानानि अपि सन्ति।
16. विद्यालयस्य कार्यालये .... (3) लिपिकाः सन्ति।

17. अस्माकं कक्षायां........ (5) बालिका: पठन्ति।
18. .... (4) अजा: चरन्ति।
19. वयं .... (3) सन्ति।
20. .... (1) मालाकार: स्रजं रचयति।
21. अत्र .... (1) साधु वसति।
22. दशरथस्य .... (3) भार्या: आसन्।
23. तत्र .... (3) कपोता: उड्डयन्ति।
24. .... (4) महिला: विद्यालये कार्यं कुर्वन्ति।
25. नद्यां .... (3) नौका: तरन्ति।
26. मम गृहे .... (5) महिला: सन्ति।
27. गजस्य .... (2) दन्तौ भवत:।
28. विद्यालये .... (3) शिक्षिका: अपि सन्ति।
29. उद्याने .... (1) वृक्षस्य शाखायां कोकिला कूजति।
30. जना:........ (2) नेत्राभ्यां पश्यन्ति।

उत्तराणि

बहुविकल्पीय प्रश्न

1. (क) एक:
2. (ख) द्वे
3. (ग) चत्वार:
4. (ग) चतस्र:
5. (क) एकम्
6. (ख) त्रीणि
7. (क) पञ्च
8. (क) तिस्र:
9. (क) द्वौ
10. (क) एकम्
11. (क) चत्वार:
12. (क) द्वौ
13. (क) तिस्र:
14. (ग) त्रीणि
15. (ग) पञ्च
16. (क) एकम्
17. (क) चत्वारि
18. (क) एक:
19. (क) पञ्च
20. (क) चत्वार:

रिक्तस्थान प्रश्न

1. विद्यालयस्य **त्रीणि** (3) सहायकद्वाराणि अपि सन्ति।
2. उद्याने **तिस्र:** (3) बालिका क्रीडन्ति।
3. **द्वे** (2) बालिके तत्र क्रीडत:।
4. विद्यालये **एक:** (1) सुयोग्य: प्रधानाचार्य: अस्ति।
5. वेदा: **चत्वार:** (4) सन्ति।
6. वृक्षे **तिस्र:** (3) कोकिला: सन्ति।
7. मम हस्ते **द्वे** (2) फलेस्त:।
8. **द्वौ** (2) व्याघ्रौ मृगं हन्ति।
9. **द्वौ** (2) बालकौ नदीं पश्यत:।
10. शिशु **चत्वारि** (4) मोदकानि खादति।
11. भवन्तौ **द्वे** (2) फले खादत।
12. रामस्य **द्वौ** (2) पुत्रौ आस्ताम्।
13. त्वं **द्वे** (2) पत्रे लिखसि।
14. विद्यालये **द्वे** (2) क्रीडाक्षेत्रे अपि स्त:।
15. विद्यालये **त्रीणि** (3) उद्यानानि अपि सन्ति।
16. विद्यालयस्य कार्यालये **त्रय:** (3) लिपिका: सन्ति।
17. अस्माकं कक्षायां **पञ्च** (5) बालिका: पठन्ति।
18. **चतस्र:** (4) अजा: चरन्ति।
19. वयं **त्रय:** (3) सन्ति।
20. **एक:** (1) मालाकार: स्रजं रचयति।
21. **एक:** (1) साधु वसति।
22. दशरथस्य **तिस्र:** (3) भार्या: आसन्।
23. तत्र **त्रय:** (3) कपोता: उड्डयन्ति।
24. **चतस्र:** (4) महिला: विद्यालये कार्यं कुर्वन्ति।
25. नद्यां **तिस्र:** (3) नौका: तरन्ति।
26. मम गृहे **पञ्च** (5) महिला: सन्ति।
27. गजस्य **द्वौ** (2) दन्तौ भवत:।
28. विद्यालये **तिस्र:** (3) शिक्षिका: अपि सन्ति।
29. उद्याने **एकस्य** (1) वृक्षस्य शाखायां कोकिला कूजति।
30. जना: **द्वाभ्याम्** (2) नेत्राभ्यां पश्यन्ति।

अध्याय

07

उपसर्गाः

उपसर्ग की परिभाषा

ऐसे शब्द जो कि अव्यय, विशेषण, संज्ञा और धातुओं के पहले लगते हैं या जुड़ते हैं, उन्हें हम उपसर्ग कहते हैं।

जैसे– प्र + भवति = प्रभवति परा + भवः = पराभवः

अनु + गच्छति = अनुगच्छति अति + क्रमः = अतिक्रमः

अर्थात् संस्कृत में प्रति, अनु को छोड़कर शेष किसी का स्वतंत्र अर्थ नहीं हो सकता, लेकिन अव्यय का प्रयोग स्वतंत्र रूप से होता है और उपसर्ग अव्यय का ही एक रूप है। जिनके पूर्व में ये उपसर्ग लगते हैं, उसके अर्थ में परिवर्तन हो जाता है। उपसर्गों का अपना एक अलग अर्थ होता है और कहीं-कहीं पूरा परिवर्तन नहीं करके उनके अर्थ में कुछ विशेषता ला देते हैं और कहीं-कहीं शब्द को अलंकृत करके उसकी शोभा बढ़ाते हैं। इसलिए उपसर्ग जुड़ने से शब्द में कुछ विशेषता आ जाती है।

जैसे– गच्छ (जाना) आगच्छ (आना)

संस्कृत में उपसर्गों की कुल संख्या 22 मानी जाती है। प्र, परा, अप, सम्, अनु, अव, निस्, निर् दुस्, दुर् वि, आङ, नि, अधि, अपि, अति, सु, अभि, उत्, प्रति, परि, उप।

उपसर्ग	अर्थ	बनने वाले शब्द	उपसर्ग	अर्थ	बनने वाले शब्द
प्र	अधिक, आगे	प्रसारः, प्रभूतः, प्रयत्नः, प्रभवति	अधि	ऊपर	अध्यक्षः, अधिकारः, अधिपतिः
परा	उल्टा, पीछे	पराभवः, पराजयः	अपि	निकट	अपिधानम्, अपिदधाति
अप्	दूर	अपकर्ष, अपहारः, अपवादः	अति	बहुत	अतिक्रमः, अतिनिद्रा, अतिक्रमः
सम्	अच्छी तरह	संस्कारः, संहारः, संगतिः	सु	सुंदर	सुगमः, सुविचारः, सुकरः, सुनाम
अनु	पीछे	अनुचरः, अनुभवः, अनुगमनम्	अभि	ओर	अभिज्ञानम्, अभिमुख्यम्, अभियोगः, अभिशापः
अव	नीचे, दूर	अवनतिः, अवगच्छति			
निस्	बिना, बाहर	निष्कपटः, निष्पापः	उत्	ऊपर	उद्भव, उन्नति, उन्नयनम्:, उद्गमः
निर्	बाहर	निरादरः, निर्गमनम्, निर्गच्छति			
दुस्	कठिन	दुष्करः, दुस्सहः, दुष्प्रयोजनम्	प्रति	ओर, उल्टा	प्रतिकारः, प्रतिवादः, प्रतिष्ठा, प्रत्युपकारः
दुर्	बुरा	दुर्लभः, दुर्बोध्यः			
वि	बिना, अलग	विशिष्टः, विगतः, विनयः	परि	चारों ओर	परिवहनम्, परिचयः, परिवर्तनम्
आङ् (आ)	तक, कम, सहित	आजन्म, आजीवनः, आकर्षणम्	उप्	निकट	उपवनम्, उपासना, उपनयनम्, उपहरति
नि	नीचे	निवारणम्, निपातः, निवासः			

साधित उदाहरणम्

I. अधोलिखितेषु वाक्येषु उपसर्गयुक्त पदं चित्वा लिखत।
(निम्नलिखित वाक्यों में से उपसर्गयुक्त पद चुनकर लिखिए।)

1. शिव: कैलासम् अधिवसति।
उत्तरम् अधिवसति।

2. दुर्जन: सदा अपकरोति।
उत्तरम् अपकरोति।

3. मूषक: बिलाद् निस्सरति।
उत्तरम् निस्सरति।

4. अत्याचार: न कर्त्तव्य:।
उत्तरम् अत्याचार:।

5. बालक: गृहं प्रत्यागच्छति।
उत्तरम् प्रत्यागच्छति।

6. खगा: आकाशे उड्डयन्ते।
उत्तरम् उड्डयन्ते।

7. बालक: गृहात् निर्गच्छति।
उत्तरम् निर्गच्छति।

8. हिमालयात् गङ्गा प्रभवति।
उत्तरम् प्रभवति।

9. पुत्र: मातरं प्रत्यवदत्।
उत्तरम् प्रत्यवदत्।

10. राजा शत्रून् संहरति।
उत्तरम् संहरति।

11. उपवने पुष्पाणि सुशोभन्ते।
उत्तरम् सुशोभन्ते।

12. अभ्यागत: विद्वान्: सदा पूजनीय:।
उत्तरम् अभ्यागत:।

13. सेवक: द्वारम् अपिदधाति।
उत्तरम् अपिदधाति।

14. सिंह: वनात् निर्गच्छति।
उत्तरम् निर्गच्छति।

15. विष्णु: वैकुण्ठम् अधिशेते।
उत्तरम् अधिशेते।

II. निम्नलिखितपदेषु उपसर्गम्, धातुम् च पृथक् कृत्य लिखत।
(निम्नलिखित शब्दों में से उपसर्ग व धातु को पृथक् करके लिखिए।)

पदम्	उपसर्ग + धातु
1. उत्तिष्ठतु	उद् + स्था
2. निरर्गच्छत्	निर् + गम्
3. निस्सरतु	निस् + सर्
4. अवागच्छत्	अव + गम्
5. अपाकुर्वन्	अप् + कृ
6. दुर्लभन्ते	दुर् + लभ्
7. आगमनम्	आ + गम्
8. अधिकार:	अधि + कृ

III. अधोलिखितानाम् उपसर्गाणां धातूनां च योगेन सार्थकशब्दरचनां कुरुत।
(निम्नलिखित उपसर्गों और धातुओं को जोड़कर सार्थक शब्द बनाइए।)

1. अधि + अक्ष: = अध्यक्ष:
2. उद् + पतति = उत्पत्ति
3. आ + गम्य = आगम्य
4. दुर् + लभ: = दुर्लभ:
5. निर् + देश: = निर्देश:
6. निस् + प्राण: = निष्प्राण:
7. अव + काश: = अवकाश:
8. अप + वाद: = अपवाद:
9. अप + व्यय: = अपव्यय:
10. निस् + काम: = निष्काम:

परीक्षा अभ्यासः

I. अधोलिखितेषु वाक्येषु उपसर्गयुक्त पदं चित्वा लिखत।
(निम्नलिखित वाक्यों में से उपसर्गयुक्त पद चुनकर लिखिए।)

1. अवनतिः
(क) अव (ख) अन
(ग) अव् (घ) अः

2. उद्भवः
(क) उद (ख) उत
(ग) उतः (घ) उद्

3. दुर्योधनः
(क) दुर् (ख) दुरः
(ग) दूर् (घ) दुः

4. निष्कंटकः
(क) निस (ख) नि
(ग) निष् (घ) निस्

5. आपत्तिः
(क) आः (ख) अप्
(ग) आ (घ) अति

6. अयं मनोहारी बचः दुर्लभः भवति।
(क) दूर्लभः (ख) दुर्लभ्
(ग) दूलभः (घ) दुर्लभः

7. सत्यं सदा विजयते।
(क) विजयत् (ख) विजयतेः
(ग) विजयते (घ) विजेयतः

8. सः प्रतिदिनम् विद्यालयं गच्छेत।
(क) प्रतिदिनम (ख) प्रतिदिनं
(ग) प्रतिदिनम् (घ) प्रतिदिनः

9. कृष्णः भवन्तम् अवगच्छति।
(क) अवगच्छत (ख) अवगच्छतम्
(ग) अवगच्छतः (घ) अवगच्छति

10. संसारे सदैव परिवर्तनम् जायते।
(क) परिवर्तनं (ख) परिवर्तनः
(ग) परिवर्तनम् (घ) परिवर्तनम

11. अपिवसति
(क) अपिः + वस (ख अप् + वसि
(ग) अपि + वस् (घ) अपि + वसः

12. उपगच्छति
(क) उप + गम (ख) उप + गम्
(ग) उपः + गछ (घ) उप + गमः

13. निपतति
(क) नि + पत् (ख) नी + पतः
(ग) निः + पत (घ) नी + पत्

14. दुर्गमः
(क) दुर + गम (ख) दूरः + गम
(ग) दूर + गम (घ) दुं + गमः

15. अवतरति
(क) अव + तरः (ख) अव + तर्
(ग) अव + तरि (घ) अवः + तर

16. पराजयते
(क) परा + जय (ख) पर + जयते
(ग) परः + अजय (घ) परा + जयते

17. अभिगच्छति
(क) अभि + गम् (ख) अभि + गच्छति
(ग) अभि + गछ (घ) अभिः + गम

18. अत्याचारः
(क) अत्िः + आचार (ख) अत्ः + आचार
(ग) अति् + आचारः (घ) अति + आचार

19. सुशोभते
(क) सु + शुभ् (ख) सु + शुभ
(ग) सु + शुभम् (घ) सू + शुभ

20. परित्यजामि
(क) परि + त्यज् (ख) परित् + यज्
(ग) परी + त्यज् (घ) परी + तयज्

II. निम्नलिखितेषु पदेषु प्रयुक्तान् उपसर्गान् लिखत।
(निम्नलिखित शब्दों में प्रयुक्त उपसर्गों को लिखिए।)

पदम्
1. अपेक्षा
2. निरीक्षणम्
3. अधिकारः
4. उत्थानम्
5. अधिग्रहणम्

III. अधोलिखितवाक्येषु उपसर्गयुक्त पदं चित्वा लिखत।
(निम्नलिखित वाक्यों में से उपसर्ग युक्त पद चुनकर लिखिए।)

1. विद्वान् सर्वत्र अधिराजते।
2. दुराचारः न कर्त्तव्यः।
3. प्राचार्यः विद्यालयाद् निर्गच्छति।
4. उद्याने कमलानि सुशोभन्ते।
5. माता बालकं संस्करोति।

IV. निम्नलिखित पदेषु उपसर्गम्, धातुम् च पृथक् कृत्य लिखत।
(निम्नलिखित शब्दों में से उपसर्ग और धातु को अलग करके लिखिए।)

1. प्रयत्नः
2. अपहरति
3. संहार
4. अनुगच्छति
5. निर्धारणम्
6. निष्कारणम्
7. दुस्त्याज्यः
8. विहरति
9. आजीवनम्
10. अधिशेते
11. उत्पतितः
12. प्रत्युपकारः

उत्तराणि

I. 1. (क) अव
2. (घ) उद्
3. (क) दुर्
4. (घ) निस्
5. (ग) आ
6. (घ) दुर्लभः
7. (ग) विजयते
8. (ग) प्रतिदिनम्
9. (घ) अवगच्छति
10. (ग) परिवर्तनम्
11. (ग) अपि + वस्
12. (ख) उप + गम्
13. (क) नि + पत्
14. (क) दुर् + गम
15. (ख) अव + तर्
16. (क) परा + जय
17. (क) अभि + गम्
18. (घ) अति + आचारः
19. (क) सु + शुभ्
20. (क) परि + त्यज्

II. 1. अप
2. निर्
3. अधि
4. उद्
5. अधि

III. 1. अधिराजते
2. दुराचारः
3. निर्गच्छति
5. सुशोभन्ते
5. संस्करोति

IV. 1. प्र + यत्नः
2. अप + हृ
3. सम् + हार
4. अनु + गम्
5. निर् + धारणम्
6. निस् + कारणम्
7. दुस् + त्यज्
8. वि + हृ
9. आ + जीवन
10. अधि + शी
11. उद् + पत्
12. प्रति + उपकारः

अध्याय

08

अव्ययानि

अव्यय

ऐसे शब्द जिनमें कोई परिवर्तन नहीं होता, जिनका रूप सदा एक जैसा रहता है, जिनका कोई लिंग नहीं होता और न ही कोई वचन होता है, उन शब्दों को अव्यय शब्द कहते हैं।

संस्कृत में अव्यय को इस रूप में परिभाषित किया गया है

"सदृशं त्रिषु लिङ्गेषु सर्वासु च विभक्तिषु।
वचनेषु च सर्वेषु यन्नव्येति तदव्ययम्।।"

अर्थात् जिसमें कोई व्यय न हो और विकार न हो, जो तीनों लिंगों, तीनों वचनों और सभी विभक्तियों में समान रहते हैं। ऐसे शब्द अव्यय कहलाते हैं।

अव्यय शब्द अर्थ	अव्यय शब्द अर्थ	अव्यय शब्द अर्थ	अव्यय शब्द अर्थ
तर्हि = तब	तावत् = तब तक	कुत: = कहाँ से	यत = कि
तूष्णीम् = चुप	तथापि = तो भी	श्व: = कल (आने वाला)	शतस: = सैकड़ों
न = नहीं	धिक् = धिक्कार	हि = वस्तुत:	स्म = था
नो = नहीं	दिवा = दिन	सम्प्रति = इस समय	शनै: शनै: = धीरे-धीरे
तत: = तब	तथा = उस तरह	सह = साथ	कति = कितने
अन्यत्र = अन्य कहीं	इत: = इधर	उपरि = ऊपर	उच्चै = जोर से
आम् = हाँ	शीघ्रम = जल्दी	एव = ही	एकदा = एक समय
सहसा = अचानक	सर्वत्र = सब जगह	एवं = इस प्रकार	कदा = कब
व्यर्थ = अर्थहीन	अति = अधिक	कथम् = क्यों	कुत्र = कहाँ
अहो = आहा	आशु = जल्दी	अत्र = यहाँ	अद्य = आज
पुन: = फिर	परम् = परन्तु	अधुना = अब	अथवा = या
सायम् = शाम (का समय)	अत: = इसलिए	ननु = ही	नित्यम् = रोज
भूय: = फिर	बाढ़म् = हाँ	नूनम् = निश्चय ही	निकटे = पास में
किम् = क्या	अध: = नीचे	नाना = भिन्न-भिन्न प्रकार	विना = बिना
इव = तरह	इतस्तत: = इधर-उधर	नम: = नमस्कार	नहि = नहीं
इदानीम् = इस समय	तदा = तब	यथा = जैसे	यत्र = जहाँ
चेत् = यदि	तत्र = वहाँ		
च = और	खलु = निश्चय ही		

प्रातः = सुबह
बहुधा = बहुत बार
मिथ्या = झूठ
यतः = क्योंकि
यदि = अगर
पुरा = पहले
मा = नहीं
यदा = जब
यावत् = जब तक

अव्यय के भेद

संस्कृत में अनेक अव्ययों का प्रयोग होता है, परन्तु यहाँ पाठ्यक्रम में निर्धारित अव्ययों का ही प्रयोग दर्शाया जा रहा है।

1. **स्थानबोधकानि** (स्थानबोधक अव्यय)

किसी स्थानादि का बोध कराने वाले अव्यय स्थान बोधक अव्यय कहलाते हैं।

अव्यय		**अर्थ**	**वाक्य प्रयोग**
अत्र	-	यहाँ	अत्र बालकाः सन्ति।
तत्र	-	वहाँ	तत्र बालिकाः सन्ति।
अन्यत्र	-	दूसरी जगह	अन्यत्र अजाः सन्ति।
सर्वत्र	-	सब जगह	विद्वान् सर्वत्र पूज्यते।
यत्र	-	जहाँ	यत्र बुद्धिः तत्र बलम्।
एकत्र	-	एक जगह	एकत्र भवनम् वर्तते।
उभयत्र	-	दोनों जगह	उभयत्र बालकौ स्तः।

2. **कालबोधकानि** (काल/समय बोधक अव्यय)

काल अथवा समय का बोध कराने वाले अव्यय कालबोधक अव्यय कहलाते हैं।

अव्यय		**अर्थ**	**वाक्य प्रयोग**
यदा	-	जब	यदा-कदा अस्मत् गृहे आगच्छतु भवान्
कदा	-	कब	मरुस्थले यदा कदापि वर्षा न भवति।
सर्वदा	-	हमेशा	सर्वदा सत्यं वद।
एकदा	-	एक समय	एकदा शुद्धोधन नाम राजा अभवत्।
पुरा	-	पहले/प्राक्	पुरा अत्र एकम् नगरम् आसीत्।
अधुना	-	इस समय	अधुना अहं पठितुं गच्छामि।
अद्य	-	आज	अद्य सोमवासरः अस्ति।
श्वः	-	कल (आने वाला)	श्वः मंगलवासरः भविष्यति।
ह्यः	-	कल (बीता हुआ)	ह्यः रविवासरः आसीत्।

3. **प्रश्नबोधकानि** (प्रश्न बोधक अव्यय)

जिन अव्यय शब्दों से प्रश्नों के होने का बोध होता है, वे प्रश्नबोधक अव्यय कहलाते हैं।

अव्यय		**अर्थ**	**वाक्य प्रयोग**
किम्	-	क्या	सः किं पठति?
कुत्र	-	कहाँ	सा कुत्र गच्छति?
कति	-	कितने	सः मोहनाय कति रूप्यकाणि ददति?
कदा	-	कब	त्वं कदा गृहं गमिष्यसि?
कुतः	-	कहाँ से	त्वं कुतः आगच्छसि?
कथम्	-	क्यों/कैसे	त्वं कथम् गृहकार्यं न करोषि?
किमर्थम्	-	किसलिए	किमर्थं प्रलपसि?

4. **अन्यानि** (अन्य अव्यय)

अव्यय		**अर्थ**	**वाक्य प्रयोग**
च	-	और	रामः मोहनश्च विद्यालयं गच्छतः।
अपि	-	भी	अहमपि त्वया सह क्रीडामि।
यदि	-	अगर	यदि त्वं गच्छसि तर्हि अहमपि गच्छामि।
तर्हि	-	तब	त्वं भोजनं खादसि तर्हि अहमपि खादामि।
यथा	-	जैसे	यथा राजा तथा प्रजा।
तथा	-	वैसे	यथा कर्म तथा फलम्।
सम्यक्	-	अच्छी तरह	त्वं सम्यक् व पठसि।
एव	-	ही	ईश्वरः एव सर्वं करोति।
तु	-	तो	उदार चरितानां तु वसुधैव कुटुम्बकम्।

परीक्षा अभ्यासः

I. अधोलिखितेषुवाक्येषु रिक्तस्थानानि पूरयत।
(निम्नलिखित वाक्यों के रिक्त स्थानों की पूर्ति कीजिए)

1. .... बालिकाः सन्ति।
(क) कुत्र (ख) कति
(ग) कदा (घ) अत्र

2. विद्या .... पूज्यते।
(क) कुत्र (ख) सर्वत्र
(ग) किमर्थ (घ) सम्यक्

3. रामः .... गच्छति।
(क) कदा (ख) कुतः
(ग) कुत्र (घ) यदा

4. सः .... पठति?
(क) कति
(ख) अपि
(ग) यथा
(घ) किम्

5. .... अजाः सन्ति।
(क) कुत्र
(ख) कुतः
(ग) अन्यत्र
(घ) सम्यक्

II. अधोलिखितेषु वाक्येषु उचित अव्यय पदेन रिक्त स्थानानि पूरयत।
(निम्नलिखित वाक्यों की उचित अव्यय पद से रिक्त स्थानों की पूर्ति कीजिए)

1. यत्र जलम् .... मीनाः।
2. त्वं .... पश्यः।
3. अहं .... एव पठामि।
4. .... वृक्षौ स्तः।
5. अहं .... गन्तुं इच्छामि।
6. .... अशोक नामोराजा बभूवु।
7. .... भवान् प्रीतः .... त्वन्त एकस्य चक्षुषः दानम् इच्छामि।
8. .... अत्र एकम् वनम् आसीत्।
9. अहं .... ईश्वरं नमामि।
10. .... त्वं कुत्र गच्छसि?
11. .... बुधवासरः अस्ति।
12. .... गुरुवासरः भविष्यति।
13. .... मंगलवासरः आसीत्।
14. त्वं .... पठसि?
15. सः ब्राह्मणाय .... रूप्यकाणि ददति?
16. त्वं .... विद्यालयं गमिष्यसि?
17. त्वं .... आगच्छसि?
18. त्वं .... तीव्रं धावसि?

उत्तराणि

I. 1. (क) कुत्र 2. (ख) सर्वत्र
3. (ग) कुत्र 4. (घ) किम्
5. (ग) अन्यत्र

II. 1. तंत्र 2. कुत्र
3. अधुना 4. उभयत्र
5. अधुना 6. एकदा
7. पुरा, अहं 8. पुरा
9. प्रातः 10. कुतः
11. अद्य 12. श्वः
13. ह्यः 14. सम्यक
15. कति 16. कदा
17. कुतः 18. कथम्

खंड : 'घ'

पठित-अवबोधनम्

अध्याय

01

भारतीवसन्तगीतिः

(सरस्वती का वसंतगान/माँ सरस्वती का वसंतगीत)

प्रस्तुत गीत आधुनिक संस्कृत-साहित्य के प्रसिद्ध कवि पं. जानकी वल्लभ शास्त्री द्वारा रचित 'काकली' नामक गीतसंग्रह से संकलित है। इसमें माँ सरस्वती की वंदना करते हुए सरस्वती माता से कामना की गई है कि हे सरस्वती! ऐसी वीणा बजाओ, जिससे मुधर मंजरियों से पीत पंक्तिवाले आम के वृक्ष, कोयल का मधुर कूजन, वायु का धीरे-धीरे बहना, अमराइयों में काले भ्रमरों का गुंजार और नदियों का (कल-कल करता बहता हुआ) जल, वसंत ऋतु में और भी अधिक मनोहर लगने लगे। स्वाधीनता संग्राम की पृष्ठभूमि में लिखा गया यह गीत एक नई चेतना का आह्वान करता है तथा वीणा की ऐसी मधुर ध्वनि की परिकल्पना करता है, जो स्वतंत्रता प्राप्ति के लिए जनसमुदाय को प्रेरणा प्रदान करे।

कविता का हिंदी अनुवाद

1 निनादय नवीनामये वाणि! वीणाम् ।
मृदुं गाय गीतिं ललित-नीति-लीनाम् ।
मधुर-मञ्जरी-पिञ्जरी-भूत-मालाः
वसन्ते लसन्तीह सरसा रसालाः
कलापाः ललित-कोकिला-काकलीनाम् ।।

अनुवाद हे वाणी की देवी माँ सरस्वती! नवीन वीणा बजाओ तथा सुंदर-सुंदर नीतियों से परिपूर्ण (भरे हुए) गीत का मधुर गान करो। इस वसंत ऋतु में मधुर मंजरियों द्वारा पीले रंग के दिखाई देने वाले रसीले आमों के वृक्षों की माला (पंक्ति) सुशोभित हो रही है। मन को हरने वाली मधुर ध्वनि से युक्त, कोयलों का समूह सुशोभित हो रहा है, इसलिए हे वीणा वादिनी माँ शारदा मैं यह कामना करता हूँ कि आप भी वसंत ऋतु के इस सुंदर और मनोरम वातावरण को अपनी वीणा के मधुर संगीत नाद से आनंदमय बना दो।

2 निनादय नवीनामये वाणि! वीणाम्
वहति मन्दं-मन्दं सनीरे समीरे
कलिन्दात्मजायास्सवानीरतीरे,
नतां पंक्तिमालोक्य मधुमाधवीनाम् ।।

अनुवाद हे माँ शारदे! मैं कामना करता हूँ कि आप वेतस लताओं द्वारा घिरे हुए यमुना के सुंदर तट पर जल की बूँदों से युक्त शीतल, मंद हवा के चलने के कारण नीचे झुकी हुई मधुमाधवी लता को देखकर अपनी नई वीणा का मधुर निनाद करो।

3 निनादय नवीनामये वाणि! वीणाम् ।
ललित-पल्लवे पादपे पुष्पपुञ्जे
मलयमारुतोच्चुम्बिते मञ्जुकुञ्जे,
स्वनन्तीन्ततिम्प्रेक्ष्य मलिनामलीनाम् ।।

अनुवाद हे सरस्वती देवी! मैं कामना करता हूँ कि आप मलय पवन के मंद-मंद झोंकों से स्पर्श किए हुए ललित (सुंदर) और कोमल पल्लवों से युक्त वृक्षों, सुंदर सुंदर फूलों के गुच्छों एवं सुंदर बाग बगीचों पर मधुर गुंजार करते हुए काले-काले भँवरों की सुंदर पंक्ति को देखकर तुम भी इस मनोहर और सुंदर वसंत को अपनी वीणा के मधुर और संगीतमय निनाद से गुंजायमान कर दो।

4 निनादय नवीनामये वाणि! वीणाम्
लतानां नितान्तं सुमं शान्तिशीलम्
चलेदुच्छलेत्कान्तसलिलं सलीलम्,
तवाकर्ण्य वीणामदीनां नदीनाम् ।।

अनुवाद हे माँ शारदे! मैं विश्वास करता हूँ कि आपकी ओजस्विनी वीणा के ओजपूर्ण स्वर को सुनने से लताओं के अत्यंत शांत प्रतीत होने वाले फूल भी हिलने लगेंगे, नदियों का मन को हर लेने वाला मधुर कल-कल करता हुआ जल क्रीड़ा करते हुए उत्साह से ऊपर उछल पड़ेगा। अतः हे वीणा वादिनी माँ शारदे! ऐसी ओजस्वी वीणा बजाओ जिसका ओजपूर्ण स्वर सुनकर संपूर्ण भारत में स्वतंत्रता प्राप्ति की उमंग का संचार हो सके।

शब्दार्थाः

नवीनाम् —नूतनाम् (नई); अये —अयि (हे! सम्बोधन); वाणि —शारदा (वाणी की देवी सरस्वती); वीणाम् —सुरभिं (वीणा सारंगी); निनादय —नितरां वाद्य (गुंजित करो/बजाओ); मृदुं —चारु, मधुरं (कोमल); ललितनीतिलीनाम् —सुन्दरनीतिसंलग्नाम् (सुंदर नीति में लीन); मंजरी —आम्रकुसुमम् (आम्रपुष्प); पिञ्जरीभूतमालाः —पीतपङ्क्तयः (पीले वर्ण से युक्त पंक्तियाँ); लसन्ति —शोभन्ते (सुशोभित हो रही हैं); इह —अत्र (यहाँ); सरसाः —रसपूर्णाः (मधुर); रसालाः —आम्राः (आम के पेड़); कलापाः —समूहाः (समूह); काकली —कोकिलानां ध्वनिः (कोयल की आवाज); सनीरे —सजले (जल से पूर्ण); समीरे —वायौ (हवा में); कलिन्दात्मजायाः — यमुनायाः (यमुना नदी के); सवानीरतीरे —वेतसयुक्ते तटे (बेंत की लता से युक्त तट पर); नताम् —नतिप्राप्ताम् (झुकी हुई); मधुमाधवीनाम् — मधुमाधवीलतानाम् (मधुर मालती लताओं का); ललितपल्लवे —मनोहरपल्लवे (मन को आकर्षित करने वाले पत्ते); पुष्पपुञ्जे —पुष्पसमूहे (पुष्पों के समूह पर); मलयमारुतोच्चुम्बिते —मलयानिलसंस्पृष्टे (चंदन वृक्ष की सुगंधित वायु से स्पर्श किए गए); मञ्जुकुञ्जे —शोभनलतावितानें (सुंदर लताओं से आच्छादित स्थान); स्वनन्तीं —ध्वनिं कुर्वन्तीम् (ध्वनि करती हुई); ततिं —पंक्तिम् (समूह को); प्रेक्ष्य —दृष्ट्वा (देखकर); मलिनाम् —कृष्णवर्णाम् (मलिन); अलीनाम् — भ्रमराणाम् (भ्रमरों के); लतानाम् —लतिकानाम् (बेलों का, के, की); सुमम् — कुसुमम् (पुष्प को); नितान्तम् —अत्यन्तम् (बेहद बहुत अधिक, बिल्कुल); शान्तिशीलम् —शांतियुक्तम् (शांति से युक्त); उच्छलेत् —ऊर्ध्वं गच्छेत् (उच्छलित हो उठे); कान्तसलिलम् —मनोहरजलम् (स्वच्छ जल); सलीलम् —क्रीडासहितम् (खेल-खेल के साथ); तव —भवत्याः (तुम्हारा, तुम्हारी, तुम्हारे); आकर्ण्य —श्रुत्वा (सुनकर); नदीनाम् —सरिताम् (नदियों का)।

NCERT फोल्डर:

1. एकपदेन उत्तरं लिखत

(क) कविः कां संबोधयति?

(ख) कविः कां वादयितुं वाणीं प्रार्थयति?

(ग) कीदृशीं वीणां निनादयितुं प्रार्थयति?

(घ) गीतिं कथं गातुं कथयति?

(ङ) सरसाः रसालाः कदा लसन्ति?

उत्तराणि

(क) वाणीम्

(ख) वाणीम्

(ग) नवीनाम्

(घ) मृदुम्

(ङ) वसन्ते

2. अधोलिखितानां प्रश्नानामुत्तराणि संस्कृतभाषया लिखत।

(क) कविः वीणापाणिं किं कथयति?

(ख) वसन्ते किं भवति?

(ग) सरस्वत्याः वीणां श्रुत्वा किं परिवर्तनं भवतु इति कवेः इच्छां लिखत?

(घ) कविः भगवतीं भारतीं कस्याः नद्याः तटे (कुत्र) मधुमाधवीनां नतां पंक्तिम् अवलोक्य वीणां वादयितुं कथयति?

उत्तराणि

(क) कविः वीणा पाणिं नवीनां वीणां निनादितुं कथयति ललित नीतिलीनां मृदुं गीतिं गायितुं कथयति च।

(ख) वसन्ते मुधर मञ्जरीपिञ्जरी भूतमालाः सरसाः रसालाः लसन्ति। ललित कोकिला काकलीनां कलापाः विलसन्ति। यमुना तटे मन्दं-मन्दं शीतलं च सुरिभिं समीरं वहति। भ्रमराः पुष्पेषु गुञ्जायन्ते।

(ग) सरस्वत्याः वीणां श्रुत्वा लतानां नितान्तं शान्ति शीलं सुमं चलेत् नदीनां कान्तसलिलं सलीलम् उच्छलेत्। इति कवेः इच्छा वर्तते।

(घ) कविः भगवतीं भारतीं कलिन्दात्मजायाः नद्याः तटे मधुमाधवीनां नतां पंक्तिम् अवलोक्य वीणां वादयितुं कथयति।

3. 'क' स्तम्भे पदानि, 'ख' स्तम्भे तेषां पर्यायपदानि दत्तानि। तानि चित्वा पदानां समक्षे लिखत।

'क' स्तम्भः	'ख' स्तम्भः
(क) सरस्वती	1. तीरे
(ख) आम्रम्	2. अलीनाम्
(ग) पवनः	3. समीरः
(घ) तटे	4. वाणी
(ङ) भ्रमराणाम्	5. रसालः

उत्तराणि

'क' स्तम्भः	'ख' स्तम्भः
(क) सरस्वती	1. वाणी
(ख) आम्रम्	2. रसालः
(ग) पवनः	3. समीरः
(घ) तटे	4. तीरे
(ङ) भ्रमराणाम्	5. अलीनाम्

4. अधोलिखितानि पदानि प्रयुज्य संस्कृतभाषया वाक्यरचनां कुरुत।

(क) निनादय (ख) मन्दमन्दम्

(ग) मारुतः (घ) सलिलम्

(ङ) सुमनः

उत्तराणि

(क) वीणा वादिनी स्ववीणां निनादय।

(ख) यमुना तटे मन्दं-मन्दं समीरः वहति।

(ग) हिमालये शीतलः मारुतः वहति।

(घ) गंगायाः सलिलम् पवनम् अस्ति।

(ङ) वसन्ते सर्वत्र सुमनानि विकसन्ति।

5. प्रथमश्लोकस्य आशयं हिन्दीभाषया आङ्ग्लभाषया वा लिखत।

उत्तराणि

आशय वसंतु ऋतु के सुंदर वातावरण का वर्णन करते हुए पंडित जानकी वल्लभ शास्त्री माँ शारदा से विनती करते हुए कहते हैं कि हे माँ शारदा वसंत ऋतु के सुंदर वातावरण में चारों ओर खिले हुए फूलों तथा आम्र मंजरियों की पीले रंग की आभा के कारण आमों की पंक्ति पीले फूलों की माला के समान सुशोभित हो रही है तथा उन आम्र वृक्षों पर मन को हर लेने वाली मधुर ध्वनि से युक्त कोयल का समूह भी सुशोभित हो रहा है। इसलिए हे वीणा वादिनी माँ शारदे! मैं विनती करता हूँ कि आप भी इस सुंदर और मनमोहक वातावरण को अपनी वीणा के मधुर संगीत से निनादित कर आनंदमय बना दो।

6. अधोलिखितपदानां विलोमपदानि लिखत।

(क) कठोरम् – ....

(ख) कटु – ....

(ग) शीघ्रम् – ....

(घ) प्राचीनम् – ....

(ङ) नीरसः – ....

उत्तराणि

(क) मृदुम् (ख) मधुरम्

(ग) मन्दम् (घ) नवीनम्

(ङ) सरसः

परीक्षा अभ्यासः

अधोलिखितान् श्लोकान् पठित्वा तदाधारितानां प्रश्नानाम् उत्तराणि लिखत।
(निम्नलिखित श्लोकों को पढ़कर उन पर आधारित प्रश्नों के उत्तर लिखिए।)

1. निनादय नवीनामये वाणि! वीणाम्
मृदुं गाय गीतिं ललित नीति लीनाम् ।
मधुर मञ्जरी-पिञ्जरी-भूत-माला:
वसन्ते लसन्तीह सरसा: रसाला:
कलापा: ललित-कोकिला-काकली नाम् ॥

I. एकपदेन उत्तरत। *(एक पद में उत्तर दीजिए।)*
(i) वाणि शब्दस्य कोऽर्थः?
(ii) मृदुं शब्दस्य विपरीतार्थको शब्दः वर्तते।
(iii) वाणी कीदृशीं वीणां निनादयतु?

II. पूर्णवाक्येन उत्तरत। *(पूर्ण वाक्य में उत्तर दीजिए।)*
(i) कस्मिन् ऋतौ मधुर मञ्जरी पिञ्जरी भूत माला: सरसा: रसाला: लसन्ति?
(ii) ललितकोकिलाकाकलीनां कलापा: कदा विलसन्ति?
(iii) .अस्मिन् श्लोके कविः वाणी किं कीदृशञ्च गातुं प्रार्थयति?

III. निर्देशानुसारम् उत्तरत।
(निर्देशानुसार उत्तर दीजिए।)
(i) 'आम्रम्:' शब्द: पर्याय पद: किम् अस्ति?
(ii) 'मृदुं' शब्द: विलोम पद: किम् अस्ति?
(iii) 'इह' इति सर्वनामस्थाने संज्ञापदं लिखत।

2. निनादय नवीनामये वाणि! वीणाम्
वहति मन्दं-मन्दं सनीरे समीरे
कालिन्दात्मजायास्सवानीर तीरे
नतां पंक्तिमालोक्य मधुमाधवीनाम्।

I. एकपदेन उत्तरत। *(एक पद में उत्तर दीजिए।)*
(i) मन्दं-मन्दं समीर: कुत्र वहति?
(ii) 'नतां' पंक्तिमालोक्य मधुमाध्वीनाम् पंक्ता कस्या: लताया: नाम अंकितम् अस्ति?
(iii) कस्या: तीरे समीर: मन्दमन्दं वहति?

II. पूर्ण वाक्येन उत्तरत। *(पूर्ण वाक्य में उत्तर दीजिए।)*
(i) यमुनाया: तटे कीदृशी समीरं वहति?
(ii) कीदृशीं पंक्तिम् अवलोकयतु?
(iii) कथं सनीर: समीर: वहति?

III. निर्देशानुसारम् उत्तरत।
(निर्देशानुसार उत्तर दीजिए।)
(i) 'समीर:' शब्दस्य पर्याय: किम् अस्ति?
(ii) 'तीरे' शब्दस्य पर्याय: किम् अस्ति?
(iii) नतां पङ्क्तिम् अनयो: पादयो: विशेषणपदं किम्?

3. निनादय नवीनामये वाणि। वीणाम्
ललित-पल्लवे पादपे पुष्प पुञ्जे।
मलय मारुतोच्चुम्बिते मञ्जुकुञ्जे,
स्वनन्तीन्ततिम्प्रेक्ष्य मलिनामलीनाम् ॥

I. एकपदेन उत्तरत। *(एक पद में उत्तर दीजिए।)*
(i) ललित शब्दस्य कोऽर्थः?
(ii) पुष्पस्य पर्याय: वर्तते?
(iii) अत्र श्लोके पल्लवा: कीदृशा: वर्णिता: सन्ति?

II. पूर्णवाक्येन उत्तरत। *(पूर्ण वाक्य में उत्तर दीजिए।)*
(i) वसन्ते वृक्षानाम् उपरि के गुञ्जायन्ते?
(ii) स्वनन्तीम् केषां ततिं प्रेक्ष्य वीणां निनादय?
(iii) कुंत्र स्वनन्तीम् अलीनां मलिनां ततिं वाणी प्रेक्षयतु?

III. निर्देशानुसारम् उत्तरत।
(निर्देशानुसार उत्तर दीजिए।)
(i) 'पादप:' इत्यस्य शब्दस्य पर्यायवाची शब्द: किम् अस्ति?
(ii) 'अलीनाम्' शब्दस्य पर्याय: किम्?
(iii) अत्र श्लोके 'दृष्ट्वा' पदस्य अर्थ किं पदम् आगतम्?

4. निनादय नवीनामये वाणि! वीणाम्
लतानां नितान्तं सुमं शान्ति शीलम् ।
चलेदुच्छलेत्कान्त सलिलं सलीलम्
तवाकर्ण्य वीणामदीनां नदीनाम् ॥

I. एकपदेन उत्तरत। *(एक पद में उत्तर दीजिए।)*
(i) 'सुमं' शब्दस्य पर्याय: किम् अस्ति?
(ii) 'नदीनाम्' पदे विभक्ति: अस्ति।
(iii) वाण्या: वाणी कीदृशी अस्ति?

II. पूर्णवाक्येन उत्तरत। *(पूर्ण वाक्य में उत्तर दीजिए।)*
(i) लतानां नितान्तं शान्ति शीलम् किम्?
(ii) वसन्ते नदीनां कान्तसलिलं किं कुर्यात्?
(iii) लतानां कीदृशं सुमं चले?

III. निर्देशानुसारम् उत्तरत।
(निर्देशानुसार उत्तर दीजिए।)
(i) 'नितान्तम्' पदे का सन्धि: वर्तते?
(ii) 'लतानाम्' एतस्मिन् पदे मूलं पदं किम् अस्ति?
(iii) श्लोके 'उच्छलेत्' इति क्रियापदस्य कर्तृपदं किमस्ति?

5. मञ्जूषात: उचित पदेन भावार्थं पूरयत।
(मञ्जूषा के उचित पदों से भावार्थ पूर्ण कीजिए।)
(i) (क) निनादय नवीनामये वाणि .... ।
(ख) .... गाय गीतिं ललित नीति लीनाम् ।
(ग) मधुर मञ्जरी पिञ्जरी भूत ....।
(घ) वहति .... सनीरे समीरे।

(ii) (क) ललित पल्लवे .... पुष्पकुञ्जे।
(ख) मलयमारुतोच्चुम्बिते मञ्जु .... ।
(ग) कालिन्दात्मजायास्सवानीर ....।
(घ) .... पंक्तिमालोक्य मधुमाध्वीनाम् ।

मञ्जूषा मृदुं, वीणाम्, कुञ्जे, मालाः, पादपे, मन्दं-मन्दं, नता, तीरे।

6. निम्नाङ्कितेषु वाक्येषु स्थूल पदानि आधृत्य प्रश्न निर्माणं कुरुत।
(निम्नलिखित वाक्यों में स्थूल पदों के आधार पर प्रश्न निर्माण कीजिए)
(i) सनीरे समीरे **मन्दं-मन्दं** वहति।
(ii) निनादय नवीनामये वाणि! **वीणाम्** ।
(iii) **मृदुं** गाय गीतिं ललित नीतिलीनाम् ।
(iv) कलापाः ललित कोकिला **काकलीनाम्** ।
(v) **वसन्ते** लसन्तीह सरसा रसालाः।
(vi) कलिन्दात्मजायास्सवानीर**तीरे**।
(vii) ललित पल्लवे पादपे **पुष्पकुञ्जे**।
(viii) **लतानां** नितान्तं सुमं शान्ति शीलम्

7. अधोलिखितेषु पदेषु विलोम पदेन सह मेलनं कुरुत।
(i) मृदुं — अलसन्ति
(ii) शान्तिम् — कटुम्
(iii) लसन्ति — अशान्तिम्
(iv) मधुरम् — कठोरम्

8. I. रेखांकितपदानाम् प्रसङ्गानुसारम् अर्थस्य चयनम् कुरुत
(निम्नलिखित पदों के प्रसंग के अनुसार अर्थ लिखिए)
(i) अये वाणि! नवीनां वीणां निनादय।
(क) सरस्वती (ख) अज्ञानम्
(ग) अंबिकाम् (घ) भारतीम्
(ii) सरसाः रसालाः लसन्ति।
(क) शुष्कः (ख) आम्राः (ग) बेरसः (घ) नीरसः
(iii) तव वीणाम् आकर्ण्य शान्तशीलं सुमं चलेत्।
(क) दृष्ट्वा (ख) गत्वा
(ग) श्रुत्वा (घ) नत्वा
(iv) नतां पङ्क्तिम् अलोक्य अये वाणि।
(क) आगच्छत (ख) दृष्ट्वा
(ग) दर्शन (घ) गच्छत

II. अधोलिखितानां शब्दानाम् अर्थैः सहमेलनम् कुरुत
(निम्नलिखित शब्दों को अर्थ के साथ सही मेल कीजिए)

शब्दाः	**अर्थाः**
(i) सरसाः	(क) भ्रमराणां
(ii) मृदुं	(ख) सरिताम्
(ii) अलीनाम्	(ग) कोमलं
(iii) नदीनाम्	(घ) रसपूर्णाः

उत्तराणि

1. I. *(i)* सरस्वती *(ii)* कठोरम्
(iii) नवीनाम्।
II. *(i)* वसन्त ऋतौ मधुर मञ्जरी पिञ्जरी भूतमालाः सरसाः रसालाः लसन्ति।
(ii) ललितकोकिलाकाकलीनां कलापाः वसन्ते लसन्ति।
(iii) अस्मिन् श्लोके कविः वाणी ललित-नीति लीनाम् च गीति मृदु गातुं प्रार्थयति।
III. *(i)* 'आम्रम्' शब्दस्य पर्यायः पदं रसालं अस्ति।
(ii) 'मृदुं' शब्दस्य विलोम पदं कठोरम् अस्ति।
(iii) 'इह' इति सर्वनामस्थाने संज्ञापदं 'वसन्तकाले' अस्ति।

2. I. *(i)* यमुना तटे *(ii)* मधुमाधवी
(iii) कलिन्दात्मजाया।
II. *(i)* यमुनायाः तटे मन्दं-मन्दं समीरं वहति।
(ii) मधुमाधवीनां नतां पंक्तिम् अवलोकयतु।
(iii) मन्दमन्दं सनीरः समीरः वहति।
III. *(i)* 'समीर': इत्यस्य शब्दस्य पर्यायः 'मारुतः' अस्ति।
(ii) 'तीरे' शब्दस्य पर्यायः तटे अस्ति।
(iii) 'नताम्' विशेषणपदं अस्ति।

3. I. *(i)* सुन्दरम्
(ii) सुमनम्
(iii) ललिताः।
II. *(i)* वसन्ते वृक्षानाम् उपरि भ्रमराः गुञ्जायन्ते।
(ii) स्वनन्तीम् अलीनां मलिनां ततिं प्रेक्ष्य वीणां निनादय।
(iii) ललित-पल्लवे पादपे पुष्पपुजे मञ्जुकुजे मलय-मारुतोच्युम्बिते स्वनन्तीम्।
III. *(i)* 'पादप' इत्यस्य शब्दस्य पर्यायवाची शब्दः 'वृक्ष' अस्ति।
(ii) 'अलीनाम्' शब्दस्य पर्यायः भ्रमरानाम् अस्ति।
(iii) प्रेक्ष्य पदम् आगतम्।

4. I. *(i)* पुष्पम्
(ii) षष्ठी
(iii) अदीना।
II. *(i)* लतानां नितान्तं शान्तिशीलम् पुष्पम् अस्ति।
(ii) वसन्ते नदीनां कान्तसलिंत सलीलम् उच्छलेत्।
(iii) लतानां नितान्तं शान्तिशीलं सुमं चलेत्।

परीक्षा अभ्यासः

III. *(i)* 'नितान्तम्' पदे दीर्घ सन्धिः वर्तते।

(ii) 'लतानाम्' एतस्मिन् पदे ''लता'' इति मूलं पदम् अस्ति।

(iii) कान्तसलिलाम् कर्तृपदम् अस्ति।

5. I. (क) वीणाम् (ख) मृदुं

(ग) मालाः (घ) मन्दं-मन्दं

II. (क) पादेन (ख) कुञ्जे

(ग) तीरे (घ) नता

6. *(i)* सनीरे समीरे **कथम्** वहति?

(ii) निनादय नवीनामये वाणि! **काम्**?

(iii) **कथम्** गीतिं ललित नीतिलीनाम्?

(iv) कलापाः ललित कोकिला **केषाम्**?

(v) **कस्मिन्** लसन्तीह सरसा रसालाः?

(vi) कलिन्दात्मजायास्सवानीर **कुत्र**?

(vii) ललित पल्लवे पादपे **कस्मिन्**?

(viii) **केषाम्** नितान्तं सुमं शान्ति शीलम्?

7. *(i)* कठोरम्

(ii) अशान्तिम्

(iii) अलसन्ति

(iv) कटुम्

8. I. *(i)* (क) सरस्वती

(ii) (ख) आम्राः

(iii) (ग) श्रुत्वा

(iv) (ख) दृष्ट्वा

II. *(i)* (घ) रसपूर्णाः

(ii) (ग) कोमलं

(iii) (क) भ्रमराणाम्

(iv) (ख) सरिताम्

परीक्षा अभ्यासः

अध्याय

02

स्वर्णकाक: (सुनहरा कौआ/सोने का कौआ)

प्रस्तुत पाठ श्री पद्मशास्त्री द्वारा रचित ''विश्वकथाशतकम्'' नामक कथासंग्रह से लिया गया है, जिसमें विभिन्न देशों की सौ लोक कथाएँ संकलित की गई हैं। प्रस्तुत कथा बर्मा देश की एक श्रेष्ठ कथा है, जिसमें लोभ और उसके दुष्परिणाम के साथ-साथ त्याग और उसके सुपरिणाम का वर्णन, एक सुनहरे पंखों वाले कौवे के माध्यम से किया गया है।

पाठ का हिंदी अनुवाद

1 पुरा कस्मिंश्चिद् ग्रामे एका निर्धना वृद्धा स्त्री न्यवसत्। तस्याश्चैका दुहिता विनम्रा मनोहरा चासीत्। एकदा माता स्थाल्यां तण्डुलान्निक्षिप्य पुत्रीमादिदेश-सूर्यातपे तण्डुलान् खगेभ्यो रक्ष। किञ्चित्कालादनन्तरम् एको विचित्र: काक: समुड्डीय तामुपाजगाम।

अनुवाद प्राचीनकाल में किसी ग्राम (गाँव) में एक गरीब और बूढ़ी स्त्री रहती थी। उसकी एक बेटी विनम्र तथा सुंदर थी। एक बार माता ने थाली में चावल निकालकर (डालकर) पुत्री को आदेश दिया कि धूप में चावलों की पक्षियों से रक्षा करो। कुछ समय बाद एक विचित्र कौआ उड़कर उसके पास पहुँचा।

2 नैतादृश: स्वर्णपक्षो रजतचञ्चु: स्वर्णकाकस्तया पूर्वं दृष्ट:। तं तण्डुलान् खादन्तं हसन्तञ्च विलोक्य बालिका रोदितुमारब्धा। तं निवारयन्ती सा प्रार्थयत्-तण्डुलान् मा भक्षय। मदीया माता अतीव निर्धना वर्तते। स्वर्णपक्ष: काक: प्रोवाच, मा शुच:। सूर्योदयात्प्राग् ग्रामाद्बहि: पिप्पलवृक्षमनु त्वयागन्तव्यम्। अहं तुभ्यं तण्डुलमूल्यं दास्यामि। प्रहर्षिता बालिका निद्रामपि न लेभे।

अनुवाद ऐसा सुनहरे पंखों वाला तथा चाँदी की चोंच वाला सुनहरा कौआ उसने पहले नहीं देखा था। उसको चावल खाते हुए तथा हँसते हुए देखकर लड़की ने रोना शुरू कर दिया। उस (कौए) को हटाती हुई लड़की ने प्रार्थना की-चावल मत खाओ। मेरी माता बहुत ही निर्धन है। सुनहरे पंखों वाला कौआ बोला दु:खी मत हो। सूर्योदय से पहले गाँव के बाहर पीपल के पेड़ के नीचे तुम्हें जाना चाहिए। मैं तुम्हें चावलों का मूल्य दे दूँगा। इस बात से खुश हुई लड़की को (रात में) नींद भी नहीं आई।

3 सूर्योदयात्पूर्वमेव सा तत्रोपस्थिता। वृक्षस्योपरि विलोक्य सा चाश्चर्यचकिता सञ्जाता यत्तत्र स्वर्णमय: प्रासादो वर्तते। यदा काक: शयित्वा प्रबुद्धस्तदा तेन स्वर्णगवाक्षात्कथितं हंहो बाले! त्वमागता, तिष्ठ, अहं त्वत्कृते सोपानमवतारयामि, तत्कथय स्वर्णमयं रजतमयमुत ताम्रमयं वा? कन्या प्रावोचत् अहं निर्धनमातुर्दुहिताऽस्मि। ताम्रसोपानेनैव आगमिष्यामि। परं स्वर्णसोपानेन सा स्वर्ण-भवनमाससाद।

अनुवाद सूर्योदय से पहले ही वह (लड़की) वहाँ पहुँच गई। पेड़ के ऊपर देखकर वह आश्चर्यचकित हो गई, क्योंकि वहाँ सोने का महल था। जब कौआ सोकर जागा तब उसने (कौए ने) कहा–हे लड़की तुम आ गई! ठहरो, मैं तुम्हारे लिए सीढ़ी उतारता हूँ, तो बताओ तुम्हारे लिए सोने की, चाँदी की या ताँबे की सीढ़ी उतारूँ? लड़की बोली मैं गरीब माता की पुत्री हूँ। ताँबे की सीढ़ी के द्वारा ही आ जाऊँगी, परंतु वह सोने की सीढ़ी के द्वारा ही सोने के महल में पहुँची।

4 चिरकालं भवने चित्रविचित्रवस्तूनि सज्जितानि दृष्ट्वा सा विस्मयं गता। श्रान्तां तां विलोक्य काकः प्राह-पूर्वं लघुप्रातराशः क्रियताम्-वद त्वं स्वर्णस्थाल्यां भोजनं करिष्यसि किं वा रजतस्थाल्यामुत ताम्रस्थाल्याम्? बालिका व्याजहारताम्रस्थाल्यामेवाहं निर्धना भोजनं करिष्यामि। तदा सा कन्या चाश्चर्यचकिता सञ्जाता यदा स्वर्णकाकेन स्वर्णस्थाल्यां भोजनं पर्यवेषितम्। नैतादृक् स्वादु भोजनमद्यावधि बालिका खादितवती। काकौ ब्रूते-बालिके! अहमिच्छामि यत्त्वं सर्वदा चात्रैव तिष्ठ परं तव माता वर्तते चैकाकिनी। त्वं शीघ्रमेव स्वगृहं गच्छ।

अनुवाद बहुत देर तक महल में चित्र विचित्र (अनोखी) वस्तुएँ सजी हुई देखकर वह (लड़की) हैरान रह गई। उस थकी हुई लड़की को देखकर कौआ बोला–पहले थोड़ा-सा सुबह का नाश्ता कर लो–बोलो तुम सोने की थाली में भोजन करोगी या चाँदी की थाली में या ताँबे की थाली में? लड़की ने कहा मैं गरीब तो ताँबे की थाली में ही भोजन कर लूँगी। तब वह लड़की हैरान रह गई, जब सुनहरे कौए के द्वारा सोने की थाली में भोजन परोसा गया। इतना स्वादिष्ट भोजन लड़की ने आज तक नहीं खाया था। कौआ बोला–हे लड़की! मैं चाहता हूँ कि तुम हमेशा यहाँ रहो, परंतु तुम्हारी माता अकेली है। तुम जल्दी ही अपने घर जाओ।

5 इत्युक्त्वा काकः कक्षाभ्यन्तरात्तिस्रो मञ्जूषा निस्सार्य तां प्रत्यवदत्-बालिके! यथेच्छं गृहाण मञ्जूषामेकाम्। लघुतमां मञ्जूषां प्रगृह्य बालिकया कथितमियदेव मदीयतण्डुलानां मूल्यम्। गृहमागत्य तया मञ्जूषा समुद्घाटिता, तस्यां महार्हाणि हीरकाणि विलोक्य सा प्रहर्षिता तद्दिनाद्धनिका च सञ्जाता।

अनुवाद ऐसा कहकर कौआ कमरे के भीतर से तीन संदूक निकालकर उस (लड़की) से बोला–हे लड़की! अपनी इच्छानुसार एक संदूक घर ले जाओ। सबसे छोटी संदूक लेकर लड़की के द्वारा कहा गया कि यही मेरे चावलों का मूल्य है। घर आकर उसके द्वारा संदूक खोला गया तो उसमें बहुमूल्य हीरों को देखकर वह खुश हो गई तथा उस दिन से वह धनी हो गई।

6 तस्मिन्नेव ग्रामे एकाऽपरा लुब्धा वृद्धा न्यवसत्। तस्या अपि एका पुत्री आसीत्। ईर्ष्यया सा तस्य स्वर्णकाकस्य रहस्यमभिज्ञातवती। सूर्यातपे तण्डुलान्निक्षिप्य तयापि स्वसुता रक्षार्थं नियुक्ता। तथैव स्वर्णपक्षः काकः तण्डुलान् भक्षयन् तामपि तत्रैवाकारयत्। प्रातस्तत्र गत्वा सा काकं निर्भर्त्सयन्ती प्रावोचत्-भो नीचकाक! अहमागता, मह्यं तण्डुलमूल्यं प्रयच्छ। काकोऽब्रवीत्-अहं त्वत्कृते सोपानमुत्तारयामि। तत्कथय स्वर्णमयं, रजतमयं, ताम्रमयं वा। गर्वितया बालिकया प्रोक्तम्-स्वर्णमयेन सोपानेनाहमागच्छामि परं स्वर्णकाकस्तत्कृते ताम्रमयं सोपानमेव प्रायच्छत्। स्वर्णकाकस्तां भोजनमपि ताम्रभाजने ह्यकारयत्।

अनुवाद उसी गाँव में एक दूसरी लोभी बुढ़िया रहती थी। उसकी भी एक पुत्री थी। जलन के कारण वह उसके सुनहरे कौए के राज को जान गई। धूप में चावल डालकर उसके द्वारा भी अपनी पुत्री को रखवाली में नियुक्त किया गया। वही सुनहरे पंखों वाले कौए ने चावल खाते हुए उसको (लड़की) भी वैसा ही करने के लिए कहा। सुबह वहाँ जाकर उसने कौए की निंदा करते हुए कहा–अरे नीच कौए! मैं आ गई, मेरे चावलों का मूल्य दे दो। कौआ बोला-मैं तुम्हारे लिए सीढ़ी उतारता हूँ, इसलिए कहो कि सोने की, चाँदी की या ताँबे की। घमंड के साथ लड़की के द्वारा कहा गया–मैं सोने की सीढ़ी से आऊँगी, परंतु सुनहरे कौए ने उसके लिए ताँबे की सीढ़ी दी। सुनहरी कौए ने उसको भोजन भी ताँबे के बर्तन में ही कराया।

7 प्रतिनिवृत्तिकाले स्वर्णकाकेन कक्षाभ्यन्तरात्तिस्रो मञ्जूषाः तत्पुरः समुक्षिप्ताः। लोभाविष्टा सा बृहत्तमां मञ्जूषां गृहीतवती। गृहमागत्य सा तर्षिता यावद् मञ्जूषामुद्घाटयति तावत्तस्यां भीषणः कृष्णसर्पो विलोकितः। लुब्धया बालिकया लोभस्य फलं प्राप्तम्। तदनन्तरं सा लोभं पर्यत्यजत्।

अनुवाद वापस आते समय (विदाई के समय) सुनहरे कौए ने कमरे के अंदर से तीन संदूक उसके सामने डाल दिए। लोभ के कारण उसने सबसे बड़ी संदूक ले ली। घर आकर जब वह संदूक खोलती है, तो उसमें उसने भयंकर काले रंग का साँप देखा। लोभ के कारण लड़की को लोभ (लालच) का फल ही प्राप्त हुआ। इसके बाद उसने लोभ करना छोड़ दिया।

शब्दार्थाः

पुरा– प्राचीनम् (पुराने समय में); निर्धना– धनहीन (गरीब) ; न्यवसत्– अवसत् (रहता था/रहती थी); दुहिता– सुता (पुत्री); स्थाल्याम्– स्थालीपात्रे (थाली में); तण्डुलान्– ओदनानि (चावलों को); खगेभ्यः– पक्षिभ्यः (पक्षियों से); विचित्रः– अद्भुतम् (अनोखा); समुड्डीय–उत्प्लुत्य (उड़कर); उपाजगाम– समीपम् आगतवान् (पास पहुँचा); स्वर्णपक्षः–स्वर्णमयः पक्षः (सोने का पंख); रजतचञ्चुः– रजतमयः चञ्चुः (चाँदी की चोंच); तण्डुलान्– अक्षतान् (चावलों को); निवारयन्ती–वारणं कुर्वन्ती (रोकती हुई); माभक्षय– न खादय (मत खाओ); मा शुचः– शोकं मा कुरु (दुःख मत करो); प्रोवाच– अकथयत् (कहा); प्राग्–पूर्वम् (पहले); प्रहर्षिता– प्रसन्ना (खुश हुई); प्रासादः– भवनम् (महल); गवाक्षात्– वातायनात् (खिड़की से); सोपानम्– सोपानम् (सीढ़ी); अवतारयामि–अवतीर्णं करोमि (उतारता हूँ); आससाद– प्राप्नोत् (पहुँचा); विलोक्य– दृष्ट्वा (देखकर); श्रान्ताम्– विश्रान्ताम् (थकी हुई को); प्राह– उवाच (कहा); प्रातराशः– कल्यवर्तः (सुबह का नाश्ता); व्याजहार– अकथयत् (कहा); पर्यवेषितम्– पर्यवेषणं कृतम् (परोसा गया); मञ्जूषाम्– पेटिकाम् (सन्दूक); महार्हाणि– बहुमूल्यानि (बहुमूल्य); लुब्धा– लोभवशीभूता (लोभी); निर्भर्त्सयन्ती– भर्त्सनां कुर्वन्ती (निंदा करती हुई); तर्षिता– दुःखी अभवत् (दुःखी हुई); पर्यत्यजत्– अत्यजत् (छोड़ दिया)।

NCERT फोल्डर:

1. एकपदेन उत्तरं लिखत
   (क) माता काम् आदिशत् ?
   (ख) स्वर्णकाक: कान् अखादत् ?
   (ग) प्रासाद: कीदृश: वर्तते?
   (घ) गृहमागत्य तया का समुद्घाटिता?
   (ङ) लोभाविष्टा बालिका कीदृशीं मञ्जूषां नयति?

उत्तराणि

(क) पुत्रीम्
(ख) तण्डुलान्
(ग) स्वर्णसय:
(घ) मञ्जूषा
(ङ) बृहत्तमाम्

2. अधोलिखितानां प्रश्नानाम् उत्तराणि संस्कृतभाषया लिखत।
   (क) निर्धनाया: वृद्धाया: दुहिता कीदृशी आसीत्?
   (ख) बालिकया पूर्वं किं न दृष्टम् आसीत्?
   (ग) रुदन्तीं बालिकां काक: कथम् आश्वासयत्?
   (घ) बालिका किं दृष्ट्वा आश्चर्यचकिता जाता?
   (ङ) बालिका केन सोपानेन स्वर्णभवनम् आससाद?
   (च) सा ताम्रस्थालीं चयनाय किं तर्कं ददाति?
   (छ) गर्विता बालिका कीदृशं सोपानम् अयाचत् कीदृशं च अप्राप्नोत्।

उत्तराणि

(क) निर्धनाया: वृद्धाया: दुहिता विनम्रा मनोहरा च आसीत्।
(ख) बालिकया पूर्वं ऐतादृश: स्वर्णपक्षो रजतचञ्चु: स्वर्णकाक: न दृष्टम् आसीत्।
(ग) रुदन्तीं बालिकां काक: आश्वासयत् यत्-''मा शुच:। सूर्योदयात् पूर्वं ग्रामाद् बहि: पिप्पलवृक्षमनु त्वयागन्तव्यम्। अहं तुभ्यं तण्डुलमूल्यं दास्यामि।''
(घ) बालिका वृक्षस्योपरि स्वर्ण काकस्य स्वर्ण भवनं दृष्टवा आश्चर्य चकिता जाता।
(ङ) बालिका स्वर्ण सोपानेन स्वर्ण भवनम् आससाद्।
(च) सा ताम्रमस्थालीं चयनाय तर्कं ददाति यत् अहं निर्धना तु ताम्रस्थालयामेव भोजनं करिष्यामि।
(छ) गर्विता बालिका सवर्ण सोपानम् अयाचत् परं सा ताम्रमयं सोपानमेव प्रायच्छत्।

3. (क) अधोलिखितानां शब्दानां विलोमपदं पाठात् चित्वा लिखत।
   (i) पश्चात् — ....
   (ii) हसितुम् — ....
   (iii) अध: — ....
   (iv) श्वेत: — ....
   (v) सूर्यास्त: — ....
   (vi) सुप्त: — ....

उत्तराणि

(क) (i) पूर्वम्
(ii) रोदितुम्
(iii) ऊपरि
(iv) कृष्ण:
(v) सूर्योदय:
(vi) प्रबुद्ध:

(ख) सन्धिं कुरुत
   (i) नि + अवसत् — ....
   (ii) सूर्य + उदय: — ....
   (iii) वृक्षस्य + उपरि — ....
   (iv) हि + अकारयत् — ....
   (v) च + एकाकिनी — ....
   (vi) इति + उक्त्वा — ....
   (vii) प्रति + अवदत् — ....
   (viii) प्र + उक्तम् — ....
   (ix) अत्र + एव — ....
   (x) तत्र + उपस्थिता — ....
   (xi) यथा + इच्छम् — ....

उत्तराणि

(ख) (i) न्यवसत् (यण् सन्धि)
(ii) सूर्योदय: (गुण सन्धि)
(iii) वृक्षस्योपरि (गुण सन्धि)
(iv) ह्यकारयत् (यण् सन्धि)
(v) चैकाकिनी (वृद्धि सन्धि)
(vi) इत्युक्त्वा (यण् सन्धि)
(vii) प्रत्यवदत् (यण् सन्धि)
(viii) प्रोक्तम् (गुण सन्धि)
(ix) अत्रैव (वृद्धि सन्धि)
(x) तत्रोपस्थिता (गुण सन्धि)
(xi) यथेच्छम् (गुण सन्धि)

4. स्थूलपदान्यधिकृत्य प्रश्ननिर्माणं कुरुत।
   (क) ग्रामे **निर्धना स्त्री** अवसत्।
   (ख) **स्वर्णकाकं** निवारयन्ती बालिका प्रार्थयत्।
   (ग) **सूर्योदयात्** पूर्वमेव बालिका तत्रोपस्थिता।
   (घ) बालिका **निर्धनमातु:** दुहिता आसीत्।
   (ङ) लुब्धा वृद्धा **स्वर्णकाकस्य** रहस्यमभिज्ञातवती।

उत्तराणि

(क) ग्रामे का/कीदृशी स्त्री अवसत्?

(ख) कं निवारयन्तीं बालिका प्रार्थयत्?

(ग) कस्मात् पूर्वमेव बालिका तत्रोपस्थिता?

(घ) बालिका कीदृशी मातुः दुहिता आसीत्?

(ङ) लुब्धा वृद्धा कस्य रहस्यमभिज्ञातवती?

5. प्रकृति-प्रत्यय-संयोगं कुरुत (पाठात् चित्वा वा लिखत।)

(क) हस् + शतृ — ....

(ख) भक्ष् + शतृ — ....

(ग) वि + लोक् + ल्यप् — ....

(घ) नि + क्षिप् + ल्यप् — ....

(ङ) आ + गम् + ल्यप् — ....

(च) दृश् + क्त्वा — ....

(छ) शी + क्त्वा — ....

(ज) वृद्ध + टाप् — ....

(झ) सुत + टाप् — ....

(ञ) लघु + तमप् — ....

उत्तराणि

(क) हसन्

(ख) भक्षन्तम्/भक्षयन्

(ग) विलोक्य

(घ) निक्षिप्य

(ङ) आगत्य

(च) दृष्ट्वा

(छ) शयित्वा

(ज) वृद्धा (स्त्रीलिंग)

(झ) सुता (स्त्रीलिंग)

(ञ) लघुतमा (स्त्रीलिंग)

6. प्रकृति-प्रत्यय-विभागं कुरुत।

(क) हसन्तम् — ....

(ख) रोदितुम् — ....

(ग) वृद्धा — ....

(घ) भक्षयन् — ....

(ङ) दृष्ट्वा — ....

(च) विलोक्य — ....

(छ) निक्षिप्य — ....

(ज) आगत्य — ....

(झ) शयित्वा — ....

(ञ) लघुतमम् — ....

उत्तराणि

(क) हस् + शतृ

(ख) रुद् + तुमुन्

(ग) वृद्ध + टाप्

(घ) भक्ष् + शतृ

(ङ) दृश् + क्त्वा

(च) वि + लोक् + ल्यप्

(छ) नि + क्षिप् + ल्यप्

(ज) आ + गम् + ल्यप्

(झ) शी + क्त्वा

(ञ) सुत + टाप्

(ट) लघु + तमप्

7. अधोलिखितानि कथनानि कः/का, कं/कां च कथयति?

कथनानि	कः/का	कं/काम्
(क) पूर्वं प्रातराशः क्रियाताम्	....	....
(ख) सूर्यातपे तण्डुलान् खगेभ्यो रक्ष	....	....
(ग) तण्डुलान् मा भक्षय	....	....
(घ) अहं तुभ्यं तण्डुलमूल्यं दास्यामि	....	....
(ङ) भो नीचकाक! अहमागता, मह्यं तण्डुलमूल्यं प्रयच्छ	....	....

उत्तराणि

कः/का	कं/काम्
(क) स्वर्ण काकः	बालिकां प्रति
(ख) माता	दुहितां प्रति
(ग) बालिका	स्वर्ण काकं प्रति
(घ) स्वर्णकाकः	बालिकां प्रति
(ङ) लुब्धा बालिका	स्वर्ण काकं प्रति

8. उदाहरणमनुसृत्य कोष्ठकगतेषु पदेषु पञ्चमीविभक्तेः प्रयोगं कृत्वा रिक्तस्थानानि पूरयत।

यथा-मूषकः **बिलाद्** बहिः निर्गच्छति। (बिल)

(क) जनः .... बहिः आगच्छति। (ग्राम)

(ख) नद्यः .... निस्सरन्ति। (पर्वत)

(ग) .... पत्राणि पतन्ति। (वृक्ष)

(घ) बालकः .... विभेति। (सिंह)

(ङ) ईश्वर : .... त्रायते। (क्लेश)

(च) प्रभुः भक्तं .... निवारयति। (पाप)

उत्तराणि

(क) ग्रामात् (ख) पर्वतेभ्यः

(ग) वृक्षात् (घ) सिंहात्

(ङ) क्लेशात् (च) पापात्

परीक्षा अभ्यासः

अधोलिखितान् गद्यांशान् पठित्वा तदाधारितानां प्रश्नानाम् उत्तराणि लिखत।
(निम्नलिखित गद्यांशों को पढ़कर उन पर आधारित प्रश्नों के उत्तर लिखिए।)

1. पुरा कस्मिंश्चिद् ग्रामे एका निर्धना वृद्धा स्त्री न्यवसत्। तस्याश्चैका दुहिता विनम्रा मनोहरा चासीत्। एकदा माता स्थाल्यां तण्डुलान्निक्षिप्य पुत्रीमादिदेश - सूर्यातपे तण्डुलान् खगेभ्यो रक्ष। किञ्चित्कालादनन्तरम् एको विचित्रः काकः समुड्डीय तामुपाजगाम।

I. एकपदेन उत्तरत। *(एक पद में उत्तर दीजिए।)*
(i) पुरा कस्मिश्चिद् ग्रामे एका निर्धना का न्यवसत्?
(ii) बालिकायाः समीपे समुड्डीय कः उपजगाम्?
(iii) वृद्धा स्त्री कीदृशी आसीत्?

II. पूर्णवाक्येन उत्तरत। *(पूर्ण वाक्य में उत्तर दीजिए।)*
(i) एकदा माता स्थाल्यां कान् निक्षिप्य पुत्रीमादिदेश?
(ii) वृद्धा स्त्री कदा कुत्र च न्यवसत्?
(iii) दुहिता कीदृशी आसीत्?

III. निर्देशानुसारम् उत्तरत।
(निर्देशानुसार उत्तर दीजिए।)
(i) 'न्यवसत्' इत्यस्य शब्दस्य सन्धिछेदः किम्?
(ii) 'तस्याः' इति सर्वनामस्थाने संज्ञापदं लिखत।
(iii) पुत्री इत्यर्थे किं पदं प्रयुक्तम्?

2. नैतादृशः स्वर्णपक्षो रजतचञ्चुः स्वर्णकाकस्तया पूर्वं दृष्टः। तं तण्डुलान् खादन्तं हसन्तञ्च विलोक्य बालिका रोदितुमारब्धा। तं निवारयन्ती सा प्रार्थयत्-तण्डुलान् मा भक्षय। मदीया माता अतीव निर्धना वर्तते। स्वर्णपक्षः काकः प्रोवाच, मा शुचः। सूर्योदयात्प्राग् ग्रामाद्बहिः पिप्पलवृक्षमनु त्वयागन्तव्यम्। अहं तुभ्यं तण्डुलमूल्यं दास्यामि। प्रहर्षिता बालिका निद्रामपि न लेभे।

I. एकपदेन उत्तरत। *(एक पद में उत्तर दीजिए।)*
(i) स्वर्ण काकस्य पक्षः कीदृशः आसीत्?
(ii) अहं तुभ्यं किं दास्यामि?
(iii) कः तण्डुलान् अखादत?

II. पूर्णवाक्येन उत्तरत। *(पूर्ण वाक्य में उत्तर दीजिए।)*
(i) तं तण्डुलान् खादन्तं हसन्तञ्च विलोक्य का रोदितुमारब्धा?
(ii) बालिकया माता कीदृशी वर्तते?
(iii) स्वर्णकाकः किम् अवदत्?

III. निर्देशानुसारम् उत्तरत।
(निर्देशानुसार उत्तर दीजिए।)
(i) 'अतीव' इत्यस्य शब्दस्य सन्धिच्छेदः कः?
(ii) 'सूर्योदयात्' इत्यस्य शब्दस्य का विभक्ति वर्तते?
(iii) 'दृष्ट्वा' इत्यर्थे किं पदं प्रयुक्तम्?

3. तस्मिन्नेव ग्रामे एकाऽपरा लुब्धा वृद्धा न्यवसत्। तस्या अपि एका पुत्री आसीत्। ईर्ष्यया सा तस्य स्वर्णकाकस्य रहस्यमभिज्ञातवती। सूर्यातपे तण्डुलान्निक्षिप्य तयापि स्वसुता रक्षार्थं नियुक्ता। तथैव स्वर्णपक्षः काकः तण्डुलान् भक्षयन् तामपि तत्रैवाकारयत्। प्रातस्तत्र गत्वा सा काकं निर्भर्त्सयन्ती प्रावोचत् भो नीचकाक! अहमागता, मह्यं तण्डुलमूल्यं प्रयच्छ। काकोऽब्रवीत्-अहं त्वत्कृते सोपानमुत्तारयामि। तत्कथय स्वर्णमयं रजतमयं ताम्रमयं वा। गर्वितया बालिकया प्रोक्तम्-स्वर्णमयेन सोपानेनाहमागच्छामि परं स्वर्णकाकस्तत्कृते ताम्रमयं सोपानमेव प्रायच्छत्। स्वर्णकाकस्तां भोजनमपि ताम्रभाजने ह्यकारयत्।

I. एकपदेन उत्तरत। *(एक पद में उत्तर दीजिए।)*
(i) अपरा वृद्धा कीदृशी आसीत्?
(ii) वृद्धायाः कति पुत्री आसीत्?
(iii) स्वर्णकाकः तां बालिका कस्मिन् भोजनम् अकारयत्?

II. पूर्णवाक्येन उत्तरत। *(पूर्ण वाक्य में उत्तर दीजिए।)*
(i) अपरा वद्धा स्वसुतां किं कार्ये नियुक्ता?
(ii) स्वर्णकाकस्तां कीदृशे भाजने भोजनं अकारयत्?
(iii) सा वृद्धा ईर्ष्यया किम अभिज्ञातवतो?

III. निर्देशानुसारम् उत्तरत।
(निर्देशानुसार उत्तर दीजिए।)
(i) 'एका' शब्दस्य विपरीतार्थकः शब्द कः?
(ii) 'नियुक्ता' शब्दस्य उपसर्ग पदं किम्?
(iii) 'वसति स्म' इति अर्थ किं पदं प्रयुक्तम्?

4. प्रतिनिवृत्तिकाले स्वर्णकाकेन कक्षाभ्यन्तरात्तिस्रो मञ्जूषाः तत्पुरः समुक्षिप्ताः। लोभाविष्टा सा बृहत्तमां मञ्जूषां गृहीतवती। गृहमागत्य सा तर्षिता यावद् मञ्जूषामुद्घाटयति तावत्तस्यां भीषणः कृष्णसर्पो विलोकितः। लुब्धया बालिकया लोभस्य फलं प्राप्तम्। तदनन्तरं सा लोभं पर्यत्यजत्।

I. एकपदेन उत्तरत। *(एक पद में उत्तर दीजिए।)*
(i) लुब्धया बालिकया लोभस्य किं प्राप्तम्?
(ii) बृहत्तमां मञ्जूषां का गृहीतवती?
(iii) लोभाविष्टा सा कन्या कीदृशी मञ्जूषां गृहीतवती?

II. पूर्णवाक्येन उत्तरत। *(पूर्ण वाक्य में उत्तर दीजिए।)*
(i) बृहत्तमायां मञ्जूषायां सा कीदृशः सर्पः विलोकितः?
(ii) स्वर्णकाकेन कति मञ्जूषा तत्पुरः समुक्षिप्ताः?
(iii) लुब्धया बालिकया कस्य फल प्राप्तम्?

III. निर्देशानुसारम् उत्तरत।
(निर्देशानुसार उत्तर दीजिए।)
(i) लोभं शब्दस्य पर्यायः पदं किम्?
(ii) फलं शब्दे का विभक्ति वर्तते?
(iii) 'तस्य समक्षे' इत्यर्थे किं पदं प्रयुक्तम्?

5. मञ्जूषातः उचित पदेन भावार्थं पूरयत।
(मञ्जूषा के उचित पदों से भावार्थ पूरा कीजिए)
(i) (क) मदीया माता अतीव ……… वर्तते।
(ख) स्वर्णकाकस्य ……… आसीत्।
(ग) ……… तुभ्यं तण्डुलमूल्यं दास्यामि।
(घ) लुब्धया बालिका लोभस्य फलं ………।
(ii) (क) लोभाविष्टा सा बृहत्तमां ……… गृहीतवती।
(ख) मह्यं ……… प्रयच्छ।
(ग) यथेच्छं ……… मञ्जूषामेकाम्।
(घ) ……… तया मञ्जूषा समुद्घाटिता।

मञ्जूषा तण्डुलमूल्यम्, निर्धना, स्वर्ण पक्षः, गृहाण, गृहमागत्य, मञ्जूषां प्राप्तम्, अहम्।

6. निम्नाङ्कितेषु वाक्येषु रेखांकितपदानि आधृत्य प्रश्ननिर्माणं कुरुत।
(निम्नलिखित वाक्यों में रेखांकित पदों के आधार पर प्रश्न निर्माण कीजिए।)
(i) एकदा <u>माता</u> स्थाल्यां तण्डुलान् निक्षिप्य पुत्रीम् आदिदेश।
(ii) मदीया माता अतीव <u>निर्धना</u> वर्तते।
(iii) सूर्योदयात् पूर्वमेव <u>सा</u> तत्रोपास्थिता।
(iv) त्वं शीघ्रमेव <u>स्वगृहं</u> गच्छ।
(v) तस्याः अपि एका <u>पुत्री</u> आसीत्।
(vi) <u>स्वर्णकाकः</u> तां भोजनमपि ताम्र भाजने हि अकारयत्।
(vii) लोभाविष्टा सा <u>बृहत्तमां</u> मञ्जूषां गृहीतवती।
(viii) लुब्धया बालिकया <u>लोभस्य</u> फलं प्राप्तम्।
(ix) <u>ग्रामे</u> एका अपरा लुब्धा वृद्धा न्यवसत्।
(x) <u>ईर्ष्यया</u> सा तस्य स्वर्ण काकस्य रहस्यमभिज्ञातवती।

7. अधोलिखितेषु पदेषु पर्याय पदेन सह मेलनं कुरुत।
(निम्नलिखित पदों का पर्याय पदों से मिलान कीजिए।)

(i) प्रसादः	—	अक्षतान्
(ii) दुहिता	—	खागेभ्यः
(iii) तण्डुलान्	—	सुता
(iv) पक्षिभ्यः	—	भवनम्

अथवा

अधोलिखितेषु पदेषु विशेष्य-विशेषण मेलनं कुरुत,
(निम्नलिखित पदों विशेषयों का विशेषण से मिलान कीजिए।)

(i) निर्धना	—	काकः
(ii) स्वर्णः	—	बालिका
(iii) गर्विता	—	स्त्री

8. अधोलिखित क्रमरहितवाक्यानां कथाक्रमानुसारेण संयोजनं कुरुत।
(निम्नलिखित क्रम रहित वाक्यों को कथा क्रमानुसार संयोजित कीजिए।)
(i) प्रहर्षिता बालिका निद्रामपि न लेभे।
(ii) तदनन्तरं सा लोभं पर्यत्यजत्।
(iii) लोभाविष्ट सा बृहत्तमां मञ्जूषां गृहीतवती।
(iv) नैतादृक् स्वादु भोजनामद्यावधि बालिका खादितवती।
(v) भवने चित्रविचित्रवस्तूनि दृष्ट्वा सा विस्मयं गता।
(vi) मञ्जूषायां महार्हाणि हीरकाणि विलोक्य बालिका प्रहर्षिता जाता।
(vii) ताम्रस्थाल्यामेवाहं निर्धनता भोजनं करिष्यामि।
(viii) भो नीचकाक! मह्यं तण्डुलमूल्यं प्रयच्छ।

9. I. रेखांकितपदानाम् प्रसङ्गानुसारम् अर्थस्य चयनम्।
(निम्नलिखित पदों के प्रसंग के अनुसार अर्थ लिखिए।)
(i) तस्याश्चैका <u>दुहिता</u> विनम्रा मनोहरा चासीत्।
(क) तनय (ख) सुता (ग) दुहि (घ) सुत
(ii) तं काकं <u>विलोक्य</u> बालिका रोदितुमारब्धा।
(क) दृष्ट्वा (ख) आगच्छत
(ग) दर्शन (घ) गच्छत
(iii) <u>प्रबुद्धः</u> काकः बालिकां कथयति।
(क) आगतः (ख) आगच्छतः
(ग) जाग्रतः (घ) गच्छतः
(iv) काकः <u>प्राह</u>: पूर्वं लघुप्रातराशः क्रियताम्।
(क) प्रोवाच् (ख) प्रोक्त
(ग) अकथयत (घ) उवाच

II. अधोलिखितानां शब्दानाम् अर्थैः सहमेलनम् कुरुत।
(निम्नलिखित शब्दों को अर्थ के साथ सही मेल कीजिए।)

शब्दाः	अर्थाः
(i) पुरा	(क) पेटिकाम्
(ii) अक्षतान्	(ख) दुःखीता
(ii) मञ्जूषाम्	(ग) तण्डुलान्
(iii) तर्षिता	(घ) प्राचीनम्

परीक्षा अभ्यासः

उत्तराणि

1. I. *(i)* वृद्धास्त्री *(ii)* स्वर्णकाकः
(iii) निर्धना।

II. *(i)* एकदा माता स्थाल्यां तण्डुलान् निक्षिप्य पुत्रीमादिदेश।
(ii) वृद्धा स्त्री पुरा कस्मिंश्चिद् ग्रामे न्यवसत्।
(iii) दुहिता विनम्रा मनोहरा चासीत्।

III. *(i)* ''नि + अवसत्'' इति ''न्यवसत्'' शब्दस्य सन्धिच्छेदः अस्ति।
(ii) 'तस्याः' इति सर्वनामस्थाने संज्ञापदं 'वृद्धा स्त्री' अस्ति।
(iii) दुहिता

2. I. *(i)* स्वर्णस्य *(ii)* तण्डुलमूल्यं
(iii) स्वर्णकाकः।

II. *(i)* तं तण्डुलान् खादन्तं, हसन्तं च विलोक्य बालिका रोदितुम् आरब्धा।
(ii) बालिकया माता अतीव निर्धना वर्तते।
(iii) स्वर्णकाकं निवारयन्ती सा प्रार्थयत्-तण्डुलान् मा भक्षय मदीया माता अतीव निर्धना वर्तते।

III. *(i)* 'अतीव' शब्दस्य सन्धिच्छेदः 'अति + इव अस्ति।
(ii) 'सूर्योदयात्' अस्मिन् शब्दे पञ्चमी विभक्ति वर्तते।
(iii) विलोक्य पदं प्रयुक्तम्।

3. I. *(i)* लुब्धा *(ii)* एका *(iii)* ताम्रभाजने।

II. *(i)* अपरा वृद्धा स्वसुतां तण्डुलरक्षार्थम् नियुक्ता।
(ii) स्वर्णकाकस्तां ताम्रभाजने भोजनं अकारयत्।
(iii) सा वृद्धया ईर्ष्णया तस्य स्वर्णकाकस्य रहस्यम् अभिज्ञातवती।

III. *(i)* 'एका' शब्दस्य विपरीतार्थकः शब्दः 'अनेका' वर्तते।
(ii) 'नियुक्ता' पदेन 'नि' उपसर्गः अस्ति।
(iii) न्यवसत् पदं प्रयुक्तम्।

4. I. *(i)* फलम् *(ii)* अपरा बालिका *(iii)* बृहत्तमाम्।

II. *(i)* बृहत्तमायां मञ्जूषायां अपरा बालिका भीषणः कृष्ण सर्पः विलोकितः।
(ii) स्वर्णकाकेन तिस्रो मञ्जूषा तत्पुरः समुक्षिताः।
(iii) लुब्धया बालिकया लोभस्य प्राप्तम्।

III. *(i)* 'लोभं' शब्दस्य पर्याय पदं संतोषः अस्ति।
(ii) 'फलं' शब्दे प्रथमा विभक्ति वर्तते।
(iii) तत्पुरः पदं प्रयुक्तम्।

5. *(i)* (क) निर्धना (ख) स्वर्ण पक्षः
(ग) अहम् (घ) प्राप्तम्

(ii) (क) मञ्जूषाम् (ख) तण्डुलमूल्यं
(ग) गृहाण (घ) गृहमागत्य

6. *(i)* एकदा <u>का</u> स्थाल्यां तण्डुलान् निक्षिप्य पुत्रीन् आदिदेश?
(ii) मदीया माता अतीव <u>कीदृशी</u> वर्तते?
(iii) सूर्योदयात् पूर्वमेव <u>का</u> तत्रोपास्थिता?
(iv) त्वं शीघ्रमेव <u>कुत्र</u> गच्छ?
(v) तस्याः अपि एका <u>का</u> आसीत्?
(vi) <u>कः</u> तां भोजनमपि ताम्र भाजने हि अकारयत्?
(vii) लोभाविष्टा सा <u>कीदृशी</u> मञ्जूषां गृहीतवती?
(viii) लुब्धया बालिकया <u>कस्य</u> फलं प्राप्तम्?
(ix) <u>कुत्र</u> एक अपरा लुब्धा वृद्धाः न्यवसत्?
(x) <u>कया</u> सा तस्य स्वर्णकाकस्य रहस्यमभिज्ञातवती?

7. *(i)* भवनम् *(ii)* सुता
(iii) अक्षतान् *(iv)* खागेभ्यः

अथवा

(i) स्त्री *(ii)* काकः
(iii) बालिका

8. *(i)* प्रहर्षिता बालिका निद्रामपि न लेभे।
(v) भवने चित्रविचित्रवस्तूनि दृष्ट्वा सा विस्मयं गता।
(vii) ताम्रस्थाल्यामेवाहं निर्धना भोजनं करिष्यामि।
(iv) नैतादृक स्वादु भोजनमद्यावधि बालिका खादितवती।
(vi) मञ्जूषायां महार्हाणि हीरकाणि विलोक्य बालिका प्रहर्षिता जाता।
(viii) भो नीचकाक! मह्यं तण्डुलमूल्यं प्रयच्छ।
(iii) लोभविष्टा सा बृहत्तमां मञ्जूषां गृहीतवती।
(ii) तदनन्तरं सा लोभं पर्यत्यजत्।

9. I. *(i)* (ख) सुता *(ii)* (क) दृष्ट्वा
(iii) (ग) जाग्रतः *(iv)* (घ) उवाच

II. *(i)* (घ) प्राचीनम् *(ii)* (ग) तण्डुलान्
(iii) (क) पेटिकाम् *(iv)* (ख) दुःखीता

अध्याय

03

गोदोहनम्

यह नाटक कृष्णचन्द्र त्रिपाठी महोदय द्वारा रचित 'चतुर्व्युहम्' नामक पुस्तक से संक्षिप्त और सम्पादित करके उद्धृत किया गया है। इस नाटक में ऐसे व्यक्ति की कहानी है, जो अतिशीघ्र अमीर और सुखी जीवन जीने की इच्छा रखने वाला है और इस कारण से एक मास तक दूध दोहने के कार्य से ही रुक जाता है, जिससे मास के अन्त में गाय के शरीर में संचित दूध एक बार में ही बेच कर सम्पत्ति को कमाने योग्य हो, लेकिन मास के अन्त में जब वह दूध दोहन की कोशिश करता है, तो वह दूध की एक बूँद भी प्राप्त नहीं कर पाता है। दूध प्राप्ति के स्थान पर वह गाय के प्रहार से खून से लथपथ हो जाता है और तब वह यह जान लेता है कि रोजाना किया जाने वाला कार्य अगर एक महीने तक इकठ्ठा करके किया जाता है, तो लाभ के स्थान पर हानि अर्थात् नुकसान ही होता है। सत्य ही कहा गया है आज करने योग्य कार्य को आज ही करना चाहिए, क्योंकि गति के विपरीत कार्य करने से निश्चय ही कष्ट प्राप्त होता है।

(प्रथमं दृश्यम्)

(मल्लिका मोदकानि रचयन्ती मन्दस्वरेण शिवस्तुतिं करोति)

(ततः प्रविशति मोदकगन्धम् अनुभवन् प्रसन्नमना चन्दनः।)

चन्दनः अहा! सुगन्धस्तु मनोहरः (विलोक्य) अये मोदकानि रच्यन्ते? (प्रसन्नः भूत्वा) आस्वादयामि तावत्। (मोदकं गृहीतुमिच्छति)

मल्लिका (सक्रोधम्) विरम। विरम। मा स्पृश! एतानि मोदकानि।

चन्दनः किमर्थ क्रुध्यसि! तव हस्तनिर्मितानि मोदकानि दृष्ट्वा अहं जिह्वालोलुपतां नियन्त्रयितुम् अक्षमः अस्मि, किं न जानासि त्वमिदम्?

मल्लिका सम्यग् जानामि नाथ! परम् एतानि मोदकानि पूजानिमित्तानि सन्ति।

चन्दनः तर्हि, शीघ्रमेव पूजनं सम्पादय। प्रसादं च देहि।

मल्लिका भो! अत्र पूजनं न भविष्यति। अहं स्वसखिभिः सह श्वः प्रातः काशीविश्वनाथमन्दिरं प्रति गमिष्यामि, तत्र गङ्गास्नानं धर्मयात्राञ्च वयं करिष्यामः।

चन्दनः सखिभिः सह! न मया सह! (विषादं नाटयति)

मल्लिका आम्! चम्पा, गौरी, माया, मोहिनी, कपिलादयाः सर्वाः गच्छन्ति। अतः, मया सह तवागमनस्य औचित्यं नास्ति। वयं सप्ताहान्ते प्रत्यागमिष्यामः। तावत्, गृह व्यवस्थां, धेनोः दुग्धदोहनव्यवस्थाञ्च परिपालय।

अनुवाद

(मल्लिका लड्डुओं को बनाते हुए धीमी आवाज में शिव स्तुति कर रही है)

(तभी चन्दन लड्डुओं की खुशबू का अनुभव करते हुए प्रसन्न मन से प्रवेश करता है।)

चन्दन अहा! खुशबू तो मनोहर है। (देखकर) अरे लड्डू बनाए जा रहे हैं? (खुश होकर) तब तो चख लेता हूँ। (लड्डू को लेना चाहता है)

मल्लिका (गुस्से के साथ) रुको! रुको! मत छुओ, इन लड्डुओं को।

चन्दन किसलिए गुस्सा करती हो। तुम्हारे हाथों से बनाए लड्डुओं को देखकर मैं जीभ के लालच को नियन्त्रित करने में असमर्थ हूँ, क्या तुम यह नहीं जानती हो?

मल्लिका नाथ! अच्छी तरह जानती हूँ, लेकिन यह लड्डू पूजा के लिए हैं।

चन्दन तो जल्दी ही पूजा सम्पादित करो और प्रसाद दो।

मल्लिका अरे! यहाँ पूजन नहीं होगा। मैं अपनी सहेलियों के साथ कल सुबह काशी विश्वनाथ मन्दिर की ओर जाऊँगी। वहाँ हम सब गंगास्नान और धर्मयात्रा करेंगे।

चन्दन सहेलियों के साथ। मेरे साथ नहीं। (दु:ख का नाटक करता है।)

मल्लिका हाँ! चम्पा, गौरी, माया, मोहिनी, कपिला आदि सभी जा रही हैं। इसलिए मेरे साथ तुम्हारे आने का (कोई) मतलब नहीं है। हम सब सप्ताह के अन्त में आ जाएँगे। तब तक घर की व्यवस्था और गाय के दूध-दोहन की व्यवस्था को सँभालो।

(द्वितीयं दृश्यम्)

चन्दनः अस्तु। गच्छ। सखिभिः सह धर्मयात्रया आनन्दिता च भव। अहं सर्वमपि परिपालयिष्यामि। शिवास्ते सन्तु पन्थानः।

चन्दनः मल्लिका तु धर्मयात्रायै गता। अस्तु दुग्धदोहनं कृत्वा ततः स्वप्रातराशस्य प्रबन्धं करिष्यामि। (स्त्रीवेषं धृत्वा, दुग्धपात्रहस्तः नन्दिन्याः समीपं गच्छति)

उमा मातुलानि! मातुलानि!

चन्दनः उमे! अहं तु मातुलः। तव मातुलानि तु गङ्गास्नानार्थं काशीं गता अस्ति। कथय! किं ते प्रियं करवाणि?

उमा मातुल! पितामहः कथयति, मासानन्तरम् अस्मत् गृहे महोत्सवः भविष्यति। तत्र त्रिशत-सेटकमितं दुग्धम् अपेक्षते। एषा व्यवस्था भवद्भिः करणीया।

चन्दनः (प्रसन्नमनसा) त्रिशत-सेटककपरिमितं दुग्धम्! शोभनम्। दुग्धव्यवस्था भविष्यति एव इति पितामहं प्रति त्वया वक्तव्यम्।

उमा धन्यवादः मातुल! याम्यधुना। (सा निर्गता)

अनुवाद

चन्दन ठीक है। जाओ, और सखियों के साथ धर्मयात्रा के द्वारा आनन्दित हो जाओ। मैं सब कुछ सँभाल लूँगा। तुम्हारा प्रवास (यात्रा) मंगलमय हो।

चन्दन मल्लिका तो धर्मयात्रा के लिए गई है। ठीक है। अब दूधदोहन करके उसके बाद अपने नाश्ते का प्रबन्ध करूँगा। (स्त्रीवेष को धारण करके दूध के पात्र को हाथ में लिए हुए नन्दिनी के पास जाने लगता है।)

उमा मामी! मामी!

चन्दन हे उमा। मैं तो मामा हूँ। तूम्हारी मामी तो गंगास्नान के लिए काशी गई है। कहो प्रिय, तुम्हारे लिए क्या करूँ?

उमा मामा। दादाजी कह रहे हैं, एक महीने के बाद हमारे घर में महोत्सव होगा। वहाँ तीन सौ लीटर दूध लग सकता है। यह व्यवस्था आपको करनी है।

चन्दन (प्रसन्न मन से) तीन सौ लीटर दूध! बढ़िया! दूध की व्यवस्था हो जाएगी। ऐसा दादाजी को तुम्हारे द्वारा बता देना चाहिए।

उमा धन्यवाद मामा! अब चलती हूँ। (वह चली जाती है।)

(तृतीयं दृश्यम्)

चन्दनः (प्रसन्नो भूत्वा, अङ्गुलिषु गणयन्) अहो! सेटक-त्रिशतकानि पयांसि! अनेन तु बहुधनं लप्स्ये। (नन्दिनीं दृष्ट्वा) भो नन्दिनि! तव कृपया तु अहं धनिकः भविष्यामि। (प्रसन्नः सः धेनोः बहुसेवां करोति)

चन्दनः (चिन्तयति) मासान्ते एव दुग्धस्य आवश्यकता भवति। यदि प्रतिदिनं दोहनं करोमि तर्हि दुग्धं सुरक्षितं न तिष्ठति। इदानीं किं करवाणि? भवतु नाम मासान्ते एव सम्पूर्णतया दुग्धदोहनं करोमि।

(एवं क्रमेण सप्तदिनानि व्यतीतानि। सप्ताहान्ते मल्लिका प्रत्यागच्छति)

मल्लिका (प्रविश्य) स्वामिन्! प्रत्यागता अहम्। आस्वादय प्रसादम्।

(चन्दनः मोदकानि खादति वदति च)

चन्दनः मल्लिके! तव यात्रा तु सम्यक् राफला जाता? काशीविश्वनाथस्य कृपया प्रियं निवेदयामि।

मल्लिका (साश्चर्यम्) एवम्। धर्मयात्रातिरिक्तं प्रियतरं किम्?

अनुवाद

चन्दन (प्रसन्न होकर, अँगुलियों पर गिनते हुए) अरे! तीन सौ लीटर दूध। इससे तो बहुत सारा धन प्राप्त होगा। (नन्दिनी को देखकर) अरे नन्दिनी! तुम्हारी कृपा से मैं धनवान बन जाऊँगा। (प्रसन्न हुआ वह गाय की बहुत सेवा करता है।)

चन्दन (सोच रहा है) मास के अन्त में ही दूध की आवश्यकता पड़ेगी। यदि हर रोज दोहन करता हूँ, तो दूध सुरक्षित नहीं रहेगा। अब क्या करूँ? ठीक है, महीने के अन्त में ही सारे दूध का दोहन करूँगा।

(इस तरह सात दिन बीत जाते हैं) सप्ताह के अन्त में मल्लिका वापिस आ जाती है)

मल्लिका (प्रवेश करके) स्वामी। मैं आ गई हूँ। प्रसाद खाओ।

(चन्दन लड्डुओं को खाता है, और बोलता है।)

चन्दन मल्लिका! तुम्हारी यात्रा अच्छी सफल हुई? काशीविश्वनाथ की कृपा से प्रिय बात बता रहा हूँ।

मल्लिका (आश्चर्य के साथ) ऐसा! धर्मयात्रा के अतिरिक्त और अधिक क्या प्रिय होगा?

चन्दनः ग्रामप्रमुखस्य गृहे महोत्सवः मासान्ते भविष्यति। तत्र त्रिशत-सेटकमितं दुग्धम् अस्माभिः दातव्यम् अस्ति।

मल्लिका किन्तु एतावन्मात्रं दुग्धं कुतः प्राप्स्यामः।

चन्दनः विचारय मल्लिके! प्रतिदिनं दोहनं कृत्वा दुग्धं स्थापयामः चेत् तत् सुरक्षितं न तिष्ठति। अत एव दुग्धदोहनं न क्रियते। उत्सवदिने एव समग्रं दुग्धं धोक्ष्यावः।

मल्लिका स्वामिन्! त्वं तु चतुरतमः। अत्युत्तमः विचारः। अधुना दुग्धदोहनं विहाय केवलं नन्दिन्याः सेवाम् एव करिष्यावः। अनेन अधिकाधिकं दुग्धं मासान्ते प्राप्स्यावः।

(द्वावेव धेनोः सेवायां निरतौ भवतः। अस्मिन् क्रमे घासादिकं गुडादिकं च भोजयतः। कदाचित् विषाणयोः तैलं लेपयतः तिलकं धारयतः, रात्रौ नीराजनेनापि तोषयतः)

चन्दनः मल्लिके! आगच्छ। कुम्भकारं प्रति चलावः। दुग्धार्थं पात्रप्रबन्धोऽपि करणीयः। (द्वावेव निर्गतौ)

अनुवाद

चन्दन गाँव के मुखिया के घर में महोत्सव महीने के अन्त में होगा। हमारे द्वारा वहाँ तीन सौ लीटर दूध देना है।

मल्लिका लेकिन इतनी मात्रा में दूध कहाँ से मिलेगा।

चन्दन सोचो मल्लिका! हर रोज दोहन करके दूध रखेंगे तो वह सुरक्षित नहीं रहेगा। इसलिए दूध का दोहन नहीं करते हैं। उत्सव के दिन ही सारा दूध दोहेंगे।

मल्लिका स्वामी। तुम तो बहुत चतुर हो। बहुत अच्छा विचार है। अब दूध का दोहन छोड़कर मात्र नन्दिनी की सेवा ही करेंगे। इससे हम मास के अन्त में ज्यादा से ज्यादा दूध प्राप्त करेंगे।

(दोनों ही गाय की सेवा में लगे रहते हैं। इसी क्रम में घास आदि और गुड़ आदि को खिलाते हैं। कभी (उस गाय के) सींगों पर तेल लगाते हैं, तिलक लगाते हैं, रात में आरती से भी सन्तुष्ट करते हैं।

चन्दन मल्लिका! आओ! कुम्हार की ओर चलते हैं। दूध के लिए बर्तन का प्रबन्ध भी करना चाहिए। (दोनों निकल जाते हैं।)

(चतुर्थं दृश्यम्)

कुम्भकारः (घटरचनायां लीनः गायति)

ज्ञात्वाऽपि जीविकाहेतोः रचयामि घटानहम्।
जीवनं भङ्गुरं सर्वं यथैष मृत्तिकाघटः।।

चन्दनः नमस्करोमि तात! पञ्चदश घटान् इच्छामि। किं दास्यसि?

देवेशः कथं न? विक्रयणाय एव एते। गृहाण घटान्। पञ्चशतोत्तर-रुप्यकाणि च देहि।

चन्दनः साधु! परं मूल्यं तु दुग्धं विक्रीय एव दातुं शक्यते।

देवेशः क्षम्यतां पुत्र! मूल्यं विना तु एकमपि घटं न दास्यामि।

मल्लिका (स्वाभूषणं दातुमिच्छति) तात! यदि अधुनैव मूल्यम् आवश्यकं तर्हि, गृहाण एतत् आभूषणम्।

देवेशः पुत्रिके! नाहं पापकर्म करोमि। कथमपि नेच्छामि त्वाम् आभूषणविहीनां कर्तुम्। नयतु यथाभिलषितान् घटान्। दुग्धं विक्रीय एव घटमूल्यम् ददातु।

उभौ धन्योऽसि तात! धन्योऽसि।

अनुवाद

कुम्हार (घड़े को बनाने में लीन गा रहा है) जैसे यह मिट्टी का घड़ा, वैसे सारा जीवन टूटकर समाप्त होने वाला जानकर भी जीविका के लिए मैं घड़ों को बना रहा हूँ।

चन्दन तात! प्रणाम करता हूँ। पन्द्रह घड़े चाहता हूँ। क्या दोगे?

देवेश कैसे नहीं? ये सारे बेचने के लिए ही हैं। घड़ों को ले लो और पाँच सौ रुपये दे दो।

चन्दन ठीक है। लेकिन मूल्य तो दूध बेचकर ही दे सकता हूँ।

देवेश बेटा! माफ करो! मूल्य के बिना तो एक भी घड़ा नहीं दूँगा।

मल्लिका (अपने आभूषण देना चाहती है) तात! यदि अभी ही मूल्य आवश्यक है तो इस आभूषण को ले लो।

देवेश बेटी! मैं पापकर्म नहीं करूँगा। मै तुम्हें कैसे भी आभूषण विहीन नहीं करना चाहता हूँ। जितने घड़े चाहिए उतने ले जाओ। दूध को बेचकर ही घड़ों का मूल्य देना।

दोनों तात! धन्य हो! धन्य हो!

(पञ्चमं दृश्यम्)

(मासानन्तरं सन्ध्याकालः। एकत्र रिक्ताः नूतनघटाः सन्ति। दुग्धक्रेतारः अन्ये च ग्रामवासिनः अपरत्र आसीनाः)

चन्दनः (धेनु प्रणम्य, मङ्गलाचरणं विधाय, मल्लिकाम् आह्वयति) मल्लिके! सत्वरम् आगच्छ।

मल्लिका आयामि नाथ! दोहनम् आरभस्व तावत्।

चन्दनः (यदा धेनोः समीपं गत्वा दोग्धुम् इच्छति, तदा धेनुः पृष्ठपादेन प्रहरति। चन्दनश्च पात्रेण सह पतति) नन्दिनि! दुग्धं देहि। किं जातं ते? (पुनः प्रयासं करोति) (नन्दिनी च पुनः पुनः पदाप्रहारेण ताडयित्वा चन्दनं रक्तरञ्जितं करोति) हा! हतोऽस्मि। (चीत्कारं कुर्वन् पतति) (सर्वे आश्चर्येण चन्दनम् अन्योन्यं च पश्यन्ति)

मल्लिका (चीत्कारं श्रुत्वा, झटिति प्रविश्य) नाथ! किं जातम्? कथं त्वं रक्तरञ्जितः?

चन्दनः धेनुः दोग्धुम् अनुमतिम् एव न ददाति। दोहनप्रक्रियाम् आरभमाणम् एव ताडयति माम्।

(मल्लिका धेनुं स्नेहेन वात्सल्येन च आकार्य दोग्धुं प्रयतते। किन्तु, धेनुः दुग्धहीना एव इति अवगच्छति।)

अनुवाद

(एक महीने के बाद शाम का समय। एक जगह पर खाली नए घड़े हैं और दूध को खरीदने वाले और गाँव वाले दूसरी जगह बैठे हैं।)

चन्दन (गाय को प्रणाम करके, मंगलाचरण करके, मल्लिका को बुलाता है।) मल्लिका! जल्दी आओ!

मल्लिका नाथ आ रही हूँ। तब तक आप दोहना चालु कर दो।

चन्दन (जब गाय के पास जाकर दोहना चाहता है, तभी गाय पिछले पैर से प्रहार करती है और चन्दन बर्तन के साथ गिरता है।) नन्दिनी! दूध दो। तुम्हें क्या हुआ है? (फिर से कोशिश करता है) (और नन्दिनी बार बार पैर के प्रहार से मारकर चन्दन को खून से लथपथ करती है।) अरे मारा गया हूँ। (चिल्लाता हुआ गिरता है।) (सभी आश्चर्य से चन्दन तथा एक-दूसरे की ओर देखते हैं।)

मल्लिका (चीख सुनकर, जल्दी प्रवेश करके) नाथ! क्या हुआ? तुम कैसे खून से लथपथ हो गए।

चन्दन गाय दोहने के लिए अनुमति ही नहीं दे रही है। दोहने की प्रक्रिया शुरू करते ही मुझे मार रही है।

(मल्लिका गाय को प्यार और वात्सल्य से पुकारकर दोहने की कोशिश करती है, लेकिन गाय दुग्धहीन ही है ऐसी जान पड़ती है।)

मल्लिका (चन्दनं प्रति) नाथ! अत्यनुचितं कृतम् आवाभ्याम् यत्, मासपर्यन्तं धेनोः दोहनं कृतम्। सा पीडम् अनुभवति। अत एव ताडयति।

चन्दनः देवि! मयापि ज्ञातं यत्, अस्माभिः सर्वथा अनुचितमेव कृतं यत्, पूर्णमासपर्यन्तं दोहनं न कृतम्। अत एव, दुग्धं शुष्कं जातम्। सत्यमेव उक्तम्

कार्यमद्यतनीयं यत् तदद्यैव विधीयताम्।
विपरीते गतिर्यस्य स कष्टं लभते ध्रुवम्।।

मल्लिका आम् भर्तः। सत्यमेव। मयापि पठितं यत्—

सुविचार्य विधातव्यं कार्यं कल्याणकाङ्क्षिणा।
यः करोत्यविचार्यैतत् स विषीदति मानवः।।

किन्तु प्रत्यक्षतया अद्य एव अनुभूतम् एतत्।

सर्वे दिनस्य कार्यं तस्मिन्नेव दिने कर्तव्यम्। यः एवं न करोति सः कष्टं लभते ध्रुवम्।

(जवनिका पतनम्) (सर्वे मिलित्वा गायन्ति)

आदानस्य प्रदानस्य कर्तव्यस्य च कर्मणः।
क्षिप्रमक्रियमाणस्य कालः पिबति तद्रसम्।।

अनुवाद

मल्लिका (चन्दन के प्रति) नाथ! हम दोनों ने बहुत ही गलत किया है, एक महीने तक गाय का दोहन ही नहीं किया। वह पीड़ा का अनुभव कर रही हैं। इसलिए मार रही हैं।

चन्दन देवी! मेरे द्वारा भी जाना गया है कि हमारे द्वारा सर्वथा अनुचित ही किया गया है कि पूरे एक मास तक दोहन नहीं किया। इसलिए दूध सूख गया है।

सत्य ही कहा है—

जो आज करने योग्य कार्य है उसे आज ही करना चाहिए। जिसकी गति विपरीत होती है वह निश्चित ही कष्ट पाता है।

मल्लिका हाँ भर्ता! (पतिदेव) सच ही है। मेरे द्वारा भी पढ़ा गया है कि-

स्वयं का भला चाहने वाले के द्वारा काम को अच्छी तरह सोचकर ही करना चाहिए। जो मानव यह (कार्य) बिना सोचे-समझे करता है वह दुःखी ही होता है।

लेकिन प्रत्यक्ष रूप से आज ही हमने यह अनुभव किया है।

सर्वे दिन का कार्य उसी दिन करना चाहिए, जो ऐसा नहीं करता है वह निश्चित ही कष्ट को प्राप्त करता है।

(परदा गिरता है।)

(सभी मिलकर गाते हैं।)

यदि कार्य तुरन्त नहीं किया जाए तो उस कार्य का, लेने, देने और करने योग्य कार्य के (कर्तव्य के) रस को समय (काल) पी जाता है। अर्थात् हमें किसी से कुछ लेना है या देना है या जरुरी काम करना है तो उसे तुरंत करना चाहिए नहीं तो समय उस कार्य के आनन्द का रस पी लेता है।

शब्दार्थाः

धेनुः	गौ	गाय
मन्दस्वरेण	निम्नस्वरेण	धीमी आवाज़ में
मनोहरः	आकर्षकः	मनमोहक
विरम	तिष्ठ	रुको
जिह्वालोलुपताम्	रसनालोभम्	जीभ का लालच
अक्षमः	असमर्थः	असहाय
धर्मयात्राम्	तीर्थयात्राम्	धार्मिक यात्रा
सेटकम्	एकलीटरमितम्	एक लीटर
प्रत्यागता	प्रत्यायाता	लौट आई
साश्चर्यम्	सविस्मयम्	हैरानी से
दुग्धदोहनम्	पयोदोहनम्	दूध दुहना
निरतौ	संलग्नौ	दोनों जुटे हुए
भङ्गुरम्	भञ्जनशीलं	टूटकर समाप्त होने वाला
विक्रीय	विक्रयं कृत्वा	बेचकर
रिक्ताः	शून्याः	खाली
रक्तरञ्जितम्	शोणिताप्लावितम्	खून से सना
अन्योन्यम्	परस्परम्	आपस में
अनुमतिम्	आज्ञा	अनुमति
शुष्कम्	नीरसम्	सूखा
ध्रुवम्	निश्चितम्	निश्चित रूप से
कल्याणकाङ्क्षिणा	कल्याणेच्छुकेन	कल्याण चाहने वाले के द्वारा
विषीदति	दुःखम् आप्नोति	दुःखी होता है
जवनिका	यवनिका	पर्दा
क्षिप्रम्	द्रुतम्	शीघ्रता से

NCERT फोल्डर:

1. एकपदेन उत्तरं लिखत

(क) मल्लिका पूजार्थं सखीभिः सह कुत्र गच्छति स्म?

(ख) उमायाः पितामहेन कति सेटकमितं दुग्धम् अपेक्ष्यते स्म?

(ग) कुम्भकारः घटान् किमर्थं रचयति?

(घ) कानि चन्दनस्य जिह्वालोलुपतां वर्धन्ते स्म?

(ङ) नन्दिन्याः पादप्रहारैः कः रक्तरञ्जितः अभवत्?

उत्तराणि

(क) काशी विश्वनाथ मन्दिरम्

(ख) त्रिशतं

(ग) जीविकार्थं

(घ) मोदकानि

(ङ) चन्दनः

2. पूर्णवाक्येन उत्तरं लिखत

(क) मल्लिका, चन्दनश्च मासपर्यन्तं धेनोः कथम् अकुरुताम्?

(ख) कालः कस्य रसं पिबति?

(ग) घटमूल्यार्थं यदा मल्लिका स्वाभूषणं दातुं प्रयतते तदा कुम्भकारः किं वदति?

(घ) मल्लिकया किं दृष्टा धेनोः ताडनस्य वास्तविकं कारणं ज्ञातम्?

(ङ) मासपर्यन्तं धेनोः अदोहनस्य किं कारणमासीत्?

उत्तराणि

(क) मल्लिका, चन्दनश्च धेनोः सेवायां मासपर्यन्तं निरतौ अभवताम्। अस्मिन् क्रमे घासादिकं गुडादिकं च अभोजयताम्। कदाचित् विषाणयोः तैलं अलेपयताम् तिलकं अधारयताम्, रात्रौ नीराजनेनापि अतोषयताम्।

(ख) क्षिप्रम् अक्रियमाणस्य आदानस्य प्रदानस्य कर्तव्यस्य च कर्मणः तद्रसम् कालः पिबति।

(ग) घटमूल्यार्थं यदा मल्लिका स्वाभूषणं दातुं प्रयतते तदा कुम्भकारः वदति, पुत्रिके! नाहं पापकर्म करोमि। कथमपि नेच्छामि त्वाम् आभूषणविहीनां कर्तुम्। नयतु यथाभिलषितान् घटान्। दुग्धं विक्रीय एव घटमूल्यम् ददातु।

(घ) मल्लिका धेनुं दोग्धुं प्रायतत परन्तु सा अपश्यत् यत् मासपर्यन्तं धेनोः दोहनं न अकरोत्, तेन सा पीडाम् अनुभवति स्म। इति मल्लिकया धेनोः ताडनस्य वास्तविक कारणं ज्ञातम्।

(ङ) ग्राम प्रमुखस्य गृहे मासान्ते उत्सवार्थं दुग्धम् आवश्यकम् आसीत्। चन्दनः अचिन्तयत् यत् यदि अहं मासान्ते दुग्धं धोक्ष्यामि तर्हि बहुधनं प्रास्यामि। इति धेनोः अदोहनस्य कारणमासीत्।

3. रेखाङ्कितपदानि आधृत्य प्रश्ननिर्माणं कुरुत

(क) मल्लिका <u>सखीभिः</u> सह धर्मयात्रायै गच्छति स्म।

(ख) चन्दनः दुग्धदोहनं कृत्वा एव <u>स्वप्रातराशस्य</u> प्रबन्धम् अकरोत्।

(ग) <u>मोदकानि</u> पूजा निमित्तानि रचितानि आसन्।

(घ) मल्लिका स्वपतिं <u>चतुरतमं</u> मन्यते।

(ङ) <u>नन्दिनी</u> पादाभ्यां ताडयित्वा चन्दनं रक्तरञ्जितं करोति।

उत्तराणि

(क) मल्लिका काभिः सह धर्मयात्रायै गच्छति स्म?

(ख) चन्दनः दुग्धदोहनं कृत्वा एव कस्य प्रबन्धम् अकरोत्?

(ग) कानि पूजानिमित्तानि रचितानि आसन्?

(घ) मल्लिका स्वपतिं कीदृशं मन्यते?

(ङ) का पादाभ्यां ताडयित्वा चन्दनं रक्तरञ्जितं करोति?

4. मञ्जूषायाः सहायतया भावार्थे रिक्तस्थानानि पूरयत

मञ्जूषा गृहव्यवस्थायै, उत्पादयेत्, समर्थकः, धर्मयात्रायाः, मङ्गलकामनाम्, कल्याणकारिणः।

यदा चन्दनः स्वपत्न्या काशीविश्वनाथं प्रति ······· विषये जानाति तदा सः क्रोधितः न भवति। यत् तस्याः पत्नी तं ········ कथयित्वा सखीभिः सह भ्रमणाय गच्छति अपि तु तस्याः यात्रायाः कृते ········ कुर्वन् कथयति यत् तव मार्गाः शिवा अर्थात् ······ भवन्तु। मार्गे काचिदपि बाधाः तव कृते समस्यां न ········। एतेन सिध्यति यत् चन्दनः नारीस्वतन्त्रतायाः ····· आसीत्।

उत्तराणि

(i) धर्मयात्रायाः	(ii) गृहव्यवस्थायै
(iii) मङ्गलकामनाम्	(iv) कल्याणकारिणः
(v) उत्पादयेत्	(vi) समर्थकः

5. घटनाक्रमानुसारं लिखत

(क) सा सखीभिः सह तीर्थयात्रायै काशीविश्वनाथमन्दिरं प्रति गच्छति।

(ख) उभौ नन्दियाः सर्वविधपरिचर्यां कुरुतः।

(ग) उमा मासान्ते उत्सवार्थं दुग्धस्य आवश्यकताविषये चन्दनं सूचयति।

(घ) मल्लिका पूजार्थं मोदकानि रचयति।

(ङ) उत्सवदिने यदा दोग्धुं प्रयत्नं करोति तदा नन्दिनी पादेन प्रहरति।

(च) कार्याणि समये करणीयानि इति चन्दनः नन्दिन्याः पादप्रहारेण अवगच्छति।

(छ) चन्दनः उत्सवसमये अधिकं दुग्धं प्राप्तुं मासपर्यन्त दोहनं न करोति।

(ज) चन्दनस्य पत्नी तीर्थयात्रां समाप्य गृहं प्रत्यागच्छति।

उत्तराणि

(i) (घ) मल्लिका पूणार्थं मोदकानि रचयति।

(ii) (क) सा सखीभिः सह तीर्थयात्रायै काशीविश्वनाथमन्दिरं प्रति गच्छति।

(iii) (ग) उमा मासान्ते उत्सवार्थं दुग्धस्य आवश्यकताविषये चन्दनं सूचयति।

(iv) (छ) चन्दनः उत्सवसमये अधिकं दुग्धं प्राप्तुं मासपर्यन्त दोहनं न करोति।

(v) (ज) चन्दनस्य पत्नी तीर्थयात्रां समाप्य गृहं प्रत्यागच्छति।

(vi) (ख) उभौ नन्दियाः सर्वविधपरिचर्यां कुरुतः।

(vii) (ङ) उत्सवदिने यदा दोग्धुं प्रयत्नं करोति तदा नन्दिनी पादेन प्रहरति।

(viii) (च) कार्याणि समये करणीयानि इति चन्दनः नन्दिन्याः पादप्रहारेण अवगच्छति।

6. अधोलिखितानि वाक्यानि कः कं प्रति कथयति इति प्रदत्तस्थाने लिखत

	कः/का	कं/काम्
उदाहरणम्		
स्वामिन्! प्रत्यागता अहम्। आस्वादय प्रसादम्	मल्लिका	चन्दनं प्रति
(क) धन्यवाद मातुल! याम्यधुना।	....	....
(ख) त्रिसेटकमितं दुग्धम्। शोभनम्। व्यवस्था भविष्यति।	....	....
(ग) मूल्यं तु दुग्धं विक्रीयैव दातुं शक्यते।	....	....
(घ) पुत्रिके! नाहं पापकर्म करोमि।	....	....
(ङ) देवि! मयापि ज्ञातं यदस्माभिः सर्वथानुचितं कृतम्।	....	....

उत्तराणि

(क) उमा ⟶ चन्दनं प्रति

(ख) चन्दनः ⟶ उमां प्रति

(ग) चन्दनः ⟶ देवेशं प्रति

(घ) देवेशः ⟶ मल्लिकां प्रति

(ङ) चन्दनः ⟶ मल्लिकां प्रति

7. (अ) पाठस्य आधारेण प्रदत्तपदानां सन्धिं/सन्धिच्छेदं वा कुरुत

(क) शिवास्ते = ... + ...

(ख) मनः हरः = ... + ...

(ग) सप्ताहान्ते = ... + ...

(घ) नेच्छामि = ... + ...

(ङ) अत्युत्तमः = ... + ...

(ब) पाठाधारेण अधोलिखितपदानां प्रकृति-प्रत्ययं च संयोज्य/विभज्य वा लिखत

(क) करणीयम् = ... + ...

(ख) वि + क्री + ल्यप् = ... + ...

(ग) पठितम् = ... + ...

(घ) ताडय् + क्त्वा = ... + ...

(ङ) दोग्धुम् = ... + ...

उत्तराणि

(अ)

(क) शिवाः + ते

(ख) मनोहरः

(ग) सप्ताह + अन्ते

(घ) न + इच्छामि

(ङ) अति + उत्तमः

(ब)

(क) कृ + अनीयर्

(ख) विक्रीय

(ग) पठ् + क्त

(घ) ताडयित्वा

(ङ) दोह् + तुमुन्

परीक्षा अभ्यासः

अधोलिखितान् गद्यांशान् पठित्वा तदाधारितानां प्रश्ननाम् उत्तराणि लिखत।
(निम्नलिखित गद्यांशों को पढ़कर उन पर आधारित प्रश्नों के उत्तर लिखिए।)

1. चन्दनः अहा! सुगन्धस्तु मनोहरः (विलोक्य) अये मोदकानि रच्यन्ते? (प्रसन्नः भूत्वा) आस्वादयामि तावत् (मोदकं गृहीतुमिच्छति)

मल्लिका (सक्रोधम्) विरम। विरम। मा स्पृश! एतानि मोदकानि।

चन्दनः किमर्थं क्रुध्यसि! तब हस्तनिर्मितानि मोदकानि दृष्ट्वा अहं जिह्वालोलुपतां नियन्त्रयितुम् अक्षमः अस्मि, किं न जानासि त्वमिदम्?

मल्लिका सम्यग् जानामि नाथ! परम् एतानि मोदकानि पूजानिमित्तानि सन्ति।

चन्दनः तर्हि, शीघ्रमेव पूजनं सम्पादय। प्रसादं च देहि।

माल्लिका भो! अत्र पूजनं न भविष्यति। अहं स्वसखिभिः सह श्वः प्रातः काशीविश्वनाथमन्दिरं प्रति गमिष्यामि, तत्र गङ्गास्नानं धर्मयात्राञ्च वयं करिष्यामः।

चन्दनः सखिभिः सह! न मया सह! (विषादं नाटयति)

मल्लिका आम् चम्पा, गौरी, माया, मोहिनी, कपिलाद्याः सर्वाः गच्छन्ति। अतः मया सह तवागमनस्य औचित्यं नास्ति। वयं सप्ताहान्ते प्रत्यागमिष्यामः। तावत्, गृह व्यवस्थां, धेनोः दुग्धदोहनव्यवस्थाञ्च परिपालय।

I एकपदेन उत्तरत। *(एक पद में उत्तर दीजिए।)*
(i) कः मोदकानि गृहीतुमिच्छति?
(ii) मा स्पृश! एतानि मोदकानि इति कथयति?
(iii) मल्लिका मन्दस्वरेण किं करोति स्म?

II पूर्णवाक्येन उत्तरत।
(पूर्ण वाक्य में उत्तर दीजिए।)
(i) सखिभिः सह का विश्वनाथमन्दिरं प्रति गच्छति?
(ii) मल्लिकानुसारेण कानि पूजानिमित्तानि सन्ति?
(iii) एतानि मोदकानि कस्याः निमित्तानि सन्ति?

III निर्देशानुसारम् उत्तरत।
(निर्देशानुसार उत्तर दीजिए।)
(i) 'सक्षमः' इति पदस्य विलोम पदं नाट्यांशे किं प्रयुक्तम्?
(ii) 'तव' इति सर्वनामस्थाने संज्ञापदं लिखत।
(iii) 'कि न जानासि त्वमिदम्' अत्र वाक्ये क्रियापदं किमस्ति?

2. चन्दनः अस्तु। गच्छ। सखिभिः सह धर्मयात्रया आनन्दिता च भव। अहं सर्वमपि परिपालयिष्यामि। शिवास्ते सन्तु पन्थानः।

चन्दनः मल्लिका तु धर्मयात्रायै गता। अस्तु दुग्धदोहनं कृत्वा ततः स्वप्रातराशस्य प्रबन्धं करिष्यामि। (स्त्रीवेषं धृत्वा, दुग्धपात्रहस्तः नन्दिन्याः समीपं गच्छति)

उमा मातुलानि! मातुलानि!

चन्दनः उमे! अहं तु मातुलः। तव मातुलानि तु गङ्गास्नानार्थं काशीं गता अस्ति। कथय! किं ते प्रियं करवाणि?

उमा मातुल! पितामहः कथयति, मासानन्तरम् अस्मत् गृहे महोत्सवः भविष्यति। तत्र त्रिशत-सेटकमितं दुग्धम् अपेक्षते। एषा व्यवस्था भवद्भिः करणीया।

चन्दनः (प्रसन्नमनसा) त्रिशत-सेटककपरिमत दुग्धम् शोभनाम्! दुग्धव्यवस्था भविष्यति एव इति पितामहं प्रति त्वया वक्तव्यम्।

उमा धन्यवादः मातुल! याम्यधुना। (सा निर्गता)

I एकपदेन उत्तरत।
(एक पद में उत्तर दीजिए।)
(i) मल्लिका कुत्र गता?
(ii) मातुलानि! मातुलानि इति का वदति?
(iii) कीदृशः चन्दनः नन्दिन्याः समीपं गच्छति?

II पूर्णवाक्येन उत्तरत।
(पूर्ण वाक्य में उत्तर दीजिए।)
(i) मासान्तरम् गृहे किं भविष्यति?
(ii) महोत्सवे कति दुग्धम् अपेक्षते?
(iii) धर्मयात्राय का गताः?

III निर्देशानुसारम् उत्तरत।
(निर्देशानुसार उत्तर दीजिए।)
(i) 'अशोभनम्' इति पदस्य विलोमपदं नाट्यांशे किम्?
(ii) 'अहं' इत्यस्मिन् पदे का विभक्तिः?
(iii) शिवास्ते सन्तु पन्थानः अत्र विशेषणपदं किमस्ति?

3. चन्दनः (प्रसन्नो भूत्वा, अङ्गुलिषु गणयन्) अहो! सेटक-त्रिशतकानि पयांसि! अनेन तु बहुधनं लप्स्ये। (नन्दिनीं दृष्ट्वा) भो नन्दिनि! तव कृपया तु अहं धनिकः भविष्यामि। (प्रसन्नः सः धेनोः बहुसेवां करोति)

चन्दनः (चिन्तयति) मासान्ते एव दुग्धस्य आवश्यकता भवति। यदि प्रतिदिनं दोहनं करोमि तर्हि दुग्धं सुरक्षितं न तिष्ठति। इदानीं किं करवाणि? भवतु नाम मासान्ते एव सम्पूर्णतया दुग्धदोहनं करोमि।

(एवं क्रमेण सप्तदिनानि व्यतीतानि। सप्ताहान्ते मल्लिका प्रत्यागच्छति)

(एवं क्रमेण सप्तदिनानि व्यतीतानि। सप्ताहान्ते मल्लिका प्रत्यागच्छति)

मल्लिका (प्रविश्य) स्वामिन्! प्रत्यागता अहम्। आस्वादय प्रसादम्।

(चन्दनः मोदकानि खादति वदति च)

चन्दनः मल्लिके! तव यात्रा तु सम्यक् सफला जाता? काशीविश्वनाथस्य कृपया प्रियं निवेदयामि।

मल्लिका (साश्चर्यम्) एवम्। धर्मयात्रातिरिक्तं प्रियतरं किम्?

I एकपदेन उत्तरत।

(एक पद में उत्तर दीजिए।)

(i) दुग्धस्य आवश्यकता कदा भवति?

(ii) कति दिनानि पश्चात् मल्लिका प्रत्यागच्छति?

(iii) मासान्ते कस्य आवश्यकता भवति?

II पूर्णवाक्येन उत्तरत।

(पूर्ण वाक्य में उत्तर दीजिए।)

(i) यदि प्रतिदिनं दोहनं करोमि तर्हि किं सुरक्षितं न तिष्ठति?

(ii) प्रसन्नो भूत्वा कः धेनोः बहुसेवां करोति?

(iii) कस्याः कृपया तु चन्दनः धनिको भविष्यति?

III निर्देशानुसारम् उत्तरत।

(निर्देशानुसार उत्तर दीजिए।)

(i) 'दुग्धम्' इति पदस्य पर्याय पदं नाट्यांशे किं प्रयुक्तम्?

(ii) 'खादति' इति क्रियापदे कः लकारः?

(iii) संवादे गोः इति पदस्य कः पर्यायः आगतः?

4. **कुम्भकारः** (घटरचनायां लीनः गायति)

ज्ञात्वाऽपि जीविकाहेतोः रचयामि घटानहम्।
जीवनं भङ्गुरं सर्वं यथैष मृत्तिकाघटः॥

चन्दनः नमस्करोमि तात! पञ्चदश घटान् इच्छामि। किं दास्यसि?

देवेश कथं न? विक्रयणाय एव एते। गृहाण घटान्। पञ्चाशतोत्तर-रुप्यकाणि च देहि।

चन्दनः साधु! परं मूल्यं तु दुग्धं विक्रीय एव दातुं शक्यते।

देवेशः क्षम्यतां पुत्र! मूल्यं विना तु एकमपि घटं न दास्यामि।

मल्लिका (स्वाभूषणं दातुमिच्छति) तात! यदि अधुनैव मूल्यम् आवश्यकं तर्हि, गृहाण एतत् आभूषणम्।

देवेशः पुत्रिके! नाहं पापकर्म करोमि। कथमपि नेच्छामि त्वाम् आभूषणविहीनां कर्तुम्। नयतु यथाभिलाषितान् घटान्। दुग्धं विक्रीय एव घटमूल्यम् ददातु।

उभौ धन्योऽसि तात! धन्योऽसि।

I एकपदेन उत्तरत।

(एक पद में उत्तर दीजिए।)

(i) पञ्चदश घटान् कः इच्छति?

(ii) देवेशः घटानां कति रुप्यकाणि इच्छति?

(iii) का स्वाभूषणं दातुम् इच्छति?

II पूर्णवाक्येन उत्तरत।

(पूर्ण वाक्य में उत्तर दीजिए।)

(i) कः घटरचनायां लीनः गीतं गायति?

(ii) का स्वाभूषणं दातुमिच्छति?

(iii) कुम्भकारः कथं घटान् रचयति?

III निर्देशानुसारम् उत्तरत।

(निर्देशानुसार उत्तर दीजिए।)

(i) 'पुण्यकर्म' इति पदस्य विलोम पदं नाट्यांशे किं प्रयुक्तम्?

(ii) 'विक्रीय' इति पदे कः उपसर्गः अस्ति?

(iii) 'जीवनं भगुर सर्वम्' अत्र विशेष्यः कः?

5. अधोलिखित श्लोकस्यः अन्वयं मञ्जूषातः समुचितं पदं चित्वा पूरयत।

(निम्नलिखित श्लोक को समुचित पद का मञ्जूषा की सहायता से चुनाव करके अन्वय पूरा कीजिए।)

कार्यमद्यतनीयं यत् तदद्यैव विधीयताम्।
विपरीते गतिर्यस्य स कष्ट लभते ध्रुवम्॥

अन्वयः यत् *(i)*······कार्यं तत् *(ii)*······ विधीयताम्। यस्य *(iii)*······ विपरीते (अस्ति) सः *(iv)*······· कष्टं लभते।

मञ्जूषा अद्यतनीयं, अद्यैव, गतिः, ध्रुवं।

6. अधोलिखित श्लोकं पठित्वा मञ्जूषातः पदानि चित्वा भावार्थं पूरयत।

(निम्नलिखित श्लोक का मञ्जूषा की सहायता से भावार्थ लिखिए।)

सुविचार्य विधातव्यं कार्यं कल्याणकाङ्क्षिणा।
यः करोत्यविचार्यैतत् स विषीदति मानवः॥

भावार्थः कल्याणकाङ्क्षिणा *(i)*······ सुविचार्य (एवं) विद्यातव्यम्। च *(ii)*····· एतत् (कार्यं) अविचार्य *(iii)*······। सः *(iv)*·····।

परीक्षा अभ्यासः

7. निम्नाङितेषु वाक्येषु रेखांकित पदानि आधृत्य प्रश्न निर्माणं कुरुत।

(निम्नलिखित वाक्यों में रेखांकित पद के स्थान पर प्रश्नवाचक शब्द को लिखकर प्रश्न निर्माण कीजिए।)

(i) मल्लिका मोदकानि रचयन्ती।
(ii) मोदकानि पूजानिमित्तानि सन्ति।
(iii) अत्र पूजनं न भविष्यति।
(iv) सखिभिः सह धर्मयात्राया आनन्दिता च भव।
(v) दुग्धदोहनं कृत्थवा स्वप्रातराशस्य प्रबन्धं करिष्यामि।

8. अधोलिखित क्रमरहित वाक्यानां कथाक्रमानुसारेण संयोजनं कुरुत।

(निम्नलिखित क्रम रहित वाक्यों को कथा क्रमानुसार संयोजित कीजिए।)

(i) अहा! सुगन्धस्तु मनोहरः अये मोदकानि रच्यन्ते।
(ii) अहं विछवालोलुपतां नियन्त्रचितुम् अक्षमः अस्मि।
(iii) मल्लिका मोदकानि रचयन्ती मन्दस्वरेण शिवस्तुतिं करोति।
(iv) प्रसन्नोभूत्वा आस्वादयामि तावत् मोदकं गृहोतुमिच्छति।
(v) एतान्ति मोदकानि पूजानिमित्तानि सन्ति।
(vi) विरमाविरमामा स्पृश एतानि मोदकानि।
(vii) तत्र गङस्नानं धर्मयात्राम्च वयं करिष्यामः।
(vii) अहं स्वसखिभिः सह श्वः प्रातः काशीविश्वनाथमन्दिरं प्रति गमिष्यामि।

9. अधोलिखितेषु पदेषु पर्याय पदेन सह मेलनं कुरुत

(निम्नलिखित पदों का पर्याय पदों से मिलान कीजिए।)

(i) धेनुः - आकर्षकः
(ii) मनोहर - असमर्थः
(iii) अक्षमः - गौः

अथवा

अधोलिखितेषु पदेषु विषेलण विषेष्य मेलनं कुरुतः

(निम्नलिखित पदों विशेषयो का विशेषण से मिलान कीजिए।)

(i) एतानि - सुगन्धः
(ii) मनोहरः - यात्रा
(iii) धर्म - मोदकानि

10. I. रेखांकितपदानाम् प्रसङ्गानुसारम् अर्थस्य चयनम् कुरुत

(निम्नलिखित पदों के प्रसंग के अनुसार अर्थ लिखिए)

(i) अहा! सुगन्धस्तु मनोहरः।
(क) आकर्षकः (ख) दुर्दर्शः
(ग) कुरुपः (घ) प्रसन्नः

(ii) विरम् मा स्पृश! एतानि मोदकानि।
(क) उतिष्ठ (ख) तिष्ठ
(ग) अतिष्ठ (घ) यतिष्ठ

(iii) अहं जिह्वालोलुपतां नियन्त्रयितुम् अक्षमः अस्मि।
(क) समर्थः (ख) अन्धकारः
(ग) योग्यः (घ) असमर्थः

(iv) सः धेनोः सेवायां निरतौ।
(क) संमग्नौ (ख) यमलग्नौ
(ग) संलग्नौ (घ) उभौ

11. अधोलिखितानां शब्दानाम् अर्थैः सहमेलनम् कुरुत

(निम्नलिखित शब्दों को अर्थ के साथ सही मेल कीजिए)

शब्दाः	अर्थाः
(i) अनुमतिम्	(क) गौः
(ii) ध्रुवम्	(ख) सविस्मयम्
(ii) धेनुः	(ग) निश्चितम्
(iii) साश्चर्यम्	(घ) आज्ञा

उत्तराणि

1. I *(i)* चन्दनः *(ii)* मल्लिका
(iii) शिवस्तुति।

II *(i)* सखिभिः सह मल्लिका विश्वनाथमन्दिरं प्रति गच्छति।
(ii) मल्लिकानुसारेण मोदकानि पूजानिमित्तानि सन्ति।
(iii) एतानि मोदकानि पूजायाः निमित्तानि सन्ति।

III *(i)* 'सक्षमः' इति पदस्य विलोम पदं 'अक्षमः' प्रयुक्तम्।
(ii) 'तव' इति सर्वनामस्थाने संज्ञापदं 'मल्लिका' अस्ति।
(iii) जानासि पदम् अस्ति।

2. I *(i)* धर्मयात्रायै *(ii)* उमा
(iii) दुग्धपात्रहस्तः

II *(i)* मासान्ते गृहे महोत्सवः भविष्यति।
(ii) महोत्सवे त्रिशत-सेटकमितं दुग्धम् अपेक्षते।
(iii) मल्लिका तु धर्मयात्रायै गता।

III *(i)* 'अशोभनम्' इति पदस्य विलोम पदं 'शोभनम्' अस्ति।
(ii) 'अहं' इत्यस्मिन् पदे प्रथमा विभक्ति अस्ति।
(iii) पन्थानः विशेषणः पदम् अस्ति।

3. I *(i)* मासान्ते
(ii) सप्तदिनानि
(iii) दुग्धस्य।

II *(i)* यदि प्रतिदिनं दोहनं करोमि तर्हि दुग्धं सुरक्षितं न तिष्ठति।
(ii) प्रसन्नो भूत्वा चन्दनः धेनोः बहुसेवां करोति।
(iii) नन्दिन्याः कृपया तु चन्दनः धनिको भविष्यति।

III (*i*) 'दुग्धम्' पदस्य पर्याय पदं 'पयांसि' इति प्रयुक्तम्।
(*ii*) 'खादति' इति पदे लट्लकारः अस्ति।
(*iii*) धेनोः पर्यायः आगतः।

4. I (*i*) चन्दनः
(*ii*) पञ्चशतोत्तर
(*iii*) मल्लिका।
II (*i*) कुम्भकारः घटरचनायां लीनः गीतं गायति।
(*ii*) मल्लिका स्वाभूषणं दातुमिच्छति।
(*iii*) कुम्भकारः जीविकाहेतोः सर्व जीवनं भङ्गुरम् इति ज्ञात्वा अपि घटान् रचयति।
III (*i*) 'पुण्यकर्म' इति पदस्य विलोम पदं 'पापकर्म' इति प्रयुक्तम्।
(*ii*) 'विक्रीय' इति पदे 'वि' उपसर्गः अस्ति।
(*iii*) अत्र जीवनम् विशेष्य अस्ति।

5. (*i*) अद्यतनीयं
(*ii*) अद्यैव
(*iii*) गतिः
(*iv*) ध्रुवं!

6. (*i*) कार्यं
(*ii*) मानवः
(*iii*) करोति
(*iv*) विषीदति

7. (*i*) का मोदकानि रचयन्ति?
(*ii*) कानि पूजानिमित्तानि सन्ति?
(*iii*) अत्र किं न भविष्यति?
(*iv*) काभिः सह धर्मयात्राथ आनन्दिता च भव?
(*v*) दुग्धदोहनं कृत्वा कस्य प्रबन्धं कठिष्यामि।

8. (*i*) अहा! सुगन्धस्तु मनोहरः अये मोदकानि रच्यन्ते।
(*iv*) प्रसन्नोभूत्वा आस्वादयामि तावत् मोदकं गृहोतुमिच्छति।
(*viii*) अहं स्वसखिभिः सह श्वः प्रातः काशीविश्वनाथमन्दिरं प्रति गमिष्यामि।
(*ii*) अहं विछवालोलुपतां नियन्त्रचितुम् अक्षमः अस्मि।
(*v*) एतान्ति मोदकानि पूजानिमित्तानि सन्ति।
(*iii*) मल्लिका मोदकानि रचयन्ती मन्दस्वरेण शिवस्तुतिं करोति।
(*vii*) तत्र गङ्स्नानं धर्मयात्राभ्च वयं करिष्यामः।
(*vi*) विरमाविरमामा स्पृश एतानि मोदकानि।

9. (*i*) गौः (*ii*) आकर्षकः
(*iii*) असमर्थः

अथवा

(*i*) मोदकानि (*ii*) सुगन्धः
(*iii*) यात्रा

10. (*i*) (क) आकर्षकः (*ii*) (ख) तिष्ठ
(*iii*) (घ) असमर्थः (*iv*) (ग) संलग्नौ

11. (*i*) (घ) आज्ञा (*ii*) (ग) निश्चितम्
(*iii*) (क) गौः (*iv*) (ख) सविस्मयम्

अध्याय

04

सूक्तिमौक्तिकम्

(सुंदर वचन रूपी मोती/सूक्तिरूपी मोती)

संस्कृत साहित्य में नीति-ग्रंथों की समृद्ध परंपरा है। इनमें सारगर्भित और सरल रूप में नैतिक शिक्षाएँ दी गई हैं, जिनका उपयोग करके मानव समाज अपने जीवन को सफल और समृद्ध बना सकता है। ऐसे ही मनोहारी और बहुमूल्य सुभाषित यहाँ संकलित हैं, जिनमें सदाचरण की महत्ता, प्रियवाणी की आवश्यकता, परोपकारी पुरुष का स्वभाव, गुणार्जन की प्रेरणा, मित्रता का स्वरूप और उत्तम (सज्जन) पुरुष के संपर्क से होने वाली शोभा की प्रशंसा और सत्संगति की महिमा आदि विषयों का प्रतिपादन किया गया है।

सूक्तियों का हिंदी अनुवाद

1 वृत्तं यत्नेन संरक्षेद् वित्तमेति च याति च।
अक्षीणो वित्ततः क्षीणो वृत्ततस्तु हतो हतः।। —*मनुस्मृतिः*

अनुवाद चरित्र की प्रयत्नपूर्वक रक्षा करनी चाहिए, क्योंकि धन तो आता है और चला जाता है तथा पुनः आ जाता है। अतः धन से हीन मनुष्य कभी भी क्षीण (नष्ट) नहीं होता, बल्कि चरित्र से हीन व्यक्ति मरे हुए व्यक्ति के समान समूल नष्ट हो जाता है। अतः अपने चरित्र की प्रयत्नपूर्वक रक्षा करनी चाहिए। भाव यह है कि अपने चरित्र की ध्यानपूर्वक रक्षा करनी चाहिए ताकि चरित्र को कलंकित होने से बचाया जा सके।

2 श्रूयतां धर्मसर्वस्वं श्रुत्वा चैवावधार्यताम्।
आत्मनः प्रतिकूलानि परेषां न समाचरेत्।। —*विदुरनीतिः*

अनुवाद सभी धर्मों का सार सुनना चाहिए तथा सुनकर उसे धारण भी करना चाहिए अर्थात् सभी धर्मों का आचरण करना चाहिए, जो आचरण अपने लिए विपरीत (प्रतिकूल) हो वह आचरण (व्यवहार) हमें कभी भी दूसरे व्यक्तियों के साथ नहीं करना चाहिए अर्थात् किसी के साथ दुर्व्यवहार कभी नहीं करना चाहिए। भाव यह है कि सभी धर्मों का सम्मान करना चाहिए तथा सभी धर्मों की मान्यताओं का जीवनभर पालन करना चाहिए। सभी के साथ धर्मानुकूल आचरण करना चाहिए।

3 प्रियवाक्यप्रदानेन सर्वे तुष्यन्ति जन्तवः।
तस्माद् तदेव वक्तव्यं वचने का दरिद्रता।। —*चाणक्यनीतिः*

अनुवाद प्रिय वचन बोलने से सभी प्राणी प्रसन्न (खुश) हो जाते हैं। इसलिए वैसे वचन अर्थात् मधुर और प्रिय वचन ही बोलने चाहिए। फिर प्रिय वचन बोलने में कैसी दरिद्रता (गरीबी) अर्थात् प्रिय वचन बोलने में कैसी कंजूसी? भाव यह है कि हमें सभी प्राणियों के साथ प्रिय वचन ही बोलने चाहिए किसी के लिए भी कटु वचन या अपशब्दों का प्रयोग कदापि नहीं करना चाहिए।

4 पिबन्ति नद्यः स्वयमेव नाम्भः
स्वयं न खादन्ति फलानि वृक्षाः।
नादन्ति सस्यं खलु वारिवाहाः
परोपकाराय सतां विभूतयः।। —*सुभाषितरत्नभाण्डागारम्*

अनुवाद नदियाँ अपने जल को कभी भी स्वयं नहीं पीती हैं। वे तो परोपकार के लिए कल-कल करती हुई निरंतर बहती रहती हैं। वैसे ही वृक्ष भी अपने फलों को स्वयं नहीं खाते हैं, बल्कि दूसरों की भलाई के लिए ही फलते-फूलते हैं। ठीक इसी प्रकार बादल भी स्वयं फसल (अनाज आदि) को कभी नहीं खाते हैं, बल्कि वे भी परोपकार के लिए ही बरसते रहते हैं। इसीलिए कहा गया है कि सज्जन पुरुषों की संपत्तियाँ अपने लिए नहीं होती हैं, बल्कि उनकी संपत्तियाँ (धन-दौलत) तो दूसरों की भलाई के लिए ही होती हैं। भाव यह है कि सज्जन व्यक्ति अपनी संपत्तियों का प्रयोग स्वार्थ में नहीं लगाते हैं, बल्कि परमार्थ अथवा दूसरों की भलाई में ही लगाते हैं।

5 गुणेष्वेव हि कर्त्तव्यः प्रयत्नः पुरुषैः सदा।
गुणयुक्तो दरिद्रोऽपि नेश्वरैरगुणैः समः।। —*मृच्छकटिकम्*

अनुवाद मनुष्यों को हमेशा गुणों को ग्रहण करने में ही लगातार प्रयत्न करते रहना चाहिए, क्योंकि गुणवान गरीब व्यक्ति भी अगुणी (निर्गुण) धनी व्यक्ति से श्रेष्ठ होता है। ये दोनों कभी भी एक समान नहीं हो सकते हैं। भाव यह है कि हमेशा ही श्रेष्ठ गुणों को अर्जित करने का ही प्रयास करना; चाहिए दुर्गुणों का नहीं, बल्कि अपने अंदर यदि कोई दुर्गुण (बुराई) है तो उसे तुरंत ही छोड़ देना चाहिए और अच्छे गुण ग्रहण करने चाहिए।

6 आरम्भगुर्वी क्षयिणी क्रमेण
लघ्वी पुरा वृद्धिमती च पश्चात्।
दिनस्य पूर्वार्द्धपरार्द्धभिन्ना
छायेव मैत्री खलसज्जनानाम्।। —*नीतिशतकम्*

अनुवाद भर्तृहरि जी दुष्टों तथा सज्जन व्यक्तियों की मित्रता की तुलना पेड़ की छाया से करते हुए कहते हैं कि जिस प्रकार दिन के पहले आधे भाग में पेड़ की छाया लंबी तथा धीरे-धीरे कम होकर दोपहर तक नष्ट हो जाती है; उसी प्रकार दुष्ट व्यक्ति की मित्रता भी दिन के पूर्वार्द्ध की छाया के समान शुरू में गहरी लगती है तथा बाद में धीरे-धीरे समाप्त हो जाती है तथा जिस प्रकार उसी पेड़ की छाया दिन के उत्तरार्द्ध (परार्द्ध) अर्थात् दोपहर बाद वाले भाग की छाया पहले छोटी (थोड़ी) तथा बाद में धीरे-धीरे बढ़ती जाती है तथा और भी लंबी हो जाती है। उसी प्रकार सज्जन व्यक्तियों की मित्रता भी शुरू में थोड़ी तथा बाद में धीरे-धीरे गहरी होती जाती है। भाव यह है कि हमेशा सज्जन पुरुषों के साथ ही मित्रता करनी चाहिए कभी भी दुर्जन (दुष्ट) अर्थात् बुरे व्यक्तियों के साथ मित्रता नहीं करनी चाहिए।

7 यत्रापि कुत्रापि गता भवेयु
र्हंसा महीमण्डलमण्डनाय।
हानिस्तु तेषां हि सरोवराणां
येषां मरालैः सह विप्रयोगः।। —*भामिनीविलासः*

अनुवाद हे हंस (सज्जन व्यक्ति)! तुम इस पृथ्वी को सुशोभित करने के लिए जहाँ कहीं भी जाओगे तो तुम्हारे संयोग (उपस्थिति) से वह स्थान अवश्य सुशोभित हो जाएगा, परंतु जिस सरोवर और सह (साथी) हंसों को छोड़कर तुम दूसरे स्थान पर जाओगे तो वह सरोवर तथा वे साथी हंस तुम्हारे वियोग में निष्प्राण (निष्तेज) अर्थात् आभाहीन हो जाएँगे। भाव यह है कि सज्जन व्यक्ति जहाँ जाएगा वहाँ तो सब कुछ सही शोभायमान होगा, परंतु जिस स्थान का वह त्याग कर देगा, तो वह स्थान तथा वहाँ रहने वाले प्राणियों को बड़ी भारी हानि होगी।

8 गुणा गुणज्ञेषु गुणा भवन्ति
ते निर्गुणं प्राप्य भवन्ति दोषाः।
आस्वाद्यतोयाः प्रवहन्ति नद्यः
समुद्रमासाद्य भवन्त्यपेयाः।। —*हितोपदेशः*

अनुवाद गुणवान व्यक्तियों के गुण, गुणों को जानने वालों के गुणों में मिलकर भी गुण ही बने रहते हैं, परंतु वे ही गुण निर्गुण (गुणहीन) व्यक्ति के दोषों में मिलकर दोष बन जाते हैं, जिस प्रकार बहती हुई सभी नदियों का जल निर्मल, स्वादिष्ट तथा पीने योग्य होता है तथा वही निर्मल स्वादिष्ट जल जब तक दूसरी प्रवाहित नदियों के जल में मिलता जाता है तब तक वह जल निर्मल, स्वादिष्ट तथा पीने योग्य होता है। परंतु यदि वह निर्मल, स्वादिष्ट तथा पीने योग्य नदी का जल गुणहीन (खारे) समुद्र के जल में मिल जाता है, तो वह मलिन, स्वादहीन तथा न पीने योग्य बन जाता है। भाव यह है कि गुण, गुणों में मिलकर गुण ही बने रहते हैं, परंतु वही गुण जब दोषों में मिल जाते हैं तो वे अपना गुण तत्त्व छोड़कर दोष बन जाते हैं अर्थात् वे अच्छे, बुरे की संगति से अवश्य प्रभावित होते हैं।

शब्दार्थाः

याति– गच्छति (चला जाता है); वित्तम्-धनम्– (धन, ऐश्वर्य); वृत्तम्– आचरणम् (आचरण, चरित्र); अक्षीणः– न क्षीणः संपन्नः (नष्ट न हुआ); संरक्षेत्– रक्षांकर्त्तव्या (रक्षा करनी चाहिए); धर्मसर्वस्वम्– कर्त्तव्यसारः धर्म (कर्त्तव्यबोध का सब कुछ); श्रूयताम्– श्रवणीयम् (सुनना चाहिए); प्रतिकूलानि– विपरीतानि (अनुकूल नहीं); परेषां– अपरानाम् (दूसरों के); तुष्यन्ति– तोषम् अनुभवन्ति (संतुष्ट होते हैं); वक्तव्यम्– कथनीयम् (कहना चाहिए); दरिद्रता– धनहीनता (गरीबी); आम्भः– जलम् (जल); वारिवाहाः– मेघाः (जल वहन करने वाले बादल); सतां– सज्जनानां (सज्जनों की); विभूतयः– समृद्धयः (संपत्तियाँ); गुणयुक्तः– गुणवान्, गुणसंपन्नः (गुणों से युक्त); अगुणैः– गुणरहितै (गुणहीनों से); लघ्वी– अल्पा (कम, थोड़ी); आरम्भगुर्वी– आदौ दीर्घा (आरंभ में लंबी); क्षयिणी– क्षयशीला (घटती स्वभाव वाली); वृद्धिमती– वृद्धिम् उपगता (लंबी होती हुई, लंबी हुई); पूर्वार्द्धपरार्द्धभिन्ना– पूर्वार्द्धेन परार्द्धेन च पृथग्भूता-(पूर्वाह्न और अपराह्न छाया की तरह अलग-अलग); खलसज्जनानाम्– दुर्जनसुजनानाम् (दुष्टों और सज्जनों की); महीमण्डलमण्डनाय– पृथिवीमण्डलालङ्करणाय (पृथ्वी को सुशोभित करने के लिए); सह– साकम् (साथ); मरालैः– हंसैः (हंसों से); विप्रयोगः– वियोगः (अलग होना); गुणज्ञेषु– गुणज्ञातृषु जनेषु (गुणों को जानने वालों में); भवन्ति– संजायन्ते (बन जाते हैं, हो जाते हैं); आस्वाद्यतोयाः– स्वादनीयजलसंपन्ना (स्वादयुक्त जल वाली); आसाद्य– प्राप्य (पाकर); अपेयाः– न पेयाः, न पानयोग्याः (न पीने योग्य); प्रवहन्ति– गमनं कुर्वन्ति (बहती हुई)।

NCERT फोल्डर:

1. एकपदेन उत्तरं लिखत-

(क) वित्ततः क्षीणः कीदृशः भवति?

(ख) कस्य प्रतिकूलानि कार्याणि परेषां न समाचरेत् ?

(ग) कुत्र दरिद्रता न भवेत् ?

(घ) वृक्षाः स्वयं कानि न खादन्ति?

(ङ) का पुरा लघ्वी भवति?

उत्तराणि

(क) अक्षीणः

(ख) आत्मनः

(ग) प्रियवचने

(घ) फलानि

(ङ) पशर्द्धस्य छाया

2. अधोलिखितप्रश्नानाम् उत्तराणि संस्कृतभाषया लिखत।

(क) यत्नेन किं रक्षेत् वित्तं वृत्तं वा?

(ख) अस्माभिः (किं न समाचरेत्) कीदृशम् आचरणं न कर्त्तव्यम्?

(ग) जन्तवः केन विधिना तुष्यन्ति?

(घ) पुरुषैः किमर्थं प्रयत्नः कर्त्तव्यः?

(ङ) सज्जनानां मैत्री कीदृशी भवति?

(च) सरोवराणां हानिः कदा भवति?

(छ) नद्याः जलं कदा अपेयं भवति?

उत्तराणि

(क) यत्नेन वृत्तं रक्षेत्।

(ख) अस्माभिः आत्मनः प्रतिकूलानि परेषां न समाचरेत्

अथवा

अस्माभिः अपरेण सह प्रतिकूलम् आचरणं न कर्त्तव्यम्।

(ग) जन्तवः प्रियवाक्य प्रदानेन तुष्यन्ति।

(घ) पुरुषैः सदा गुणानां ग्रहणार्थं प्रयत्नः कर्त्तव्यः।

(ङ) सज्जनानां मैत्री दिनस्य उत्तरार्द्धे (परार्द्धे) वृक्षस्य छाया इव लघ्वी पुरा वृद्धिमती च पश्चात् भवति।

(च) सरोवराणां हानिः तदा भवति यदा हंसाः सरोवरान्, मरालान् च त्यक्त्वा अन्य स्थानं गताः।

(छ) नद्याः जलं तदा अपेयं भवति यदा नद्याः जलं समुद्रमासाद्य भवन्ति।

3. 'क' स्तम्भे विशेषणानि 'ख' स्तम्भे च विशेष्याणि दत्तानि, तानि यथोचितं योजयत।

'क' स्तम्भः	'ख' स्तम्भः
(क) आस्वाद्यतोयाः	(i) खलानां मैत्री
(ख) गुणयुक्तः	(ii) सज्जनानां मैत्री
(ग) दिनस्य पूर्वार्द्धभिन्ना	(iii) नद्यः
(घ) दिनस्य परार्द्धभिन्ना	(iv) दरिद्रः

उत्तराणि

'क' स्तम्भः	'ख' स्तम्भः
(क) आस्वाद्यतोयाः	(i) नद्यः
(ख) गुणयुक्तः	(ii) दरिद्रः
(ग) दिनस्यपूर्वार्द्ध भिन्ना	(iii) खलानां मैत्री
(घ) दिनस्यपरार्द्ध भिन्ना	(iv) सज्जनानां मैत्री

4. अधोलिखितयोः श्लोकद्वयोः आशयं हिन्दीभाषया, आङ्ग्लभाषया वा लिखत।

(क) आरम्भगुर्वी क्षयिणी क्रमेण
लघ्वी पुरा वृद्धिमती च पश्चात्।
दिनस्य पूर्वार्द्धपरार्द्धभिन्ना
छायेव मैत्री खलसज्जनानाम्।।

उत्तराणि

आशय भर्तृहरि जी दुष्टों तथा सज्जन व्यक्तियों की मित्रता की तुलना पेड़ की छाया से करते हुए कहते हैं कि जिस प्रकार दिन के पहले आधे भाग में पेड़ की छाया लंबी तथा धीरे-धीरे कम होकर दोपहर तक ही नष्ट हो जाती है। उसी प्रकार दुष्ट व्यक्ति की मित्रता भी दिन के पूर्वार्द्ध की छाया के समान शुरू में गहरी लगती है तथा बाद में धीरे-धीरे समाप्त हो जाती है तथा जिस प्रकार उसी पेड़ की छाया दिन के उत्तरार्द्ध (परार्द्ध) अर्थात् दोपहर बाद वाले भाग की छाया पहले छोटी (थोड़ी) तथा बाद में धीरे-धीरे बढ़ती जाती है तथा और भी लंबी हो जाती है। उसी प्रकार सज्जन व्यक्तियों की मित्रता भी शुरू में थोड़ी तथा बाद में धीरे-धीरे पक्की तथा गहरी लंबी होती जाती है। भाव यह है कि हमेशा सज्जन पुरुषों के साथ ही मित्रता करनी चाहिए। दुर्जन (दुष्ट) अर्थात् बुरे व्यक्तियों के साथ कभी भी मित्रता नहीं करनी चाहिए।

(ख) प्रियवाक्यप्रदानेन सर्वे तुष्यन्ति जन्तवः।
तस्मात्तदेव वक्तव्यं वचने का दरिद्रता।।

उत्तराणि

आशय प्रिय वचन बोलने से सभी प्राणी प्रसन्न (खुश) हो जाते हैं। इसलिए वैसे वचन अर्थात् मधुर और प्रिय वचन ही बोलने चाहिए। फिर प्रिय वचन बोलने में कैसी दरिद्रता (गरीबी) अर्थात् प्रिय वचन बोलने में कैसी कंजूसी? भाव यह है कि हमें सभी प्राणियों के साथ प्रिय वचन ही बोलने चाहिए किसी के लिए भी कटु वचन या अपशब्दों का प्रयोग कभी-भी नहीं करना चाहिए।

5. अधोलिखितपदेभ्यः भिन्नप्रकृतिक पदं चित्वा लिखत।

(क) वक्तव्यम् कर्त्तव्यम्, सर्वस्वम् हन्तव्यम्।
(ख) यत्नेन, वचने प्रियवाक्यप्रदानेन, मरालेन।
(ग) श्रूयताम्, अवधार्यताम्, धनवताम् क्षम्यताम्।
(घ) जन्तवः, वद्यः, विभूतयः, परितः।।

उत्तराणि

(क) सर्वस्वम्
(ख) वचने
(ग) धनवताम्
(घ) परितः

6. स्थूलपदान्यधिकृत्य प्रश्नवाक्यनिर्माणं कुरुत।

(क) **वृत्ततः** क्षीणः हतः भवति।
(ख) **धर्मसर्वस्वं** श्रुत्वा अवधार्यताम्।
(ग) **वृक्षाः** फलं न खादन्ति।
(घ) **खलानाम्** मैत्री आरम्भगुर्वी भवति।

उत्तराणि

(क) **कस्मात्** क्षीणः हतः भवति?
(ख) **कं** श्रुत्वा अवधार्यताम्?
(ग) **के** फलं न खादन्ति?
(घ) **केषां** मैत्री आरम्भगुर्वी भवति?

7. अधोलिखितानि वाक्यानि लोट्लकारे परिवर्तयत।

यथा— सः पाठं पठति। — सः पाठं पठतु
(क) नद्यः आस्वाद्यतोयाः सन्ति। — ....
(ख) सः सदैव प्रियवाक्यं वदति। — ....
(ग) त्वं परेषां प्रतिकूलानि न समाचरसि। — ....
(घ) ते वृत्तं यत्नेन संरक्षन्ति। — ....
(ङ) अहं परोपकाराय कार्यं करोमि। — ....

उत्तराणि

(क) नद्यः आस्वाद्यतोयाः सन्तु।
(ख) सः सदैव प्रियवाक्यं वदतु।
(ग) त्वं परेषां प्रतिकूलानि न समाचर।
(घ) ते वृत्तं यत्नेन संरक्षन्तु।
(ङ) अहं परोपकाराय कार्यं करवाणि।

8. उदाहरणमनुसृत्य कोष्ठकेषु दत्तेषु शब्देषु उचितां विभक्तिं प्रयुज्य रिक्तस्थानानि पूरयत।

यथा—तेषां **मरालैः** सह विप्रयोगः भवति। (मराल)
(क) ....सह छात्रः शोधकार्यं करोति। (अध्यापक)
(ख) ....सह पुत्रः आपणं गतवान्। (पितृ)
(ग) किं त्वम् .... सह मन्दिरं गच्छसि? (मुनि)
(घ) बालः .... सह खेलितुं गच्छति। (मित्रम्)

उत्तराणि

(क) अध्यापकेन सह छात्रः शोधकार्यं करोति।
(ख) पित्रा सह पुत्रः आपणं गतवान्।
(ग) किं त्वं मुनिना सह मन्दिरं गच्छसि?
(घ) बालः मित्रेण सह खेलितुं गच्छति।

परीक्षा अभ्यासः

अधोलिखितान् श्लोकान् पठित्वा तदाधारितानां प्रश्नानाम् उत्तराणि लिखत।
(निम्नलिखित श्लोकों को पढ़कर उन पर आधारित प्रश्नों के उत्तर लिखिए।)

1. वृत्तं यत्नेन संरक्षेद् वित्तमेति च याति च।
अक्षीणो वित्ततः क्षीणो वृत्ततस्तु हतो हतः।।

I. एकपदेन उत्तरत। *(एक पद में उत्तर दीजिए।)*
(i) कं यत्नेन संरक्षेत्?
(ii) किम् आयाति याति च?
(iii) वृत्ततः क्षीणः कीदृशः भवति?

II. पूर्णवाक्येन उत्तरत। *(पूर्ण वाक्य में उत्तर दीजिए।)*
(i) वृत्तं केन संरक्षेत्?
(ii) केन क्षीणो हतो हतः?
(iii) मनुष्यः कदा अक्षीणः एवं तिष्ठति?

III. निर्देशानुसारम् उत्तरत।
(निर्देशानुसार उत्तर दीजिए।)
(i) 'इतः' इति सर्वनामस्थाने संज्ञापदं लिखत।
(ii) हतः अस्मिन्ः पदे का धातु का प्रत्यय च वर्तते?
(iii) 'धनम्' इत्यर्थे किं पदं प्रयुक्तम्?

2. श्रूयतां धर्मसर्वस्वं श्रुत्वा चैवावधार्यताम्।
आत्मनः प्रतिकूलानि परेषां न समाचरेत्।।

I. एकपदेन उत्तरत। *(एक पद में उत्तर दीजिए।)*
(i) किं श्रूयताम्?
(ii) श्रुत्वा किम् अवधार्यताम्?
(iii) कस्य प्रतिकूलानि न समाचरेत्?

II. पूर्णवाक्येन उत्तरत। *(पूर्ण वाक्य में उत्तर दीजिए।)*
(i) आत्मनः प्रतिकूलानि केषां न समाचरेत्?
(ii) परेषां किं न समाचरेत्?
(iii) अस्माभिः किं न समाचरेत्?

III. निर्देशानुसारम् उत्तरत।
(निर्देशानुसार उत्तर दीजिए।)
(i) 'श्रुत्वा' अस्मिन् पदे का प्रत्ययः वर्तते?
(ii) 'चैवावधार्यताम्' अस्मिन् पदे सन्धिच्छेदः वर्तते?
(iii) 'अवधार्यताम्' इति क्रियापदस्य कर्म पदं किम्?

3. पिबन्ति नद्यः स्वयमेव नाम्भः
स्वयं न खादन्ति फलानि वृक्षाः
नादन्ति सस्यं खलु वारिवाहाः
परोपकाराय सतां विभूतयः।।

I. एकपदेन उत्तरत। *(एक पद में उत्तर दीजिए।)*
(i) काः स्वयमेव अम्भः न पिबन्ति?
(ii) केषां विभूतयः परोपकाराय भवन्ति?
(iii) वृक्षाः किं न खादन्ति?

II. पूर्णवाक्येन उत्तरत। *(पूर्ण वाक्य में उत्तर दीजिए।)*
(i) वारिवाहाः स्वयं किं न अदन्ति?
(ii) के स्वयं फलानि न खादन्ति?
(iii) नद्यः किं न पिबन्ति?

III. निर्देशानुसारम् उत्तरत।
(निर्देशानुसार उत्तर दीजिए।)
(i) 'नाम्भः' अस्मिन् पदे सन्धिच्छेदः क्रियताम्?
(ii) 'परोपकारः' पदे का सन्धिः वर्तते?
(iii) 'अन्नम्' इति अर्थे किं पदं श्लोके प्रयुक्तम्?

4. आरम्भगुर्वी क्षयिणी क्रमेण
लघ्वी पुरा वृद्धिमती च पश्चात्।
दिनस्य पूर्वार्द्धपरार्द्धभिन्ना
छायेव मैत्री खलसज्जनानाम्।।

I. एकपदेन उत्तरत। *(एक पद में उत्तर दीजिए।)*
(i) खल सज्जनानाम् मैत्री कीदृशी भवति?
(ii) दिनस्य पूर्वार्द्धे छाया कीदृशी भवति?
(iii) केषाम् मैत्री पश्चात् वृद्धिमती भवति?

II. पूर्णवाक्येन उत्तरत। *(पूर्ण वाक्य में उत्तर दीजिए।)*
(i) दिनस्य परार्द्धे छाया कीदृशी भवति?
(ii) लघ्वी पुरा वृद्धिमती च पश्चात् केषां मैत्री भवति?
(iii) दिनस्य अपराइछायेव केषाम् मैत्री भवति?

III. निर्देशानुसारम् उत्तरत।
(निर्देशानुसार उत्तर दीजिए।)
(i) 'छायेव' पदस्य कः सन्धिच्छेदः वर्तते?
(ii) 'पुरा' इत्यस्य पदस्य विपरीतार्थकः शब्दः वर्तते?
(iii) अत्र 'भवति' इति क्रिया पदस्य कर्ताकः?

5. अधोलिखित श्लोकस्य अन्वयं मञ्जूषातः समुचितं पदं चित्वा पूरयत।
(निम्नलिखित श्लोक का अन्वय मञ्जूषा में दिए गए उचित शब्दों को चुनकर पूरा कीजिए।)

(i) यत्रापि कुत्रापि गता भवेयु
हँसा महीमण्डलमण्डनाय।
हानिस्तु तेषां हि सरोवराणां
येषां मरालैः सह विप्रयोगः।

अन्वयः यत्रापि (i) ....गता भवेयुः। येषां (ii) ....सह विप्रयोगः। गुणाः गुणज्ञेषु (iii) ....भवन्ति। ते निर्गुणं प्राप्य भवन्ति (iv) ....।

(ii) गुणेष्वेव हि कर्तव्यः प्रयत्नः पुरुषैः सदा।
गुणयुक्तो दरिद्रोऽपि नेश्वरैरगुणैः समः।।

अन्वयः गुणयुक्तो (i) ....नेश्वरैरगुणैः समः।

गुणेष्वेव हि कर्त्तव्यः प्रयत्नः (ii) ....सदा। प्रिय वाक्यप्रदानेन सर्वे तुष्यन्ति (iii)...........। तस्माद् (iv) .... तदेव वक्तव्यं...........का दरिद्रता।

मञ्जूषा (वचने, पुरुषैः, गुणाः, दोषाः, जन्तवः, कुत्रापि, मरालैः, दरिद्रोऽपि)

6. अधोलिखित श्लोकं पठित्वा मञ्जूषायाः पदानि चित्वा भावार्थं पूरयत।

(निम्नलिखित श्लोक को पढ़कर मञ्जूषा से शब्द चुनकर भावार्थ को पूरा कीजिए।)

पिबन्ति नद्यः स्वमेव नाम्भः, स्वयं न खादन्ति फलानि वृक्षाः।
नादन्ति सस्यं खलु वारिवाह्यः, परोपकाराय सतां विभूतयः।।

भावार्थ - नद्यः स्वमेव अम्भः न (i) ....वृक्षाः फलानि स्वयं न (ii) .... वारिवाहाः सस्यं खलु न (iii) .... एवं सतां विभूतयः (iv) .... (भवन्ति, न तु आडम्बराय।)

मञ्जूषा परोपकाराय, अदन्ति, खादन्ति, पिबन्ति

7. निम्नांकितेषु वाक्येषु रेखांकित पदानि आधृत्य प्रश्न निर्माणं कुरुत।

(निम्नलिखित वाक्यों में रेखांकित पदों के आधार पर प्रश्न निर्माण कीजिए।)

(i) प्रियवाक्यप्रदानेन सर्वे तुष्यन्ति जन्तवः।

(ii) वृत्तं यत्नेन संरक्षेत्।

(iii) सज्जनानां मैत्री पुरा लघ्वी पश्चात् च वृद्धिमती भवति।

(iv) वारिवाहाः स्वयमेव सस्यं न अदन्ति।

(v) धर्मसर्वस्वं श्रूयताम्।

8. अधोलिखितेषु पदेषु पर्याय पदेन सह मेलनं कुरुत।

(निम्नलिखित पदों का पर्याय पदों से मिलान कीजिए।)

(i) धनम्	—	मरालैः
(ii) चरित्रम्	—	वारिवाघः
(iii) हंसैः	—	वृत्तम्
(iv) मेघाः	—	वित्तम

9. अधोलिखितेषु पदेषु विशेषण-विशेष्य मेलनं कुरुत,

(निम्नलिखित पदों विशेषयों का विशेषण से मिलान कीजिए।)

(i) आस्वाद्यतोयाः	—	खलानां मैत्री
(ii) गुणयुक्तः	—	नद्यः
(iii) दिनस्य पूर्वार्द्धभिन्ना	—	दरिद्रः

10. रेखांकितपदानाम् प्रसङ्गानुसारम् अर्थस्य चयनम् कुरुत

(निम्नलिखित पदों के प्रसंग के अनुसार अर्थ लिखिए)

(i) वृत्तं यत्नेन संरक्षेद्।

(क) विचरम् (ख) सचित्रम्

(ग) चरित्रम् (घ) आचरणम्

(ii) आत्मनः प्रतिकूलानि परेषां न समाचरेत्।

(क) तेषां (ख) विदूषां

(ग) श्रुयेणां (घ) अन्येषां

(iii) नद्यः स्वमेव अम्भः न पिबन्ति।

(क) जलम् (ख) कम्

(ग) निर्जलम् (घ) जीवितम्

(iv) गुणयुक्तः दरिद्रः अपि पूजनीयः भवति।

(क) समृद्धि (ख) निर्धनः

(ग) धनवानः (घ) धनाढयः

11. अधोलिखितानां शब्दानाम् अर्थैः सहमेलनम् कुरुत

(निम्नलिखित शब्दों को अर्थ के साथ सही मेल कीजिए)

शब्दाः	अर्थाः
(i) याति	(क) हंसैः
(ii) खलानां	(ख) मेघाः
(ii) मरालैः	(ग) दुष्टानाम्
(iii) वारिवाहाः	(घ) गच्छति

उत्तराणि

1. I. *(i)* वृत्तम् *(ii)* वित्तम्
(iii) हतः

II. *(i)* वृतं यत्नेन संरक्षेत्।
(ii) वृतेन क्षीणो हतो हतः।
(iii) वित्ततः क्षीणः तु मनुष्यः अक्षीणः एव तिष्ठति।

III. *(i)* 'इतः' इति सर्वनामस्थाने संज्ञापदं 'वित्तः' अस्ति।
(ii) 'हतः' अस्मिन् पदे हन् धातु 'क्तः' प्रत्ययः वर्तते।
(iii) वित्तम् पदं प्रयुक्तम्।

2. I. *(i)* धर्मसर्वस्वं
(ii) धर्मसर्वस्वम्
(iii) आत्मनः

II. *(i)* आत्मनः प्रतिकूलानि परेषां न समाचरेत्।
(ii) परेषां आत्मनः प्रतिकूलानिं न समाचरेत्।
(iii) अस्माभिः आत्मनः प्रतिकूलानि न समाचरेत्।

III. *(i)* 'श्रुत्वा' अस्मिन् पदे श्रू धातु 'क्त्वा' प्रत्यय वर्तते।
(ii) 'चैवावधार्यताम्' अस्मिन् पदे 'च + एवं + अवधार्यताम्' इति सन्धिच्छेदः वर्तते।
(iii) धर्मर्स्वस्वम् कर्म पदम् अस्ति।

3. I. *(i)* नद्यः *(ii)* सतां/सज्जनानां
(iii) फलानि

II. *(i)* वारिवाहाः स्वयं सस्यं न अदन्ति।
(ii) वृक्षाः स्वयं फलानि न खादन्ति।
(iii) नद्यः स्वयमेव अम्भः न पिबन्ति।

III. *(i)* 'नाम्भः' अस्मिन् पदे' न + अम्भः' दीर्घ सन्धि वर्तते।
(ii) 'परोपकारः' पदे 'पर + उपकारः' इति गुण सन्धि वर्तते।
(iii) 'सस्यम्' पदं प्रयुक्तम्।

4. I. *(i)* छाया इव *(ii)* गुर्वी
(iii) सज्जनानाम्

II. *(i)* दिनस्य परार्द्धे छाया लघ्वी भवति।
(ii) लध्वी पुरा वृद्धिमती च पश्चात् सज्जनानां मैजी भवति।
(iii) दिनस्य अपरार्द्धछायेव सज्जानानाम् मैत्री भवति।

III. *(i)* 'छायेव' पदस्य 'छाया + इव' इति सन्धिच्छेदः वर्तते।
(ii) 'पुरा' इत्यस्य पदस्य विपरीतार्थकः शब्दः 'पश्चात्' इति वर्तते।
(iii) अत्र मैत्री कर्ता अस्ति।

5. I. *(i)* कुत्रापि *(ii)* मरालैः
(iii) गुणाः *(iv)* दोषाः

II. *(i)* दरिद्रोऽपि *(ii)* पुरुषैः
(iii) जन्तवः *(iv)* वचने

6. *(i)* पिबन्ति *(ii)* खादन्ति
(iii) अदन्ति *(iv)* परोपकाराय

7. *(i)* प्रियवाक्यप्रदानेन सर्वे तुष्यन्ति <u>के</u>?
(ii) वृत्तं <u>केन</u> संरक्षेत्?
(iii) <u>केषां</u> मैत्री पुरा लघ्वी पश्चात् च वृद्धिमती भवति?
(iv) वारिवाहाः स्वयमेव <u>किं</u> न अदन्ति?
(v) <u>किं</u> श्रूयताम्?

8. *(i)* वित्तम् *(ii)* वृत्तम्
(iii) मरालैः *(iv)* वारिवाधः

9. *(i)* नद्यः *(ii)* दरिद्रः
(iii) खलानां मैत्री

10. *(i)* (ग) चरित्रम् *(ii)* (घ) अन्येषां
(iii) (क) जलम् *(iv)* (ख) निर्धनः

11. *(i)* (घ) गच्छति *(ii)* (ग) दुष्टानाम्
(iii) (क) हंसैः *(iv)* (ख) मेघाः

अध्याय

05

भ्रान्तो बालः (भटका हुआ बालक)

प्रस्तुत पाठ 'संस्कृत प्रौढपाठावलिः' नामक ग्रंथ से संपादित किया गया है। इस कथा में एक ऐसे बालक का चित्रण है, जिसका मन अध्ययन की अपेक्षा खेल-कूद में लगा रहता है। यहाँ तक कि वह खेलने के लिए पशु-पक्षियों तक का आह्वान करता है, किंतु कोई उसके साथ खेलने के लिए तैयार नहीं होता। इससे वह बहुत निराश हो जाता है। अंततः उसे ज्ञात होता है कि सभी अपने-अपने कर्मों में व्यस्त हैं। केवल वही बिना किसी काम के इधर-उधर घूमता रहता है। वह निश्चय करता है कि अब वह व्यर्थ में समय गँवाना छोड़कर अपना कार्य करेगा।

पाठ का हिंदी अनुवाद

1 भ्रान्तः कश्चन बालः पाठशालागमनवेलायां क्रीडितुं निर्जगाम। किन्तु तेन सह केलिभिः कालं क्षेप्तुं तदा कोऽपि न वयस्येषु उपलभ्यमान आसीत्। यतस्ते सर्वेऽपि पूर्वदिनपाठान् स्मृत्वा विद्यालयगमनाय त्वरमाणा बभूवुः। तन्द्रालुर्बालो लज्जया तेषां दृष्टिपथमपि परिहरन्नेकाकी किमप्युद्यानं प्रविवेश। य चिन्तयामास-विरमन्त्वेते वराकाः पुस्तकदासाः। अहं पुनरात्मानं विनोदयिष्यामि। ननु भूयो द्रक्ष्यामि क्रुद्धस्य उपाध्यायस्य मुखम्। सन्त्वेते निष्कुटवासिन एव प्राणिनो मम वयस्यः इति।

अनुवाद कोई भ्रमित (भटका हुआ) बालक पाठशाला जाने के समय खेलने के लिए निकल गया, किंतु उसके साथ खेल द्वारा समय बिताने के लिए कोई भी साथी (मित्र) नहीं मिल रहा था, क्योंकि वे सभी पहले दिन के पाठ को याद करके विद्यालय जाने के लिए शीघ्रता कर रहे थे। वह बालक लज्जा के कारण अन्य बालकों की निगाह से बचते हुए अकेला ही किसी बाग में घुस गया। वह सोचने लगा—इन मूर्ख पुस्तक के गुलामों को रोकूँगा। मैं पुनः स्वयं ही खेलूँगा। निश्चय ही बाद में नाराज अध्यापक के मुख को देखूँगा। ये वृक्ष के कोटर (खोखले) में रहने वाले जीव ही मेरे मित्र हैं।

2 अथ स पुष्पोद्यानं व्रजन्तं मधुकरं दृष्ट्वा तं क्रीडाहेतोराह्वयत। स द्विस्त्रिरस्याह्वानमेव न मानयामास। ततो भूयो भूयः हठमाचरति बाले सोऽगायत् वयं हि मधुसंग्रहव्यग्रा इति। तदा स बालः 'कृतमनेन मिथ्यागर्वितेन कीटेन' इत्यन्यतो दत्तदृष्टिश्चटकमेकं' चञ्चवा तृणशलाकादिकमाददानमपश्यत्। उवाच च-''अयि चटकपोत! मानुषस्य मम मित्रं भविष्यसि। एहि क्रीडावः। त्यज शुष्कमेतत् तृणम् स्वादूनि भक्ष्यकवलानि ते दास्यामि'' इति। स तु 'नीडः कार्यो बटद्रुशाखायां तद्यामि कार्येण' इत्युक्त्वा स्वकर्मव्यग्रो बभूव।

अनुवाद इसके बाद वह फूलों के बगीचे में घूमते हुए भौंरों को देखकर उन्हें खेलने के लिए बुलाने लगा। वे उसके दो-तीन बार बुलाने पर भी नहीं आए। इसके बाद भौंरें बार-बार बालक के जिद करने पर गाने लगे कि हम सभी तो शहद का संग्रह करने में लगे हुए हैं। तब उस बालक ने झूठे गर्व किए हुए उन भौंरों से अलग तिनकों को अपनी चोंच में लेकर ग्रहण करने वाली एक चिड़िया को देखा और वह उससे बोला—''हे चिड़िया! मुझ मनुष्य की मित्र बनोगी? आओ हम दोनों यहीं खेलेंगे। इस सूखे तिनके को छोड़ दो, मैं तुम्हें खाने के लिए उपयुक्त कौर (भोजन) दूँगा।'' उसने भी बालक से कहा—मैं तो पेड़ की शाखा पर अपना घोंसला बनाने के कार्य में लगी हुई हूँ। ऐसा कहकर वह पुनः अपने कार्य में व्यस्त हो गई।

3 तदा खिन्नो बालकः एते पक्षिणो मानुषेषु नोपगच्छन्ति। तदन्वेषयाम्यपरं मानुषोचित विनोदयितारमिति परिक्रम्य पलायमानं कमपि श्वानमवालोकयत्। प्रीतो बालस्तमित्थं संबोधयामास-रे मानुषाणां मित्र! किं पर्यटसि अस्मिन् निदाघदिवसे? आश्रयस्वेदं प्रच्छायशीतलं तरुमूलम्। अहमपि क्रीडासहायं त्वामेवानुरूपं पश्यामीति। कुक्कुरः प्रत्याह-

यो मां पुत्रप्रीत्या पोषयति स्वामिनो गृहे तस्य।
रक्षानियोगकरणान्न मया भ्रष्टव्यमीषदपि।। इति।

अनुवाद तब दुःखी बालक इन पक्षियों और मनुष्यों में से किसी के पास नहीं जाता है। वह सोचता है कि किसी दूसरे मनोरंजन करने वाले उचित मनुष्य को खोजता हूँ। ऐसा सोचकर घूमकर भागते हुए किसी कुत्ते को उस बालक ने देखा। प्रेम सहित उस बालक ने कुत्ते को इस प्रकार संबोधित किया हे मनुष्यों के मित्र! इस गर्मी के दिन में तुम कहाँ भागे जा रहे हो? पेड़ की जड़ में नीचे शरण लो, पसीना पोछो और पेड़ की ठंडी छाया लो। मैं भी खेल के साथी तुम्हारे अनुसार ही तुम्हें देख रहा हूँ। कुत्ता बोला– जो स्वामी मुझे पुत्र के समान प्रेम करते हुए मेरा पालन-पोषण करता है, मैं उस मालिक के घर की रक्षा करने में लगा हुआ हूँ, एक क्षण के लिए मुझे थोड़ा-सा भी उसके घर की रक्षा करने के कार्य से अलग नहीं होना चाहिए। इसलिए मैं तुम्हारे साथ नहीं खेल सकता हूँ।

4 सर्वैरेवं निषिद्धः स बालो विघ्नितमनोरथः सन् 'कथमस्मिन् जगति प्रत्येकं स्व-स्वकृत्ये निमग्नो भवति। न कोऽप्यहमिव वृथा कालक्षेपं सहते। नम एतेभ्यः यैर्मे तन्द्रालुतायां कुत्सा समापादिता। अथ स्वोचितमहमपि करोमि इति विचार्य त्वरितं पाठशालामुपजगाम। ततः प्रभृति स विद्याव्यसनी भूत्वा महतीं वैदुषीं प्रथां सम्पदं च लेभे।

अनुवाद सभी के इस प्रकार मना करने पर वह बालक टूटे मनोरथ वाला (मन की इच्छानुसार) कार्य न होने पर सोचने लगा कि सभी इस संसार में अपने-अपने कार्य में लगे हुए हैं। कोई भी मेरी तरह बेकार में समय नहीं व्यर्थ कर रहा है। इन सभी के द्वारा आलस्य से उसके मन में घृणा भाव उत्पन्न हो गया। इसके बाद जो उचित होगा। वह मैं भी करूँगा। ऐसा सोचकर जल्दी से पाठशाला चला गया। वहाँ उसने पढ़ने में व्यस्त होकर बहुत महान् विद्वान् की ख्याति (प्रसिद्धि) और संपत्ति को प्राप्त किया।

शब्दार्थाः

बालः– बालकः (बालक); भ्रान्तः– भ्रमयुक्तः (भ्रमित, भटका हुआ); बेलायाम्– समये (समय पर); क्रीडितुम्– खेलितुम् (खेलने के लिए); निर्जगाम– निष्क्रान्तः (निकल गया); केलिभिः– क्रीडाभिः (खेल द्वारा); कालं क्षेप्तुम्– समयं यापयितुम् (समय बिताने के लिए।); वयस्येषु– मित्रेषु (मित्रों में से); त्वरमाणाः– त्वरां कुर्वन्तः त्वरयन्तः (शीघ्रता करते हुए); तन्द्रालुः– अलसः अक्रियः (आलसी); दृष्टिपथम्– दृष्टिम् (निगाह); चिन्तयामास– अचिन्तयत् (सोचा); पुस्तकदास्य– पुस्तकानां दासाः (पुस्तकों के गुलाम); उपाध्यायस्य– आचार्यस्य (गुरु के); निष्कुटवासिनः– वृक्षकोटरनिवासिनः (वृक्ष के कोटर में रहने वाले); क्रीडाहेतोः– केलिनिमित्तम् (खेलने के निमित); आह्वानम्– आमन्त्रणम् (बुलावा); हठमाचरति– आग्रहपूर्वकं व्यवहारं कुर्वति सति (हठ करने पर); मधुसंग्रहव्यग्राः– पुष्परससंकलनतत्पराः (पुष्प के रस के संग्रह में लगे हुए); भूयो भूयः– पुनः पुनः (बार-बार); मिथ्यागर्वितेन– व्यर्थाहङ्कारयुक्तेन (झूठे गर्व वाले); चटकम्– पक्षी (चिड़िया); चञ्च्वा– चञ्चुपुटे (चोंच से); आददानम्– गृह्णन्तम् (ग्रहण करते हुए को); स्वादूनि– स्वादिष्टानि (स्वादयुक्त); भक्ष्यकवलानि– भक्षणीयग्रासाः (खाने के लिए उपयुक्त कौर); स्वकर्मव्यग्रः– स्वकीयकार्येषु तत्परः (अपने कार्यों में संलग्न); अन्वेषयामि– अन्वेषणं करोमि (खोजता हूँ); विनोदयितारम्– मनोरञ्जनकारिणम् (मनोरंजन करने वाले को); पलायमानम्– धावन्तम् (भागते हुए); तरुमूलम्– वृक्षमूलम् (पेड़ की जड़ में); अवलोकयत्– अपश्यत् (देखा) बटद्रुशाखायां– वटवृक्षस्य शाखा (बरगद के पेड़ की शाखा पर); संबोधयामास– संबोधितवान्– (संबोधित किया); निदाघदिवसे– ग्रीष्मदिने (गर्मी के दिन में); केलीसहायम्– क्रीडासहायकम् (खेल में सहयोगी); अनुरूपम्– योग्यम् (उपयुक्त); कुक्कुरः– श्वा (कुत्ता) रक्षानियोगकरणात्– सुरक्षाकार्यवशात् (रक्षा के कार्य में लगे होने से) भ्रष्टव्यम्– पतितव्यम् (हटना चाहिए); ईषदपि– अल्पमात्राम् अपि (थोड़ा-सा भी); निषिद्धः– अस्वीकृतः (मना किया गया); विघ्नितमनोरथः– खंडितकामः (टूटी इच्छाओं वाला); सन्– सति (होने पर); कालक्षेपम्– समयस्य यापनम् (समय बिताना); तन्द्रालुतायाम्– तन्द्रालुजनस्य भावे अलसत्वे (आलस्य में); कुत्सा– घृणा, भर्त्सना (घृणाभाव); विद्याव्यसनी– अध्ययनरतः (विद्या में रत रहने वाला); प्रथाम्– प्रसिद्धिम् (ख्याति, प्रसिद्धि); लेभे– प्राप्तम् (प्राप्त किया)।

NCERT फोल्डर:

1. एकपदेन उत्तरं लिखत-

(क) कः तंद्रलुः भवति?

(ख) बालकः कुत्र व्रजन्तं मधुकरम् अपश्चत्?

(ग) के मधुसंग्रहव्यग्राः अभवन्?

(घ) चटकः कया तृणशलाकादिकम् आददाति?

(ङ) चटकः कस्य शाखायां नीडं रचयति?

(च) बालकः कीदृशं श्वानं पश्चति?

(छ) श्वा कीदृशे दिवसे पर्यटति।

उत्तराणि

(क) बालकः

(ख) उद्याने

(ग) मधुकशः

(घ) चञ्चवा

(ङ) वटुदुमस्य

(च) पलायमानम्

(छ) निदाघदिवसे

2. अधोलिखितानां प्रश्नानाम् उत्तराणि संस्कृतभाषया लिखत।

(क) बालः कदा क्रीडितुं निर्जगाम?

(ख) बालस्य मित्राणि किमर्थं त्वरमाणा बभूवुः?

(ग) मधुकरः बालकस्य आह्वानं केन कारणेन न अमन्यत?

(घ) बालकः कीदृशं चटकम् अपश्यत्?

(ङ) बालकः चटकाय क्रीडनार्थं कीदृशं लोभं दत्तवान्?

(च) खिन्नः बालकः श्वानं किम् अकथयत्?

(छ) विघ्नितमनोरथः बालः किम् अचिन्तयत्?

उत्तराणि

(क) बालः पाठशाला गमन वेलायां क्रीडितुं निर्जगाम।

(ख) बालस्य मित्राणि पूर्वदिन पाठान् स्मृत्वा विद्यालय गमनाय त्वरमाणा बभूवुः।

(ग) मधुकरः बालस्य आह्वानं मधुसंग्रह व्यग्रा भवितुं कारणेन अमन्यत।

(घ) बालकः दत्त दृष्टिश्चटकमेकं चञ्चा तृणशलाकादिकमाददानमपश्यत्।

(ङ) बालकः चटकाय क्रीडनार्थं लोभं दत्तवान् यत् 'त्यज शुष्कमेतत् तृणां स्वादूनि भक्ष्यकवलानि ते दास्यामि।''

(च) खिन्नः बालकः श्वानम् अकथयत् यत् ''रे मानुषाणां मित्र! किं पर्यटसि अस्मिन् निदाघ दिवसे? आश्रयस्वेदं प्रच्छायशीतलं तरुमूलम्।''

(छ) विघ्नितमनोरथः बालः अचिन्तयत्-कथमस्मिन् जगति प्रत्येकं स्व-स्वकृत्ये निमग्नः भवति। न कोऽप्यहमिव वृथा कालक्षेपं सहते।

3. निम्नलिखितस्य श्लोकस्य भावार्थं हिन्दीभाषया आङ्ग्लभाषया वा लिखत।

यो मां पुत्रप्रीत्या पोषयति स्वामिनो गृहे तस्य।
रक्षानियोगकरणान्न मया भ्रष्टव्यमीषदपि।।

भावार्थ कुत्ते ने बालक को जवाब दिया कि जो मालिक मुझे पुत्र के समान समझकर मेरा भरण-पोषण करता है उस मालिक के घर की रक्षा में लगे हुए होने के कारण मैं एक क्षण के लिए थोड़ा-सा भी अलग नहीं हो सकता हूँ। इसलिए मैं तुम्हारे साथ नहीं खेल सकता हूँ, क्योंकि मैं मालिक के घर की रखवाली के कार्य में निरंतर लगा हुआ हूँ।

4. ''भ्रान्तो बालः'' इति कथायाः सारांशं हिन्दीभाषया आङ्ग्लभाषया वा लिखत।

उत्तर सारांश यह कथा 'संस्कृत प्रौढपाठावलिः' नामक ग्रंथ से ली गई है। इस कथा में एक पढ़ाई से भ्रमित बालक का वर्णन किया गया है। एक बार कोई भटका हुआ बालक पाठशाला जाने के समय खेलने में लगा हुआ था। उसने अपने साथ खेलने के लिए अपने मित्रों से कहा, परंतु उसका कोई भी मित्र उसके साथ खेलने नहीं आया, क्योंकि वे सब पढ़ने के लिए विद्यालय जा रहे थे। वह बालक एक बगीचे में पहुँचा तथा वहाँ पेड़ की कोटर में स्थित प्राणियों को अपना मित्र बनाकर बोला कि तुम मेरे मित्र हो, परंतु अपने कार्य में लगे हुए किसी ने भी उसकी बात का कोई उत्तर नहीं दिया, फिर वह फूलों के बगीचे में उड़ने वाले एक भौंरे को अपने साथ खेलने के लिए कहने लगा। परंतु भौंरे ने कहा कि हम शहद का संग्रह करने में व्यस्त हैं।

हम तुम्हारे साथ नहीं खेल सकते हैं। फिर उसने एक चिड़िया को अपनी चोंच में सूखा तिनका ले जाते हुए देखकर उस चिड़िया से कहा कि हे चिड़िया! तुम मुझ मनुष्य की मित्र बनोगी, मैं तुम्हें खाने के लिए भोजन दूँगा। परंतु वह चिड़िया तो पेड़ की शाखा पर अपना घोंसला बनाने में व्यस्त थी, इसलिए चिड़िया ने उस बालक के साथ खेलने से मना कर दिया।

दुःखी बालक ने पशु-पक्षियों से इस प्रकार आग्रह करते हुए पुनः एक कुत्ते को गर्मी में दौड़ते हुए देखा, तो उसने कुत्ते से पूछा कि हे मनुष्यों के मित्र! तुम इस गर्मी में कहाँ भागे जा रहे हो? पेड़ की शीतल छाया में विश्राम कर लो। मैं तुम्हारे साथ खेलूँगा।

कुत्ते ने बालक से कहा-मैं तुम्हारे साथ नहीं खेल सकता हूँ, क्योंकि जो मालिक मेरा अपने पुत्र के समान भरण-पोषण करता है! मैं उस मालिक के घर की रक्षा में लगा हुआ हूँ। मैं एक क्षण के लिए थोड़ा-सा भी इधर-उधर नहीं हो सकता हूँ। अतः मैं तुम्हारे साथ नहीं खेल सकता हूँ। इस प्रकार सभी पशु-पक्षियों के मना करने पर वह सोचने लगा कि संसार के सभी प्राणी अपने-अपने कार्यों में लगे हुए हैं। मेरी तरह कोई भी अपना समय बेकार में व्यतीत नहीं कर रहा है।

ऐसा सोचकर वह जल्दी ही तैयार होकर पाठशाला चला गया, तब से लेकर वह पढ़ने में व्यस्त रहते हुए अत्यंत विद्वान् बन गया और आगे चलकर उसने धन-दौलत तथा प्रसिद्धि को प्राप्त किया।

5. स्थूलपदान्यधिकृत्य प्रश्ननिर्माणं कुरुत।

(क) **स्वादूनि** भक्ष्यकवलानि ते दास्यामि।

(ख) चटकः **स्वकर्मणि** व्यग्रः आसीत्।

(ग) कुक्कुरः **मानुषाणां** मित्रम् अस्ति।

(घ) स महतीं **वैदुषीं** लब्धवान्।

(ङ) **रक्षानियोगकरणात्** मया न भ्रष्टव्यम् इति।

उत्तराणि

(क) कीदृशानि भक्ष्यकवलानि ते दास्यामि?

(ख) चटकः कस्मिन् व्यग्रः आसीत्?

(ग) कुक्कुरः केषां मित्रम् अस्ति?

(घ) सः काम् लब्धवान्?

(ङ) कस्मात् कारणात् मया न भ्रष्टव्यम् इति?

6. "एतेभ्यः नमः"–इति उदाहरणमनुसृत्य नमः इत्यस्य योगे चतुर्थी विभक्तेः प्रयोग कृत्वा पञ्चवाक्यानि रचयत।

उत्तराणि

(क) रामाय नमः

(ख) विष्णवे नमः

(ग) गणेशाय नमः

(घ) देवेभ्योः नमः

(ङ) देवताभ्योः नमः

7. 'क' स्तम्भे समस्तपदानि 'ख' स्तम्भे च तेषां विग्रहः दत्तानि, तानि यथासमक्षं लिखत।

'क' स्तम्भ	'ख' स्तमभ
(क) दृष्टिपथम्	(1) पुष्पाणाम् उद्यानम्
(ख) पुस्तकदासाः	(2) विद्यायाः व्यसनी
(ग) विद्याव्यसनी	(3) दृष्टेः पन्थाः
(घ) पुष्पोद्यानाम्	(4) पुस्तकानां दासाः

उत्तराणि

'क' स्तम्भ	'ख' स्तम्भ
(क) दृष्टिपथम्	(1) दृष्टेः पन्थाः
(ख) पुस्तकदासाः	(2) पुस्तकानां दासाः
(ग) विद्याव्यसनी	(3) विद्यायाः व्यसनी
(घ) पुष्पोद्यानाम्	(4) पुष्पाणाम् उद्यानम्

8. (क) अधोलिखितेषु पदयुगमेषु एक विशेष्यपदम् अपरञ्च विशेषणपदम्। विशेषणदम् विशेष्यपदं च पृथक्-पृथक् चित्वा लिखत।

शब्द		विशेषणम्	विशेष्यम्
(i) खिन्नः बालः	–	....	....
(ii) पलायमानं श्वानम्	–	....	....
(iii) प्रीतः बालकः	–	....	....
(iv) स्वादूनि भक्ष्यकवलानि	–	....	....
(v) त्वरमाणाः वयस्याः	–	....	....

उत्तराणि

विशेषणम्	विशेष्यम्
(i) खिन्नः	बालः
(ii) पलायमानम्	श्वानम्
(iii) प्रीतः	बालकः
(iv) स्वादूनि	भक्ष्य कवलानि
(v) त्वरमाणाः	वयस्याः

(ख) कोष्ठकगतेषु पदेषु सप्तमीविभक्तेः प्रयोगं कृत्वा रिक्तस्थानपूर्तिं कुरुत।

(i) बालः .... क्रीडितुं निर्जगाम। (पाठशालागमनवेला)

(ii) .... जगति प्रत्येकं स्वकृत्ये निमग्नो भवति। (इदम्)

(iii) खगः .... नीडं करोति। (शाखा)

(iv) अस्मिन् .... किमर्थं पर्यटसिः (निदाघदिवस)

(v) .... हिमालयः उच्चतमः। (नग)

उत्तराणि

(i) पाठशालागमनवेलायां

(ii) अस्मिन्

(iii) शाखायां

(iv) निदाघदिवसे

(v) नगेषु

परीक्षा अभ्यासः

अधोलिखितान् गद्यांशान् पठित्वा तदा धारितानां प्रश्नानाम् उत्तराणि लिखत।
(निम्नलिखित गद्यांशों को पढ़कर आधारित प्रश्नों के उत्तर लिखिए।)

1. भ्रान्तः कश्चन बालः पाठशालागमनवेलायां क्रीडितुं निर्जगाम किन्तु तेन सह केलिभिः कालं क्षेप्तुं तदा कोऽपि न वयस्येषु उपलभ्यमान आसीत् यतस्ते सर्वेऽपि पूर्वदिनपाठान् स्मृत्वा विद्यालयगमनाय त्वरमाणा बभूवुः। तन्द्रालुर्बालो लज्जया तेषां दृष्टिपथमपि परिहरन्नेकाकी किमप्युद्यानं प्रविवेश।

स चिन्तयामास-विरमन्त्वेते वराकाः पुस्तकदासाः। अहं पुनरात्मानं विनोदयिष्यामि। ननु भूयो द्रक्ष्यामि क्रुद्धस्य उपाध्यायस्य मुखम्। सन्त्वेते निष्कुटवासिन एव प्राणिनो मम वयस्या इति।

I. एकपदेन उत्तरत। *(एक पद में उत्तर दीजिए।)*

(i) बालकः कीदृशः आसीत्?

(ii) तन्द्रालुः बालः लज्जया तेषां दृष्टि पथमपि परिहरन्नेकाकी कुत्र प्रविवेशः?

(iii) कीदृशः बालकः उद्यानं प्राविवेश?

II. पूर्णवाक्येन उत्तरत। *(पूर्ण वाक्य में उत्तर दीजिए।)*

(i) भ्रान्तः बालः कदा क्रीडितुं निर्जगाम?

(ii) बालः किं चिन्तयामास?

(iii) बालकेन सह किमर्थं वयस्येषु न उपलभ्यमानः आसीत्?

III. निर्देशानुसारम् उत्तरत। *(निर्देशानुसार उत्तर दीजिए।)*

(i) 'अहं' सर्वनामस्थाने संज्ञापदं लिखत।

(ii) 'क्रीडितुम्' अस्मिन् पदे कः प्रत्ययः वर्तते?

(iii) चिन्तयामास इत्यर्थे किं पदं अत्र प्रयुक्तम्?

2. अथ स पुष्पोद्यानं व्रजन्तं मधुकरं दृष्ट्वा तं क्रीडाहेताराह्वयत्। स द्विस्त्रिरस्याह्वानमेव न मानयामास। ततो भूयो भूयः हठमाचरति बाले सोऽगायत्-वयं हि मधुसंग्रहव्यग्रा इति। तदा स बालः 'कृतमनेन मिथ्यागर्वितेन कीटेन' इत्यन्यतो दत्तदृष्टिश्चटकमेकं चञ्च्वा तृणशलाकादिकमाददानमपश्यत्। उवाच च-"अयि चटकपोत! मानुषस्य मम मित्रं भविष्यसि। एहि क्रीडावः। त्यज शुष्कमेतत् तृणम् स्वादूनि भक्ष्यकवलानि ते दास्यामि" इति। स तु 'नीडः कार्यो बटद्रुशाखायां तद्यामि कार्येण' इत्युक्त्वा स्वकर्मव्यग्रो बभूव।

I. एकपदेन उत्तरत। *(एक पद में उत्तर दीजिए।)*

(i) बालकः पुष्पोद्यानं व्रजन्तं कम् दृष्ट्वा तं क्रीडाहेतोराह्वयत्?

(ii) चटका कुत्र नीडं निर्मायति स्म?

(iii) बालः कुत्र भ्रमन्तं एक मधुकरम् अपश्यत्?

II. पूर्णवाक्येन उत्तरत। *(पूर्ण वाक्य में उत्तर दीजिए।)*

(i) बालकः चटकायाः चञ्चुः मध्ये किम् अपश्यत्?

(ii) मधुकरः कस्मिन् कार्ये व्यग्रा भवति?

(iii) चटकपोतः बालम् किम् अकथयत्?

III. निर्देशानुसारम् उत्तरत। *(निर्देशानुसार उत्तर दीजिए।)*

(i) पुष्पोद्यानम्' अस्मिन् पदे कः सन्धिः वर्तते?

(ii) 'दृष्ट्वा' अस्मिन् पदे कः प्रत्ययः वर्तते?

(iii) पुनः पुनः इत्यर्थे किं पदं अत्र अनुच्छेदे प्रयुक्तम्?

3. तदा खिन्नो बालकः एते पक्षिणो मानुषेषु नोपगच्छन्ति। तदन्वेषयाम्यपरं मानुषोचितं विनोदयितारमिति परिक्रम्य पलायमानं कमपि श्वानमवालोकयत्। प्रीतो बालस्तमित्थं संबोधयामास—रे मानुषाणां मित्र! किं पर्यटसि अस्मिन् निदाघदिवसे? आश्रयस्वेदं प्रच्छायशीतलं तरुमूलम् अहमपि क्रीडासहायं त्वामेवानुरूपं पश्यामीति। कुक्कुरः प्रत्याह—

यो मां पुत्रप्रीत्या पोषयति स्वामिनो गृहे तस्य।
रक्षानियोगकरणान्न मया भ्रष्टव्यमीषदपि।। इति।

I. एकपदेन उत्तरत। *(एक पद में उत्तर दीजिए।)*

(i) बालकः कीदृशं श्वानम् अवलोकयत्?

(ii) स्वामिनः गृहस्य रक्षां कः करोति?

(iii) श्वानम् दृष्टवा बाल कीदृशः जातः?

II. पूर्णवाक्येन उत्तरत। *(पूर्ण वाक्य में उत्तर दीजिए।)*

(i) कीदृशः बालकः एते पक्षिणो मानुषेषु नोपगच्छन्ति?

(ii) प्रीतो बालः कुक्कुरः किं संबोधयामास?

(iii) कुक्करः पुत्रप्रीत्या केन पोषयति?

III. निर्देशानुसारम् उत्तरत। *(निर्देशानुसार उत्तर दीजिए।)*

(i) 'मानुषोचितम्' इत्यस्य पदस्य कः सन्धिच्छेदः वर्तते?

(ii) 'परिक्रम्य' अस्मिन् पदे का प्रत्ययः वर्तते?

(iii) 'समीपं गच्छन्ति' इति अर्थे समस्तपदं किम्?

4. सर्वैरेवं निषिद्धः स बालो विघ्नितमनोरथः सन्-'कथमस्मिन् जगति प्रत्येकं' स्व-स्वकृत्ये निमग्नो भवति। न कोऽप्यहमिव वृथा कालक्षेपं सहते। नम एतेभ्यः यैर्मे तन्द्रालुतायां कुत्सा समापादिता। अथ स्वोचितमहमपि करोमि इति विचार्य त्वरितं पाठशालामुपजगाम। ततः प्रभृति स विद्याव्यसनी भूत्वा महतीं वैदुषीं प्रथां सम्पदं च लेभे।

I. एकपदेन उत्तरत। *(एक पद में उत्तर दीजिए।)*

(i) अथ स्वोचितमहमपि करोमि इति विचार्य बालकः त्वरितं कुत्र जगाम?

(ii) अस्मिन् संसारे कः स्व स्वकार्ये निमग्नः भवति?

(iii) बालः सर्वैः कीदृशः आसीत्?

II. पूर्णवाक्येन उत्तरत। *(पूर्ण वाक्य में उत्तर दीजिए।)*

(i) बालकः किं विचार्य त्वरितं पाठशालामुपजगाम?

(ii) सः किं भूत्वा महतीं वैदुषीं प्रथां सम्पदं च लेभे?

(iii) विनितमनोरथः बालः किम् अचिन्तयत्?

III. निर्देशानुसारम् उत्तरत।
(निर्देशानुसार उत्तर दीजिए।)
(i) 'प्रत्येकम्' अस्य पदस्य कः सन्धिच्छेदः वर्तते?
(ii) 'विचार्य' अस्मिन् पदे कः प्रत्ययः वर्तते?
(iii) 'शीघ्रम्' इति पदस्य पर्यायपदं किम् प्रयुक्तम् अत्र?

5. अधोलिखित श्लोकस्य अन्वयं मञ्जूषातः समुचितं पदं चित्वा पूरयत।

(निम्नलिखित श्लोक का अन्वय मञ्जूषा में दिए गए उचित शब्दों को चुनकर पूरा कीजिए।)

यो मां पुत्रप्रीत्या पोषयति स्वामिनो गृहे तस्य।
रक्षानियोगकरणान्न मया भ्रष्टव्यमीषदपि॥

अन्वयः भ्रान्तः कश्चन बालः (i) .... क्रीडितुं निर्जगाम।
तन्द्रालुर्बालो (ii) .... तेषां दृष्टिपथमपि परिहरन्नेकाकी किमप्युद्यानं प्रविवेश। (iii) .... मम मित्रं भविष्यसि।
त्यज शुष्कमेतत् (iv) .... स्वादूनि भक्ष्यकवलानि ते दास्यामि।

मञ्जूषा – तृणम्, मानुषस्य, लज्जया, पाठशालागमनवेलाया

6. अधोलिखित श्लोकं पठित्वा मञ्जूषायाः पदानि चित्वा भावार्थं पूरयत।

(निम्नलिखित श्लोक को पढ़कर मञ्जूषा से शब्द चुनकर भावार्थ को पूरा कीजिए।)

यो मां पुत्रप्रीत्या पोषयति स्वामिनो गृहे तस्य।
रक्षानियोगकरणान्न मया भ्रष्टव्यमीषदपि॥

भावार्थ : यः मम (i) .... मां (ii) .... प्रेम्णा पालयति, तस्य भर्तुः (iii) .... सुरक्षाकार्यात् मया (iv) .... न पतितव्यम्।

मञ्जूषा –अल्पमात्रमपि, गेहे, पुत्रवत्, स्वामी

7. निम्नांकितेषु वाक्येषु रेखांकितानि पदानि आधृत्य प्रश्न निर्माणं कुरुत।
(निम्नलिखित वाक्यों में रेखांकित पदों के आधार पर प्रश्न निर्माण कीजिए।)
(i) यतस्ते सर्वेऽपि पूर्वदिनपाठान् स्मृत्वा विद्यालयगमनाय त्वरमाणा बभूवुः।
(ii) अहं पुनः आत्मानं विनोदमिष्यामि।
(iii) अथ सः पुष्पोद्यानं व्रजन्तं मधुकरं दृष्ट्वा तं क्रीडाहेतोराह्वयत्।
(iv) सर्वैरेवं निषिद्धः सः बालः विघ्नित मनोरथः सन्।
(v) स्वोचितमहमपि करोमि इति विचार्य बालः त्वरितं पाठशालामुपजगाम।

8. अधोलिखितेषु पदेषु पर्याय पदेन सह मेलनं कुरुत।
निम्नलिखित पदों का पर्याय पदों से मिलान कीजिए।

(i) तन्द्रालुः	—	विद्यालयम्
(ii) निर्जगामः	—	गुरुम्
(iii) पाठशालाम्	—	निष्क्रान्तः
(iv) उपाध्यायम्	—	अक्रियः

9. अधोलिखितेषु पदेषु विशेषण-विशेष्य मेलनं कुरुत —
निम्नलिखित पदों विशेषयों का विशेषण से मिलान कीजिए।

(i) खिन्नः	—	श्वानम्
(ii) पलायमानम्	—	भक्ष्यकवलानि
(iii) स्वादूनि	—	बालः

10. अधोलिखितक्रमरहितवाक्यानां कथाक्रमानुसारेण संयोजनं कुरुत।
(निम्नलिखित क्रम रहित वाक्यों को कथा क्रमानुसार संयोजित कीजिए।)
(i) कुक्कुरः आह-स्वामिनो गृहे रक्षानियोगकरणान्न मया भ्रष्टव्यम्।
(ii) एते पक्षिणो मानुषेषु नोपगच्छन्ति।
(iii) मधुकरः द्विस्त्रिरस्याद्वानमेव न मानयामास।
(iv) न कोऽपि अहमिव वृथा कालक्षेपं सहते।
(v) अयि चटकपोत! मानुषस्य मम मित्रं भविष्यसि।
(vi) भ्रान्तः बालः चिन्तयामास-अहं पुनरात्मानं विनोदयिष्यामि।
(vii) सः मधुकरं क्रीडाहेतोराह्वयत्।
(viii) चटकपोतः स्वकर्मव्याग्रो बभूव।

11. रेखांकितपदानाम् प्रसङ्गानुसारम् अर्थस्य चयनम् कुरुत
(निम्नलिखित पदों के प्रसंग के अनुसार अर्थ लिखिए)
(i) बालः पाठशालागमन वेलायां क्रीडितुं निर्जगाम।
(क) समये (ख) चिन्तम्
(ग) नष्टः (घ) सञ्जात्
(ii) ननु भूयो द्रक्ष्यामि क्रुद्धस्य उपाध्यायस्य मुखम्।
(क) दास्यामि (ख) भविष्यामि
(ग) पश्यामि (घ) गमिष्यामि
(iii) स पुष्पोद्यानं व्रजन्तं मधुकरं पश्यति।
(क) मुधरं (ख) भ्रमरं
(ग) अभ्रमरं (घ) भ्रमं
(iv) महतीं वैदुषी प्रथां सम्पदं च लेभे।
(क) अप्रसिद्धिम् (ख) सम्पन्नम्
(ग) प्राप्तम् (घ) प्रसिद्धिम्

12. अधोलिखितानां शब्दानाम् अर्थैः सहमेलनम् कुरुत
(निम्नलिखित शब्दों को अर्थ के साथ सही मेल कीजिए)

शब्दाः	अर्थाः
(i) तन्द्रालु	(क) अध्ययनरत
(ii) निर्जगामः	(ख) क्रीडाभिः
(ii) विद्याव्यसनी	(ग) निष्क्रान्तः
(iii) केलिभिः	(घ) अलसः

परीक्षा अभ्यासः

उत्तराणि

1. I. *(i)* भ्रान्त:/तन्द्रालु: *(ii)* किमप्युद्यानं
(iii) एकाकी

II. *(i)* भ्रान्तः बालः पाठशालागमनबेलायां क्रीडितुं निर्जगाम।
(ii) बालः चिन्तयामास-विरमन्त्वेते वराकाः पुस्तकदासाः।
(iii) बालकेन सह केलिभिः कालं क्षेप्तुं वयस्येषु न उपलभ्यमानः आसीत्।

III. *(i)* 'अहं' सर्वनामस्थाने संज्ञापदं 'बालकः' अस्ति।
(ii) 'क्रीडितुम्' अस्मिन् पदे 'तुमुन्' इति प्रत्ययः वर्तते।
(iii) अचिन्तयत् पदं प्रयुक्तम्।

2. I. *(i)* मधुकरम् *(ii)* बटद्रुशाखायाम्
(iii) पुष्पोद्यानम्

II. *(i)* बालकः चटकायाः चञ्चुः मध्ये शुष्कं तृणम् अपश्यत्?
(ii) मधुकरः मधुसंगहव्यक्ता भवति।
(iii) अहम तु नीड कार्यों बटदुशाखायां तद्यामि कार्येण इत्युक्तवा सः स्वकर्मव्यग्रो बभूव।

III. *(i)* पुष्पोद्यानम्' अस्मिन् पदे पुष्प + उद्यानम् इति गुण सन्धिः वर्तते।
(ii) 'दृष्ट्वा' अस्मिन् पदे दृश धातु क्त्वा प्रत्ययः वर्तते।
(iii) भूयोभूयः अनुच्छेदे प्रयुक्तम्।

3. I. *(i)* पलायमानम् *(ii)* कुक्कुरः
(iii) प्रसन्नः (प्रीतः)

II. *(i)* खिन्नः बालकः एते पक्षिणो मानुषेषु नोपगच्छन्ति।
(ii) प्रीतो बालः कुक्कुरः संबोधयामास 'रे मनुष्याणां मित्र!' इति।
(iii) कुक्करः पुत्रप्रीत्या स्वामिना पोषयति।

III. *(i)* 'मानुषोचितम्' इत्यस्य पदस्य मानुष +उचितम् (गुण सन्धि) वर्तते।
(ii) 'परिक्रम्य' अस्मिन् पदे परि + क्रम + ल्यप् इति 'ल्यप्' प्रत्ययः वर्तते।
(iii) उपगच्छन्ति

4. I. *(i)* पाठशालाम् *(ii)* प्रत्येकम्
(iii) निषिद्धः

II. *(i)* अथ स्वोचितमहमपि करोमि इति विचार्य बालकः त्वरितं पाठशालामुपजगाम।
(ii) सः विद्याव्यसनी भूत्वा महतीं वैदुषीं प्रथा सम्पदं च लेभे।
(iii) विनितमनोरथः बालः अचिन्तयत् यत् अस्मिन जगति प्रत्येक स्व-स्वकृत्ये निमग्नः भवति।

III. *(i)* 'प्रत्येकम्' अस्य पदस्य प्रति + एकम् (यण सन्धि) इति सन्धिच्छेदः वर्तते।
(ii) 'विचार्य' अस्मिन् पदे 'वि' उपसर्ग 'चर्' धातु 'ल्यप्' प्रत्यय वर्तते।
(iii) 'त्वरितम्' पर्यायपदं प्रयुक्तम् अस्ति।

5. *(i)* पाठशालागमनवेलायां
(ii) लज्जया
(iii) मानुषस्य
(iv) तृणम्

6. *(i)* स्वामी *(ii)* पुत्रवत्
(iii) गेहे *(iv)* अल्पमात्रमपि

7. *(i)* यतस्ते सर्वेऽपि पूर्वदिन पाठान् स्मृत्वा <u>कुत्र गमनाय</u> त्वरमाणा बभूवुः?
(ii) अहं पुनः <u>कं</u> विनोदयिष्यामि?
(iii) अथ सः पुष्पोद्यानं व्रजन्तं <u>कं</u> दृष्ट्वा तं क्रीडाहेतोराह्वयत्?
(iv) सर्वैरेवं निषिद्धः सः <u>कः</u> विघ्नित मनोरथः सन्?
(v) स्वोचितमहमपि करोमि इति विचार्य बालः त्वरितं <u>कुत्र</u> उपजगाम?

8. *(i)* अक्रियः *(ii)* निष्क्रान्तः
(iii) विद्यालयम् *(iv)* गुरुम्

9. *(i)* बालः *(ii)* श्वानम्
(iii) भक्ष्यकवलानि

10. *(vi)* भ्रान्तः बालः चिन्तयामास-अहं पुनरात्मानं विनोदयिष्यामि।
(vii) सः मधुकरं क्रीडाहेतोराह्वयत्।
(iii) मधुकरः द्विस्त्रिरस्याद् वानमेव न मानयामास।
(v) अयि चटकपोत! मानुषस्य मम मित्रं भविष्यसि।
(viii) चटकपोतः स्वकर्मव्यग्रो बभूव।
(ii) एते पक्षिणो मानुषेषु नोपगच्छन्ति।
(i) कुक्कुरः आह-स्वामिनो गृहे रक्षानियोगकरणान्न मया भ्रष्टव्यम्।
(iv) न कोऽपि अहमिव वृथा कालक्षेपं सहते।

11. *(i)* (क) समये *(ii)* (ग) पश्यामि
(iii) (ख) भ्रमरं *(iv)* (घ) प्रसिद्धिम्

12. *(i)* (घ) अलसः *(ii)* (ग) निष्क्रान्तः
(iii) (क) अध्ययनरतं *(iv)* (ख) क्रीडाभिः

अध्याय

06

सिकतासेतुः (रेत का पुल)

प्रस्तुत नाट्यांश सोमदेवरचित 'कथासरित्सागर' के सप्तम लंबक (अध्याय) पर आधारित है। यहाँ तपोबल से विद्या पाने के लिए प्रयत्नशील तपोदत्त नामक एक बालक की कथा का वर्णन है। उसके समुचित मार्गदर्शन के लिए वेष बदलकर इंद्र उसके पास आते हैं और पास ही गंगा में बालू से सेतुनिर्माण के कार्य में लग जाते हैं। उन्हें वैसा करते देख तपोदत्त उनका उपहास करता हुआ कहता है- ''अरे! किसलिए गंगा के जल में व्यर्थ ही बालू से पुल बनाने का प्रयत्न कर रहे हो?'' इंद्र उन्हें उत्तर देते हैं- यदि पढ़ने, सुनने और अक्षरों की लिपि के अभ्यास के बिना तुम विद्या पा सकते हो तो बालू से पुल बनाना भी संभव है। इंद्र के अभिप्राय को जानकर तपोदत्त तपस्या करना छोड़कर गुरुजनों के मार्गदर्शन में विद्या का ठीक-ठीक अभ्यास करने के लिए गुरुकुल चला जाता है।

पाठ का हिंदी अनुवाद

(ततः प्रविशति तपस्यारतः तपोदत्तः)

1 **तपोदत्तः**—अहमस्मि तपोदत्तः। बाल्ये पितृचरणैः क्लेश्यमानोऽपि विद्यां नाऽधीतवानस्मि।
तस्मात् सर्वैः कुटुम्बिभिः मित्रैः ज्ञातिजनैश्च गर्हितोऽभवम्।
(ऊर्ध्वं निःश्वस्य)
हा विधे! किमिदम्मया कृतम्? कीदृशी दुर्बुद्धिरासीत्तदा! एतदपि न चिन्तितं यत्–

परिधानैरलङ्कारैर्भूषितोऽपि न शोभते।
नरो निर्माणभोगीव सभायां यदि वा गृहे।।

(किञ्चिद् विमृश्य)
भवतु, किमेतेन? दिवसे मार्गभ्रान्तः सन्ध्यां यावद् यदि गृहमुपैति तदपि वरम्।
नाऽसौ भ्रान्तो मन्यते। एष इदानीं तपश्चर्यया विद्यामवाप्तुं प्रवृत्तोऽस्मि।
(जलोच्छलनध्वनिः श्रूयते)

अनुवाद (इसके बाद तपस्या में लगा हुआ तपोदत्त प्रवेश करता है)
तपोदत्तः–मैं तपोदत्त हूँ। बचपन में पिता जी द्वारा प्रताड़ित किए जाने पर भी मैंने विद्या का अध्ययन नहीं किया। तब से मैं सभी कुटुम्बियों के द्वारा, मित्रों के द्वारा तथा बंधु-बाँधवों तथा सगे-संबंधियों द्वारा अपमानित होता रहा हूँ। (लंबी गहरी साँस लेकर) हाय विधाता! यह तुमने मेरे लिए क्या किया? तब मैं कैसी दुष्ट बुद्धि वाला था। यह भी नहीं सोचता था कि मनुष्य वस्त्रों और आभूषणों से सुसज्जित होते हुए भी निर्माण भोगी के समान न तो सभा में ही सुशोभित होता है और न ही घर में ही सुशोभित होता है। (कुछ सोच-विचार कर) ठीक है, इससे क्या? दिन में यदि कोई भी मनुष्य मार्ग भटक कर सायंकाल तक भी यदि घर में वापस आ जाता है, तो भी बहुत अच्छा होता है। तो उसे भूला (भटका हुआ) नहीं माना जाता है, इसलिए अब मैं तपस्या के द्वारा विद्या प्राप्त करने में प्रयासरत् हूँ।

(पानी के उछलने की आवाज सुनाई देती है।)

2 अये कुतोऽयं कल्लोलोच्छलनध्वनि:? महामत्स्यो मकरो वा भवेत्। पश्यामि तावत्।

(पुरुषमेकं सिकताभि: सेतुनिर्माण-प्रयासं कुर्वाणं दृष्ट्वा सहासम्)

हन्त! नास्त्यभावो जगति मूर्खाणाम्! तीव्रप्रवाहायां नद्यां मूढोऽयं सिकताभि: सेतुं निर्मातुं प्रयतते!

(साट्टहासं पार्श्वमुपेत्य)

भो महाशय! किमिदं विधीयते! अलमलं तव श्रमेण। पश्य,

रामो बबन्ध यं सेतुं शिलाभिर्मकरालये।
विदधद् बालुकाभिस्तं यासि त्वमतिरामताम् ।।

चिन्तय तावत्। सिकताभि: क्वचित्सेतु: कर्तुं युज्यते?

अनुवाद अरे यह पानी की तरंगों के उछलने की आवाज कहाँ से आ रही है? कहीं कोई बड़ी मछली या मगरमच्छ तो नहीं, तो देखता हूँ।

(एक पुरुष को रेत के द्वारा पुल का निर्माण करने का प्रयास करते हुए देखकर हँसने लगता है।)

बहुत दु:ख की बात है! संसार में मूर्खों की कमी नहीं है!

तेज प्रवाह (धारा) वाली नदी में यह मूर्ख व्यक्ति रेत के द्वारा पुल बनाने का प्रयास कर रहा है।

(अट्टहास के साथ पास जाकर)

अरे महाशय (हे श्रीमान जी)! यह क्या कर रहे हो? तुम अपना परिश्रम रहने दो। देखो, राम ने जिस सेतु (पुल) को समुद्र में पत्थर की शिलाओं द्वारा बाँधा (बनाया) था उसी प्रकार के पुल को तुम रेत द्वारा बना रहे हो। क्या तुम प्रभु राम से भी श्रेष्ठ (बढ़कर) हो। सोचो कहीं रेत द्वारा भी पुल बनाया जा सकता है, जो तुम बनाने का प्रयास कर रहे हो।

3 **पुरुष:**—भोस्तपस्विन्! कथं मामुपरुणात्सि। प्रयत्नेन किं न सिद्धं भवति? कावश्यकता शिलानाम्? सिकताभिरेव सेतुं करिष्यामि स्वसंकल्पदृढ़तया।

तपोदत्त:—आश्चर्यम्! सिकताभिरेव सेतुं करिष्यसि? सिकता जलप्रवाहे स्थास्यन्ति किम्?

भवता चिन्तितं न वा?

पुरुष:—(सोत्प्रासम्) चिन्तितं चिन्तितम्। सम्यक् चिन्तितम्। नाहं सोपानमार्गैरट्टमधिरोढुं विश्वसिमि। समुत्प्लुत्यैव गन्तुं क्षमोऽस्मि।

तपोदत्त:—(सव्यङ्ग्यम्)

साधु साधु! आञ्जनेयमप्यतिक्रामसि!

पुरुष:—(सविमर्शम्)

कोऽत्र सन्देह:? किञ्च,

विना लिप्यक्षरज्ञानं तपोभिरेव केवलम्।
यदि विद्या वशे स्युस्ते, सेतुरेष तथा मम।।

अनुवाद पुरुष–हे तपस्वी! तुम मुझे क्यों रोक रहे हो? प्रयास करने से क्या कार्य सिद्ध नहीं हो सकता है? तो पत्थर की क्या आवश्यकता है? मैं रेत द्वारा ही पुल बनाऊँगा ऐसा मेरा मजबूत इरादा है।

तपोदत्त–आश्चर्य है! जो तुम रेत द्वारा ही पुल बनाओगे। क्या रेत के कण (रेत) जल की धारा में रुक जाएँगे? क्या आपने यह सोचा है या नहीं?

पुरुष–(उत्साह सहित खिल्ली उड़ाते हुए, चुटकी लेते हुए) हाँ सोचा है, सोचा है। भली-भाँति सोचा है। मैं सीढ़ियों द्वारा अटारी पर चढ़ने को विश्वास नहीं करता हूँ। मैं तो उड़कर ही अटारी पर जाने में सक्षम हूँ।

तपोदत्त–(व्यंग्य के साथ) ठीक है, ठीक है, धन्य है, अंजनी पुत्र हनुमान को भी तुम्हारे द्वारा लाँघना।

पुरुष–(सोच-विचारकर) इसमें क्या संदेह है? और क्या हो सकता है? यदि तुम बिना लिपि और अक्षर ज्ञान के केवल तपस्या द्वारा ही सभी प्रकार की विद्याओं को ग्रहण कर सकते हो, तो मैं यह पुल क्यों नहीं बना सकता हूँ?

4 **तपोदत्त:**—(सवैलक्ष्यम् आत्मगतम्)

अये! मामेवोद्दिश्य भद्रपुरुषोऽयम् अधिक्षिपति! नूनं सत्यमत्र पश्यामि। अक्षरज्ञानं विनैव वैदुष्यमवाप्तुम् अभिलषामि! तदियं भगवत्या: शारदाया: अवमानना। गुरुगृहं गत्वैव विद्याभ्यासो मया करणीय:। पुरुषार्थैरेव लक्ष्यं प्राप्यते।

(प्रकाशम्)

भो नरोत्तम! नाऽहं जाने यत् कोऽस्ति भवान्। परन्तु भवद्भि: उन्मीलितं मे नयनयुगलम्। तपोमात्रेण विद्यामवाप्तुं प्रयतमानोऽहमपि सिकताभिरेव सेतुनिर्माणप्रयासं करोमि। तदिदानीं विद्याध्ययनाय गुरुकुलमेव गच्छामि।

(सप्रणामं गच्छति)

अनुवाद तपोदत्त (अपने आप पर लज्जा करते हुए सोचता है) अरे! यह सज्जन पुरुष तो मुझे ही लक्ष्य बनाकार आरोप (उलाहना) लगा रहा है। अवश्य ही यहाँ मैं सत्य ही देख रहा हूँ। बिना अक्षर ज्ञान के मैं विद्वत्ता (पांडित्य) को प्राप्त करने की इच्छा कर रहा हूँ, तब तो यह भगवती शारदा का अपमान है। गुरुकुल में जाकर ही मुझे विद्या का अभ्यास करना चाहिए। परिश्रम द्वारा ही लक्ष्य को प्राप्त किया जाता है।

(प्रकट रूप में) अरे मनुष्यों में श्रेष्ठ (उत्तम) पुरुष! मैं नहीं जानता कि आप कौन हैं? परंतु आपके द्वारा मेरी दोनों आँखें खोल दी गई हैं। केवल तपस्या द्वारा विद्या प्राप्त करने का प्रयत्न करते हुए मैं भी रेत के द्वारा ही पुल बनाने के समान ही प्रयास कर रहा हूँ। इसलिए अब से मैं विद्या अध्ययन करने के लिए गुरुकुल में ही जाता हूँ। (प्रणाम करके चला जाता है।)

शब्दार्थाः

सिकता– बालुका (रेत); सेतुः– जलबन्धः (पुल); तपस्यारतः– तपःकुर्वन् (तपस्या में लीन); बाल्ये– बाल्यावस्थायाम् (बचपन में); पितृचरणैः– तातपादैः (पिताजी के द्वारा); क्लेश्यमानः– संताप्यमानः (व्याकुल किया जाता हुआ); अधीतवान्– अध्ययनं कृतवान् (पढ़ा); कुटुम्बिभिः– परिवारजनैः (कुटुंबियों द्वारा); ज्ञातिजनैः बन्धुबान्धवैः (बंधु-बाँधवों द्वारा); गर्हितः– निन्दितः (अपमानित); निःश्वस्य– दीर्घश्वासं गृहीत्वा (लंबी साँस लेकर); दुर्बुद्धिः– दुर्मतिः (दुष्ट बुद्धिवाला); परिधानैः– वस्त्रैः (कपड़ों से, पहनावे से); मार्गभ्रान्तः– पथभ्रष्टः (राह से भटका हुआ); उपैति– प्राप्नोति, समीपं गच्छति (जाता है, समीप जाता है); वरम् –श्रेष्ठं (श्रेष्ठ, उचित, अच्छा है); तपश्चर्यया– तपसा (तपस्या के द्वारा); जलोच्छलनध्वनिः– जलोर्ध्वगतेः शब्दः (पानी के उछलने की आवाज); कल्लोलोच्छलनध्वनिः– तरङ्गोच्छलनस्य शब्दः (तरंगों के उछलने की ध्वनि); कुर्वाणम्–कुर्वन्तम् (करते हुए) मूढः– मूर्खः (बेवकूफ, मूर्ख, बुद्धिहीन); सहासम्– हासपूर्वकम् (हँसते हुए); सोत्प्रासम्– उपहासपूर्वकम् (खिल्ली उड़ाते हुए, चुटकी लेते हुए); साट्टहासम्– अट्टहासपूर्वकम् (जोर से हँसकर); अट्टम्– अट्टालिकाम् (अटारी को); अधिरोढुम्– उपरि गन्तुम् (चढ़ने के लिए); उपरुणत्सि– अवरोधं करोषि (रोकते हो); आञ्जनेयम्– हनुमन्तम् (अंजनीपुत्र हनुमान् को); सविमर्शम्– विचारसहितम् (सोच-विचार कर); सवैलक्ष्यम्– सलज्जम् (लज्जापूर्वक); वैदुष्यम्– पाण्डित्यम् (विद्वत्ता); उन्मीलितम्–उद्घाटितम् (खोल दी); मे– मम (मेरे, मेरी); अवाप्तुम्– प्राप्तुम् (प्राप्त करने के लिए)।

NCERT फोल्डर:

1. एकपदेन उत्तरं लिखत-

(क) कः बाल्ये विद्यां न अधीतवान् ?

(ख) तपोदत्तः कया विद्याम् अवाप्तुं प्रवृत्तः अस्ति?

(ग) मकरालये कः शिलाभिः सेतुं बन्ध?

(घ) मार्गभ्रान्तः सन्ध्यां कुत्र उपैति?

(ङ) पुरुषः सिकताभिः किं करोति?

उत्तराणि

(क) तपोदत्तः

(ख) तपश्चर्यया

(ग) रामः

(घ) गृहम्

(ङ) सेतुनिमाणप्रयासम्

2. अधोलिखितानां प्रश्नानाम् उत्तराणि संस्कृतभाषया लिखत।

(क) अनधीतः तपोदत्तः कैः गर्हितोऽभवत्?

(ख) तपोदत्तः केन प्रकारेण विद्यामवाप्तुं प्रवृत्तोऽभवत्?

(ग) तपोदत्तः पुरुषस्य का चेष्टां दृष्ट्वा अहसत्?

(घ) तपोमात्रेण विद्यां प्राप्तुं तस्य प्रयासः कीदृशः कथितः?

(ङ) अन्ते तपोदत्तः विद्याग्रहणाय कुत्र गतः?

उत्तराणि

(क) अनधीतः तपोदत्तः सर्वैः कुटुम्बिभिः मित्रैः ज्ञातिजनैश्च गर्हितः अभवत्।

(ख) तपोदत्तः तपस्यया विद्यामवाप्तुं प्रवृत्तोऽभवत्।

(ग) तपोदत्तः पुरुषस्य तीव्र प्रवाहायां नद्यां सिकताभिः सेतुः निर्माणस्य चेष्टां दृष्ट्वा अहसत्।

(घ) तपोमात्रेण विद्यां प्राप्तुं तस्य प्रयासः सिकताभिः सेतुः निर्माणं इव कथितः।

(ङ) अन्ते तपोदत्तः विद्या ग्रहणाय गुरुकुलं गतः।

3. भिन्नवर्गीय पद चिनुत।

यथा—अधिरोढुम्, गन्तुम्, **सेतुम्**, निर्मातुम्।

(क) निःश्वस्य, चिन्तय, विमृश्य, उपेत्य।

(ख) विश्वसिमि, पश्यामि, करिष्यामि, अभिलषामि।

(ग) तपोभिः दुर्बुद्धिः, सिकताभिः, कुटुम्बिभिः।

उत्तराणि

(क) चिन्तय (ख) करिष्यामि

(ग) दुर्बुद्धिः

4. (क) रेखाङ्कितानि सर्वनामपदानि कस्मै प्रयुक्तानि?

(i) अलमलं <u>तव</u> श्रमेण।

(ii) न <u>अहं</u> सोपानमार्गैरट्टमधिरोढुं विश्वसिमि।

(iii) चिन्तितं <u>भवता</u> न वा।

(iv) गुरुगृहं गत्वैव विद्याभ्यासो <u>मया</u> करणीयः।

(v) भवद्भिः उन्मीलितं <u>मे</u> नयनयुगलम्।

उत्तराणि

(i) पुरुषाय (ii) पुरुषाय

(iii) पुरुषाय (iv) तपोदत्ताय

(v) तपोदत्ताय

(ख) अधोलिखितानि कथनानि क: कं प्रति कथयति?

कथनानि	**क:**	**कं प्रति**
(i) हा विधे! किमिदं मया कृतम्?	....	....
(ii) भो महाशय! किमिदं विधीयते।	....	....
(iii) भोस्तपस्विन्! कथं माम् उपरुणत्सि।	....	....
(iv) सिकता: जलप्रवाहे स्थास्यन्ति किम्?	....	....
(v) नाहं जाने कोऽस्ति भवान्?	....	....

उत्तराणि

	क:	**कं प्रति**
(i)	तपोदत्त:	विधाताम्
(ii)	तपोदत्त:	पुरुषम्
(iii)	पुरुष:	तपोदत्तम्
(iv)	तपोदत्त:	पुरुषम्
(v)	तपोदत्त:	पुरुषम्

5. स्थूलपदान्यधिकृत्य प्रश्ननिर्माणं कुरुत।

(क) तपोदत्त: **तपश्चर्यया** विद्यामवाप्तुं प्रवृत्तोऽस्ति।

(ख) **तपोदत्त:** कुटुम्बिभि: मित्रै: गर्हित: अभवत्।

(ग) पुरुष: **नद्यां** सिकताभि: सेतुं निर्मातुं प्रयतते।

(घ) तपोदत्त: **अक्षरज्ञानं** विनैव वैदुष्यमवाप्तुम् अभिलषति।

(ङ) तपोदत्त: **विद्याध्ययनाय** गुरुकुलम् अगच्छत्।

(च) **गुरुगृहं** गत्वैव विद्याभ्यास: करणीय:।

उत्तराणि

(क) तपोदत्त: कया विद्यामवाप्तुं प्रवृत्तोऽस्ति?

(ख) क: कुटुम्बिभि: मित्रै: गर्हित: अभवत्?

(ग) पुरुष: कुत्र सिकताभि: सेतुं निर्मातुं प्रयतते?

(घ) तपोदत्त: कं विनैव वैदुष्यमवाप्तुम् अभिलषति?

(ङ) तपोदत्त: किमर्थं गुरुकुलम् अगच्छत्?

(च) कुत्र गत्वैव विद्याभ्यास: करणीय:?

6. उदाहरणमनुसृत्य अधोलिखितविग्रहपदानां समस्तपदानि लिखत।

विग्रहपदानि	**समस्तपदानि**
यथा—संकल्पस्य सातत्येन	संकल्पसातत्येन
(क) अक्षराणां ज्ञानम्	....
(ख) सिकताया: सेतु:	....
(ग) पितु: चरणै:	....
(घ) गुरो: गृहम्	....
(ङ) विद्याया: अभ्यास:	....

उत्तराणि

(क) अक्षरज्ञानम् (ख) सिकतासेतु:

(ग) पितृचरणै: (घ) गुरुगृहम्

(ङ) विद्याभ्यास:

7. उदाहरणमनुसृत्य अधोलिखितानां समस्तपदानां विग्रह: कुरुत।

समस्तपदानि	**विग्रह:**
यथा—नयनयुगलम्	नयनयो: युगलम्
(क) जलप्रवाहे	....
(ख) तपश्चर्यया	....
(ग) जलोच्छलनध्वनि:	....
(घ) सेतुनिर्माणप्रयास:	....

उत्तराणि

(क) जलस्य प्रवाहे (ख) तपस: चर्यया

(ग) जलस्य उच्छलनस्य ध्वनि: (घ) सेतोनिर्माणस्य प्रयास:

8. उदाहरणमनुसृत्य कोष्ठकात् पदम् आदाय नूतनं वाक्यद्वयं रचयत।

(क) **यथा** अलं चिन्तया। ('अलम्' योगे तृतीया)

(i) .... (भय)

(ii) .... (कोलाहल)

(ख) **यथा** माम् अनु स गच्छति। ('अनु' योगे द्वितीया)

(i) .... (गृह)

(ii) .... (पर्वत)

(ग) **यथा** अक्षरज्ञानं विनैव वैदुष्यं प्राप्तुमभिलषसि। ('विना' योगे द्वितीया)

(i) .... (परिश्रम)

(ii) .... (अभ्यास)

(घ) **यथा** सन्ध्यां यावत् गृहमुपैति। ('यावत्' योगे द्वितीया)

(i) .... (मास)

(ii) .... (वर्ष)

उत्तराणि

(क) *(i)* अलं भयेन।

(ii) अलं कोलाहलेन।

(ख) *(i)* गृहं अनु स: गच्छति।

(ii) पर्वतम् अनु स: गच्छति।

(ग) *(i)* परिश्रमं विनैव कार्यसिद्ध न भवति।

(ii) अभ्यासं विनैव विद्याज्ञानं न भवति।

(घ) *(i)* मासं यावत् विद्यां पठति।

(ii) वर्षं यावत् भोजनं न खादति।

परीक्षा अभ्यासः

अधोलिखितान् गद्यांशान् पठित्वा तदाधारितानां प्रश्नानाम् उत्तराणि लिखत।
(निम्नलिखित गद्यांशों को पढ़कर उन पर आधारित प्रश्नों के उत्तर लिखिए।)

1. (ततः प्रविशति तपस्यारतः तपोदत्तः)

तपोदत्तः—अहमस्मि तपोदत्तः। बाल्ये पितृचरणैः क्लेश्यमानोऽपि विद्यां नाऽधीतवानस्मि।

तस्मात् सर्वैः कुटुम्बिभिः मित्रैः ज्ञातिजनैश्च गर्हितोऽभवम्।

(ऊर्ध्वं निःश्वस्य)

हा विधे! किमिदम्मया कृतम्? कीदृशी दुर्बुद्धिरासीत्तदा! एतदपि न चिन्तितं यत्

परिधानैरलङ्कारैर्भूषितोऽपि न शोभते।
नरो निर्मणभोगीव सभायां आदि वा गृहे।।

(किञ्चिद् विमृश्य)

भवतु, किमेतेन दिवसे मार्गभ्रान्तः सन्ध्यां यावद् यदि गृहमुपैति तदपि वरम्।

नाऽसौ भ्रान्तो मन्यते। एष इदानीं तपश्चर्यया विद्यामवाप्तुं प्रवृत्तोऽस्मि।

(जलोच्छलनध्वनिः श्रूयते)

I. एकपदेन उत्तरत। *(एक पद में उत्तर दीजिए।)*
   (i) तपः कः करोति स्म?
   (ii) तपोदत्तः तपश्चर्यया किमवाप्तुं प्रवृत्तः?
   (iii) तस्य बुद्धिः कीदृशी आसीत्?

II. पूर्णवाक्येन उत्तरत। *(पूर्ण वाक्य में उत्तर दीजिए।)*
   (i) तपोदत्तः बाल्ये पितृचरणैः क्लेश्यमानोऽपि किं न अधीतवान्?
   (ii) कीदृशं कार्यं वरम्?
   (iii) कीदृशः नरः न शोभते?

III. निर्देशानुसारम् उत्तरत। *(निर्देशानुसार उत्तर दीजिए।)*
   (i) 'पितृचरणैः' अस्मिन् पदे कः समासविग्रहः वर्तते?
   (ii) 'गर्हितः' अस्मिन् पदे कः प्रत्ययः वर्तते?
   (iii) 'किमिदम् मया कृतम्'- इत्यत्र 'मया' सर्वनामस्थाने संज्ञापदं लिखत।

2. अये कुतोऽयं कल्लोलोच्छलनध्वनिः? महामत्स्यो मकरो वा भवेत्। पश्यामि तावत्।

(पुरुषमेकं सिकताभिः सेतुनिर्माण-प्रयासं कुर्वाणं दृष्ट्वा सहासम्)

हन्त! नास्त्यभावो जगति मूर्खाणाम्! तीव्रप्रवाहायां नद्यां मूढोऽयं सिकताभिः सेतुं निर्मातुं प्रयतते!

(साट्टहासं पार्श्वमुपेत्य)

भो महाशय! किमिदं विधीयते! अलमलं तव श्रमेण। पश्य,

रामो बबन्ध यं सेतुं शिलाभिर्मकरालये।
विदधद् बालुकाभिस्तं यासि त्वमतिरामताम्।।

चिन्तय तावत्। सिकताभिः क्वचित्सेतुः कर्तुं युज्यते?

I. एकपदेन उत्तरत। *(एक पद में उत्तर दीजिए।)*
   (i) पुरुषमेकं सिकताभिः सेतु निर्माण प्रयासं कुर्वाणं दृष्ट्वा कः अहसत्?
   (ii) रामः सेतुं काभिः बबन्ध?
   (iii) मूर्खाणाम् कुत्र अभावः नास्तिः?

II. पूर्णवाक्येन उत्तरत। *(पूर्ण वाक्य में उत्तर दीजिए।)*
   (i) संसारे केषाम् अभावः नास्तिः?
   (ii) तीव्रप्रवाहायां नद्यां मूढः किं कर्तुं प्रयतते?
   (iii) तपोदत्तः किमर्थम् हसति?

III. निर्देशानुसारम् उत्तरत। *(निर्देशानुसार उत्तर दीजिए।)*
   (i) 'महामत्स्यः' अस्मिन् पदे कः समासः वर्तते?
   (ii) 'नास्त्यभावः' अस्य पदस्य कः सन्धिच्छेदः वर्तते?
   (iii) संसारे पदस्य पर्यायपदं गद्यांशे किम् अस्ति?

3. **पुरुषः**—भोस्तपस्विन्! कथं मामुपरुणत्सि। प्रयत्नेन किं न सिद्धं भवति? कावश्यकता शिलानाम्? सिकताभिरेव सेतुं करिष्यामि स्वसंकल्पदृढतया।

तपोदत्तः—आश्चर्यम्! सिकताभिरेव सेतुं करिष्यसि? सिकता जलप्रवाहे स्थास्यन्ति किम्? भवता चिन्तितं न वा?

पुरुषः—(सोत्प्रासम्)चिन्तितं चिन्तितम्। सम्यक् चिन्तितम्। नाहं सोपानमार्गैरट्टमधिरोढुं विश्वसिमि। समुत्प्लुत्यैव गन्तुं क्षमोऽस्मि।

तपोदत्तः—(सव्यङ्ग्यम्)

साधु साधु! आञ्जनेयमप्यतिक्रामसि!

पुरुषः—(सविमर्शम्)

कोऽत्र सन्देहः? किञ्च,

विना लिप्यक्षरज्ञानं तपोभिरेव केवलम्।
यदि विद्या वशे स्युस्ते, सेतुरेष तथा मम।।

I. एकपदेन उत्तरत। *(एक पद में उत्तर दीजिए।)*
   (i) सिकताभिः सेतुः निर्माणं करिष्यामि इति कः संकल्पितम्?
   (ii) बिना लिप्यक्षरज्ञानं कः केवलं तपोभिरेव विद्या प्राप्तुं प्रयतते?
   (iii) .सिकता कुत्र न स्थास्यति?

II. पूर्णवाक्येन उत्तरत। *(पूर्ण वाक्य में उत्तर दीजिए।)*
   (i) ''सिकताभिरेव सेतुं करिष्यसि'' इति कः कथयति?
   (ii) ''साधु साधु! आञ्जनेयमप्यतिक्रामसि'' इति कः कथयति?
   (iii) स्वसंकल्पदृढतया सः किम् करिष्यति?

III. निर्देशानुसारम् उत्तरत। *(निर्देशानुसार उत्तर दीजिए।)*
   (i) 'लिप्यक्षरज्ञानम्' अस्मिन् पदे कः सन्धिच्छेदः वर्तते?
   (ii) 'जलप्रवाहे' अस्मिन् पदे कः समासविग्रहः वर्तते?
   (iii) 'सफलम्' इति अर्थे किम् पद अत्र प्रयुक्तम्?

4. तपोदत्तः (सवैलक्ष्यम् आत्मगतम्)

अये! मामेवोद्दिश्य भद्रपुरुषोऽयम् अधिक्षिपति! नूनं सत्यमत्र पश्यामि। अक्षरज्ञानं विनैव वैदुष्यमवाप्तुम् अभिलषामि! तदियं भगवत्याः शारदायाः अवमानना। गुरुगृहं गत्वैव विद्याभ्यासो मया करणीयः। पुरुषार्थैरेव लक्ष्यं प्राप्यते।

(प्रकाशम्)

भो नरोत्तम! नाऽहं जाने यत् कोऽस्ति भवान्। परन्तु भवद्भिः उन्मीलितं में नयनयुगलम्। तपोमात्रेण विद्यामवाप्तुं प्रयतमानोऽहमपि सिकताभिरेव सेतुनिर्माणप्रयासं करोमि। तदिदानीं विद्याध्ययनाय गुरुकुलमेव गच्छामि।

(सप्रणामं गच्छति)

I. एकपदेन उत्तरत। *(एक पद में उत्तर दीजिए।)*
- (i) वस्तुतः पुरुषः कः आसीत्?
- (ii) किं बिना एव अहं वैदुष्यमवाप्तुम् अभिलषाभि?
- (iii) तपोदत्तः विद्याध्ययनार्थ कुत्र गच्छति?

II. पूर्णवाक्येन उत्तरत। *(पूर्ण वाक्य में उत्तर दीजिए।)*
- (i) मया कुत्र गत्वा विद्याभ्यासः करणीयः?
- (ii) केन लक्ष्यं प्राप्यते?
- (iii) तपोमात्रेण विद्या प्राप्तुं तपोधनस्य प्रयासः कीदृशः आसीत्?

III. निर्देशानुसारम् उत्तरत। *(निर्देशानुसार उत्तर दीजिए।)*
- (i) 'नरोत्तमः' अस्मिन् पदे कः सन्धिच्छेदः वर्तते?
- (ii) 'विद्याभ्यासः' अस्मिन् पदे कः समास विग्रहः वर्तते?
- (iii) भगवत्याः इति विशेषणपदस्यं किम् अस्ति?

5. अधोलिखित श्लोकस्य अन्वयं मञ्जूषातः समुचितं पदं चित्वा पूरयत।

(निम्नलिखित श्लोक का अन्वय मञ्जूषा में दिए गए उचित शब्दों को चुनकर पूरा कीजिए।)

रामो बबन्ध यं सेतुं शिलाभिर्मकरालये।
विद्धद् बालुकाभिस्तं यासि त्वमतिरामताम् ।।

अन्वयः *(i)* .... बबन्ध यं *(ii)* .... शिलाभिर्मकरालये विद्धद् *(iii)* .... तं यासि त्वमति *(iv)* .... ।

[**मञ्जूषा** रामताम्, बालुकाभिः सेतुं, रामः।

6. अधोलिखित श्लोकं पठित्वा मञ्जूषायाः पदानि चित्वा भावार्थं पूरयत।

(निम्नलिखित श्लोक को पढ़कर मञ्जूषा से शब्द चुनकर भावार्थ को पूरा कीजिए।)

परिधानैरलङ्कारैर्भूषितोऽपि न शोभते।
नरो निर्माण भोगीव सभायां यदि वा गृहे।।

भावार्थः अशिक्षित *(i)* .... मणिहीनसर्प इव *(ii)* .... सम्मर्दे गृहे वा वस्त्रैः *(iii)* .... सुसज्जितोऽपि *(iv)* .... न भवति।

[**मञ्जूषा** शोभमानः, आभूषणैः, विद्वज्जन्, मानवः।

7. निम्नांकितेषु वाक्येषु रेखाङ्कितपदानि आधृत्य प्रश्न निर्माणं कुरुत।

(निम्नलिखित वाक्यों में रेखांकित पदों के आधार पर प्रश्न निर्माण कीजिए।)
- (i) बाल्ये <u>पितृचरणैः</u> क्लेश्यमानोऽपि विद्यां नाऽधीतवानस्मि।
- (ii) एष इदानीं <u>तपश्चर्यया</u> विद्यामवाप्तुं प्रवृतोऽस्मि।
- (iii) तीव्र प्रवाहायां नद्यां मूढोऽयं <u>सिकताभिः</u> सेतुं निर्मातुं प्रयतते।
- (iv) तदियं भगवत्याः शारदायाः <u>अवमानना</u> ।
- (v) परन्तु भवद्भिः उन्मीलितं मे <u>नयनयुगलम्</u> ।

8. अधोलिखितेषु पदेषु पर्याय पदेन सह मेलनं कुरुत।

(निम्नलिखित पदों का पर्याय पदों से मिलान कीजिए।)

(i) दुर्मतिः	—	सिकता
(ii) गर्हितः	—	वैदुष्यम्
(iii) बालुका	—	निन्दितः
(iv) विद्वतां	—	दुर्बुद्धिः

9. अधोलिखितेषु पदेषु विशेषण-विशेष्य मेलनं कुरुत।

(निम्नलिखित पदों विशेषयों का विशेषण से मिलान कीजिए।)

(i) भद्र	—	तपोदत्तः
(ii) अनधीतः	—	एकं
(iii) पुरुषम्	—	पुरुषः

10. अधोलिखित क्रमरहितवाक्यानां कथाक्रमानुसारेण संयोजनं कुरुत।

निम्नलिखित क्रम रहित वाक्यों को कथा क्रमानुसार संयोजित कीजिए।
- (i) अये! मामेवोद्दिद्धश्य भद्रपुरुषोऽयम् अधिक्षिपति।
- (ii) पु!षार्थैरेव लक्ष्यं प्राप्यते।
- (iii) आश्चर्यम! सिकताभिरेव सेतुं करिष्यसि?
- (iv) तदिदानीं विद्याध्ययनाय गुरुकुलमेव गच्छामि।
- (v) तपोदत्तः बाल्ये पितृचरणैः क्लेश्यमानोऽपि विद्यां नाऽधीतवान्।
- (vi) पुरुषः अहं समुत्प्लुत्यैव गन्तुं क्षमोऽस्मि।
- (vii) सः तपश्चर्यया विद्यामवाप्तुं तत्परो भवति।
- (viii) पुरुषमेकं सिकताभिः सेतुनिर्माणप्रयासं कुर्वाणं दृष्ट्वा हसति।

11. रेखांकितपदानाम् प्रसङ्गानुसारम् अर्थस्य चयनम् कुरुत

(निम्नलिखित पदों के प्रसंग के अनुसार अर्थ लिखिए)

(i) सर्वैं कुटुम्बिभिः मित्रैः ज्ञातिजनैश्च <u>गर्हितः</u> अभवम्।

(क) निन्दितः (ख) अपमान्नः
(ग) सम्मानः (घ) सम्पन्नः

(ii) नास्त्यभावो <u>जगति</u> मूर्खाणाम्।

(क) नगरे (ख) संसारे
(ग) ग्रामे (घ) सर्वे

परीक्षा अभ्यासः

(iii) दिवसे मार्गभ्रान्तः सन्ध्यां यावद् यदि गृहमुपैति तदपि वरम्।
(क) उचितमम् (ख) सम्पूर्णम्
(ग) श्रेष्ठम् (घ) विशेषणम्

(iv) परिधानै अलङ्कारैर्भूषितोऽपि न शोभते।
(क) अंशुके (ख) भूषिते
(ग) चेलम् (घ) वस्त्रे

12. अधोलिखितानां शब्दानाम् अर्थैः सहमेलनम् कुरुत
(निम्नलिखित शब्दों को अर्थ के साथ सही मेल कीजिए)

शब्दाः	अर्थाः
(i) सिकता	(क) मूर्खः
(ii) सेतुः	(ख) हनुमन्तम्
(ii) मूढः	(ग) जलबन्धः
(iii) आञ्जनेयम्	(घ) बालुका

उत्तराणि

1. I. *(i)* तपोदत्तः *(ii)* विद्याम् *(iii)* दुर्बुद्धिः
II. *(i)* तपोदत्तः बाल्ये पितृचरणैः क्लेश्यमानोऽपि विद्यां न अधीतवान्।
(ii) दिवसे मार्गभ्रान्तः सन्ध्यां यावद् यदि गृहमुपैति तदपि वरम्।
(iii) परिधानः अलङ्कारै भूषितः अपि अपठितः नरः न शोभते।
III. *(i)* 'पितृचरणैः' अस्मिन् पदे 'पितुःचरणैः' इति समासविग्रहः वर्तते।
(ii) 'गर्हितः' अस्मिन् पदे 'क्त': प्रत्ययः वर्तते।
(iii) 'किमिदम् मया कृतम्'- इत्यत्र 'मया' सर्वनामस्थाने संज्ञापदं 'तपोदत्तेन' अस्ति।

2. I. *(i)* तपोदत्तः *(ii)* शिलाभिः *(iii)* जगति
II. *(i)* संसारे मूर्खाणाम् अभावः नास्ति।
(ii) तीव्रप्रवाहायां नद्यां मूढः सिकताभिः सेतुं निर्मातुं प्रयतते।
(iii) पुरुषमेकं सिकताभिः सेतुनिर्माण-प्रयास कुर्वाणं दृष्ट्वा तपोदत्रः हसति।
III. *(i)* 'महामत्स्यः' अस्मिन् पदे 'महान् च असौ मत्स्यः' इति कर्मधारय समासः वर्तते।
(ii) 'नास्त्यभावः' अस्य पदस्य 'न + अस्ति + अभावः' इति सन्धिच्छेदः वर्तते।
(iii) जगति पर्यायपदम् अस्ति।

3. I. *(i)* पुरुषः *(ii)* तपोदत्तः *(iii)* जलप्रवाहे
II. *(i)* ''सिकताभिरेव सेतुं करिष्यसि'' इति तपोदत्तः कथयति।
(ii) ''साधु साधु! आञ्जनेयमप्यतिक्रामसि इति तपोदत्तः कथयति।
(iii) स्वसंकल्पदृढतया सः सिकताभिरेव सेतु निर्माणं करिष्यति।
III. *(i)* 'लिप्यक्षरज्ञानम्' अस्मिन् पदे 'लिपि + अक्षरज्ञानम्' इति सन्धिच्छेदः वर्तते।
(ii) 'जलप्रवाहे' अस्मिन् पदे 'जलस्य प्रवाहे' इति समास विग्रहः वर्तते।
(iii) अत्र सिद्धं पद प्रयुक्तम्।

4. I. *(i)* इन्द्रः *(ii)* अक्षरज्ञानम्
(iii) गुरुकुलम्
II. *(i)* मया गुरुकुलं गत्वा विद्याभ्यासः करणीयः।
(ii) पुरुषार्थैरेव लक्ष्यं प्राप्यते।
(iii) तपोमात्रेण विद्यामबाप्तुं तपोधनस्य प्रयासः सिकताभिरेव सेतुनिर्माणिप्रयासः आसीत्।
III. *(i)* 'नरोत्तमः' अस्मिन् पदे 'नर + उत्तमः' इति सन्धिच्छेदः वर्तते।
(ii) 'विद्याभ्यासः' अस्मिन् पदे 'विद्यायाः' अभ्यासः इति समास विग्रहः वर्तते।
(iii) शारदायाः पदम् अस्ति।

5. *(i)* रामः *(ii)* सेतुं
(iii) बालुकाभिः *(iv)* रामताम्

6. *(i)* मानवः *(ii)* विद्वज्जन्
(iii) आभूषणैः *(iv)* शोभमानः

7. *(i)* बाल्ये कैः क्लेश्यमानोऽपि विद्यां नाऽधीतवानस्मि?
(ii) एषः इदानी कया विद्यामवाप्तुं प्रवृतोऽस्मि?
(iii) तीव्र प्रवाहायां नद्यां मूढोऽयं काभिः सेतुं निर्मातुं प्रयतते?
(iv) तदियं भगवत्याः शारदायाः का?
(v) परन्तु भवद्भिः उन्मीलितं मे किम्?

8. *(i)* दुर्बुद्धिः *(ii)* निन्दितः
(iii) सिकता *(iv)* वैदुष्यम्

9. *(i)* पुरुषः *(ii)* तपोदत्तः *(iii)* एकं

10. *(v)* तपोदत्तः बाल्ये पितृचरणैः क्लेश्यमानोऽपि विद्यां नाऽधीतवान्।
(vii) सः तपश्चर्यया विद्यामवाप्तुं तत्परो भवति।
(viii) पुरुषमेकं सिकताभिः सेतुनिर्माण प्रयासं कुर्वाणं दृष्ट्वा हसति।
(iii) आश्चर्यम्! सिकताभिरेव सेतुं करिष्यसि?
(vi) पुरुषः अहं समुत्प्लुत्यैव गन्तुं क्षमोऽस्मि।
(i) अये! मामेवोद्दिश्य भद्रपुरुषोऽयम् अधिक्षिपति।
(ii) पुरुषार्थैरेव लक्ष्यं प्राप्यते।
(iv) तदिदानीं विद्याध्ययनाय गुरुकुलमेव गच्छामि।

11. (i) (क) निन्दितः (ii) (ख) संसारे
(iii) (ग) श्रेष्ठम् (iv) (घ) वस्त्रैः

12. (i) (घ) बालुका (ii) (ग) जलबन्धः
(iii) (क) मूर्खः (iv) (ख) हनुमन्तम्

अध्याय

07

जटायोः शौर्यम् (जटायु की वीरता)

प्रस्तुत पाठ्यांश आदिकवि वाल्मीकि-प्रणीत 'रामायणम्' के 'अरण्यकाण्ड' से उद्धृत किया गया है, जिसमें जटायु और रावण के मध्य हुए युद्ध का वर्णन है। पंचवटी कानन में सीता का करुण विलाप सुनकर पक्षिश्रेष्ठ जटायु उनकी रक्षा के लिए दौड़े। वे रावण को परदाराभिमर्शनरूप निन्द्य एवं दुष्कर्म से विरत होने के लिए कहते हैं। रावण की अपरिवर्तित मनोवृत्ति को देख वे उस पर भयावह आक्रमण करते हैं। महाबली जटायु अपने तीखे नखों तथा पंजों से रावण के शरीर में अनेक घाव कर देते हैं तथा पंजों के प्रहार से उसके विशाल धनुष को खंडित कर देते हैं। टूटे धनुष, मारे गए अश्वों और सारथी वाला रावण विरथ होकर पृथ्वी पर गिर पड़ता है। कुछ ही क्षणों बाद क्रोधांध रावण, जटायु पर प्राणघातक प्रहार करता है, परंतु पक्षिश्रेष्ठ जटायु उससे अपना बचाव कर उस पर चञ्चु-प्रहार करते हैं, उसके बाएँ भाग की दशों भुजाओं को क्षत-विक्षत कर देते हैं।

श्लोकों का हिंदी अनुवाद

1 सा तदा करुणा वाचो विलपन्ती सुदुःखिता।
वनस्पतिगतं गृध्रं ददर्शायतलोचना ।।
जटायो पश्य मामार्य ह्रियमाणामनाथवत्
अनेन राक्षसेन्द्रेण करुण पापकर्मणा ।।
तं शब्दमवसुप्तस्तु जटायुरथ शुश्रुवे।
निरीक्ष्य रावणं क्षिप्रं वैदेहीं च ददर्श सः ।।

अनुवाद तब पंचवटी कानन में उस बड़ी-बड़ी आँखों वाली, करुण पुकार द्वारा दुःखी (दुःख भरी) आवाज में विलाप करती हुई सीता को गिद्धराज जटायु ने देखा।
हे जटायु! इस राक्षसों के राजा रावण के द्वारा किए गए पापकर्म से अनाथ के समान अपहरण करके ले जाई जाती हुई मुझ (सीता) को देखो।
इसके बाद अल्प निद्रा में सोए हुए जटायु ने सीताजी के उन करुण शब्दों को सुना और उसने रावण को देखकर शीघ्र ही सीताजी को भी देखा।

2 ततः पर्वतशृङ्गाभस्तीक्ष्णतुण्डः खगोत्तमः।
वनस्पतिगतः श्रीमान्व्याजहार शुभां गिरम् ।।
निवर्तय मतिं नीचां परदाराभिमर्शनात् ।
न तत्समाचरेद्धीरो यत्परोऽस्य विगर्हयेत् ।।

अनुवाद इसके बाद पर्वत की चोटी के समान तीक्ष्ण चोंच वाले पक्षियों में उत्तम पक्षिराज जटायु ने पंचवटी कानन से गुजरते हुए तथा सीताजी का अपहरण करके ले जाते हुए श्रीमान राक्षसराज रावण से अपनी सुंदर और पवित्र वाणी में कहा।
हे राक्षसराज रावण! तुम पराई स्त्री के स्पर्श से अपनी मलिन बुद्धि का त्याग कर दीजिए। यह घृणित कार्य तुम जैसे धैर्यशाली पुरुष को शोभा नहीं देता है। तुम्हें तो ऐसे निन्दनीय कार्य की निंदा करनी चाहिए।

3 वृद्धोऽहं त्वं युवा धन्वी सरथः कवची शरी।
न चाप्यादाय कुशली वैदेहीं मे गमिष्यसि ।।
तस्य तीक्ष्णनखाभ्यां तु चरणाभ्यां महाबलः।
चकार बहुधा गात्रे व्रणान्पतगसत्तमः ।।

अनुवाद हे राक्षसराज रावण! मैं तो बूढ़ा हूँ तुम जवान हो, धनुर्धर हो, रथ पर सवार हो, तुमने कवच भी धारण किया हुआ है तथा तुम धनुष बाण भी धारण किए हुए हो तो भी तुम मेरे रहते हुए माता सीताजी को कुशलतापूर्वक नहीं ले जा सकते हो।
ऐसा कहकर पक्षिराज गरुड़ (जटायु) ने (राक्षसराज) रावण पर अपने तेज नाखूनों से तथा अपने महाबलशाली पंजों से संपूर्ण शरीर पर चोंच और पंजों से अनेक बार प्रहार कर घाव कर दिए।

4 ततोऽस्य सशरं चापं मुक्तामणिविभूषितम् ।
चरणायां महातेजा बभञ्जास्य महद्धनुः।।
स भग्नधन्वा विरथो हताश्वो हतसारथिः।
अङ्केनादाय वैदेहीं पपात भुवि रावणः।।

अनुवाद इसके बाद पक्षिराज गरुड़ (जटायु) ने राक्षसराज रावण के मोतियों से सुसज्जित धनुष तथा बाण को अपने महाबलशाली पंखों के तीक्ष्ण प्रहार से खंडित कर डाला।
तो वह राक्षसराज रावण अपने धनुष के टूट जाने पर रथविहीन होकर, मरे हुए घोड़ों वाला सारथिविहीन होने के कारण माता सीताजी को अपनी गोद में लेकर नीचे जमीन पर गिर पड़ा।

5 संपरिष्वज्य वैदेहीं वामेनाङ्केन रावणः।
तलेनाभिजघानाशु जटायुं क्रोधमूर्च्छितः ।।
जटायुस्तमतिक्रम्य तुण्डेनास्य खगाधिपः ।
वामबाहून्दश तदा व्यपाहरदरिन्दमः।।

अनुवाद (जटायु के प्रहारों से घायल होने के कारण) क्रोध से मूर्च्छित हुए रावण ने सीता को बाईं भुजा से पकड़कर शीघ्र ही जटायु को प्राणघातक प्रहार करके मूर्च्छित कर दिया।
फिर पक्षिराज जटायु ने भी अपनी तेज चोंच से शत्रुओं का दमन करने वाले पंजों तथा चोंच के प्रहारों से राक्षसराज रावण के बाईं दिशा की दसों भुजाएँ उखाड़ डाली तथा अंत (मरने तक) तक माता सीता की राक्षसराज रावण से रक्षा की।

शब्दार्थाः

वाचो – शब्दं, गिरा (वाणी); विलपन्ती – रोदनं कुर्वन्ती (विलाप करती हुई); ह्रियमाणाम् – नीयमानाम् (ले जाई जाती/अपहरण की जाती हुई); राक्षसेन्द्रेण – दानवपतिना (राक्षसों के राजा द्वारा); परदाराभिमर्शनात् – परस्त्रीस्पर्शात् (पराई स्त्री के स्पर्श से); विगर्हयेत् – निन्द्यात् (निंदा करनी चाहिए); खगोत्तमः – पक्षिणां श्रेष्ठः (पक्षियों में श्रेष्ठ); धन्वी – धनुर्धरः (धनुर्धर); कवची – कवचधारी (कवच धारण किए हुए); शरी – बाणधरः (बाण को लिए हुए); व्याजहार – अकथयत् (कहा); मतिं – बुद्धिं (विचार को); निवर्तय – वारणं कुरु (मना करो, रोको); व्यपाहरत् – उत्खातवान् (उखाड़ दिया); वैदेहीम् – सीताम् (सीता को); बहुधा – अनेक बारं (कई बार); व्रणान् – प्रहारजनितस्फोटान् (प्रहार (चोट) से होने वाले घावों को); गात्रे – शरीरे (शरीर में); बभञ्ज – भग्नं कृतवान् (तोड़ दिया); पतंगेश्वरः – जटायुः (जटायु (पक्षिराज)); विधूय – अपसार्य (दूर हटाकर); भग्नधन्वा – भग्नं धनुः यस्य सः (टूटे हुए धनुष वाला); हताश्वः – हताः अश्वाः यस्य सः (मारे गए घोड़ों वाला); आदाय – गृहीत्वा (लेकर); भुवि – पृथिव्यां (भूमि पर); अभिजघान – हतवान् (मार डाला); पपात – पतितः (गिर पड़ा); आशु – शीघ्रम् (शीघ्र ही); तुण्डेन – मुखेन, चञ्च्वा (चोंच के द्वारा); खगाधिपः – पक्षिराजः (पक्षियों का राजा); अरिन्दमः – शत्रुदमनः, शत्रुनाशकः (शत्रुओं को नष्ट करने वाला); अतिक्रम्य – आक्रमणं कृत्वा (आक्रमण करके (झपटकर)।

NCERT फोल्डर:

1. एकपदेन उत्तरं लिखत-

(क) आयतलोचना का अस्ति?
(ख) सा कं ददर्श?
(ग) खगोत्तमः कीदृशीं गिरं व्याजहार?
(घ) जटायुः काभ्यां रावणस्य गात्रे व्रणं चकार?
(ङ) अरिदंमः खगाधिपः कति बाहून् व्यपाहरत् ?

उत्तराणि

(क) सीता
(ख) ग्रधम्
(ग) शुभाम्
(घ) तीक्ष्णनखचरणाभ्याम्
(ङ) दश

2. अधोलिखितानां प्रश्नानाम् उत्तराणि संस्कृतभाषया लिखत।

(क) ''जटायो! पश्य'' इति का वदति?
(ख) जटायुः रावणं किं कथयति?
(ग) क्रोधवशात् रावणः कि कर्तुम् उद्यतः अभवत् ?
(घ) पतंगेश्वरः रावणस्य कीदृशं चापं सशरं बभञ्ज?
(ङ) हताश्वो हतसारथिः रावणः कुत्र अपतत्?

उत्तराणि

(क) 'जटायो! पश्य' इति वैदेही वदति।
(ख) जटायुः रावणं कथयपि यत् ''हे रावण! परदाराभिमर्शनात् '' नीचां मतिं निवर्तय।
(ग) क्रोधवशात् रावणः जटायुं हन्तुं उद्यतः अभवत्।
(घ) पतगेश्वरः रावणस्य मुक्तामणिविभूषितंचापं संशरं बभञ्ज।
(ङ) हताश्वो हतसारथिः रावणः भुवि अपतत्।

3. उदाहरणमनुसृत्य णिनि-प्रत्ययप्रयोगं कृत्वा पदानि रचयत।

यथा गुण + णिनि	गुणिन् (गुणी)
दान + णिनि	दानिन् (दानी)
(क) कवच + णिनि	....
(ख) शर + णिनि	....
(ग) कुशल + णिनि	....
(घ) धन + णिनि	....
(ङ) दण्ड + णिनि	....

उत्तराणि

(क) कवचिन्	(कवची)
(ख) शरिन्	(शरी)
(ग) कुशलिन्	(कुशली)
(घ) धनिन्	(धनी)
(ङ) दण्डिन्	(दण्डी)

4. रावणस्य जटायोश्च विशेषणानि सम्मिलितरूपेण लिखितानि तानि पृथक्-पृथक् कृत्वा लिखत।

युवा, सशरः वृद्धः हताश्वः महाबलः, पतगसत्तमः भग्नधन्वा, महागृध्रः खगाधिपः, क्रोधमूर्च्छितः, पतगेश्वरः, सरथः, कवची, शरी

यथा —

रावणः	**जटायुः**
युवा	वृद्धः
....	....
....	....
....	....
....	....
....	....
....	....

उत्तराणि

रावणः	**जटायुः**
युवा	**वृद्धः**
सशरः	महाबलः
हताश्वः	पतगसत्तमः
भग्नधन्वा	महागृध्रः
सरथः	खगाधिपः
कवची	पतगेश्वरः
शरी	क्रोधमूर्च्छितः

5. सन्धिं/ सन्धिच्छेदं वा कुरुत।

यथा— च + आदाय	=	चादाय
(क) हत + अश्वः	=	....
(ख) तुण्डेन + अस्य	=	....
(ग) .... + ...	=	बभञ्जास्य
(घ) .... + ...	=	अङ्केनादाय
(ङ) .... + ...	=	खगाधिपः

उत्तराणि

(क) हताश्वः
(ख) तुण्डेनास्य
(ग) बभञ्ज + अस्य
(घ) अंकेन + आदाय
(ङ) खग + अधिपः

6. 'क' स्तम्भे लिखितानां पदानां पर्यायाः 'ख' स्तम्भे लिखिताः। तान् यथासमक्षं योजयत।

स्तम्भ 'क'	स्तम्भ 'ख'
कवची	अपतत्
आशु	पक्षिश्रेष्ठः
विरथः	पृथिव्याम्
पपात	कवचधारी
भुवि	शीघ्रम्
पतगसत्तमः	रथविहीनः

उत्तराणि

स्तम्भ 'क'	स्तम्भ 'ख'
कवची	कवच धारी
आशु	शीघम्
विरथः	रथविहीनः
पपात	अपतत्
भूवि	पृथिव्याम्
पतगसत्तमः	पक्षिश्रेष्ठः

7. अधोलिखितानां पदानां/ विलोमपदानि मञ्जूषायां दत्तेषु पदेषु चित्वा यथासमक्षं लिखत।

मन्दम्	पुण्यकर्मणा	हसन्ती
अनार्य	अनतिक्रम्य	प्रदाय
देवेन्द्रेण	प्रशंसेत्	दक्षिणेन
युवा		

पदानि	विलोमशब्दाः
(क) विलपन्ती	....
(ख) आर्यः	....
(ग) राक्षसेन्द्रेण	....
(घ) पापकर्मणा	....
(ङ) क्षिप्रम्	....
(च) विगर्हयेत्	....
(छ) वृद्धः	....
(ज) आदाय	....
(झ) वामेन	....
(ञ) अतिक्रम्य	....

उत्तराणि

(क) हसन्ती	(ख) अनार्य
(ग) देवेन्द्रेण	(घ) पुण्यकर्मणा
(ङ) मन्दम्	(च) प्रशंसेत्
(छ) युवा	(ज) प्रदाय
(झ) दक्षिणेन	(ञ) अनतिक्रम्य

8. (क) अधोलिखितानि विशेषणपदानि प्रयुज्य संस्कृतवाक्यानि रचयत।

(i) शुभाम् .... ।

(ii) हतसारथिः .... ।

(iii) कवची .... ।

(iv) खगाधिपः .... ।

(v) वामेन .... ।

उत्तराणि

(क) *(i)* जटायुः रावणं शुभां गिरम् अकथयत् ।

(ii) खगाधिपः जटायुः रावणस्योपरि पादाभ्याम् अतिक्रम्य रावणं हतसारथिः अकरोत् ।

(iii) त्वं तु कवची असि।

(iv) जटायुः खगाधिपः अस्ति।

(v) रावणः वामेन अंकेन वैदेहीं अंगी करोति।

(ख) उदाहरणमनुसृत्य समस्तं पदं रचयत।

यथा त्रयाणां लोकानां समाहारः त्रिलोकी

(i) पञ्चानां वटानां समाहारः ....

(ii) सप्तानां पदानां समाहारः ....

(iii) अष्टानां भुजानां समाहारः ....

(iv) चतुर्णां मुखानां समाहारः ....

उत्तराणि

(ख) *(i)* पंचवटी

(ii) सप्तपदम्

(iii) अष्टभुजाम्

(iv) चतुर्मुखम्

परीक्षा अभ्यासः

अधोलिखितान् श्लोकान् पठित्वा तदाधारितानां प्रश्नानाम् उत्तराणि लिखत।
(निम्नलिखित श्लोकों को पढ़कर उन पर आधारित प्रश्नों के उत्तर लिखिए।)

1. सा तदा करुणा वाचो विलपन्ती सुदुःखिता।
वनस्पतिगतं गृध्रं ददर्शायतलोचना।।
जटायो पश्य मामार्य ह्रियमाणामनाथवत् ।
अनेन राक्षसेन्द्रेण करुणं पापकर्मणा।।
तं शब्दमवसुप्तस्तु जटायुरथ शुश्रुवे।
निरीक्ष्य रावणं क्षिप्रं वैदेहीं च ददर्श सः।।

I. एकपदेन उत्तरत। *(एक पद में उत्तर दीजिए।)*
(i) जटायुः पंचवट्यां कस्याः विलापम् अश्रृणोत्?
(ii) राक्षसराजः कः?
(iii) रावणः कीदृशः आसीत्?

II. पूर्णवाक्येन उत्तरत। *(पूर्ण वाक्य में उत्तर दीजिए।)*
(i) पंचवट्यां सीतायाः करुणविलापं कः अश्रृणोत्?
(ii) जटायुः कं ददर्शः?
(iii) केन सीता अनाथवत् ह्रियमाणा आसीत्?

III. निर्देशानुसारम् उत्तरत।
(निर्देशानुसार उत्तर दीजिए।)
(i) 'आयतलोचना' अस्मिन् पदे कः समास विग्रहः वर्तते?
(ii) 'राक्षसेन्द्रेण' अस्य पदस्य कः सन्धिच्छेदः वर्तते?
(iii) 'सा' इति सर्वनामपदस्थाने संज्ञापदं किम्?

2. ततःपर्वतशृङ्गाभस्तीक्ष्णतुण्डः खगोत्तमः।
वनस्पतिगतः श्रीमान्व्याजहार शुभां गिरम्।।
निवर्तय मतिं नीचां परदाराभिमर्शनात्।
न तत्समाचरेद्धीरो यत्परोऽस्य विगर्हयेत्।।

I. एकपदेन उत्तरत। *(एक पद में उत्तर दीजिए।)*
(i) 'परदाराभिमर्शनात् नीचां' मतिं निवर्तय कस्य वचनः अस्ति?
(ii) तीक्ष्णतुण्डः खगोत्तमः कः आसीत्?
(iii) जटायोः तुण्डः कीदृशः आसीत्?

II. पूर्णवाक्येन उत्तरत। *(पूर्ण वाक्य में उत्तर दीजिए।)*
(i) रावणं कः शुभां गिरम् व्याजहार?
(ii) जटायोः तुण्डः कीदृशी आसीत्?
(iii) धीरः किं न समाचरेत्?

III. निर्देशानुसारम् उत्तरत।
(निर्देशानुसार उत्तर दीजिए।)
(i) 'तीक्ष्णतुण्डः' अस्मिन् पदे कः समासविग्रहः कः वर्तते?
(ii) 'खगोत्तमः' अस्य पदस्य कः सन्धिच्छेदः वर्तते?
(iii) 'आचरणं कर्त्तव्यम्' इत्यर्थे किं पदं प्रयुक्तम्?

3. वृद्धोऽहं त्वं युवा धन्वी सरथः कवची शरी।
न चाप्यादाय कुशली वैदेहीं मे गमिष्यसि।।
तस्य तीक्ष्णनखाभ्यां तु चरणाभ्यां महाबलः।
चकार बहुधा गात्रे व्रणान्पतगसत्तमः।।
ततोऽस्य सशरं चापं मुक्तामणिविभूषितम्।
चरणाभ्यां महातेजा बभञ्जास्य महद्धनुः।।

I. एकपदेन उत्तरत। *(एक पद में उत्तर दीजिए।)*
(i) जटायुः रावणस्य गात्रे काभ्यां प्रहारम् अकरोत्?
(ii) कस्य मुक्तामणिविभूषितं चापं जटायुः बभञ्ज?
(iii) महाबल कः आसीत्?

II. पूर्णवाक्येन उत्तरत। *(पूर्ण वाक्य में उत्तर दीजिए।)*
(i) जटायुः चरणाभ्यां के व्रणीभूतं कृतम्?
(ii) रावणस्य चापं कीदृशः आसीत्?
(iii) कीदृशः रावणः वैदेही आदाय न गमिष्यति?

III. निर्देशानुसारम् उत्तरत।
(निर्देशानुसार उत्तर दीजिए।)
(i) 'चाप्यादाय' अस्य पदस्य कः सन्धिच्छेदः वर्तते?
(ii) 'महाबलः' अस्मिन् पदे कः समास विग्रहः वर्तते?
(iii) श्लोके बाणधरः इति पदस्य कः पर्यायः आगतः?

4. स भग्नधन्वा विरथो हताश्वो हतसारथिः।
अङ्केनादाय वैदेहीं पपात भुवि रावणः।।
संपरिष्वज्य वैदेहीं वामेनाङ्केन रावणः।
तलेनाभिजघानाशु जटायुं क्रोधमूर्च्छितः।।
जटायुस्तमतिक्रम्य तुण्डेनास्य खगाधिपः।
वामबाहून्दश तदा व्यपाहरदरिन्दमः।।

I. एकपदेन उत्तरत। *(एक पद में उत्तर दीजिए।)*
(i) भग्नधन्वा हताश्वः कः अभवत्?
(ii) विरथो भूत्वा रावणः कुत्र अपतत्?
(iii) श्लोके अरिन्दमः कः कथितः?

II. पूर्णवाक्येन उत्तरत। *(पूर्ण वाक्य में उत्तर दीजिए।)*
(i) रावणः काम् अङ्के आदाय भुवि अपतत्?
(ii) कीदृशः जटायुः क्रोधमूर्च्छितः?
(iii) जटायुः केन आक्रमणम् अकरोत्?

III. निर्देशानुसारम् उत्तरत।
(निर्देशानुसार उत्तर दीजिए।)
(i) 'भग्नधन्वा' अस्यपदस्य कः समास विग्रहः वर्तते?
(ii) 'आदाय' अस्मिन् पदे कः प्रत्ययः वर्तते?
(iii) मुखेन इत्यस्य पदस्य कः पर्यायः श्लोके आगतः?

5. अधोलिखित श्लोकस्यः अन्वयं मञ्जूषातः समुचितं पदं चित्वा पूरयत।
(निम्नलिखित श्लोक का अन्वय मञ्जूषा में दिए गए उचित शब्दों से चुनकर पूरा कीजिए।)

ततः पर्वतशृङ्गाभस्तीक्ष्णतुण्डः खगोत्तमः।
वनस्पतिगतः श्रीमान्व्याजहार शुभां गिरम्।।

अन्वयः ततः *(i)* .... तीक्ष्णतुण्डः *(ii)* ..... वनस्पतिगतः *(iii)* .... शुभां गिरं *(iv)* ......।

मञ्जूषा व्याजहार, श्रीमान्, खगोत्तमः, पर्वतशृङ्गाभः।

6. अधोलिखित श्लोकं पठित्वा मञ्जूषायाः पदानि चित्वा भावार्थं पूरयत।
(निम्नलिखित श्लोक को पढ़कर मञ्जूषा से शब्द चुनकर भावार्थ को पूरा कीजिए।)

I. बिना लिप्यक्षर ज्ञानं तपोभिरेव केवलम्।
यदि विद्या वशे स्युस्ते, सेतुरेष तथा मम।।

भावार्थः यदि त्वं बिना *(i)* ...... केवलम् *(ii)* ...... एव ते विद्या *(iii)* ...... स्युः तर्हि अहं अपि एषः (iv) ...... तथा एव निर्मितुं शक्यते।

मञ्जूषा लिप्यक्षरज्ञानं, तपोभिः, सेतुः, वशे।

II. निवर्तय मतिं नीचां परदाराभिमर्शनात्।
न तत्समाचरेद्धीरो यत्परोऽस्य विगर्हयेत्।।

भावार्थः परादाराभिमर्शनात् .... *(i)* .... मति निवर्तय। *(ii)* .... तत् न। *(iii)* .... यत् परः अस्य। *(iv)* .... ।

मञ्जूषा– विगर्हयेत्, समाचरेत्, धीरः, नीचां।

7. निम्नांकितेषु वाक्येषु रेखांकितपदानि आधृत्य प्रश्ननिर्माणं कुरुत।
(निम्नलिखित वाक्यों में रेखांकित पदों के आधार पर प्रश्न निर्माण कीजिए।)
(i) निरीक्ष्य रावणं क्षिप्रं वैदेहीं च ददर्श स:।
(ii) तस्य तीक्ष्ण नखाभ्यां तु चरणाभ्यां महाबलः रावणस्य गात्रम् व्रणी भूतं जातम्।
(iii) ततोऽस्य सशरं चापं मुक्तामणि विभूषितम्।
(iv) अंकेन आदाय वैदेहीं पपात भुवि रावणः।
(v) संपरिष्वज्य वैदेहीं वामेनांकेन रावणः।

8. अधोलिखितेषु पदेषु पर्याय पदेन सह मेलनं कुरुत।
(निम्नलिखित पदों का पर्याय पदों से मिलान कीजिए।)

(i) धन्वी	—	पृथिव्याम्
(ii) वैदेहीं	—	शरीरे
(iii) गात्रे	—	सीताम्
(iv) भुवि	—	धनुर्धरः

9. अधोलिखितेषु पदेषु विशेषण-विशेष्य मेलनं कुरुत,
(निम्नलिखित पदों विशेषयों का विशेषण से मिलान कीजिए।)

(i) क्रोधमूर्च्छितः	—	खगाधिपः
(ii) अरिन्दमः	—	तुण्डः
(iii) तीक्ष्णः	—	रावणः

10. रेखांकितपदानाम् प्रसङ्गानुसारम् अर्थस्य चयनम् कुरुत
(निम्नलिखित पदों के प्रसंग के अनुसार अर्थ लिखिए)

(i) सा आयतलोचना करुणा वाचः विलपन्ती।
(क) वाणी (ख) अज्ञानी
(ग) पार्वती (घ) तीर

(ii) धीरः तत् न समाचरेत्।
(क) प्रबुद्ध (ख) बुद्धिमान्
(ग) बुद्धिवान् (घ) मूर्खवान्

(iii) सः च रावणं निरीक्ष्य क्षिप्रं वैदेहीं ददर्श।
(क) शनैः (ख) अतिशीघ्रम्
(ग) शीघ्रंम् (घ) विलम्ब

(iv) श्रीमान् शुभां गिरं व्याजहारः।
(क) वादा (ख) आश्रवम्
(ग) उक्तितम् (घ) वचनम्

11. अधोलिखितानां शब्दानाम् अर्थैः सहमेलनम् कुरुत
(निम्नलिखित शब्दों को अर्थ के साथ सही मेल कीजिए)

शब्दाः	अर्थाः
(i) विरथः	(क) धनुषं
(ii) वैदेहीं	(ख) धनुर्धर
(ii) चापं	(ग) सीतां
(iii) धन्वी	(घ) रथहीनः

उत्तराणि

1. I. *(i)* सीतायाः
(ii) रावणः
(iii) पापकर्मः

II. *(i)* पंचवट्यां सीतायाः करुणं विलापं पक्षिराजः जटायुः अश्रृणोत्।
(ii) जटायुः रावणं वैदेहीं च ददर्शः।
(iii) पापकर्मणा राक्षसेन्द्रेण सीता अनाथवत् ह्रियमाणा आसीत्।

III. *(i)* 'आयतलोचना' अस्मिन् पदे 'आयते लोचने यस्याः सा' इति समास विग्रहः वर्तते।
(ii) 'राक्षसेन्द्रेण' अस्य पदस्य' राक्षस + इन्द्रेण इति सन्धिच्छेदः वर्तते।
(iii) 'सा' इति सर्वनामपदस्थाने संज्ञापदं 'सीता' अस्ति।

2. I. *(i)* जटायोः
(ii) जटायुः
(iii) तीक्ष्णः

II. *(i)* रावणं जटायुः शुभां गिरम् व्याजहार।
(ii) जटायोः तुण्डः तीक्ष्णः आसीत्।
(iii) धीरः तत् न समाचरेत् यत् परः अस्य विगर्हयेत्।

III. *(i)* 'तीक्ष्ण तुण्डः' अस्मिन् पदे 'तीक्ष्णः तुण्डः यस्य सः' इति समास विग्रहः वर्तते।
(ii) 'खगोत्तमः' अस्य पदस्य सन्धिच्छेदः 'खग + उत्तमः' इति वर्तते।
(iii) समाचरेत् पदं प्रयुक्तम्।

3. I. *(i)* चरणाभ्याम्
(ii) रावणस्य
(iii) जटायुः

II. *(i)* जटायुः चरणाभ्यां रावणं व्रणीभूतं कृतम्।
(ii) रावणस्य चापं मुक्तामणिविभूषितम् आसीत्।
(iii) युवा, धन्वी, सरथः कवची शरी च रावणः वैदेहीं आदाय न गमिष्यति।

III. *(i)* 'चाप्यादाय' अस्य पदस्य सन्धिच्छेदः 'च + अपि + आदाय' इति वर्तते।
(ii) 'महाबलः' अस्मिन् पदे महान् च असौ बलः इति समास विग्रहः वर्तते।
(iii) गमिष्यसि पर्यायः आगतः।

4. I. *(i)* रावणः *(ii)* भुवि
(iii) खगाधिपः

II. *(i)* रावणः वैदेहीम् अंके आदाय भुवि अपतत् ।
(ii) तलेनाभिजघानाशु जटायुः क्रोधमूर्च्छितः।
(iii) जटायुः तुण्डेन आक्रमणम् अकरोत्।

III. *(i)* 'भग्नधन्वा' अस्य पदस्य 'भग्नः धनुः यस्य सः' इति समास विग्रहः वर्तते।
(ii) 'आदाय' अस्मिन् पदे 'ल्यप्' प्रत्ययः वर्तते।
(iii) तुण्डेन पर्यायः आगतः।

5. *(i)* पर्वतश्रृङ्गाभः *(ii)* खगोत्तमः
(iii) श्रीमान् *(iv)* व्याजहार

6. I. *(i)* लिप्यक्षरज्ञानं *(ii)* तपोभिः *(iii)* वशे *(iv)* सेतुः
II. *(i)* नीचां *(ii)* धीरः
(iii) समाचरेत् *(iv)* विगर्हयेत्

7. *(i)* निरीक्ष्य रावणं क्षिप्रं वैदेहीं च ददर्श कः?
(ii) तस्य तीक्ष्ण नखाभ्यां तु चरणाभ्यां महाबलः कस्य गात्रं व्रणीभूतम् जातम् ?
(iii) ततोऽस्य सशरं किं मुक्ता मणिविभूषितम् :?
(iv) अंकेन आदाय वैदेहीं पपात कुत्र रावणः?
(v) संपरिष्वज्य कां वामेन अंकेन रावणः?

8. *(i)* धनुर्धरः *(ii)* सीताम्
(iii) शरीरे *(iv)* पृथिव्याम्

9. *(i)* रावणः *(ii)* खगाधिपः
(iii) तुण्डः

10. *(i)* (क) वाणी *(ii)* (ख) बुद्धिमान्
(iii) (ग) शीघ्रम् *(iv)* (घ) वचनम्

11. *(i)* (घ) रथहीनः *(ii)* (ग) सीतां
(iii) (क) धनुषं *(iv)* (ख) धनुर्धर

अध्याय

08

पर्यावरणम् (पर्यावरण)

प्रस्तुत पाठ्यांश पर्यावरण को ध्यान में रखकर लिखा गया एक लघु निबंध है। वर्तमान समय में प्रदूषित वातावरण मानव-जीवन के लिए भयंकर अभिशाप बन गया है। नदियों का जल प्रदूषित होता जा रहा है, वन वृक्षों से रहित होते जा रहे हैं, मिट्टी का कटाव बढ़ने से बाढ़ की समस्याएँ बढ़ती जा रही हैं। कल-कारखानों और वाहनों के धुएँ से हवा जहरीली होती जा रही है। वन्य जीवों की जातियाँ भी नष्ट होती जा रही हैं। वैज्ञानिकों के अनुसार वृक्षों एवं वनस्पतियों के अभाव में मनुष्यों के लिए जीवित रहना असंभव प्रतीत हो रहा है। पत्र, पुष्प, फल, काष्ठ, छाया एवं औषधि प्रदान करने वाले पादपों एवं वृक्षों की उपयोगिता वर्तमान समय में पहले की अपेक्षा (तुलना में) अधिक है। ऐसी परिस्थिति में हमारा कर्त्तव्य है कि हम पर्यावरण के संरक्षणार्थ उपाय करें। वृक्षों के रोपण, नदी-जल की स्वच्छता, ऊर्जा के संरक्षण, वापी, कूप, तड़ाग, उद्यान आदि के निर्माण और उनको स्वच्छ रखने में प्रयत्नशील हों ताकि जीवन सुखमय एवं उपद्रव रहित हो सके।

पाठ का हिंदी अनुवाद

1 प्रकृतिः समेषां प्राणिनां संरक्षणाय यतते। इयं सर्वान् पुष्णाति विविधैः प्रकारैः, तर्पयति च सुखसाधनैः। पृथिवी, जलं, तेजो, वायुः आकाशश्चास्याः प्रमुखानि तत्त्वानि। तान्येव मिलित्वा पृथक्तया वाऽस्माकं पर्यावरणं रचयन्ति। आव्रियते परितः समन्तात् लोकोऽनेनेति पर्यावरणम्। यथाऽजातशिशुः मातृगर्भे सुरक्षितस्तिष्ठति तथैव मानवः पर्यावरणकुक्षौ। परिष्कृतं प्रदूषणरहितं च पर्यावरणमस्मभ्यं सांसारिकं जीवनसुखं, सद्विचारं, सत्यसङ्कल्पं माङ्गलिकसामग्रीञ्च प्रददाति। प्रकृतिकोपैः आतङ्कितो जनः किं कर्तुं प्रभवति? जलप्लावनैः, अग्निभयैः, भूकम्पैः, वात्याचक्रैः, उल्कापातादिभिश्च सन्तप्तस्य मानवस्य क्व मङ्गलम्?

अनुवाद प्रकृति सभी प्राणियों के संरक्षण के लिए प्रयास करती रहती है। यह सभी को अनेक प्रकार के सुख साधनों द्वारा तृप्त करती है और पुष्ट करती है। पृथ्वी, जल, तेज (प्रकाश), वायु तथा आकाश ये इसके (प्रकृति के) प्रमुख तत्त्व हैं। ये ही तत्त्व मिलकर या अलग-अलग रूप में हमारे पर्यावरण की रचना करते हैं। चारों ओर से घिरा हुआ होने के कारण लोग इसे पर्यावरण कहते हैं। जिस प्रकार अजन्मा बालक माता के गर्भ में सुरक्षित रहता है, उसी प्रकार मानव भी पर्यावरण की कोख में सुरक्षित रहता है। परिष्कृत और प्रदूषण रहित पर्यावरण हम सभी के लिए सांसारिक जीवन सुख को, अच्छे विचार को, सत्य संकल्प को तथा मांगलिक सामग्री आदि को प्रदान करता है। प्रकृति के कुपित होने से भयभीत मनुष्य किस प्रकार प्रभावित होता है? बाढ़ के द्वारा, अग्निभय के द्वारा, भूकम्प द्वारा, चक्रवात द्वारा तथा उल्कापात आदि के द्वारा संतप्त मानव का कहाँ और कैसा मंगल (शुभ) अर्थात् कल्याण हो सकता है?

2 अतएव प्रकृतिरस्माभि: रक्षणीया। तेन च पर्यावरणं रक्षितं भविष्यति। प्राचीनकाले लोकमङ्गलाशंसिन ऋषयो वने निवसन्ति स्म। यतो हि वने एव सुरक्षितं पर्यावरणमुपलभ्यते स्म। विविधा विहगा: कलकूजितैस्तत्र श्रोत्ररसायनं ददति। सरितो गिरिनिर्झराश्च अमृतस्वादु निर्मल जलं प्रयच्छन्ति। वृक्षा: लताश्च फलानि, पुष्पाणि इन्धनकाष्ठानि च बाहुल्येन समुपहरन्ति। शीतलमन्दसुगन्धवनपवना औषधकल्पं प्राणवायुं वितरन्ति।

अनुवाद इसलिए हम सभी को प्रकृति की रक्षा करनी चाहिए, तभी उससे पर्यावरण सुरक्षित रहेगा। प्राचीनकाल में जनता के कल्याण को चाहने वाले ऋषि, मुनि वन में रहते थे, क्योंकि वे वन में ही सुरक्षित पर्यावरण प्राप्त करते थे। वहाँ वन में ही अनेक प्रकार के पक्षिगण अपने कल-कल के मधुर कलरव द्वारा कानों को अच्छा लगने वाला मधुर रसायन (संगीत) प्रदान करते हैं। नदियाँ तथा पर्वतों के झरने उन्हें अमृत के समान स्वादिष्ट, मीठा तथा निर्मल जल प्रदान करते हैं। पेड़ तथा लताएँ आदि उन्हें फूल-फल तथा लकड़ी आदि ईंधन अधिक मात्रा में भेंट स्वरूप प्रदान करते हैं। शीतल मंद तथा सुगंधित वन की वायु औषधि रूपी प्राण वायु को बाँटती रहती है।

3 परन्तु स्वार्थान्धो मानवस्तदेव पर्यावरणमद्य नाशयति। स्वल्पलाभाय जना: बहुमूल्यानि वस्तूनि नाशयन्ति। यन्त्रागाराणां विषाक्तं जलं नद्यां निपात्यते येन मत्स्यादीनां जलचराणां च क्षणेनैव नाशो जायते। नदीजलमपि तत्सर्वथाऽपेयं जायते। वनवृक्षा: निर्विवेकं छिद्यन्ते व्यापारवर्धनाय, येन अवृष्टि: प्रवर्धते, वनपशवश्च शरणरहिता ग्रामेषु उपद्रवं विदधति। शुद्धवायुरपि वृक्षकर्तनात् सङ्कटापन्नो जात:। एवं हि स्वार्थान्धमानवैर्विकृतिमुपगता प्रकृतिरेव तेषां विनाशकर्त्री सञ्जाता। पर्यावरणे विकृतिमुपगते जायन्ते विविधा रोगा: भीषणसमस्याश्च। तत्सर्वमिदानीं चिन्तनीयं प्रतिभाति।

अनुवाद परंतु स्वार्थ में अंधा होकर मानव आज उसी पर्यावरण को नष्ट कर रहा है। थोड़े से लाभ के लिए मनुष्य बहुमूल्य वस्तुओं को नष्ट कर रहे हैं। कल-कारखानों के दूषित जल को नदियों में डाल देते हैं, जिससे मछलियाँ तथा अन्य जल में रहने वाले जीवों का क्षणभर में ही नाश हो जाता है। नदी का जल भी हमेशा के लिए दूषित होने के कारण पीने योग्य नहीं रह जाता है। व्यापार बढ़ाने के लिए एक के बाद एक वन के वृक्षों को बिना सोचे समझे ही काटा जा रहा है, जिससे वर्षा की कमी होती जा रही है तथा जंगली जानवर आश्रयहीन होकर गाँवों में उपद्रव (आतंक) करते हैं। शुद्ध हवा भी वृक्षों के कटने से संकटग्रस्त हो गई है। इस प्रकार स्वार्थ में अंधे मनुष्यों के द्वारा विकृत की गई प्रकृति भी अब उनके विनाश का कारण बन गई है। पर्यावरण के बिगड़ने से अनेक प्रकार की समस्याएँ तथा अनेक प्रकार के रोग उत्पन्न हो गए हैं। यह सब कुछ अब चिंतनीय प्रतीत होता है।

4 धर्मो रक्षति रक्षित: इत्यार्षवचनम्। पर्यावरणरक्षणमपि धर्मस्यैवाङ्गमिति ऋषय: प्रतिपादितवन्त:। तत एव वापीकूपतडागादिनिर्माणं देवायतनविश्रामगृहादिस्थापनञ्च धर्मसिद्धे: स्रोतोरूपेणाङ्गीकृतम्। कुक्कुरसूकरसर्पनकुलादिस्थलचरा:, मत्स्यकच्छपमकरप्रभृतयो जलचराश्चापि रक्षणीया:, यतस्ते स्थलमलापनोदिनो जलमलापहारिणश्च। प्रकृतिरक्षयैव सम्भवति लोकरक्षेति न संशय:।

अनुवाद धर्म की रक्षा करने वाले मनुष्य की धर्म स्वयं रक्षा करता है, यह आर्ष वचन है। सभी ऋषि-मुनि पर्यावरण की रक्षा करने को भी धर्म का ही अंग बतलाते हैं। उसी प्रकार (वैसे ही) नहरों, कुओं तालाबों आदि का निर्माण करना तथा मंदिरों, धर्मशालाओं आदि की स्थापना करना धर्म की सिद्धि के प्रमुख स्रोत के रूप में स्वीकार किया गया है। कुत्ता, सूअर, साँप तथा नेवला आदि धरती पर विचरण करने वाले जीव-मछली, कछवे, मगरमच्छ आदि जल में रहने वाले जीवों की भी रक्षा करनी चाहिए, क्योंकि वे सब जीव भूमि तथा जल की गंदगी को दूर करने वाले जीव हैं। प्रकृति की रक्षा के द्वारा ही संसार के सभी प्राणियों की रक्षा हो सकती है, इसमें कोई संशय (संदेह) नहीं है।

शब्दार्था:

समेषां– सर्वेषां (सभी का); पुष्णाति– पोषणं करोति (पुष्ट करता है); तेजः– प्रकाशः (प्रकाश, तेज, ज्योति); अजातः शिशुः– अनुत्पन्नजातकः (अजन्मा शिशु); कुक्षौ– गर्भे (गर्भ में); जलप्लावनैः– जलौघैः (बाढ़ से); वात्याचक्रैः– वातचक्रैः (आँधी, बवंडर); लोकमङ्गलाशंसिनः– समाजकल्याणकामाः (जनता के कल्याण को चाहने वाले); विहगाः– खगाः (पक्षिगण); श्रोत्ररसायनम्– कर्णामृतम् (कान को अच्छा लगने वाला); सरितः– नद्यः(नदी का); गिरिनिर्झराः– पर्वतानां प्रपाताः (पहाड़ों से निकलने वाले झरने); प्रयच्छन्ति– प्रदानं कुर्वन्ति (प्रदान करते हैं); यन्त्रागाराणाम्– यन्त्रालयानाम् (कारखानों के); अपेयम्– पातुम् अयोग्यम् (न पीने योग्य); जायते– भवति (हो जाता है); वृक्षकर्तनात्– वृक्षाणाम् उच्छेदात् (पेड़ों के काटने से); देवायतनम्– देवालयः, मन्दिरम् (मंदिर); विश्रामगृहाः– विश्रामस्थलाः (धर्मशालाएँ आदि); स्थलमलापनोदिनः– भूमिमलापसारिणः (भूमि की गंदगी को दूर करने वाले); नकुलः– सर्पशत्रुः (नेवला)।

NCERT फोल्डर:

1. एकपदेन उत्तरं लिखत–

(क) मानवः कुत्र सुरक्षितः तिष्ठति ?

(ख) सुरक्षितं पर्यावरणं कुत्र उपलभ्यते स्म?

(ग) आर्षवचनं किमस्ति?

(घ) पर्यावरणमपि कस्य अङ्गमिति ऋषयः प्रतिपादितवन्तः?

(ङ) लोकरक्षा कया सम्भवति?

(च) अजातशिशुः कुत्र सुरक्षितः तिष्ठति?

(छ) प्रकृतिः केषां संरक्षणाय यतते?

उत्तराणि

(क) पर्यावरणकुक्षौ

(ख) वने

(ग) धर्मो रक्षति रक्षितः

(घ) धर्मस्य

(ङ) प्रकृतिरक्षया

(च) मातृगर्भ

(छ) प्राणिनाम्

2. अधोलिखितानां प्रश्नानामुत्तराणि संस्कृतभाषया लिखत।

(क) प्रकृतेः प्रमुखतत्त्वानि कानि सन्ति?

(ख) स्वार्थान्धः मानवः किं करोति?

(ग) पर्यावरणे विकृते जाते किं भवति?

(घ) अस्माभिः पर्यावरणस्य रक्षा कथं करणीया?

(ङ) लोकरक्षा कथं संभवति?

(च) परिष्कृतं पर्यावरणम् अस्मभ्यं किं किं ददाति?

उत्तराणि

(क) प्रकृते प्रमुखतत्त्वानि पृथिवी, जलं तेजो, वायुः आकाशः च सन्ति।

(ख) स्वार्थान्धः मानवः अद्य पर्यावरणं नाशयति।

(ग) पर्यावरणे विकृते जाते विविधा रोगाः भीषण समस्याश्च भवन्ति।

(घ) अस्माभिः वृक्षारोपणं कृत्वा जलचरानां रक्षणेन, स्थलचराणां च रक्षणेन, नदीनां च संरक्षणेन पर्यावरणस्य रक्षा करणीया।

(ङ) प्रकृतिरक्षयैव लोकरक्षा सम्भवति।

(च) परिष्कृतं प्रदूषणरहितं च पर्यावरणम् अस्मभ्यं सांसारिक जीवन सुखं, सद्विचारं, सत्य संकल्पं मांगलिक सामग्रीञ्च प्रददाति।

3. स्थूलपदान्यधिकृत्य प्रश्ननिर्माणं कुरुत।

(क) **वनवृक्षाः** निर्विवेकं छिद्यन्ते।

(ख) **वृक्षकर्तनात्** शुद्धवायुः न प्राप्यते।

(ग) प्रकृतिः **जीवनसुखं** प्रददाति।

(घ) अजातशिशुः **मातृगर्भे** सुरक्षितः तिष्ठति।

(ङ) पर्यावरणरक्षणं **धर्मस्य** अङ्गम् अस्ति।

उत्तराणि

(क) के निर्विवेकं छिद्यन्ते?

(ख) कस्मात् शुद्धवायुः न प्राप्यते?

(ग) प्रकृति किं प्रददाति?

(घ) अजातशिशुः कुत्र सुरक्षितः तिष्ठति?

(ङ) पर्यावरण रक्षणं कस्य अंगम् अस्ति?

4. उदाहरणमनुसृत्य पदरचनां कुरुत।

यथा—जले चरन्ति इति जलचराः

(क) (i) स्थले चरन्ति इति ....
(ii) निशायां चरन्ति इति ....
(iii) व्योम्नि चरन्ति इति ....
(iv) गिरौ चरन्ति इति ....
(v) भूमौ चरन्ति इति ....

यथा– न पेयम् इति अपेयम्

(ख) (i) न वृष्टि इति ....
(ii) न सुखम् इति ....
(iii) न भावः इति ....
(iv) न पूर्णः इति ....

उत्तराणि

(क) *(i)* स्थलचराः *(ii)* निशाचराः
(iii) व्योमचराः *(iv)* गिरिचराः
(v) भूमिचराः

(ख) *(i)* अवृष्टिः *(ii)* असुखम्
(iii) अभावः *(iv)* अपूर्णः

5. उदाहरणमनुसृत्य पदनिर्माणं कुरुत।

यथा– वि + कृ + क्तिन् विकृतिः

(क) प्र + गम् + क्तिन् ....

(ख) दृश् + क्तिन् ....

(ग) गम् + क्तिन् ....

(घ) मन् + क्तिन् ....

(ङ) शम् + क्तिन् ....

(च) भी + क्तिन् ....

(छ) जन् + क्तिन् ....

(ज) भज् + क्तिन् ....

(झ) नी + क्तिन् ....

उत्तराणि

(क) प्रगतिः (ख) दृष्टिः
(ग) गतिः (घ) मतिः
(ङ) शान्तिः (च) भीतिः
(छ) जातिः (ज) भक्तिः
(झ) नीतिः

6. निर्देशानुसारं परिवर्तयत।

यथा– स्वार्थान्धो मानवः अद्य पर्यावरणं नाशयति (बहुवचने)।
स्वार्थान्धाः मानवाः अद्य पर्यावरणं नाशयन्ति।

(क) सन्तप्तस्य मानवस्य मङ्गलं कुतः? (बहुवचने)
(ख) मानवाः पर्यावरणकुक्षौ सुरक्षिताः भवन्ति। (एकवचने)
(ग) वनवृक्षाः निर्विवेक छिद्यन्ते। (एकवचने)
(घ) गिरिनिर्झराः निर्मलं जलं प्रयच्छन्ति। (द्विवचने)
(ङ) सरित् निर्मलं जलं प्रयच्छति। (बहुवचने)

उत्तराणि

(क) सन्तप्तानां मानवानां मङ्गलं कुतः?
(ख) मानवः पर्यावरण कुक्षौ सुरक्षितः भवति।
(ग) वनवृक्षः निर्विवेकं छिद्यते।
(घ) गिरिनिर्झरौ निर्मलं जलं प्रयच्छतः।
(ङ) सरिताः निर्मलं जलं प्रयच्छन्ति।

7. पर्यावरणरक्षणाय भवन्तः किं करिष्यन्ति इति विषये पञ्च वाक्यानि लिखत।

यथा– अहं विषाक्तम् अवकरं नदीषु न पातयिष्यामि।

(क) ....
(ख) ....
(ग) ....
(घ) ....
(ङ) ....

उत्तराणि

(क) अहं वृक्षारोपणं करिष्यामि।
(ख) अहं नदीनां संरक्षणे सहभागिता करिष्यामि।
(ग) अहं स्थलचराणां रक्षां करिष्यामि।
(घ) अहं जलचराणां संरक्षणं करिष्यामि।
(ङ) अहं वृक्षानां कर्तनं न करिष्यामि।

8. (क) उदाहरणमनुसृत्य उपसर्गान् पृथक्कृत्वा लिखत।

यथा— संरक्षणाय सम्

(i) प्रभवति ....
(ii) उपलभ्यते ....
(iii) निवसन्ति ....
(iv) समुपहरन्ति ....
(v) वितरन्ति ....
(vi) प्रयच्छन्ति ....
(vii) उपगता ....
(viii) प्रतिभाति ....

उत्तराणि

(i) प्र
(ii) उप
(iii) नि
(iv) सम् + उप
(v) वि
(vi) प्र
(vii) उप
(viii) प्रति

(ख) उदाहरणमनुसृत्य अधोलिखितानां समस्तपदानां विग्रह लिखत।

यथा— तेजोवायुः तेजः वायुः च।
गिरिनिर्झराः गिरयः निर्झराः च।

(i) पत्रपुष्पे ....
(ii) लतावृक्षौ ....
(iii) पशुपक्षी ....
(iv) कीटपतङ्गौ ....

उत्तराणि

(i) पत्रं च पुष्पं च *(ii)* लता च वृक्षः च
(iii) पशुः च पक्षी च *(iv)* कीटः च पतङ्गः च

परीक्षा अभ्यासः

अधोलिखितान् गद्यांशान् पठित्वा तदाधारितानां प्रश्नानाम् उत्तराणि लिखत।

(निम्नलिखित गद्यांशों को पढ़कर उन पर आधारित प्रश्नों के उत्तर लिखिए।)

1. प्रकृतिः समेषां प्राणिनां सरंक्षणाय यतते। इयं सर्वान् पुष्णाति विविधैः प्रकारैः, तर्पयति च सुखसाधनैः। पृथिवी, जलं तेजो, वायुः, आकाशश्चास्याः प्रमुखानि तत्त्वानि। तान्येव मिलित्वा पृथक्तया वाऽस्माकं पर्यावरणं रचयन्ति। आव्रियते परितः समन्तात् लोकोऽनेनेति पर्यावरणम् । यथाऽजातशिशुः मातृगर्भे सुरक्षितस्तिष्ठति तथैव मानवः पर्यावरणकुक्षौ। परिष्कृतं प्रदूषणरहितं च पर्यावरणमस्मभ्यं सांसारिकं जीवनसुखं, सद्विचारं, सत्यसङ्कल्पं माङ्गलिकसामग्रीञ्च प्रददाति। प्रकृतिकोपैः आतङ्कितो जनः किं कर्तुं प्रभवति? जलप्लावनैः, अग्निभयै, भूकम्पैः, वात्याचक्रैः, उल्कापातादिभिश्च सन्तप्तस्य मानवस्य क्व मङ्गलम्?

I. एकपदेन उत्तरत। *(एक पद में उत्तर दीजिए।)*

(i) सर्वेषां प्राणिनां संरक्षणं का करोति?

(ii) मातृगर्भे कः सुरक्षितः तिष्ठति?

(iii) प्रकृतिः कैः पोषयति?

II. पूर्णवाक्येन उत्तरत। *(पूर्ण वाक्य में उत्तर दीजिए।)*

(i) पृथिवी, जलं, तेजो, वायुः, आकाशश्च कस्याः प्रमुखानि तत्त्वानि सन्ति?

(ii) कैः आतङ्कितो जनः किं कर्तुं प्रभवति?

(iii) प्रकृतिः कथं रक्षणं करोति?

III. निर्देशानुसारम् उत्तरत।
(निर्देशानुसार उत्तर दीजिए।)

(i) 'मिलित्वा' अस्मिन् पदे कः प्रत्ययः वर्तते?

(ii) 'इयं सर्वान् पुष्णाति'- इत्यत्र 'इयं' सर्वनामस्थाने संज्ञापदं किम्?

(iii) अत्र 'विविधैः' इति विशेषणपदस्य विशेष्यपदं किम्?

2. अतएव प्रकृतिरस्माभिः रक्षणीया। तेन च पर्यावरणं रक्षितं भविष्यति। प्राचीनकाले लोकमङ्गलाशंसिन ऋषयो वने निवसन्ति स्म। यतो हि वने एवं सुरक्षितं पर्यावरणमुपलभ्यते स्म। विविधा विहगाः कलकूजितैस्तत्र श्रोत्ररसायनं ददति। सरितो गिरिनिर्झराश्च अमृतस्वादु निर्मलं जलं प्रयच्छन्ति। वृक्षा लताश्च फलानि पुष्पाणि इन्धनकाष्ठानि च बाहुल्येन समुपहरन्ति। शीतलमन्दसुगन्धवनपवना औषधकल्पं प्राणवायुं वितरन्ति।

I. एकपदेन उत्तरत। *(एक पद में उत्तर दीजिए।)*

(i) प्रकृतिः काभिः रक्षणीया?

(ii) सरितः गिरि निर्झराश्च अमृतस्वादु निर्मलं किं प्रयच्छन्ति?

(iii) प्राचीन काले बने के वसन्ति स्म?

II. पूर्णवाक्येन उत्तरत। *(पूर्ण वाक्य में उत्तर दीजिए।)*

(i) शीतल मन्द सुगन्ध वनपवना औषधकल्पं किं वितरन्ति?

(ii) विविधा विहगाः किं ददति?

(iii) निर्मल जलं के-के प्रयच्छन्ति?

III. निर्देशानुसारम् उत्तरत।
(निर्देशानुसार उत्तर दीजिए।)

(i) गिरिनिर्झराः अस्मिन् पदे कः समासविग्रहः वर्तते?

(ii) 'पर्यावरणम्' अस्य पदस्य कः सन्धिच्छेदः वर्तते?

(iii) खगाः इति पदस्य पर्यायपदं किम्?

3. परन्तु स्वार्थान्धो मानवस्तदेव पर्यावरणमद्य नाशयति। स्वल्पलाभाय जना बहुमूल्यानि वस्तूनि नाशयन्ति। यन्त्रागाराणां विषाक्तं जलं नद्यां निपात्यते येन मत्स्यादीनां जलचराणां च क्षणेनैव नाशो जायते। नदीजलमपि तत्सर्वथाऽपेयं जायते। वनवृक्षा निर्विवेकं छिद्यन्ते व्यापारवर्धनाय, येन अवृष्टिः प्रवर्धते, वनपशवश्च शरणरहिता ग्रामेषु उपद्रवं विदधति। शुद्धवायुरपि वृक्षकर्तनात् सङ्कटापन्नो जातः। एवं हि स्वार्थान्धमानवैर्विकृतिमुपगता प्रकृतिरेव तेषां विनाशकर्त्री सञ्जाता। पर्यावरणे विकृतिमुपगते जायन्ते विविधा रोगा भीषणसमस्याश्च। तत्सर्वमिदानी चिन्तनीयं प्रतिभाति।

I. एकपदेन उत्तरत। *(एक पद में उत्तर दीजिए।)*

(i) स्वार्थान्धः मानवः किं नाशयति?

(ii) कस्याः जलमपि सर्वथा अपेयं जायते?

(iii) कीदृशः मानवः अद्य पर्यावरणं नाशयति?

II. पूर्णवाक्येन उत्तरत। *(पूर्ण वाक्य में उत्तर दीजिए।)*

(i) यन्त्रागाराणां विषाक्तं जल नद्यां निपात्यते येन मत्स्यादीनां जलचराणां च किं जायते?

(ii) पर्यावरणे विकृतिमुपगते किं जायन्ते?

(iii) वृक्षकर्तनात् कीदृशः संकटापन्नो जात?

III. निर्देशानुसारम् उत्तरत।
(निर्देशानुसार उत्तर दीजिए।)

(i) संकटापन्नः अस्यपदस्य कः समासविग्रहः वर्तते?

(ii) 'स्वार्थान्धः' अस्मिन् पदे कः सन्धिच्छेदः वर्तते?

(iii) विविधः, रोगाः अनयोः, पदयोः, अत्र विशेषणपदं किम्?

4. धर्मो रक्षति रक्षितः इत्यार्षवचनम्। पर्यावरणरक्षणमपि धर्मस्यैवाङ्गमिति ऋषयः प्रतिपादितवन्तः। तत एव वापीकूपतडागादिनिर्माणं देवायतनविश्रामगृहादिस्थापनञ्च धर्मसिद्धेः स्रोतोरूपेणाङ्गीकृतम्। कुक्कुरसूकरसर्पनकुलादिस्थलचराः, मत्स्यकच्छपमकरप्रभृतयो जलचराश्चापि रक्षणीयाः, यतस्ते स्थलमलापनोदिनो जलमलापहारिणश्च। प्रकृतिरक्षयैव सम्भवति लोकरक्षेति न संशयः।

I. एकपदेन उत्तरत। *(एक पद में उत्तर दीजिए।)*

(i) पर्यावरणरक्षणमपि धर्मस्यैवाङ्गमिति के प्रतिपादितवन्तः?
(ii) प्रकृति रक्षयैव कस्य रक्षा सम्भवति?
(iii) पर्यावरणरक्षणं कस्य अङ्गम् इति?

II. पूर्णवाक्येन उत्तरत। *(पूर्ण वाक्य में उत्तर दीजिए।)*

(i) कः रक्षति रक्षितः इत्यार्षवचनम्?
(ii) धर्मसिद्धेः स्रोतोरूपेण किं अङ्गीकृतम्?
(iii) स्थलचराः के-के भवन्ति?

III. निर्देशानुसारम् उत्तरत।
(निर्देशानुसार उत्तर दीजिए।)

(i) 'इत्यार्षवचनम्' अस्य पदस्य कः सन्धिच्छेदः वर्तते?
(ii) 'जलचराः' अस्मिन् पदे कः समासविग्रहः वर्तते?
(iii) अनुच्छेदे 'स्थलचराँः इति पदस्य विपर्यपदं किम्?

5. मञ्जूषातः उचित पदेन रिक्तस्थानानि पूरयत।
(मञ्जूषा के उचित पदों से रिक्तस्थानों की पूर्ति कीजिए।)

(i) (क) पृथ्वी, जलं, तेजो, वायुः आकाशश्चास्याः प्रमुखानि ·········।
(ख) प्राचीनकाले लोकमङ्गलाशंसिन ऋषयः ········· निवसन्ति स्म।
(ग) वृक्षाः लताश्च फलानि ········· इन्धन काष्ठानि च बाहुल्येन समुपहरन्ति।
(घ) परन्तु स्वार्थान्धः मानवः तदेव पर्यावरणम् अद्य ·········।

(ii) (क) नदी जलमपि तत्सर्वथा ········· जायते।
(ख) पर्यावरणे विकृतमुपगते ········· भीषण समस्याश्च जायन्ते।
(ग) ········· रक्षति रक्षितः इत्यार्षवचनम्।
(घ) प्रकृति रक्षया एव ········· सम्भवति।

मञ्जूषा विविधा रोगाः, नाशयति, धर्मो, अपेयम्, तत्वानि, पुष्पाणि, वने

6. निम्नांकितेषु वाक्येषु स्थूलपदानि आधृत्य प्रश्न निर्माणं कुरुत। (निम्नलिखित वाक्यों में स्थूलपदों के आधार पर प्रश्न निर्माण कीजिए।)

(i) सर्वेषां प्राणीनां संरक्षणाय **प्रकृतिः** यतते।
(ii) विविधाः विहगाः कल कूजितैस्तत्र **श्रोत्ररसायनं** ददति।
(iii) सरितः गिरि निर्झराश्च अमृतस्वादु **निर्मलं** जलं प्रयच्छन्ति।
(iv) स्वार्थान्धमानवैः विकृतिमुपगता प्रकृतिरेव **तेषां** विनाश कर्त्री सञ्जाता।
(v) **धर्मो** रक्षति रक्षितः इत्यार्ष वचनम्।

7. अधोलिखितेषु पदेषु पर्याय पदेन सह मेलनं कुरुत।
(निम्नलिखित पदों का पर्याय पदों से मिलान कीजिए।)

(i) समेषां	—	वायुः
(ii) विहगाः	—	सन्देहः
(iii) वनपवना	—	खगाः
(iv) संशयः	—	सर्वेषाम्

8. अधोलिखितेषु पदेषु विशेषण-विशेष्य मेलनं कुरुत।
(निम्नलिखित पदों विशेषयों का विशेषण से मिलान कीजिए।)

(i) सत्य	—	विचारः
(ii) सद्	—	मानवः
(iii) स्वार्थान्धो	—	संङ्कल्पः

9. रेखांकितपदानाम् प्रसङ्गानुसारम् अर्थस्य चयनम् कुरुत
(निम्नलिखित पदों के प्रसंग के अनुसार अर्थ लिखिए)

(i) प्रकृतिः समेषां प्राणिनां संरक्षणाय यतते।
(क) सर्वेषाम् (ख) सततम्
(ग) एकाम् (घ) विदूषाम्

(ii) पृथ्वी, जलं, तेजः वायुः आकाशश्चास्याः प्रमुखानि तत्त्वानि।
(क) चन्द्रः (ख) प्रकाशः
(ग) भूमिः (घ) अन्धकारं

(iii) मानवः पर्यावरण कुक्षौ सुरक्षितस्तिष्ठति।
(क) अर्भकः (ख) तप्तः
(ग) गर्भेः (घ) गर्भपिण्डंम्

(iv) विविधा विहगाः श्रोत्ररसायनं ददति।
(क) शुकः (ख) विहगः
(ग) पशुः (घ) खगाः

10. अधोलिखितानां शब्दानाम् अर्थैः सहमेलनम् कुरुत
(निम्नलिखित शब्दों को अर्थ के साथ सही मेल कीजिए)

शब्दाः	**अर्थाः**
(i) सरितः	(क) पर्वताः
(ii) लोके	(ख) मीनाः
(ii) गिरिः	(ग) संसारे
(iii) मत्स्याः	(घ) नद्यः

परीक्षा अभ्यासः

उत्तराणि

1. I. *(i)* प्रकृतिः *(ii)* अजातशिशुः
(iii) सुखसाधनैः

II. *(i)* पृथ्वी, जलं, तेजः, वायुः, आकाशश्च प्रकृत्याः प्रमुखानि तत्त्वानि सन्ति।
(ii) प्रकृतिकोपैः आतङ्कितो जनः किं कर्तुं प्रभवति।
(iii) प्रकृतिः यथा अजातः शिशुः मातृगर्भे सुरक्षितः तिष्ठति तथैव मानवः पर्यावरणकुक्षी रक्षणं करोति।

III. *(i)* 'मिलित्वा' अस्मिन् पदे 'क्त्वा' प्रत्ययः वर्तते।
(ii) 'इयं सर्वान् पुष्णाति'-इत्यत्र 'इयं' सर्वनामस्थाने संज्ञापदं 'प्रकृति' अस्ति।
(iii) सुखसाधनैः विशेष्यपदं अस्ति।

2. I. *(i)* अस्माभिः *(ii)* जलम्
(iii) ऋषयः

II. *(i)* शीतल मन्दसुगन्धवन पवना औषध कल्पं प्राण वायुंवितरन्ति।
(ii) विविधा विहगाः कलकूजितैस्तत्र श्रोत्ररसायनं ददति।
(iii) सरितो गिरिनिर्झराश्च अमृतस्वादु निर्मल जलं प्रयच्छन्ति।

III. *(i)* 'गिरि निर्झराः' अस्मिन् पदे 'गिरिश्च निर्झरश्च' इति समास विग्रहः वर्तते।
(ii) 'पर्यावरणम्' अस्य पदस्य 'परि + आवरणम्' इति सन्धिच्छेदः वर्तते?
(iii) विहगाः पर्यायपदम् अस्ति।

3. I. *(i)* पर्यावरणम् *(ii)* नद्याः
(iii) स्वार्थान्धः।

II. *(i)* यन्त्रागाराणं विषाक्तं जलं नद्यां निपात्यते येन मत्स्यादीनां जलचराणां च नाशः जाययते।
(ii) पर्यावरणे विकृतिमुपगते विविधा रोगा भीषणसमस्याश्च जायन्ते।
(iii) शुद्धवायुरपि वृक्षकर्तनात् संकटापन्नो जातः।

III. *(i)* 'संकटापन्नः' अस्यपदस्य 'संकटे आपन्नः' इति समास विग्रहः वर्तते।
(ii) 'स्वार्थान्धः' अस्मिन् पदे 'स्वार्थ + अन्धः' इति सन्धिच्छेदः वर्तते।
(iii) रोगाः विशेषणपदम् अस्ति।

4. I. *(i)* ऋषयः
(ii) लोकस्य
(iii) धर्मस्य

II. *(i)* धर्मो रक्षति रक्षितः इति आर्षवचनम्।
(ii) वापीकूपतडागादिनिर्माणं देवायतनविश्राम-गृहादिस्थापनञ्च धर्मसिद्धेः स्रोतोरूपेण अङ्गीकृतम्।
(iii) कुक्कुर-सूकर-सर्प-नकुल आदयः स्थलचराः भवन्ति।

III. *(i)* 'इत्यार्षवचनम्' अस्यपदस्य 'इति + आर्षवचनम्' इति सन्धिच्छेदः वर्तते।
(ii) 'जलचराः' अस्मिन् पदे 'जले चरन्ति इति जलचराः' इति समास विग्रहः वर्तते।
(iii) जलचराः विपर्ययपदम् अस्ति।

5. *(i)* (क) पृथ्वी, जलं, तेजो, वायुः आकाशश्चास्याः प्रमुखानि <u>तत्त्वानि</u>।
(ख) प्राचीनकाले लोकमङ्गलाशंसिन् ऋषयः <u>वने</u> निवसन्ति स्म।
(ग) वृक्षाः लताश्च फलानि <u>पुष्पाणि</u> इन्धन काष्ठानि च बाहुल्येन समुपहरन्ति।
(घ) परन्तु स्वार्थान्धः मानवः तदेव पर्यावरणम् अद्य <u>नाशयति।</u>

(ii) (क) नदीजलमपि तत्सर्वथा <u>अपेयम्</u> जायते।
(ख) पर्यावरणे विकृतमुपगते <u>विविधा रोगाः</u> भीषण समस्याश्च जायन्ते।
(ग) <u>धर्मो</u> रक्षति रक्षितः इत्यार्ष वचनम् ।
(घ) प्रकृति रक्षया एव <u>लोकरक्षा</u> सम्भवति।

6. *(i)* सर्वेषां प्राणीनां संरक्षणाय <u>काः</u> यतते?
(ii) विविधाः विहगाः कलकूजितैस्तत्र <u>किं</u> ददति?
(iii) सरितः गिरि निर्झराश्च अमृतस्वादु <u>कीदृशं</u> जलं प्रयच्छन्ति?
(iv) स्वार्थान्धमानवैः विकृतिमुपगता प्रकृतिरेव <u>केषां</u> विनाश कर्त्री सञ्जाता।
(v) <u>कोः</u> रक्षति रक्षितः इति आर्षवचनम् ?

7. *(i)* सर्वेषाम् *(ii)* खगाः
(iii) वायुः *(iv)* सन्देहः

8. *(i)* संङ्कल्पः *(ii)* विचारः
(iii) मानवः

9. *(i)* (क) सर्वेषाम् *(ii)* (ख) प्रकाशः
(iii) (ग) गर्भे *(iv)* (घ) खगाः

10. *(i)* (घ) नद्यः *(ii)* (ग) संसारे
(iii) (क) पर्वताः *(iv)* (ख) मीनाः

अध्याय

09

वाङ्मनः प्राणस्वरूपम्

(वाणी, मन तथा प्राण का स्वरूप)

प्रस्तुत पाठ 'छान्दोग्योपनिषद्' के छठे अध्याय के पंचम खंड पर आधारित है। इसमें मन, प्राण तथा वाक् (वाणी) के संदर्भ में रोचक विवरण प्रस्तुत किया गया है। उपनिषद् के गूढ़ प्रसंग को बोधगम्य बनाने के उद्देश्य से इसे आरुणि एवं श्वेतकेतु के संवादरूप में प्रस्तुत किया गया है। आर्ष-परंपरा में ज्ञान-प्राप्ति के तीन उपाय बाताए गए हैं जिनमें परिप्रश्न भी एक है। यहाँ गुरुसेवापरायण शिष्य वाणी, मन तथा प्राण के विषय में प्रश्न पूछता है और आचार्य उन प्रश्नों के उत्तर देते हैं।

पाठ का हिंदी अनुवाद

1 **श्वेतकेतुः** भगवन्! श्वेतकेतुरहं वन्दे।
आरुणिः वत्स! चिरञ्जीव।
श्वेतकेतुः भगवन्! किञ्चित्प्रष्टुमिच्छामि।
आरुणिः वत्स! किमद्य त्वया प्रष्टव्यमस्ति?
श्वेतकेतुः भगवन्! प्रष्टुमिच्छामि किमिदं मनः?
आरुणिः वत्स! अशितस्यान्नस्य योऽणिष्ठः तन्मनः।
श्वेतकेतुः कश्च प्राणः?
आरुणिः पीतानाम् अपां योऽणिष्ठः स प्राणः।
श्वेतकेतुः भगवन्! केयं वाक्?

अनुवाद

श्वेतकेतु गुरुजी! मैं श्वेतकेतु आपको प्रणाम करता हूँ।
आरुणि पुत्र श्वेतकेतु! लम्बे समय तक जीवित रहो।
श्वेतकेतु हे गुरु जी! मैं आपसे कुछ पूछना चाहता हूँ।
आरुणि पूछो बेटा! आज तुम क्या पूछना चाहते हो?
श्वेतकेतु गुरुजी! मैं पूछना चाहता हूँ कि यह मन क्या है?
आरुणि बेटा श्वेतकेतु! खाए हुए अन्न का जो सूक्ष्मतम रूप है, वह मन है।
श्वेतकेतु तो फिर प्राण क्या है?
आरुणि पीये हुए जल का जो सूक्ष्मतम रूप है वह प्राण है।

श्वेतकेतु गुरु जी! यह वाणी क्या है?

2 **आरुणिः** वत्स! अशितस्य तेजसा योऽणिष्ठः सा वाक्। सौम्य! मनः अन्नमयं, प्राणः आपोमयः वाक् च तेजोमयी भवति इत्यप्यवधार्यम्।

श्वेतकेतुः भगवन्! भूय एव मां विज्ञापयतु।

आरुणिः सौम्य! सावधानंशृणु। मध्यमानस्य दध्नः योऽणिमा, स ऊर्ध्वः समुदीषति। तत्सर्पिः भवति।

श्वेतकेतुः भगवन्! व्याख्यातं भवता घृतोत्पत्तिरहस्यम्। भूयोऽपि श्रोतुमिच्छामि।

आरुणिः एवमेव सौम्य! अश्यमानस्य अन्नस्य योऽणिमा, स ऊर्ध्वः समुदीषति। तन्मनो भवति। अवगतं न वा?

श्वेतकेतुः सम्यगवगतं भगवन्!

आरुणिः वत्स! पीयमानानाम् अपां योऽणिमा स ऊर्ध्वः समुदीषति स एव प्राणो भवति।

अनुवाद

आरुणि पुत्र! खाए हुए अन्न से उत्पन्न तेज (प्रकाश) का जो सूक्ष्मतमरूप है, वही वाणी है। हे सौम्य! मन अन्नमय (अन्न से बना हुआ) है, प्राण जल से युक्त है, वाणी तेज से युक्त होती है। ऐसा समझना चाहिए।

श्वेतकेतु हे गुरु जी! मुझे एक बार फिर से बतलाइए।

आरुणि हे सरल स्वभाव वाले पुत्र श्वेतकेतु। ध्यानपूर्वक सुनो। मथी हुई दही का जो सूक्ष्मतम स्वरूप उसके ऊपर उठता है अथवा तैरता है वह मक्खन (घी) होता है।

श्वेतकेतु हे गुरुजी! आपके द्वारा घी की उत्पत्ति के रहस्य की व्याख्या की गई है। फिर भी मैं एक बार फिर से दोबारा सुनना चाहता हूँ।

आरुणि ठीक है ऐसा ही होगा। हे सौम्य! खाए जाते हुए अन्न का जो सूक्ष्मतम रूप है, वह ऊपर उठता है। तब वह मन कहलाता है। समझ गए या नहीं?

श्वेतकेतु अच्छी प्रकार समझ लिया गुरुजी।

आरुणि हे पुत्र! पीए जाते हुए जल का जों सूक्ष्मतम जो ऊपर उठता है, वही प्राण होता है।

श्वेतकेतुः भगवन्! वाचमपि विज्ञापयतु।

3 **आरुणिः** सौम्य! अश्यमानस्य तेजसो योऽणिमा, स ऊर्ध्वः समुदीषति। सा खलु वाग्भवति। वत्स! उपदेशान्ते भूयोऽपि त्वां विज्ञापयितुमिच्छामि यदन्नमयं भवति मनः, आपोमयो भवति प्राणास्तेजोमयी च भवति वागिति। किञ्च यादृशमन्नादिकं गृह्णाति मानवस्तादृशमेव तस्य चित्तादिकं भवतीति मदुपदेशसारः। वत्स! एतत्सर्वं हृदयेन अवधारय।

श्वेतकेतुः यदाज्ञापयति भगवन्। एष प्रणमामि।

आरुणिः वत्स! चिरञ्जीव। तेजस्वि नौ अधीतम् अस्तु।

अनुवाद

श्वेतकेतु हे गुरुजी! वाणी को भी दोबारा समझा दीजिए।

आरुणि हे सौम्य! खाए जाते हुए तेज का जो सूक्ष्मतम रूप उससे ऊपर उठता जाता है। वही वास्तव में निश्चित रूप से वाणी होती है। हे पुत्र! व्याख्यान के अंत में मैं तुम्हें दोबारा फिर से समझाना चाहता हूँ कि जो अन्न से निर्मित होता है, वह मन है; जो जल से निर्मित होता है, वह प्राण है तथा जो तेज (प्रकाश) से निर्मित होता है वह वाणी होती है, किंतु हे पुत्र! जो जैसा अन्न आदि ग्रहण करता है उस मनुष्य का मन (चित्त) वैसा ही हो जाता है। ऐसा मेरे उपदेश का सार है। हे पुत्र! यह सब कुछ हृदय में धारण कर लो।

श्वेतकेतु जो आज्ञा गुरुजी। यह मैं श्वेतकेतु फिर से प्रणाम करता हूँ।

आरुणि बेटा! चिरंजीव रहो अर्थात् लंबे समय तक जीवित रहो। हम दोनों (गुरु और शिष्य) का अध्ययन तथा अध्यापन तेजस्वी हो।

शब्दार्थाः

वन्दे– प्रणमासि (प्रणाम करता हूँ); वत्स– पुत्रम् (बेटा); प्रष्टुम्– प्रश्नं कर्तुम् (प्रश्न करने/पूछने के लिए); प्रष्टव्यम्– प्रष्टुं योग्यम् (पूछने योग्य); अशितस्य– भक्षितस्य (खाये हुए का); अणिष्ठः– लघिष्ठः, लघुतमः (अत्यंत लघु अथवा सर्वाधिक लघु); अन्नमयम्– अन्नविकारभूतम् (अन्न से निर्मित); वाक्– शब्दम् (वाणी); आपोमयः– जलमयः (जल में परिणत); भवति– जायते (होता है); तेजोमयः– अग्निमयः (अग्नि का परिणामभूत); अवधार्यम्– अवगन्तव्यम् (समझने योग्य); विज्ञापयतु– प्रबोधयत (समझाइए); भूयोऽपि– पुनरपि (एक बार और); ऊर्ध्वः– उपरि (ऊपर); समुदीषति– समुत्तिष्ठिति, समुद्याति, समुच्छलति (ऊपर उठता है); अवगतम्– ज्ञातम् (समझ गए); सर्पिः– घृतम् , आज्यम् (घी); व्याख्यातम्– उपदिष्टम् (उपदेश किया); अश्यमानस्य– भक्ष्यमाणस्य, निगीर्यमाणस्य (खाये जाते हुए का); उपदेशान्ते– प्रवचनान्ते (व्याख्यान के अंत में); तेजस्वि– तेजोयुक्तम् (तेजस्विता से युक्त); नौ अधीतम्– आवयोःपठितम् (हम दोनों द्वारा पढ़ा हुआ); अस्तु– भवतु (होवे)।

NCERT फोल्डर:

1. अधोलिखितानां प्रश्नानाम् उत्तराणि संस्कृतभाषया लिखत।

(क) श्वेतकेतुः सर्वप्रथमम् आरुणिं कस्य स्वरूपस्य विषये पृच्छति?

(ख) आरुणिः प्राणस्वरूपं कथं निरूपयति?

(ग) मानवानां चेतांसि कीदृशानि भवन्ति?

(घ) सर्पिः किं भवति?

(ङ) आरुणेः मतानुसारं मनः कीदृशं भवति?

उत्तराणि

(क) श्वेतकेतुः सर्वप्रथमम् आरुणिं मनसः स्वरूपस्य विषये पृच्छति।

(ख) आरुणिः प्राणस्वरूपं पीतानाम् अपां योऽणिष्ठः सः प्राणः इति निरूपयति।

(ग) मानवानां चेतांसि तथैव भवन्ति यादृशमन्नादिकं मानवः गृहणाति तादृशमेव तस्य चित्तादिकं भवतीति।

(घ) मध्यमानस्य दध्नः योऽणिमा, सः ऊर्ध्वः समुदीषति। तत्सर्पिः भवति।

(ङ) आरुणोः मतानुसारं मनः अशितस्यान्नस्य योऽणिष्ठः तन्मनः भवति अर्थात् मनः अन्नमयं भवति।

2. (क) 'अ' स्तम्भस्य पदानि 'ब' स्तम्भेन दत्तैः पदैः सह यथायोग्यं योजयत।

अ	ब
मनः	अन्नमयम्
प्राणः	तेजोमयी
वाक्	आपोमयः

उत्तराणि

स्तम्भ 'अ'	स्तम्भ 'ब'
मनः	अन्नमयम्
प्राणः	आपोमयः
वाक्	तेजोमयी

(ख) अधोलिखितानां पदानां विलोमपदं पाठात् चित्वा लिखत।

(i) गरिष्ठः ....

(ii) अधः ....

(iii) एकवारम् ....

(iv) अनवधीतम् ....

(v) किञ्चित् ....

उत्तराणि

(i) अणिष्ठः *(ii)* ऊर्ध्वः

(iii) बहुवारम्/भूयोऽपि *(iv)* अवधीतम्

(v) भूयः

3. उदाहरणमनुसृत्य निम्नलिखितेषु क्रियापदेषु 'तुमुन्' प्रत्ययं योजयित्वा पदनिर्माणं कुरुत।

यथा– प्रच्छ् + तुमुन् प्रष्टुम्

(क) श्रु + तुमुन् ....

(ख) वन्द् + तुमुन् ....

(ग) पठ् + तुमुन् ....

(घ) कृ + तुमुन् ....

(ङ) वि + ज्ञा + तुमुन् ....

(च) वि + आ + ख्या + तुमुन् ....

उत्तराणि

(क) श्रोतुम्

(ख) वन्दितुम्

(ग) पठितुम्

(घ) कर्तुम्

(ङ) विज्ञातुम्

(च) व्याख्यातुम्

4. निर्देशानुसारं रिक्तस्थानानि पूरयत।

(क) अहं किञ्चित् प्रष्टुम् .... । (इच्छ् - लट्लकारे)

(ख) मनः अन्नमयं .... । (भू-लट्लकारे)

(ग) सावधानं .... । (श्रु - लोट्लकारे)

(घ) तेजस्विनावधीतम् .... । (अस् - लोट्लकारे)

(ङ) श्वेतकेतुः आरुणेः शिष्यः .... । (अस् - लङ्लकारे)

उत्तराणि

(क) इच्छामि

(ख) भवति

(ग) शृणु

(घ) अस्तु

(ङ) आसीत्

5. उदाहरणमनुसृत्य वाक्यानि रचयत।

यथा—अहं स्वदेशं सेवितुम् **इच्छामि।**

(क) .... उपदिशामि।

(ख) .... प्रणमामि।

(ग) .... आज्ञापयामि।

(घ) .... पृच्छामि।

(ङ) .... अवगच्छामि।

उत्तराणि

(क) अहं शिष्यम्

(ख) अहं पितरम्

(ग) अहं त्वाम्

(घ) अहं गुरुं प्रश्नम्

(ङ) अहं परमात्मानम्

6. (क) सन्धिं कुरुत।

(i) अशितस्य + अन्नस्य = ...

(ii) इति + अपि + अवधार्यम् = ...

(iii) का + इयम् = ...

(iv) नौ + अधीतम् = ...

(v) भवति + इति = ...

उत्तराणि

(i) अशितस्यान्नस्य

(ii) इत्यप्यवधार्यम्

(iii) केयम्

(iv) नावधीतम्

(v) भवतीति

(ख) स्थूलपदान्यधिकृत्य प्रश्ननिर्माणं कुरुत।

(i) **मध्यमानस्य** दध्नः अणिमा ऊर्ध्वं समुदीषति।

(ii) **भवता** घृतोत्पत्तिरहस्यं व्याख्यातम्।

(iii) आरुणिम् उपगम्य **श्वेतकेतुः** अभिवादयति।

(iv) श्वेतकेतुः **वाग्विषये** पृच्छति।

उत्तराणि

(i) कीदृशः दध्नः अणिमा ऊर्ध्वं समुदीषति?

(ii) केन घृतोत्पत्तिरहस्यं व्याख्यातम्?

(iii) आरुणिम् उपगम्य कः अभिवादयति?

(iv) श्वेतकेतु; कस्य विषये पृच्छति?

7. पाठस्य सारांशं पञ्चवाक्यैः लिखत।

उत्तराणि

(i) श्वेतकेतुः गुरुम् उपगम्य, प्रणम्य च वाक् मनः प्राणस्य चं विषये प्रश्नं पृच्छति।

(ii) गुरुः उपदिशति यत् वत्स! अशितस्यान्नस्य योऽणिष्ठः तन्मनः भवति।

(iii) पीतानाम् अपां योऽणिष्ठः सः प्राणः भवति।

(iv) अशितस्य तेजसा योऽणिष्ठः सा वाक् भवति।

(v) हे श्वेतकेतुः! मानवः यादृशमन्नादिकं गृह्णाति तादृशमेव तस्य मनः भवतीति मदुपदेशसारः अस्ति।

परीक्षा अभ्यासः

अधोलिखितान् गद्यांशान् पठित्वा तदाधारितानां प्रश्नानाम् उत्तराणि लिखत।
(निम्नलिखित गद्यांशों को पढ़कर उन पर आधारित प्रश्नों के उत्तर लिखिए।)

1. **श्वेतकेतुः** भगवन्! श्वेतकेतुरहं वन्दे।

आरुणिः वत्स! चिरञ्जीव।

श्वेतकेतुः भगवन्! किञ्चित्प्रष्टुमिच्छामि।

आरुणिः वत्स! किमद्य त्वया प्रष्टव्यमस्ति?

श्वेतकेतुः भगवन्! प्रष्टुमिच्छामि किमिदं मनः?

आरुणिः वत्स! अशितस्यान्नस्य योऽणिष्ठः तन्मनः।

श्वेतकेतुः कश्च प्राणः?

आरुणिः पीतानाम् अपां योऽणिष्ठः स प्राणः।

श्वेतकेतुः भगवन्! केयं वाक्?

I. एकपदेन उत्तरत। *(एक पद में उत्तर दीजिए।)*

(i) श्वेतकेतुः कस्य पुत्रः आसीत्?

(ii) श्वेतकेतुः गुरुः कति प्रश्नाः पृच्छति?

(iii) कः प्रश्न प्रष्टुम् इच्छति?

II. पूर्णवाक्येन उत्तरत। *(पूर्ण वाक्य में उत्तर दीजिए।)*

(i) श्वेतकेतुः मनः, प्राणः, वाक् चेति विषये कं पृच्छति?

(ii) पीतानाम् अपां योऽणिष्ठः स किं कथ्यते?

(iii) मनः किम् अस्ति?

III. निर्देशानुसारम् उत्तरत। *(निर्देशानुसार उत्तर दीजिए।)*

(i) 'अशितस्यान्नस्य' अस्मिन् पदे कः सन्धिच्छेदः वर्तते?

(ii) 'एतत्सर्वं हृदयेन अवधारय। इत्यत्र 'एतत्' सर्वनाम स्थाने संज्ञापदं किम्?

(iii) 'तत् मनः' अत्र विशेषणपदं किम्?

2. **आरुणि** वत्स! अशितस्य तेजसा योऽणिष्ठः सा वाक्। सौम्य! मनः अन्नमयं, प्राणः आपोमयः वाक् च तेजोमयी भवति इत्यप्यवधार्यम्।

श्वेतकेतुः भगवन्! भूय एव मां विज्ञापयतु।

आरुणिः सौम्य! सावधानंश्रृणु। मध्यमानस्य दध्नः योऽणिमा, स ऊर्ध्वः समुदीषति। तत्सर्पिः भवति।

श्वेतकेतुः भगवन्! व्याख्यातं भवता घृतोत्पत्तिरहस्यम्। भूयोऽपि श्रोतुमिच्छामि।

आरुणिः एवमेव सौम्य! अश्यमानस्य अन्नस्य योऽणिमा, स ऊर्ध्वः समुदीषति। तन्मनो भवति। अवगतं न वा?

श्वेतकेतुः सम्यगवगतं भगवन्!

आरुणिः वत्स! पीयमानानाम् अपां योऽणिमा स ऊर्ध्वः समुदीषति स एव प्राणो भवति।

I. एकपदेन उत्तरत। *(एक पद में उत्तर दीजिए।)*

(i) अशितस्य तेजसा योऽणिष्ठः सा का?

(ii) मथ्यमानस्य दध्नः योऽणिमा, सः ऊर्ध्वः समुदीषति। तत् किं भवति?

(iii) श्वेतकेतुः कस्य शिष्यः आसीत्?

II. पूर्णवाक्येन उत्तरत। *(पूर्ण वाक्य में उत्तर दीजिए।)*

(i) अश्यमानस्य अन्नस्य योऽणिमा, सः ऊर्ध्वः समुदीषति। तत् किं भवति?

(ii) घृतोत्पत्तिरहस्यम् किम्?

(iii) वाक्, प्राणः मनश्च कीदृशानि भवन्ति?

III. निर्देशानुसारम् उत्तरत।
(निर्देशानुसार उत्तर दीजिए।)

(i) 'इत्यप्यवधार्यम्' अस्य पदस्य कः सन्धिच्छेदः वर्तते?

(ii) 'विज्ञापयतु' अस्मिन् पदे कः उपसर्गः वर्तते?

(iii) 'सौम्य' इति पदम् कस्मै प्रयुक्तम्?

3. **श्वेतकेतुः** भगवन्! वाचमपि विज्ञापयतु।

आरुणिः सौम्य! अश्यमानस्य तेजसो योऽणिमा, स ऊर्ध्वः समुदीषति। सा खलु वाग्भवति। वत्स! उपदेशान्ते भूयोऽपि त्वां विज्ञापयितुमिच्छामि यदन्नमयं भवति मनः, आपोमयो भवति प्राणास्तेजोमयी च भवति वागिति। किञ्च यादृशमन्नादिकं गृह्णाति मानवस्तादृशमेव तस्य चित्तादिकं भवतीति मदुपदेशसारः। वत्स! एतत्सर्वं हृदयेन अवधारय।

श्वेतकेतुः यदाज्ञापयति भगवन्। एष प्रणमामि।

आरुणिः वत्स! चिरञ्जीव। तेजस्वि नौ अधीतम् अस्तु।

I. एकपदेन उत्तरत। *(एक पद में उत्तर दीजिए।)*

(i) अस्मिन् पाठे उपदेश कर्ता कः अस्ति?

(ii) अस्मिन् पाठे प्रश्नकर्ता कः अस्ति?

(iii) श्वेतकेतुः कं प्रणमति?

II. पूर्णवाक्येन उत्तरत। *(पूर्ण वाक्य में उत्तर दीजिए।)*

(i) अश्यमानस्य तेजसो योऽणिमा, सः ऊर्ध्वः समुदीषति। सा खलु का भवति?

(ii) उपदेशान्ते गुरुः किं कथयति?

(iii) आरुणेः उपदेशस्य सारः किम् अस्ति?

III. निर्देशानुसारम् उत्तरत। *(निर्देशानुसार उत्तर दीजिए।)*

(i) 'समुदीषति' अस्मिन् पदे कः उपसर्गः वर्तते?

(ii) 'एतत्सर्वं हृदयेन अवधारय।'-इत्यत्र 'एतत्' सर्वनामस्थाने संज्ञापदं किम्?

(iii) 'पठितम्' इति पदस्य पर्यायपदं संवादे किम्?

4. मञ्जूषातः उचित पदेन रिक्तस्थानानि पूरयत।
(मञ्जूषा के उचित पदों से रिक्तस्थानों की पूर्ति कीजिए।)

(i) (क) अशितस्यान्नस्य योऽणिष्ठः ………।

(ख) पीतानाम् अपां योऽणिष्ठः सः ………।

(ग) मनः ………, प्राणः आपोमयः वाक् च तेजोमयी भवति।

(घ) व्याख्यातं भवता ……… रहस्यम्।

(ii) (क) एतत्सर्वं ……… अवधारय।

(ख) तेजस्वि ……… अधीतम् अस्तु।

(ग) यदन्नमयं भवति मनः, आपोमयः भवति ………।

(घ) भगवन्! ……… अहं वन्दे।

मञ्जूषा– श्वेतकेतुः, प्राणाः, नौ, हृदयेन, घृतोत्पत्ति, अन्नमयं, प्राणः, तन्मनः।

5. निम्नांकितेषु वाक्येषु स्थूलपदानि आधृत्य प्रश्न निर्माणं कुरुत।
(निम्नलिखित वाक्यों में स्थूल पदों के आधार पर प्रश्न निर्माण कीजिए।)

(i) **पीतानाम्** अपां योऽणिष्ठः सः प्राणः।

(ii) मनः **अन्नमयं** भवति।

(iii) **भवता** घृतोत्पत्ति रहस्यम् व्याख्यातम्।

(iv) आपोमयो भवति **प्राणाः।**

(v) मानवः यादृशमन्नादिकं गृहणाति तादृशमेव तस्य **चित्तादिकं** भवति।

6. अधोलिखितेषु पदेषु पर्याय पदेन सह मेलनं कुरुत।

निम्नलिखित पदों का पर्याय पदों से मिलान कीजिए।

(i) वन्दे — पुत्रम्
(ii) अपां — प्रबोधयत्
(iii) विज्ञापयतु — जलम्
(v) वत्स — प्रणमामि

7. अधोलिखितेषु पदेषु विशेषण-विशेष्य मेलनं कुरुत।
निम्नलिखित पदों विशेषयों का विशेषण से मिलान कीजिए।

(i) मनः — आपोमयं
(ii) प्राणः — तेजोमयी
(iii) वाक् — अन्नमयं

8. रेखांकितपदानाम् प्रसङ्गानुसारम् अर्थस्य चयनम् कुरुत
(निम्नलिखित पदों के प्रसंग के अनुसार अर्थ लिखिए)

(i) <u>वत्स</u>! चिरञ्जीव।
(क) पुत्र (ख) कुपुत्र
(ग) सुता (घ) अपतय

(ii) भगवन्! केयं <u>वाक्</u>।
(क) अज्ञानी (ख) वाणी (ग) विधाती (घ) वाक

(iii) पीतानाम् <u>अपां</u> योऽणिष्ठः तन्मनः।
(क) निर्जलम् (ख) जीवनम्
(ग) जलम् (घ) मरणम्

(iv) स <u>ऊर्ध्वः</u> समुदीषति स एव प्राणो भवति।
(क) अधः (ख) ऊपर (ग) पतन (घ) उपरि

9. अधोलिखितानां शब्दानाम् अर्थैः सहमेलनम् कुरुत
(निम्नलिखित शब्दों को अर्थ के साथ सही मेल कीजिए)

शब्दाः	अर्थाः
(i) अशितस्य	(क) ज्ञातम्
(ii) सर्पिः	(ख) लघुतमः
(ii) अवगतम्	(ग) घृतम्
(iii) अणिष्ठः	(घ) भक्षितस्य

उत्तराणि

1. I. *(i)* आरुणेः *(ii)* त्रीणि
(iii) श्वेतकेतुः

II. *(i)* श्वेतकेतुः मनः, प्राणः, वाक् चेति विषये आरुणिं पृच्छति।
(ii) पीतानाम् अपां योऽणिष्ठः स प्राणः कथ्यते।
(iii) अशितस्यान्नस्य योऽणिष्ठः तन्मनः।

III. *(i)* 'अशितस्यान्नस्य' अस्मिन् पदे अशितस्य + अन्नस्य' इति सन्धिच्छेदः वर्तते।
(ii) 'प्रष्टुम्' अस्मिन् पदे 'तुमुन्' इति प्रत्ययः वर्तते।
(iii) अत्र तत् विशेषणपदम् अस्ति।

2. I. *(i)* वाक् *(ii)* सर्पिः
(iii) आरुणेः

II. *(i)* अश्यमानस्य अन्नस्य योऽणिमा, सः ऊर्ध्वः समुदीषति। तत् मनःभवति।
(ii) मथ्यमानस्य दध्नः योऽणिमा, स उर्ध्वः समुदिषति तत्सर्पिः भवति।
(iii) वाक् तेजोमयी, प्राणः आपोमयः मनः अन्नमयं च भवति।

III. *(i)* 'इत्यप्यव धार्यम्' अस्य पदस्य 'इति + अपि + अवधार्यम्' इति सन्धिच्छेदः वर्तते।
(ii) 'विज्ञापयतु' अस्मिन् पदे 'वि' इति उपसर्गः वर्तते।
(iii) श्वेतकेतु पदं प्रयुक्तम्।

3. I. *(i)* आरुणिः *(ii)* श्वेतकेतुः
(iii) आरुणिम्

II. *(i)* अश्यमानस्य तेजसो योऽणिमा, सः ऊर्ध्वः समुदीषति। सा खलु वाग्भवति।
(ii) उपदेशान्ते गुरुः कथयति यदन्नमयं भवति मनः, अपोमयो भवति प्राणास्तेजोमयी च भवति वागिति।
(iii) आरुणेः उपदेशस्य सारः अस्ति यत् मनुष्यः यादृशम् अन्नादिकं ग्रहणति तादृशमेव तस्य चित्तादिकं भवति।

III. *(i)* 'समुदीषति' अस्मिन् पदे 'सम्' इति उपसर्गः वर्तते।
(ii) 'एतत्सर्वं हृदयेन अवधारय'-इत्यत्र 'एतत्' सर्वनामस्थाने संज्ञापदं 'सम्पूर्णसारः' अस्ति।
(iii) अधीतम् पर्यायपदम् अस्ति।

4. (i) (क) अशितस्यान्नस्य योऽणिष्ठः **तन्मनः**।
(ख) पीतानाम् अपां योऽणिष्ठः सः **प्राणः**।
(ग) मनः **अन्नमयं**, प्राणः आपोमयः वाक् च तेजोमयी भवति।
(घ) व्याख्यातं भवता **घृतोत्पत्ति** रहस्यम्।

(ii) (क) एतत्सर्वं **हृदयेन** अवधारय।
(ख) तेजस्वि **नौ** अधीतम् अस्तु।
(ग) यदन्नमयं भवति मनः, आपोमयः भवति **प्राणाः**।
(घ) भगवन्! **श्वेतकेतुः** अहं वन्दे।

5. *(i)* **केषाम्** अपां योऽणिष्ठः सः प्राणः।
(ii) मनः **कीदृशं** भवति।
(iii) **केन** घृतोत्पत्ति रहस्यम् व्याख्यातम्।
(iv) आपोमयो भवति **के**?
(v) मानवः यादृशमन्नादिकं गृहणाति तादृशमेव तस्य **किं** भवति?

6. *(i)* प्रणमामि *(ii)* जलम्
(iii) प्रबोधयत् *(iv)* पुत्रम्

7. *(i)* अन्नमयं *(ii)* आपोमयं
(iii) तेजोमयी

8. *(i)* (क) पुत्र *(ii)* (ख) वाणी
(iii) (ग) जलम् *(iv)* (घ) उपरि

9. *(i)* (घ) भक्षितस्य *(ii)* (ग) घृतम्
(iii) (क) ज्ञातम् *(iv)* (ख) लघुतमः

प्रतिदर्श प्रश्न-पत्रम् 1

CBSE कक्षा 9 की परीक्षा के लिए नमूना प्रश्न-पत्र

संस्कृतम्

निर्देशाः

1. अस्मिन् प्रश्नपत्रे चत्वारः खंडाः सन्ति।
   - खंडः 'क' अपठित-अवबोधनम् – 10 अङ्कः
   - खंडः 'ख' रचनात्मक-कार्यम् – 15 अङ्कः
   - खंडः 'ग' अनुप्रयुक्त-व्याकरणम् – 25 अङ्कः
   - खंडः 'घ' अपठित-अवबोधनम् – 30 अङ्कः
2. प्रत्येकं खण्डम् अधिकृत्य उत्तराणि एकस्मिन स्थाने क्रमेण लेखनीयानि।
3. उत्तरलेखनात् पूर्वं प्रश्नस्य क्रमाङ्कः अवश्यं लेखनीयः।
4. सर्वेषां प्रश्नानां उत्तराणि संस्कृतेन लेखनीयानि।

कालावधि : होरात्रयम् **पूर्णाङ्काः 80**

खण्डः (क)

अपठित-अवबोधनम् (10 अङ्काः)

1. अधोलिखित अनुच्छेदं पठित्वा प्रश्नानाम् उत्तराणि संस्कृतेन लिखत।

(निम्नलिखित अनुच्छेद को पढ़कर प्रश्नों के उत्तर संस्कृत में लिखिए।)

डॉ. नागः कश्चन् श्रेष्ठः चिकित्सकः। गाँधीमहोदयस्य अनुयायी सः। एकदा सः कलकत्तानगरं प्रति प्रेषितः। तदा तस्य हस्ते अष्ट रुप्यकाणि एव आसन्, तान्यपि चिटिकानिमित्तम्। रेलस्थानके पुत्रैः सह उपविष्टा जीर्णशीर्णवस्त्रयुता एका क्षुधापीड़िता महिला तेन दृष्टा। तस्याः याचनां न कोऽपि आकर्णयति स्म। नागमहोदयः तस्याः दयनीयां दशां दृष्ट्वा द्रुतहृदयः सन् तस्यै अष्ट रुप्यकाणि अददात्। तस्मात् सः स्वयं रिक्तहस्तः संजातः। यानचिटिकां क्रेतुं तत्सविधे धनं न आसीत्। पादाभ्याम् एव कलकत्तां प्रति प्रस्थितः। अष्टाविंशतिदिनानां यात्रां कृत्वा सः कलकत्तां प्राप्नोत्। स्थानकेषु भारवहनकार्यं कृत्वा सः भोजननिमित्तं धनम् अर्जितवान्। परंतु मार्गे स्वस्य श्रेष्ठचिकित्सकत्वं कोऽपि यथा न जानीयात् तथा व्यवहृतवान् सः।

I. एकपदेन उत्तरत लिखत। *(केवलं प्रश्नद्वयम्)* (1 × 2 = 2 अङ्काः)

(एक पद में उत्तर लिखिए।) (केवल दो प्रश्न)

(i) डॉ. नागः कीदृशः चिकित्सकः आसीत्?

(ii) एकदा डॉ. नागः कुत्र प्रेषितः?

(iii) डॉ. नागः कस्य अनुयायी आसीत्?

II. पूर्णवाक्येन उत्तरत लिखत। *(केवलं प्रश्नद्वयम्)* (2 × 2 = 4 अङ्काः)

(पूर्णवाक्य में उत्तर लिखिए।) (केवल दो प्रश्न)

(i) यानचिटिकां क्रेतुं तत्सविधे किं न आसीत्?

(ii) तस्य हस्ते कति रुप्यकाणि आसन्?

(iii) सः काभ्यां एव कलकत्तां प्रति प्रस्थितः?

III. अस्य अनुच्छेदस्य कृते समुचितं शीर्षकं लिखत।

(इस अनुच्छेद का उचित शीर्षक लिखिए।) (1 अङ्कः)

IV. अधोलिखितानां प्रश्नानाम् उत्तरत लिखत। *(केवलं प्रश्नत्रयम्)* (1 × 3 = 3 अङ्काः)

(निम्नलिखित प्रश्नों के उत्तर लिखिए।) (केवल तीन प्रश्न)

(i) 'अष्टाविंशतिदिनानाम्' अनयोः विशेषणपदं किम्?

(क) दिनानाम् (ख) अष्टाविंशति
(ग) दिवसानाम् (घ) अष्टः

(ii) गद्यांशे 'विक्रेतुं' इति पदस्य विलोमपदं किं प्रयुक्तम्?

(क) गन्तुम् (ख) क्रेतुम्
(ग) नेतुम् (घ) खादितुम्

(iii) गद्यांशे 'अर्जितवान्' इति क्रियापदस्य कर्तृपदं किम्?

(क) डॉ. नागः
(ख) सः
(ग) एका
(घ) एकदा

(iv) "एकदा सः कलकत्तानगरं प्रति प्रेषितः" अस्मिन् वाक्ये क्रियापदं किम्?

(क) प्रेषितः (ख) प्रति
(ग) एकदा (घ) सः

उत्तराणि

I. *(i)* श्रेष्ठः *(ii)* कलकत्तानगरं *(iii)* गाँधीमहोदयस्य

II. *(i)* यानचिटिकां क्रेतुं तत्सविधे धनं न आसीत्।
(ii) तस्य हस्ते अष्ट रुप्यकाणि आसन्।
(iii) सः पादाभ्याम् एव कलकत्तां प्रति प्रस्थितः।

III. द्रुतहृदयः/श्रेष्ठत्वं मा प्रदर्शयतु।

IV. *(i)* (ख) अष्टाविंशति *(ii)* (ख) क्रेतुम्
(iii) (ख) सः *(iv)* (क) प्रेषितः

खण्डः (ख)

रचनात्मकं –कार्यम् (15 अङ्काः)

2. विद्यालयात् अवकाशार्थं मुख्याध्यापकं प्रति लिखितं पत्रं मञ्जूषायां दत्तैः उचितपदैः पूरयत। (½ ×10 = 5 अङ्काः)

(विद्यालय से अवकाश के लिए मुख्य अध्यापक को लिखे गए पत्र को मञ्जूषा में दिए गए उचित शब्दों से पूरा कीजिए।)

सेवायाम्
(i)..........
प्रज्ञा माध्यमिक विद्यालयः
(ii)..........
(iii)..........

सविनयं *(iv)*.......... अस्ति यत् अहम् अद्य विद्यालये *(v)*.......... न शक्नोमि। तस्मात् *(vi)*..........महयं दिन *(vii)*.......... अवकाशम् प्रदाय कृतार्थयन्तु भवन्तः। *(viii)*.......... भवतः अतीव *(ix)*.......... भविष्यामि।

दिनाङ्कः.............।
(x)..........
जयप्रकाशः

मञ्जूषा मान्यवर, भवदीयः शिष्यः, कारणात्, अहम्, जयपुर, मुख्याध्यापक महोदय, आगन्तुम्, द्वयस्य, निवेदनम्, कृतज्ञः।

उत्तराणि

(i) मुख्याध्यापक महोदय *(ii)* जयपुर *(iii)* मान्यवर *(iv)* निवेदनम्
(v) आगन्तुम् *(vi)* काणात् *(vii)* द्वयस्य *(viii)* अहम्
(ix) कृतज्ञः *(x)* भवदीयः शिष्यः

3. मञ्जूषायां प्रदत्तशब्दानां सहायतया चित्रं दृष्ट्वा पञ्चवाक्यानि संस्कृतेन लिखत। (1 × 5 = 5 अङ्काः)

(मञ्जूषा में दिए गए शब्दों की सहायता से चित्र को देखकर पाँच वाक्य संस्कृत में लिखिए।)

मञ्जूषा चित्रं, इदं, आत्मनिर्भर, प्रारम्भः, भारतस्य, प्रधानमंत्री, महाभागः, कृतवान्, दृष्टिकोणम्, एकः, देशः, भवेत्, भवेयुः, संसाधन, उपयोगः, संसाधनानां, अस्ति, भारतम्, सम्पन्न।

उत्तराणि

(i) इदं चित्रं आत्मनिर्भर भारतस्य अस्ति।
(ii) आत्मनिर्भर भारत अभियानस्य प्रारम्भः भारतदेशस्य प्रधानमंत्री श्री नरेन्द्र मोदी महाभागः कृतवान्।
(iii) प्रधानमंत्री महोदयस्य दृष्टकोणम् अस्ति यत् भारतम् एकः आत्मनिर्भर देशः भवेत्।
(iv) भारतदेशः संसाधन सम्पन्न देशः अस्ति।
(v) आत्मनिर्भर भारतस्य उद्देश्य अस्ति यत् भारतस्य संसाधनानां उपयोगः भारतदेशः एव भवेयुः।

अथवा

मञ्जूषायां प्रदत्तशब्दानां सहायतया 'मम विद्यालयः' इति विषयम् अधिकृत्य पञ्चभिः संस्कृतवाक्यैः एकम् अनुच्छेदं लिखत। (1 × 5 = 5 अङ्काः)

(मञ्जूषा में दिए गए शब्दों की सहायता से 'मम विद्यालयः' इस विषय पर पाँच वाक्यों का अनुच्छेद संस्कृत में लिखिए।)

मञ्जूषा आदर्शः, विद्यालयः, श्रेष्ठः, प्राचार्यः, अनेके, शिक्षकाः, विषयान्, पञ्चसहस्रछात्राः, बालक-बालिकाः, प्रसिद्धः, नगरस्य, च, प्रार्थयन्ति, पंक्तिबद्धाः, नगरस्य, वर्तते, शिष्याः, प्रतिदिनं, अत्र, पठन्ति, अस्य, कुशलः, निपुणः, सर्वे, योग्याः, सन्ति, भूत्वा, ईश्वरं, छात्राः, अपि, मम।

उत्तराणि

(i) मम विद्यालयः नगरस्य आदर्शः विद्यालयः वर्तते।
(ii) अत्र पञ्चसहस्रछात्राः पठन्ति।
(iii) अस्य प्राचार्यः निपुणः, कुशलः च वर्तते।
(iv) सर्वे शिष्याः अपि योग्याः सन्ति।
(v) छात्राः प्रतिदिनं पंक्तिबद्धा भूत्वा ईश्वरं प्रार्थयन्ति।

4. अधोलिखितानां हिन्दीभाषायां अथवा आंग्लभाषायां पञ्चसरलवाक्यानां संस्कृतेन अनुवादं कुरुत। (1 × 5 = 5 अङ्काः)

(निम्नलिखित पाँच सरल वाक्यों का हिन्दी भाषा अथवा अंग्रेजी भाषा से संस्कृत में अनुवाद कीजिए।)

(i) छात्र पढ़ने के लिए विद्यालय जाते हैं।
Students go to school for study.
(ii) प्रातःकाल आकाश में सूर्योदय होता है।
The Sun rises in the sky everyday.
(iii) सागर के तट पर अनेक नारियल के वृक्ष हैं।
There are many coconut trees on the coast of the ocean.
(iv) श्रीकृष्ण की माता का नाम देवकी और पिता वासुदेव थे।
Srikrishna's mother's name was Devaki and father's name was Vasudev.
(v) विवेकानन्द का जन्म कलकत्ता नगर में हुआ था।
Vivekananda was born in Kolkata.
(vi) हम दोनों गाँव जाएँगे।
We both will going to village.
(vii) सीता गीत गाती है।
Sita sing a song.

उत्तराणि

(i) छात्राः पठनाय विद्यालयं गच्छन्ति।
(ii) प्रातःकाले आकाशे सूर्योदयः भवति।
(iii) सागरतटे अनेके नारिकेलवृक्षाः सन्ति।
(iv) श्रीकृष्णस्य मातुः नाम देवकी पितुश्च वासुदेवः आसीत्।
(v) विवेकानन्दस्य जन्म कोलकातानगरे अभवत्।
(vi) आवां ग्रामं गमिष्यावः।
(vii) सीता गीतं गायति।

खण्डः (ग)

अनुप्रयुक्त–व्याकरणम्

(25 अङ्काः)

5. अधोलिखित वाक्येषु स्थूलपदानां समुचितं संधि/संधि-विच्छेदं वा लिखत। *(केवलं प्रश्नचतुष्टयम्)* (1 × 4 = 4 अङ्काः)

(निम्नलिखित वाक्यों में मोटे छपे शब्दों की उचित संधि/संधि-विच्छेद करके लिखिए।) (केवल चार प्रश्न)

(i) शिष्यः **अध्ययन + अर्थम्** गुरुं प्रति गच्छति।

(ii) **जगत् + ईशः** कम् न रक्षति?

(iii) **हित + उपदेशः** नारायणपण्डितस्य कृतिः।

(iv) अयं मम **विद्यालयः** अस्ति।

(v) विद्या समं चक्षुः **न + अस्ति**।

उत्तराणि

(i) अध्ययनार्थम् *(ii)* जगदीशः

(iii) हितोपदेशः *(iv)* विद्या + आलयः

(v) नास्ति

6. अधोलिखित वाक्येषु प्रदत्तविकल्पेभ्यः उचित शब्दरूपेण रिक्तस्थानानि पूरयित्वा पुनः लिखत। *(केवलं प्रश्नचतुष्टयम्)* (1 × 4 = 4 अङ्काः)

(निम्नलिखित वाक्यों में दिए गए विकल्पों के उचित शब्द रूप से रिक्त स्थानों की पूर्ति करके पुनः लिखिए।) (केवल चार प्रश्न)

(i) ……… परितः जलम् अस्ति।
(क) नदीम् (ख) नद्याः
(ग) नदीनां (घ) नद्यौ

(ii) ……… क्षेत्रे धावति।
(क) बालकम् (ख) बालकेन
(ग) बालकः (घ) बालकं

(iii) ……… विद्यालयं गच्छामि।
(क) अहं (ख) आवाम्
(ग) वयं (घ) माम्

(iv) ……… आपणं गच्छति।
(क) लता (ख) लते
(ग) लताः (घ) लताम्

(v) ……… कुत्र गच्छसि?
(क) वयं (ख) त्वं
(ग) युवां (घ) यूयम्

उत्तराणि

(i) (क) नदीम् *(ii)* (ग) बालकः

(iii) (क) अहं *(iv)* (क) लता

(v) (ख) त्वं

7. अधोलिखित वाक्येषु विकल्पेभ्यः उचित धातुरूपेण वाक्यपूर्ति कृत्वा पुनः लिखत। *(केवलं प्रश्नचतुष्टयम्)* (1 × 4 = 4 अङ्काः)

(निम्नलिखित वाक्यों में विकल्पों के उचित धातुरूप से वाक्यपूर्ति करके पुनः लिखिए।) (केवल चार प्रश्न)

(i) मम समीपे त्रीणि पुस्तकानि ……… ।
(क) सन्ति (ख) अस्ति
(ग) स्तः (घ) अस्मि

(ii) सः बालकः ……… ।
(क) पठन्ति (ख) पठतः
(ग) पठति (घ) पठसि

(iii) सा दुग्धम् ……… ।
(क) पास्यन्ति (ख) पास्यति
(ग) पास्यसि (घ) पास्यामि

(iv) युवां किं ……… ।
(क) कुरूथः (ख) करोषि
(ग) करोति (घ) कुर्वन्ति

(v) सः महान् दानवीरः ……… ।
(क) अस्ति (ख) स्तः
(ग) सन्ति (घ) अस्मि

उत्तराणि

(i) (क) सन्ति *(ii)* (ग) पठति

(iii) (ख) पास्यति *(iv)* (क) कुरूथः

(v) (क) अस्ति

8. अधोलिखित वाक्येषु विकल्पेभ्यः उचित विभक्तिरूपेण वाक्यपूर्ति कृत्वा पुनः लिखत। *(केवलं प्रश्नचतुष्टयम्)* (1 × 4 = 4 अङ्काः)

(निम्नलिखित वाक्यों में विकल्पों के उचित विभक्ति रूप से वाक्यों की पूर्ति करके पुनः लिखिए।) (केवल चार प्रश्न)

(i) ……… परितः जलम् अस्ति।
(क) मार्गेषु (ख) मार्गम् (ग) मार्गस्य (घ) मार्गात

(ii) ……… सह शिष्याः अपि पठन्ति।
(क) गुरुणा (ख) गुरुमा (ग) गुरवे (घ) गुरुभ्यः

(iii) श्री ……… नमः।
(क) रामेण (ख) रामात्
(ग) रामाय (घ) रामेभ्यः

(iv) ……… उपरि खगाः तिष्ठन्ति।
(क) वृक्षस्य (ख) वृक्षम्
(ग) वृक्षे (घ) वृक्षाणि

(v) ……… बहिः देवालयम् अस्ति।
(क) ग्रामस्य (ख) ग्रामात्
(ग) ग्रामः (घ) ग्रामेषु

उत्तराणि

(i) (ख) मार्गम् (ii) (क) गुरुणा
(iii) (ग) रामाय (iv) (क) वृक्षस्य
(v) (ख) ग्रामात्

9. अधोलिखित वाक्येषु प्रत्ययं संयोज्य वियोज्य वा विकल्पेभ्यः चित्वा लिखत। (केवलं प्रश्नत्रयम्) (1×3 = 3 अङ्काः)

(निम्नलिखित वाक्यों में प्रत्यय को जोड़कर अथवा अलग करके विकल्पों में से चुनकर लिखिए।) (केवल तीन प्रश्न)

(i) छात्रेण रामायणं (श्रु + क्त्वा) कथितः।
(क) श्रुणवा (ख) श्रुत्वा
(ग) श्रुता (घ) शृणोति

(ii) वानरः वृक्षम् (आ + रूह + ल्यप्) कूर्दते।
(क) अरूहल्यप् (ख) आरूढ़
(ग) आरूह्य (घ) आरोहति

(iii) सा तत्र किं (कर्तुं) गच्छति।
(क) कृ + तुमुन् (ख) कतृ + तुमुन्
(ग) र्तु + तुमुन् (घ) कृत् + तुमुन्

(iv) चौरं (बध् + क्त्वा) अत्र आनय।
(क) बाधिता (ख) बदित्वा
(ग) बद्ध्वा (घ) बधित्वा

(v) आलस्यं (वि + हा + ल्यप्) परिश्रमं कुरू।
(क) विहाय (ख) विहायप्
(ग) विहाल्य (घ) विहान्

उत्तराणि (i) (ख) श्रुत्वा (ii) (ग) आरूह्य
(iii) (क) कृ + तुमुन् (iv) (ग) बद्ध्वा
(v) (क) विहाय

10. अधोलिखित वाक्येषु प्रदत्तविकल्पेभ्यः उचित संख्या शब्द रूपैः रिक्तस्थानानि पूरयित्वा पुनः लिखत। (1/2×4 = 2 अङ्काः)

(निम्नलिखित वाक्यों में दिए गए विकल्पों में से उचित संख्या शब्द रूपों से रिक्त स्थानों की पूर्ति करके पुनः लिखिए।)

(i) मम गृहे .... (4) वृक्षाः सन्ति।
(ii) विद्यालये .... (3) प्रयोगशालाः सन्ति।
(iii) बालकः .... (4) मोदकानि खादति।
(iv) वृक्षे .... खगाः (5) सन्ति।

उत्तराणि

(i) (क) चत्वारः (ii) (ख) तिस्रः
(iii) (ग) चत्वारि (iv) (क) पञ्च

11. अधोलिखित रेखाङ्कितपदानां प्रयुक्तान् उपसर्गान् विकल्पेभ्यः चित्वा लिखत। (1/2×4 = 2 अङ्काः)

(निम्नलिखित रेखांकित पदों में प्रयुक्त उपसर्गों को विकल्पों में से चुनकर लिखिए।)

(i) सः उद्याने विहरति।
(ii) सा गृहात् निर्गच्छति।
(iii) सा गृहं प्रत्यागच्छति।
(iv) नृपः संहरति।

उत्तराणि

(i) वि (ii) निर् (iii) प्रति (iv) सम्

12. वाक्यानुगुणम् उचिताव्यय पदं चिनुत। (1/2×4 = 2 अङ्काः)

(वाक्यों के अनुसार उचित अव्यय पद चुनिए)

(i) विद्यालये .... वार्षिकोत्सवः अस्ति।
(क) अद्य (ख) अधूना (ग) अधूयः (घ) अद्‌य

(ii) अहं .... जयपुरं गमिष्यामि।
(क) श्वः (ख) श्वाः (ग) शिवम् (घ) शिवायः

(iii) त्वं .... आगच्छसि।
(क) कत् (ख) क्त (ग) क्त्वा (घ) कुतः

(iv) अहम् .... एव पठामि।
(क) अद्य (ख) स्वः (ग) अत्र (घ) तत्र

उत्तराणि

(i) (क) अद्य (ii) (ख) श्वः (iii) (घ) कुतः (iv) (ग) अत्र

खण्डः (घ)

पठित-अवबोधनम् (15 अङ्काः)

13. अधोलिखित गद्यांशं पठित्वा प्रदत्तप्रश्नानाम् उत्तराणि संस्कृतेन लिखत। (5 अङ्काः)

(निम्नलिखित गद्यांश को पढ़कर दिए गए प्रश्नों के उत्तर संस्कृत में लिखिए।)

अतएव प्रकृतिरस्माभिः रक्षणीया। तेन च पर्यावरणं रक्षितं भविष्यति। प्राचीनकाले लोकमङ्गलाशंसिन ऋषयो वने निवसन्ति स्म। यतो हि वने एव सुरक्षितं पर्यावरणमुपलभ्यते स्म। विविधा विहगाः कलकूजितैस्तत्र श्रोत्ररसायनं ददति। सरितो गिरिनिर्झराश्च अमृतस्वादु निर्मलं जलं प्रयच्छन्ति। वृक्षा लताश्च फलानि पुष्पाणि इन्धनकाष्ठानि च बाहुल्येन समुपहरन्ति। शीतलमंदसुगंधवनपवना औषधकल्पं प्राणवायुं वितरन्ति।

I. एकपदेन उत्तरत लिखत। *(केवलं प्रश्नद्वयम्)* (½ × 2 = 1 अङ्कः)

(एक पद में उत्तर लिखिए।) (केवल दो प्रश्न)

(*i*) प्रकृतिः काभिः रक्षणीया?

(*ii*) सरितः गिरि निर्झराश्च अमृतस्वादु निर्मलं किं प्रयच्छन्ति?

(*iii*) लोकमङ्गलाशंसिन ऋषयोः कुत्र वसति स्म?

II. पूर्णवाक्येन उत्तरत लिखत। *(केवलं प्रश्नद्वयम्)* (1 × 2 = 2 अङ्काः)

(पूर्णवाक्य में उत्तर लिखिए।) (केवल दो प्रश्न)

(*i*) शीतलमंदसुगंधवनपवना औषधकल्पं किं वितरन्ति?

(*ii*) सुरक्षितं प्रदूषण रहितं पर्यावरणं कुत्र उपलभ्यते?

(*iii*) वृक्षाः कीदृशं प्राणवायुं वितरन्ति?

III. अधोलिखितानां प्रश्नानाम् उत्तरत लिखत। *(केवलं प्रश्नद्वयम्)* (1 × 2 = 2 अङ्काः)

(निम्नलिखित प्रश्नों के उत्तर लिखिए।) (केवल दो प्रश्न)

(*i*) "निर्मलं जलं" इत्यनयो पदयोः विशेषण पदं किम्?

(*ii*) "तेन पर्यावरणं रक्षितं भविष्यति" अस्मिन् वाक्ये क्रियापदं किम्?

(*iii*) "तोयम्" इति पदस्य को पर्यायः गद्यांशे प्रयुक्तम्?

उत्तराणि

I. (*i*) अस्माभिः (*ii*) जलम् (*iii*) वने

II. (*i*) शीतलमंदसुगंधवनपवना औषधकल्पं प्राणवायुं वितरन्ति।

(*ii*) सुरक्षितं प्रदूषण रहितं पर्यावरणं वने एव उपलभ्यते।

(*iii*) वृक्षाः शीतलमंदसुगंधवनपवना औषधकल्पं प्राणवायुं वितरन्ति।

III. (*i*) अत्र विशेषण पदं ''निर्मलं'' इति अस्ति।

(*ii*) अस्मिन् वाक्ये क्रियापदं ''भविष्यति'' इति।

(*iii*) 'तोयम्' इत्यस्य पर्यायपदं ''जलम्'' इति प्रयुक्तम्।

14. अधोलिखित पद्यांशं पठित्वा प्रदत्तप्रश्नानाम् उत्तराणि संस्कृतेन लिखत। (5 अङ्काः)

(निम्नलिखित पद्यांश को पढ़कर दिए गए प्रश्नों के उत्तर संस्कृत में लिखिए।)

यत्रापि कुत्रापि गता भवेयुः
हंसा महीमण्डल मण्डनाय
हानिस्तु तेषां हि सरोवराणां।
येषां मरालै सह विप्रयोगः।।

I. एकपदेन उत्तरत लिखत। *(केवलं प्रश्नद्वयम्)* (½ × 2 = 1 अङ्कः)

(एक पद में उत्तर लिखिए।) (केवल दो प्रश्न)

(*i*) केषां हानि भवति?

(*ii*) महीमण्डल मण्डनाय के?

(*iii*) मरालै सह विप्रयोगः केषां भवति?

II. पूर्णवाक्येन उत्तरत लिखत। *(केवलं प्रश्नद्वयम्)* (1 × 2 = 2 अङ्काः)

(पूर्णवाक्य में उत्तर लिखिए।) (केवल दो प्रश्न)

(*i*) सरोवराणां केषां सह विप्रयोगः भवति?

(*ii*) सरोवराणां किं भवति ?

(*iii*) हंसा कस्मै भवन्ति?

III. अधोलिखितानां प्रश्नानाम् उत्तरत लिखत। *(केवलं प्रश्नद्वयम्)* (1 × 2 = 2 अङ्काः)

(निम्नलिखित प्रश्नों के उत्तर लिखिए।) (केवल दो प्रश्न)

(*i*) "यत्रापि कुत्रापि गता भेवयुः" वाक्येऽस्मिन् क्रियापदं किम्?

(*ii*) 'हंसे' इति पदस्य पर्यायपदं पद्यांशे किम् प्रयुक्तम्?

(*iii*) 'लाभः' इति पदस्य विलोमपदं पद्यांशे किम् ?

उत्तराणि

I. (*i*) सरोवराणां (*ii*) हंसा

(*iii*) सरोवराणां

II. (*i*) सरोवराणां मरालै सह विप्रयोगः भवति।

(*ii*) सरोवराणां हानि भवति।

(*iii*) हंसा महीमण्डल मण्डनाय भवन्ति।

III. (*i*) अस्मिन् वाक्ये क्रियापदम् ''भवेयुः'' इति।

(*ii*) 'हंसे' इति पदस्य पर्यायपदं पद्यांशे 'मरालै' इति प्रयुक्तम्।

(*iii*) 'लाभः' इति पदस्य विलोमपदं पद्यांशे 'हानिः' इति प्रयुक्तम्।

15. अधोलिखित नाट्यांशं पठित्वा प्रदत्तप्रश्नानाम् उत्तराणि संस्कृतेन लिखत। (5 अङ्काः)

(निम्नलिखित नाट्यांश को पढ़कर दिए गए प्रश्नों के उत्तर संस्कृत में लिखिए।)

(मासानन्तरं सन्ध्याकालः। एकत्र रिक्ताः नूतनघटाः सन्ति। दुग्धक्रेतारः अन्ये च ग्रामवासिनः अपरत्र आसीनाः)

चन्दनः (धेनु प्रणम्य, मङ्गलाचरणं विधाय, मल्लिकाम् आह्वयति) मल्लिके! सत्वरम् आगच्छ।

मल्लिका आयामि नाथ! दोहनम् आरभस्वं तावत्।

चन्दनः (यदा धेनोः समीपं गत्वा दोग्धुम् इच्छति, तदा धेनुः पृष्ठपादेन प्रहरति। चन्दनश्च पात्रेण सह पतति) नन्दिनि! दुग्धं देहि। किं जातं ते? (पुनः प्रयासं करोति) (नन्दिनी च पुनः पुनः पदाप्रहारेण ताडयित्वा चन्दनं रक्तरञ्जितं करोति) हा! हतोऽस्मि। (चीत्कारं कुर्वन् पतति) (सर्वे आश्चर्येण चन्दनम् अन्योन्यं च पश्यन्ति)

मल्लिका (चीत्कारं श्रुत्वा, झटिति प्रविश्य) नाथ! किं जातम्? कथं त्वं रक्तरञ्जितः?

चन्दनः धेनुः दोग्धुम् अनुमतिम् एव न ददाति। दोहनप्रक्रियाम् आरभमाणम् एव ताडयति माम्। (मल्लिका धेनुं स्नेहेन वात्सल्येन च आकार्य दोग्धुं प्रयतते। किन्तु, धेनुः दुग्धहीना एव इति अवगच्छति।)

I. एकपदेन उत्तरत लिखत। *(केवलं प्रश्नद्वयम्)* (½ × 2 = 1अङ्कः)

(एक पद में उत्तर लिखिए।) (केवल दो प्रश्न)

(i) नूतनघटाः कीदृशाः सन्ति?

(ii) धेनुं कः प्रणमति?

(iii) चन्दनः काम् आह्वयति?

II. पूर्णवाक्येन उत्तरत लिखत। *(केवलं प्रश्नद्वयम्)* (1 × 2 = 2 अङ्काः)

(पूर्णवाक्य में उत्तर लिखिए।) (केवल दो प्रश्न)

(i) धेनुपाद प्रहारेण कः पतितः?

(ii) चीत्कारं श्रुत्वा झटिति का प्रविशति?

(iii) का दोग्धुम् अनुमतिम् एव न ददाति?

III. अधोलिखितानां प्रश्नानाम् उत्तरत लिखत। *(केवलं प्रश्नद्वयम्)* (1 × 2 = 2 अङ्काः)

(निम्नलिखित प्रश्नों के उत्तर लिखिए।) (केवल दो प्रश्न)

(i) 'धेनुः पृष्ठपादेन प्रहरति' वाक्येऽस्मिन् क्रियापदं किम् प्रयुक्तम्?

(ii) 'वात्सल्येन' इति पदस्य पर्यायपदं नाट्यांशे किं प्रयुक्तम्?

(iii) 'प्राचीनम्' इति पदस्य विलोमपदं नाट्यांशे किम् प्रयुक्तम्?

उत्तराणि

I. (i) रिक्ताः (ii) चन्दनः

(iii) मल्लिकाम्

II. (i) धेनुपाद प्रहारेण चन्दनः पतितः।

(ii) चीत्कारं श्रुत्वा झटिति मल्लिका प्रविशति।

(iii) धेनुः दोग्धुम् अनुमतिम् एव न ददाति।

III. (i) वाक्येऽस्मिन् क्रियापदं 'प्रहरति' इति प्रयुक्तम्।

(ii) 'वात्सल्येन' इति पदस्य पर्याय पदं नाट्यांशे 'स्नेहेन' इति प्रयुक्तम्।

(iii) 'प्राचीनम्' इत्यस्य विलोमपदं नाट्यांशे किम् 'नूतनं' इति प्रयुक्तम्।

16. अधोलिखित वाक्येषु रेखाङ्कितपदानां आधृत्य प्रश्न निर्माणम् कुरुत। *(केवलं प्रश्नचतुष्टयम्)* (1 × 4 = 4 अङ्काः)

(निम्नलिखित वाक्यों में रेखांकित पदों के आधार पर प्रश्न निर्माण कीजिए।) (केवल चार प्रश्न)

(i) बाल्ये <u>पितृचरणैः</u> क्लेश्यमानोऽपि विद्यां नाऽधीतवानस्मि।

(ii) एष इदानीं <u>तपश्चर्यया</u> विद्यामवाप्तुं प्रवृतोऽस्मि।

(iii) तीव्र प्रवाहायां नद्यां मूढ़ोऽयं <u>सिकताभिः</u> सेतुं निर्मातुं प्रयतते।

(iv) तदियं भगवत्याः शारदायाः <u>अवमानना</u> ।

(v) <u>गुरुगृहं</u> गत्वैव विद्याभ्यासो मया करणीयः।

उत्तराणि

(i) बाल्ये **कैः** क्लेश्यमानोऽपि विद्यां नाऽधीतवानस्मि?

(ii) एषः इदानीं **कया** विद्यामवाप्तुं प्रवृतोऽस्मि?

(iii) तीव्र प्रवाहायां नद्यां मूढ़ोऽयं **काभिः** सेतुं निर्मातुं प्रयतते?

(iv) तदियं भगवत्याः शारदायाः **का**?

(v) **कुत्र** गत्वैव विद्याभ्यासो मया करणीयः?

(vi) त्वम् **किम्** यासि?

17. अधोलिखित श्लोकस्यः अन्वयं मञ्जूषातः समुचितं पदं चित्वा पूरयत। (3 अङ्काः)

(निम्नलिखित श्लोक का अन्वय मञ्जूषा में दिए गए उचित शब्दों से चुनकर पूरा कीजिए।)

ततः पर्वतशृङ्गाभस्तीक्ष्णतुण्डः खगोत्तमः।
वनस्पतिगतः श्रीमान्व्याजहार शुभां गिरम्।।

अन्वयः ततः (i) ········ तीक्ष्णतुण्डः (ii) ····· वनस्पतिगतः (iii) ······· शुभां गिरं (iv) ······।

मञ्जूषा व्याजहार, श्रीमान्, खगोत्तमः, पर्वतशृङ्गाभः।

उत्तराणि

(i) पर्वतशृङ्गाभः (ii) खगोत्तमः

(iii) श्रीमान् (iv) व्याजहार

अथवा

अधोलिखित श्लोकं पठित्वा मञ्जूषायाः पदानि चित्वा भावार्थं पूरयत। (3 अङ्काः)

(निम्नलिखित श्लोक को पढ़कर मञ्जूषा से शब्द चुनकर भावार्थ को पूरा कीजिए।)

बिना लिप्यक्षर ज्ञानं तपोभिरेव केवलम्।
यदि विद्या वशे स्युस्ते, सेतुरेष तथा मम।।

भावार्थः यदि त्वं बिना (i) ······ केवलम् (ii) ······ एव ते विद्या (iii) ······ स्युः तर्हि अहं अपि एषः (iv) ······ तथा एव निर्मितुं शक्यते।

मञ्जूषा लिप्यक्षरज्ञानं, तपोभिः, सेतुः, वशे।

उत्तराणि

(i) लिप्यक्षरज्ञानं (ii) तपोभिः
(iii) वशे (iv) सेतुः

18. अधोलिखित कथांशं समुचितक्रमेण लिखत। (½ × 8 = 4 अङ्काः)

(निम्नलिखित कथांश को उचित क्रम में लिखिए।)

(i) सन्त्वेते निष्कुटवासिन एव प्राणिनो मम वयस्यः इति।
(ii) ननु भूयो द्रक्ष्यामि क्रुद्धस्य उपाध्यायस्य मुखम्।
(iii) अहं पुनरात्मानं विनोदयिष्यामि।
(iv) य चिन्तयामास-विरमन्त्वेते वराकाः पुस्तकदासाः।
(v) तन्द्रालुर्बालो लज्जया तेषां दृष्टिपथमपि परिहन्नेकाकी किमप्युद्यानं प्रविवेश।
(vi) यतस्ते सर्वेऽपि पूर्वदिनपाठान् स्मृत्वा विद्यालयगमनाय त्वरमाणा बभूवुः।
(vii) तेन सह केलिभिः कालं क्षेप्तुं तदा कोऽपि न वयस्येषु उपलभ्यमान आसीत्।
(viii) भ्रान्तः कश्चन बालः पाठशालागमनवेलायां क्रीडितुं निर्जगाम।

उत्तराणि

(viii) भ्रान्तः कश्चन बालः पाठशालागमनवेलायां क्रीडितुं निर्जगाम।
(vii) तेन सह केलिभिः कालं क्षेप्तुं तदा कोऽपि न वयस्येषु उपलभ्यमान आसीत्।
(vi) यतस्ते सर्वेऽपि पूर्वदिनपाठान् स्मृत्वा विद्यालयगमनाय त्वरमाणा बभूवुः।
(v) तन्द्रालुर्बालो लज्जया तेषां दृष्टिपथमपि परिहन्नेकाकी किमप्युद्यानं प्रविवेश।
(iv) य चिन्तयामास-विरमन्त्वेते वराकाः पुस्तकदासाः।
(iii) अहं पुनरात्मानं विनोदयिष्यामि।
(ii) ननु भूयो द्रक्ष्यामि क्रुद्धस्य उपाध्यायस्य मुखम्।
(i) सन्त्वेते निष्कुटवासिन एव प्राणिनो मम वयस्यः इति।

19. (क) अधोलिखित वाक्येषु रेखाङ्कितपदानां प्रसङ्गानुकूलम् उचितार्थं लिखत। *(केवलं प्रश्नचतुष्टयम्)* (1/ 2 × 4 = 2 अङ्काः)

(निम्नलिखित वाक्यों में रेखांकित शब्दों के प्रसंगानुकूल उचित अर्थ लिखिए। (केवल चार प्रश्न)

(i) बाल्ये पितृचरणैः क्लेशमानोऽपि विद्यां नाऽधीतवान्।
(क) शैशवे (ख) शिशवः
(ग) शिशुः (घ) शिशवे

(ii) ततः प्रविशति तपस्या रतः तपोदत्तः।
(क) नष्टः (ख) लीनः
(ग) मग्नः (घ) धूलः

(iii) सः अलङ्कारै भूषितः अस्ति।
(क) हारः (ख) कूरम्
(ग) आभूषणै (घ) कुण्डलम्

(iv) जलोर्ध्वगमना शब्दः आकर्ण्यते।
(क) श्रुतिः (ख) श्रुयते
(ग) श्रुत्या (घ) श्रूयते

(v) मूढोडयं सिकताभिः सेतुं निर्मातुं प्रयतते।
(क) मृत्तिकाभिः (ख) नृत्तिकाभि
(ग) वृत्तिकाभिः (घ) भृत्तिकाभि

उत्तराणि

(i) (क) शैशवे (ii) (ख) लीनः
(iii) (ग) आभूषणै (iv) (क) श्रूयते
(v) (क) मृत्तिकाभिः

(ख) अधोलिखितानां शब्दानाम् अर्थैः सह मेलनम् कुरुत।

(निम्नलिखित शब्दों का अर्थ के साथ मिलान कीजिए) (1/ 2 × 4 = 2 अङ्काः)

शब्दाः	अर्थाः
(i) मनोहरः	(क) द्रुतम्
(ii) ध्रुवम्	(ख) आज्ञा
(iii) श्रिप्रम्	(ग) निश्चितम्
(iv) अनुमतिम	(घ) आकर्षकः

उत्तराणि

(i) (घ) आकर्षकः (ii) (ग) निश्चितम्
(iii) (क) द्रुतम् (iv) (ख) आज्ञा

प्रतिदर्श प्रश्न-पत्रम् 2

CBSE कक्षा 9 की परीक्षा के लिए नमूना प्रश्न-पत्र

संस्कृतम्

निर्देशाः

1. अस्मिन् प्रश्नपत्रे चत्वारः खंडाः सन्ति।
   - खंडः 'क' अपठित-अवबोधनम् – 10 अङ्काः
   - खंडः 'ख' रचनात्मक-कार्यम् – 15 अङ्काः
   - खंडः 'ग' अनुप्रयुक्त-व्याकरणम् – 25 अङ्काः
   - खंडः 'घ' अपठित-अवबोधनम् – 30 अङ्काः
2. प्रत्येकं खण्डम् अधिकृत्य उत्तराणि एकस्मिन् स्थाने क्रमेण लेखनीयानि।
3. उत्तरलेखनात् पूर्वं प्रश्नस्य क्रमाङ्कः अवश्यं लेखनीयः।
4. सर्वेषां प्रश्नानां उत्तराणि संस्कृतेन लेखनीयानि।

कालावधि : होरात्रयम् **पूर्णाङ्काः 80**

खण्डः (क)

अपठित-अवबोधनम्

(10 अङ्काः)

1. अधोलिखित अनुच्छेदं पठित्वा प्रश्नानाम् उत्तराणि संस्कृतेन लिखत।
(निम्नलिखित अनुच्छेद को पढ़कर प्रश्नों के उत्तर संस्कृत में लिखिए।)

एकदा एका पंचदशवर्षीया बालिका पित्रा सह मेलकं द्रष्टुं नगरं प्रति गच्छित स्म। सा चतुरमतिः धैर्यशालिनी च आसीत् सा बाल्यकाले एव विविधासु विद्यासु पारङ्गता आसीत्। मार्गे एका नदी आसीत्। सा नौकया गच्छति स्म। नौकायाम् अनेकाः जनाः आसन् नद्यां एकः मकरः आसीत्। तत्र द्वौ जनौ तस्मात् मकरात् भीतौ जले पतितौ। तयोः मुखे भयस्य छाया आसीत् सा अपि भीता आसीत् परन्तु सा अचिन्तयत्—तयोः जनयोः रक्षणं कथं करणीयम्? सा जले अकूर्दत् तयोः च जनयोः हस्तौ गृहीत्वा नौकां प्रति आनयत्। सा तयोः रक्षणम् अकरोत् सा साहसी बालिका लक्ष्मीबाई आसीत्। एतस्यै वीरबालायै नमः।

I. एकपदेन उत्तरत लिखत। *(केवलं प्रश्नद्वयम्)* (1 × 2 = 2 अङ्काः)
(एक पद में उत्तर लिखिए।) (केवल दो प्रश्न)

(i) नद्यां एकः कः आसीत्?
(ii) द्वौ जनौ मकरात् भीतौ कुत्र पतितौ?
(iii) बालिका केन सह गच्छति स्म?

II. पूर्णवाक्येन उत्तरत लिखत। *(केवलं प्रश्नद्वयम्)* (2 × 2 = 4 अङ्काः)
(पूर्णवाक्य में उत्तर लिखिए।) (केवल दो प्रश्न)

(i) बालिका कीदृशी आसीत्?
(ii) मार्गे का आसीत्?
(iii) भीतापि बालिका किम् अचिन्तयत्?

III. अस्य अनुच्छेदस्य कृते समुचितं शीर्षकं लिखत। (1 अङ्कः)

(इस अनुच्छेद का उचित शीर्षक लिखिए।)

IV. अधोलिखितानां प्रश्नानाम् उत्तरत लिखत। *(केवलं प्रश्नत्रयम्)* (1 × 3 = 3 अङ्काः)

(निम्नलिखित प्रश्नों के उत्तर लिखिए।) (केवल तीन प्रश्न)

(i) 'अकरोत्' क्रियापदस्य गद्यांशे कर्तृपदं किं प्रयुक्तम्?

(क) सा (ख) ते

(ग) स (घ) त्वम्

(ii) 'बुद्धिमतिः' इति पदस्य पर्यायपदं किम् अस्ति?

(क) प्रत्युमति (ख) मूढ़मति

(ग) चतुमतिः (घ) गच्छति

(iii) 'साहसी बालिका' अनयोः विशेष्यपदं किम्?

(क) नदी

(ख) बालिका

(ग) चतुमति

(घ) नगरं

(iv) 'चतुरमतिः' इति पदस्य विपर्यायपदं किम् अस्ति?

(क) बुद्धिमतीः (ख) दीर्घमतिः

(ग) मूढ़मतिः (घ) नौकया

उत्तराणि

I. *(i)* मकरः

(ii) जले

(iii) पित्रा

II. *(i)* बालिका-चतुरमतिः धैर्यशालिनी च आसीत्।

(ii) मार्गे एका नदी आसीत्।

(iii) सा अचिन्तयत् ''तयोः जनयोः रक्षणं कथं करणीयम्''?

III. साहसी बालिका (लक्ष्मीबाई)

IV. *(i)* (क) सा

(ii) (ग) चतुमतिः

(iii) (ख) बालिका

(iv) (ग) मूढ़मतिः

खण्डः (ख)

रचनात्मकं –कार्यम्

(15 अङ्काः)

2. भवान् हितेशः। स्वविद्यालयस्य वार्षिकोत्सवस्य वर्णनं कुर्वन् भवान् मित्रं प्रति पत्रं लिखति। तस्मिन् पत्रे रिक्तस्थानानि मञ्जूषाया प्रदत्तपदैः पूरयित्वा। (½ × 10 = 5 अङ्काः)

(आप हितेश हैं। अपने विद्यालय के वार्षिकोत्सव का वर्णन करते हुए अपने मित्र को पत्र लिखिए। इस पत्र के रिक्त स्थानों को मञ्जूषा में दिए गए शब्दों से पूरा कीजिए।)

परीक्षा भवनम्

पल्लवपुरम, मयराष्ट्रम्

दिनाङ्कः ………

प्रिय मित्र!

सस्नेहं *(i)*………

अत्र *(ii)*……… तत्रास्तु। मित्र अस्माकं *(iii)*……… वार्षिकोत्सवः *(iv)*………मासस्य पंचदशतारिकायाम् महता *(v)*……… मानितः। अस्माकं प्रदेशस्य *(vi)*……… मुख्यातिथिः आसीत्। अस्मिन् अवसरे अनेके *(vii)*……… आयोजिताः। मुख्यातिथिः *(viii)*……… विशेषेण प्राशंसत्। प्रधानाचार्यः कार्यक्रमस्य अंते स्वविद्यालयस्य *(ix)*……… अपठत्। अंते योग्येभ्यः छात्रेभ्यः पारितोषिकानि अयच्छत्।

भवदीय मित्रम्

(x)………

मञ्जूषा नमोनमः, हर्षेण, कार्यक्रमाः, सितम्बर, कुशलम्, प्रगतिवेदनम्, विद्यालये, मुख्यमंत्री, संस्कृतकार्यक्रमम्, हितेशः।

उत्तराणि

(i) नमोनमः *(ii)* कुशलम् *(iii)* विद्यालये *(iv)* सितम्बर

(v) हर्षेण *(vi)* मुख्यमंत्री *(vii)* कार्यक्रमाः *(viii)* संस्कृतकार्यक्रमम्

(ix) प्रगतिवेदनम् *(x)* हितेशः

3. मञ्जूषायां प्रदत्तशब्दानां सहायतया चित्रं दृष्ट्वा पञ्चवाक्यानि संस्कृतेन लिखत। (1 × 5 = 5 अङ्का:)

(मञ्जूषा में दिए गए शब्दों की सहायता से चित्र को देखकर पाँच वाक्य संस्कृत में लिखिए।)

मञ्जूषा चित्रं, इदं, स्वच्छ भारत अभियानस्य, अस्मिन्, बालकाः, चित्रे, हस्ते, स्व-स्व, मार्जनीं, अवकरं, स्वयं सेवकाः, स्थानेषु, क्षिपन्ति, शौचालयानां, सार्वजनिक, सर्वे, योगदानं, यच्छन्ति, उपयोगं, जनाः, यानेषु।

उत्तराणि

(i) इदं चित्रं स्वच्छ भारत अभियानस्य अस्ति।

(ii) अस्मिन् चित्रे बालकाः स्व-स्व हस्ते मार्जनीं धृत्वा स्वच्छता कार्यं कुर्वन्ति।

(iii) जनाः सार्वजनिक शौचालयानां उपयोगं कुर्वन्ति।

(iv) भारत देशः स्वच्छीकर्तुं सर्वे स्व-स्व योगदानं यच्छन्ति।

(v) स्वयं सेवकाः अवकरं यानेषु धृत्वा निर्धारित स्थानेषु क्षिपन्ति।

अथवा

मञ्जूषायां प्रदत्तशब्दानां सहायतया 'परोपकारम्' इति विषयम् अधिकृत्य पञ्चभिः संस्कृतवाक्यैः एकम् अनुच्छेदं लिखत। (1 × 5 = 5 अङ्का:)

(मञ्जूषा में दिए गए शब्दों की सहायता से 'परोपकारम्' इस विषय पर पाँच वाक्यों का अनुच्छेद संस्कृत में लिखिए।)

मञ्जूषा परोपकारः, कुर्वन्ति, जीवन्ति, पुण्याय, मूलम्, भवति, परोपकाराय, परपीड़नम्, पापाय, ये, संसारे, सफलाः, शान्तेः, परोपकाराः, च, सफलतां, सज्जनाः, भवन्ति, सुखस्य, अस्ति, ते, वृक्षाः, फलन्ति।

उत्तराणि

(i) परोपकारः शान्तेः सुखस्य च मूलम् अस्ति।

(ii) परोपकारः पुण्याय भवति।

(iii) सज्जनाः परोपकाराय भवन्ति/जीवन्ति।

(iv) वृक्षाः परोपकाराय फलन्ति।

(v) ये परोपकाराः कुर्वन्ति ते सफलाः भवन्ति।

4. अधोलिखितानां हिन्दीभाषायां अथवा आंग्लभाषायां पञ्चसरलवाक्यानां संस्कृतेन अनुवादं कुरुत। (1 × 5 = 5 अङ्का:)

(निम्नलिखित पाँच सरल वाक्यों का हिन्दी भाषा अथवा अंग्रेजी भाषा से संस्कृत में अनुवाद कीजिए।)

(i) पिता पुत्र के लिए कलम लाता है।
The father brings pen for his son.

(ii) छात्र अध्यापिका को नमस्कार करता है।
The student bows to the teacher.

(iii) नदी पर्वत से निकलती है।
The river flows out of the mountain.

(iv) लोग वायुयान से विदेश जाते हैं।
People go to foreign country by aeroplane.

(v) वह इस समय पढ़ रहा है।
He is reading now.

(vi) वह पढ़ता है।
He reads.

(vii) राम विद्यालय जाता है।
Ram goes to school.

उत्तराणि

(i) पिता पुत्राय कलमम् आनयति।

(ii) छात्रः अध्यापिकायै नमति।

(iii) नदी पर्वतात् निर्गच्छति।

(iv) जनाःवायुयानेन विदेशं गच्छन्ति।

(v) अधुना सः पठति।

(vi) सः पठति।

(vii) रामः विद्यालयं गच्छति।

खण्डः (ग)

अनुप्रयुक्त-व्याकरणम्

(25 अङ्काः)

5. अधोलिखित वाक्येषु स्थूलपदानां समुचितं संधि/संधि-विच्छेदं वा लिखत। *(केवलं प्रश्नचतुष्टयम्)* (1×4 = 4 अङ्काः)

(निम्नलिखित वाक्यों में मोटे छपे शब्दों की उचित संधि/संधि-विच्छेद करके लिखिए।) (केवल चार प्रश्न)

(i) अहं **वनोत्सवं** द्रष्टुं गच्छामि।

(ii) राजा सविनयं **पुनः+उवाच।**

(iii) **जगत् + ईशः** त्वमपि समर्थः तथापि व्यग्रोऽसि।

(iv) **सर्वं श्रुत्वा** रामः पुनः तूष्णीम् अभवत्।

(v) अद्य **अहम् + पठामि।**

उत्तराणि

(i) (क) वन + उत्सवम् *(ii)* (ख) पुनरुवाच
(iii) (ग) जगदीशः *(iv)* (ग) सर्वं + श्रुत्वा
(v) (क) अहं पठामि

6. अधोलिखित वाक्येषु प्रदत्तविकल्पेभ्यः उचित शब्द रूपेण रिक्तस्थानानि पूरयित्वा पुनः लिखत। *(केवलं प्रश्नचतुष्टयम्)* (1×4 = 4 अङ्काः)

(निम्नलिखित वाक्यों में दिए गए विकल्पों के उचित शब्द रूप से रिक्त स्थानों की पूर्ति करके पुनः लिखिए।) (केवल चार प्रश्न)

(i) गंगा ········· पवित्रतमा नदी अस्ति।
(क) नदीः (ख) नदीषु
(ग) नदीम् (घ) नदीन्

(ii) द्वौ ········· गच्छतः।
(क) बालकौ (ख) बालके
(ग) बालकः (घ) बालकाः

(iii) इदं कार्यं ········· न कृतम्।
(क) मम (ख) अहं
(ग) मया (घ) त्वम्

(iv) तेन ········· सह रामः अगच्छत्।
(क) बालकेन (ख) बालकाः
(ग) बालकस्य (घ) बालकौ

(v) अत्र त्रयः ········· सन्ति।
(क) साधवः (ख) साधून्
(ग) साधुम् (घ) साधुस्य

उत्तराणि

(i) (ख) नदीषु *(ii)* (क) बालकौ
(iii) (ग) मया *(iv)* (क) बालकेन
(v) (क) साधवः

7. अधोलिखित वाक्येषु विकल्पेभ्यः उचित धातुरूपेण वाक्यपूर्ति कृत्वा पुनः लिखत। *(केवलं प्रश्नचतुष्टयम्)* (1×4 = 4 अङ्काः)

(निम्नलिखित वाक्यों में विकल्पों के उचित धातुरूप से वाक्यपूर्ति करके पुनः लिखिए।) (केवल चार प्रश्न)

(i) वयं न ········· ।
(क) पठामः (ख) पठसि
(ग) पठति (घ) पठामि

(ii) उत्तमाः बालाः पितरं ········· ।
(क) सेवे (ख) सेवध्वे
(ग) सेवते (घ) सेवताम्

(iii) अहं जलं ········· ।
(क) पिबति (ख) पिबामि
(ग) पिबसि (घ) पिबामः

(iv) ते बालकाः ········· ।
(क) सन्ति (ख) अस्ति
(ग) स्तः (घ) अहम्

(v) अद्य मंगलवासरः ········· ।
(क) स्तः (ख) अस्ति
(ग) आसीत् (घ) त्वम्

उत्तराणि

(i) (क) पठामः *(ii)* (ग) सेवते
(iii) (ख) पिबामि *(iv)* (क) सन्ति
(v) (ख) अस्ति

8. अधोलिखित वाक्येषु विकल्पेभ्यः उचित विभक्तिरूपेण वाक्यपूर्ति कृत्वा पुनः लिखत। *(केवलं प्रश्नचतुष्टयम्)* (1×4 = 4 अङ्काः)

(निम्नलिखित वाक्यों में विकल्पों के उचित विभक्ति रूप से वाक्यपूर्ति करके पुनः लिखिए।) (केवल चार प्रश्न)

(i) श्री ········· नमः।
(क) गणेशाय (ख) गणेशम्
(ग) गणेशः (घ) गणेशे

(ii) ········· परितः वृक्षाः सन्ति।
(क) ग्रामः (ख) ग्रामम्
(ग) ग्रामे (घ) ग्रामीण

(iii) सा ········· निपुणाः आसीत्।
(क) भोजनपचनम्
(ख) भोजनपाचनम्
(ग) भोजन पाचने
(घ) भोजनपाचनेन

(iv) ········· पृष्ठतः वृक्षाः सन्ति।
(क) गृहस्य (ख) गृहम्
(ग) गृहाणि (घ) गृहे

(v) ········· सह रामः न गच्छति।
(क) मोहनेन (ख) मोहनात्
(ग) मोहने (घ) मोहनस्य

उत्तराणि

(i) (क) गणेशाय *(ii)* (ख) ग्रामम्
(iii) (ग) भोजन पाचने *(iv)* (क) गृहस्य
(v) (क) मोहनेन

9. अधोलिखित वाक्येषु प्रत्ययं संयोज्य वियोज्य वा विकल्पेभ्यः चित्वा लिखत। *(केवलं प्रश्नत्रयम्)*
(1×3 = 3 अङ्काः)

(निम्नलिखित वाक्यों में प्रत्ययों को जोड़कर अथवा अलग करके विकल्पों में से चुनकर लिखिए।) (केवल तीन प्रश्न)

(i) छात्रः गुरुं (प्र + नम् + ल्यप्) पठति।
(क) प्रणम्य (ख) प्रणामः
(ग) प्रणीतः (घ) प्रमाणेभ्य

(ii) ऋषिः क्रुद्धः (भूत्वा) बालकं पश्यति ।
(क) भूत् + त्वा (ख) भू + क्त्व
(ग) भू + कतवा (घ) भू + क्तवा

(iii) सूदः भोजनं (पच् + तुमुन्) महानसं प्रविशति।
(क) पाचतु (ख) पचतुम्
(ग) पक्तुम् (घ) पचताम्

(iv) अनन्तरं बालकः विद्यालयं (गम् + क्तवतु)।
(क) गतवान् (ख) गत्वा
(ग) गमक्तवतु (घ) गतवन्तु

(v) जलं (पा + क्त्वा) सः आनन्दम् अनुभूतः।
(क) पीत्वा (ख) पात्वा
(ग) पाक्त्वा (घ) पित्वामि

उत्तराणि

(i) (क) प्रणम्य *(ii)* (ख) भू + क्त्वा
(iii) (ग) पक्तुम् *(iv)* (क) गतवान्
(v) (क) पीत्वा

10. अधोलिखित वाक्येषु प्रदत्तविकल्पेभ्यः उचित संख्या शब्द रूपैः रिक्तस्थानानि पूरयित्वा पुनः लिखत।
(1/2×4 = 2 अङ्काः)

(निम्नलिखित वाक्यों में दिए गए विकल्पों में से उचित संख्या शब्द रूपों से रिक्त स्थानों की पूर्ति करके पुनः लिखिए।)

(i) ········· (1) बालिका लिखति।
(ii) क्रीड़ाङ्गणे ········· (5) बालकाः क्रीड़न्ति।
(iii) दशरथस्य ········· (3) राज्ञयः आसन्।
(iv) विद्यालये ········· (9) वृक्षाणि सन्ति।

उत्तराणि

(i) (क) एका *(ii)* (ख) पञ्च
(iii) (ख) तिस्रः *(iv)* (ग) नव

11. अधोलिखित रेखाङ्कितपदानां प्रयुक्तान् उपसर्गान् विकल्पेभ्यः चित्वा लिखत। *(केवलं प्रश्नद्वयम्)*
(1×2 = 2 अङ्काः)

(निम्नलिखित रेखांकित पदों में प्रयुक्त उपसर्गों को विकल्पों में से चुनकर लिखिए।) (केवल दो प्रश्न)

(i) बालकाः विद्यालयात् निर्गच्छति।
(ii) बालकाः सफलतायै प्रयत्नं कुर्वन्ति।
(iii) सः उपवनम् गच्छति।
(iv) सेवकाः राजनम् अनुगच्छति।

उत्तराणि

(i) (क) निर्
(ii) (ग) प्र
(iii) (ख) उप
(iv) (घ) अनु

12. वाक्यानुगुणम् उचिताव्यय पदं चिनुत
(1/2×4 = 2 अङ्काः)

(वाक्यों के अनुसार उचित अव्यय पद चुनिए)

(i) त्वं अधुना ················ गच्छसि?
(क) कुत्र (ख) अपि
(ग) तत्र (घ) ह्य

(ii) अंह ················ त्वया सह गन्तुम् इच्छामि।
(क) तत्र (ख) अपि
(ग) कुत्र (घ) ह्य

(iii) ················ अहं तम् आपणे अपश्यम्।
(क) ह्य (ख) तत्र
(ग) कुत्र (घ) अपि

(iv) सः ················ किं करोति स्म?
(क) ह्य (ख) अपि
(ग) कुत्र (घ) तत्र

उत्तराणि

(i) (क) कुत्र
(ii) (ख) अपि
(iii) (ग) ह्यः
(iv) (घ) तत्र

खण्डः (घ)

पठित-अवबोधनम्

(15 अङ्काः)

13. अधोलिखित गद्यांशं पठित्वा प्रदत्तप्रश्नानाम् उत्तराणि संस्कृतेन लिखत। (3 अङ्काः)

(निम्नलिखित गद्यांश को पढ़कर दिए गए प्रश्नों के उत्तर संस्कृत में लिखिए।)

नैतादृशः स्वर्णपक्षो रजतचञ्चुः स्वर्णकाकस्तया पूर्वं दृष्टः। तं तण्डुलान् खादन्तं हसन्तञ्च विलोक्य बालिका रोदितुमारब्धा। तं निवारयन्ती सा प्रार्थयत्-तण्डुलान् मा भक्षय। मदीया माता अतीव निर्धना वर्तते। स्वर्णपक्षः काकः प्रोवाच, मा शुचः। सूर्योदयात्प्राग् ग्रामाद् बहिः पिप्पलवृक्षमनु त्वयागन्तव्यम्। अहं तुभ्यं तण्डुलमूल्यं दास्यामि। प्रहर्षिता बालिका निद्रामपि न लेभे।

I. एकपदेन उत्तरत लिखत। *(केवलं प्रश्नद्वयम्)* (½ × 2 = 1अङ्काः)

(एक पद में उत्तर लिखिए।) (केवल दो प्रश्न)

(i) बालिकया माता कीदृशी वर्तते?
(ii) बालिका कं निवारयन्ती?
(iii) तण्डुलान् खादन्तं कः हसन्ति?

II. पूर्णवाक्येन उत्तरत लिखत। *(केवलं प्रश्नद्वयम्)* (1 × 2 = 2 अङ्काः)

(पूर्णवाक्य में उत्तर लिखिए।) (केवल दो प्रश्न)

(i) कीदृशी बालिका निद्रामपि न लेभे?
(ii) काकः बालिकां कुत्र आगन्तुं कथयति?
(iii) काकः कदा बालिकां ग्रामाद् बहिः आगन्तुं कथयति?

III. अधोलिखितानां प्रश्नानाम् उत्तरत लिखत। *(केवलं प्रश्नद्वयम्)* (1 × 2 = 2 अङ्काः)

(निम्नलिखित प्रश्नों के उत्तर लिखिए।) (केवल दो प्रश्न)

(i) "प्रहर्षिता बालिका" इत्यनयो पदयोः विशेष्य पदं किम्?
(ii) "धनिका" इत्यस्य पदस्य विलोमपदं गद्यांशे किं प्रयुक्तम्?
(iii) "बालिका निद्रामपि न लेभे" "वाक्येऽस्मिन् क्रियापदं किम्?

उत्तराणि

I. *(i)* निर्धना *(ii)* काकं
(iii) काकः

II. *(i)* प्रहर्षिता बालिका निद्रामपि न लेभे।
(ii) काकः बालिकां ग्रामाद् बहिः पिप्पलवृक्षमनु आगन्तुं कथयति।
(iii) काकः सूर्योदयात्प्राग् बालिकां ग्रामाद् बहिः आगन्तुं कथयति।

III. *(i)* अत्र विशेष्य पदं "बालिका" इति अस्ति।
(ii) धनिका इत्यस्य विलोमपदं "निर्धना" इति प्रयुक्तम्।
(iii) वाक्येऽस्मिन् क्रियापदं "लेभे" इति।

14. अधोलिखित पद्यांशं पठित्वा प्रदत्तप्रश्नानाम् उत्तराणि संस्कृतेन लिखत। (3 अङ्काः)

(निम्नलिखित पद्यांश को पढ़कर दिए गए प्रश्नों के उत्तर संस्कृत में लिखिए।)

गुणा गुणज्ञेषु गुणा भवन्ति ते निगुणं प्राप्य भवन्ति दोषाः।
आस्वाद्यतोयाः प्रवहन्ति नद्यः समुद्रमासाद्य भवन्त्यपेयाः।।

I. एकपदेन उत्तरत लिखत। *(केवलं प्रश्नद्वयम्)* (½ × 2 = 1अङ्काः)

(एक पद में उत्तर लिखिए।) (केवल दो प्रश्न)

(i) गुणज्ञेषु गुणाः कीदृशः भवन्ति?
(ii) निर्गुणं प्राप्य गुणाः किं भवन्ति?
(iii) आस्वाद्यतोयाः काः प्रवहन्ति?

II. पूर्णवाक्येन उत्तरत लिखत। *(केवलं प्रश्नद्वयम्)* (1 × 2 = 2 अङ्काः)

(पूर्णवाक्य में उत्तर लिखिए।) (केवल दो प्रश्न)

(i) नद्यः कुत्र आसाद्य अपेयाः भवन्ति?
(ii) समुद्रमासाद्य नद्यः कीदृशः भवन्ति?
(iii) गुणाः दोषाः कदा भवन्ति?

III. अधोलिखितानां प्रश्नानाम् उत्तरत लिखत। *(केवलं प्रश्नद्वयम्)* (1 × 2 = 2 अङ्काः)

(निम्नलिखित प्रश्नों के उत्तर लिखिए।) (केवल दो प्रश्न)

(i) "गुणा गुणज्ञेषु गुणा भवन्ति" अत्र क्रियापदं किम्?
(ii) "सरितः" इति पदस्य पर्यायपदं पद्यांशे किम् प्रयुक्तम्।
(iii) "पेयाः" इति पदस्य विलोम पदं पद्यांशे किम्?

उत्तराणि

I. *(i)* गुणाः *(ii)* दोषाः *(iii)* नद्यः

II. *(i)* नद्यः समुद्रमासाद्य अपेयाः भवन्ति।
(ii) समुद्रमासाद्य नद्यः अपेयाः भवन्ति।
(iii) निर्गुणं प्राप्य गुणाः दोषाः भवन्ति।

III. *(i)* अत्र क्रियापदं "भवन्ति" इति अस्ति।
(ii) 'सरितः' इत्यस्य पर्यायपदं "नद्यः" इति प्रयुक्तम्।
(iii) पेयाः इति पदस्य विलोमपदं पद्यांशे "अपेयाः" इति।

15. अधोलिखित नाट्यांशं पठित्वा प्रदत्तप्रश्नानाम् उत्तराणि संस्कृतेन लिखत। (3 अङ्काः)

(निम्नलिखित नाट्यांश को पढ़कर दिए गए प्रश्नों के उत्तर संस्कृत में लिखिए।)

पुरुषः भोस्तपस्विन्! कथं मामुपरुणत्सि। प्रयत्नेन किं न सिद्धं भवति? कावश्यकता शिलानाम्? सिकताभिरेव सेतुं करिष्यामि स्वसंकल्पदृढतया।

तपोदत्तः आश्चर्यम्! सिकताभिरेव सेतुं करिष्यसि? सिकता जलप्रवाहे स्थास्यन्ति किम्? भवता चिन्तितं न वा?

पुरुषः (*सोत्प्रासम्*) चिन्तितं चिन्तितम्। सम्यक् चिन्तितम्। नाहं सोपानमार्गैरट्टमधिरोढुं विश्वसिमि। समुत्प्लुत्यैव गन्तुं क्षमोऽस्मि।

तपोदत्तः (*सव्यङ्ग्यम्*)
साधु साधु! आञ्जनेयमप्यतिक्रामसि!

पुरुषः (*सविमर्शम्*)
कोऽत्र सन्देहः? किञ्च,
विना लिप्यक्षरज्ञानं तपोभिरेव केवलम्।
यदि विद्या वशे स्युस्ते, सेतुरेष तथा मम।

I. एकपदेन उत्तरत लिखत। *(केवलं प्रश्नद्वयम्)* (½ × 2 = 1अङ्कः)

(एक पद में उत्तर लिखिए।) (केवल दो प्रश्न)

(*i*) प्रयत्नेन किं भवति?
(*ii*) केषां आवश्यकता नास्ति?
(*iii*) 'भोस्तपस्विन्' इति कः सम्बोधयति?

II. पूर्णवाक्येन उत्तरत लिखत। *(केवलं प्रश्नद्वयम्)* (1× 2 = 2 अङ्काः)

(पूर्णवाक्य में उत्तर लिखिए।) (केवल दो प्रश्न)

(*i*) सिकता कुत्र न स्थानास्यन्ति?
(*ii*) सिकताभिरेव किं करिष्यसि?
(*iii*) सोपानमार्गैरट्टमधिरोढुं कः न विश्वसिति?

III. अधोलिखितानां प्रश्नानाम् उत्तरत लिखत। *(केवलं प्रश्नद्वयम्)* (1 × 2 = 2 अङ्काः)

(निम्नलिखित प्रश्नों के उत्तर लिखिए।) (केवल दो प्रश्न)

(*i*) "प्रयत्नेन किं सिद्धं न भवति" अस्मिन् वाक्ये किं क्रियापदं प्रयुक्तम्?
(*ii*) "बालुकां" इति पदस्य पर्याय पदं नाट्यांशे किम्?
(*iii*) "आगन्तुं" इति पदस्य विलोमपदं नाट्यांशे किं प्रयुक्तम्?

उत्तराणि

I. (*i*) सिद्धं (*ii*) शिलानां
(*iii*) पुरुषः

II. (*i*) सिकता जल प्रवाहे न स्थास्यन्ति।
(*ii*) सिकताभिरेव सेतुं करिष्यसि।
(*iii*) सोपानमार्गैरट्टमधिरोढुं पुरुषः न विश्वसिति।

III. (*i*) अस्मिन् वाक्ये ''भवति'' इति क्रियापदं प्रयुक्तम्।
(*ii*) बालुकां इति पदस्य पर्यायपदं नाट्यांशे ''सिकतां'' प्रयुक्तम्।
(*iii*) आगन्तुं इति पदस्य विलोमपदं नाट्यांशे गन्तुं इति प्रयुक्तम्।

16. अधोलिखित वाक्येषु रेखाङ्कितपदानां आधृत्य प्रश्न निर्माणम् कुरुत। *(केवलं प्रश्नचतुष्टयम्)* (1× 4 = 4 अङ्काः)

(निम्नलिखित वाक्यों में रेखांकित पदों के आधार पर प्रश्न निर्माण कीजिए।) (केवल चार प्रश्न)

(*i*) निर्माणभोगीव विद्याहीन नरः न शोभते।
(*ii*) इदानीं तपश्चर्याया विद्यां प्राप्तुम् प्रवृतोऽस्मि।
(*iii*) मामेवोद्दिश्य भद्रपुरुषो अधिक्षिपति।
(*iv*) अहं सोपानमार्गे अधिरोढुं न विश्वसिमि।
(*v*) रामः मकरालयेः शिलाभिः सेतुं बबन्ध।

उत्तराणि

(*i*) निर्माणभोगीव विद्याहीन **कः** न शोभते।
(*ii*) इदानीं तपश्चर्याया **कां** प्राप्तुम् प्रवृतोऽस्मि।
(*iii*) मामेवोद्दिश्य **कः** अधिक्षिपति।
(*iv*) अहं **कुत्र** अधिरोढुं न विश्वसिमि।
(*v*) रामः मकरालयेः **काभिः** सेतुं बबन्ध।
(*vi*) तपस्यारतः **कः** प्रविशति।

17. अधोलिखित श्लोकस्य अन्वयं मञ्जूषातः समुचितं पदं चित्वा पूरयत।

(निम्नलिखित श्लोक का अन्वय मञ्जूषा में दिए गए उचित शब्दों को चुनकर पूरा कीजिए।)

रामो बबन्ध यं सेतुं शिलाभिर्मकरालये।
विद्धद् बालुकाभिस्तं यासि त्वमतिरामताम् ॥ (3 अङ्काः)

अन्वयः (*i*) .... बबन्ध यं (*ii*) .... शिलाभिर्मकरालये विद्धद् (*iii*) .... तं यासि त्वमति (*iv*) .... ।

मञ्जूषा रामताम्, बालुकाभिः सेतुं, रामः।

उत्तराणि

(*i*) रामः (*ii*) सेतुं
(*iii*) बालुकाभिः (*iv*) रामताम्

अथवा

अधोलिखित श्लोकं पठित्वा मञ्जूषायाः पदानि चित्वा भावार्थं पूरयत। (3 अङ्काः)

(निम्नलिखित श्लोक को पढ़कर मञ्जूषा से शब्द चुनकर भावार्थ को पूरा कीजिए।)

परिधानैरलङ्कारैर्भूषितोऽपि न शोभते।
नरो निर्माण भोगीव सभायां यदि वा गृहे।।

भावार्थः अशिक्षित

(i) .... मणिहीनसर्प इव (ii) .... सम्मर्दे गृहे वा वस्त्रैः (iii) .... सुसज्जितोऽपि

(iv) .... न भवति।

मञ्जूषा शोभमानः, आभूषणैः, विद्वज्जन, मानवः।

उत्तराणि

(i) मानवः (ii) विद्वज्जन् (iii) आभूषणैः

(iv) शोभमानः

18. अधोलिखित क्रमरहितवाक्यानां कथाक्रमानुसारेण संयोजनं कुरुत। ($\frac{1}{2} \times 8 = 4$ अङ्काः)

(निम्नलिखित क्रमरहित वाक्यों को कथा क्रमानुसार संयोजित कीजिए।)

(i) अये! मामेवोद्दिश्य भद्रपुरुषोऽयम् अधिक्षिपति।
(ii) पुरुषार्थैरेव लक्ष्यं प्राप्यते
(iii) आश्चर्यम! सिकताभिरेव सेतुं करिष्यसि?
(iv) तदिदानीं विद्याध्ययनाय गुरुकुलमेव गच्छामि।
(v) तपोदत्तः बाल्ये पितृचरणैः क्लेश्यमानोऽपि विद्यां नाऽधीतवान्।
(vi) पुरुषः अहं समुत्प्लुत्यैव गन्तुं क्षमोऽस्मि।
(vii) सः तपश्चर्यया विद्यामवाप्तुं तत्परो भवति।
(viii) पुरुषमेकं सिकताभिः सेतुनिर्माणप्रयासं कुर्वाणं दृष्ट्वा हसति।

उत्तराणि

(v) तपोदत्तः बाल्ये पितृचरणैः क्लेश्यमानोऽपि विद्यां नाऽधीतवान्।
(vii) सः तपश्चर्यया विद्यामवाप्तुं तत्परो भवति।
(viii) पुरुषमेकं सिकताभिः सेतुनिर्माण प्रयासं कुर्वाणं दृष्ट्वा हसति।
(iii) आश्चर्यम्! सिकताभिरेव सेतुं करिष्यसि?
(vi) पुरुषः अहं समुत्प्लुत्यैव गन्तुं क्षमोऽस्मि।
(i) अये! मामेवोद्दिश्य भद्रपुरुषोऽयम् अधिक्षिपति।
(ii) पुरुषार्थैरेव लक्ष्यं प्राप्यते।
(iv) तदिदानीं विद्याध्ययनाय गुरुकुलमेव गच्छामि।

19. (क) अधोलिखित वाक्येषु रेखाङ्कितपदानां प्रसङ्गानुकूलम् उचितार्थं लिखत। *(केवलं प्रश्नचतुष्टयम्)* (1/2 × 4 = 2 अङ्काः)

(निम्नलिखित वाक्यों में रेखांकित शब्दों के प्रसंगानुकूल उचित अर्थ लिखिए। (केवल चार प्रश्न)

(i) गुण युक्तो दरिद्रः जनः अपि पूज्यते।
(क) धनवानः (ख) निर्धनः
(ग) धनाढयः (घ) समृद्धिः

(ii) सर्वे जन्तवः प्रियवाक्येन तुष्यन्ति।
(क) प्राणितः (ख) प्रचारितः
(ग) पराणितः (घ) पवित्रः

(iii) कृषकाः अन्न स्वमेव न अदन्ति।
(क) खादन्ति (ख) खादिता
(ग) खादति (घ) खादसि

(iv) परोपकाराय सतां विभूतयः।
(क) विपतयः (ख) सम्पतयः
(ग) उपयुक्तः (घ) आवृतः

(v) मनुष्य वृत्तं यत्नेन संरक्षेद्।
(क) चरित्रम् (ख) चरित्रे
(ग) सतचित्रम् (घ) चरित्राय

उत्तराणि

(i) (ख) निर्धनः (ii) (क) प्राणितः
(iii) (क) खादन्ति (iv) (ख) सम्पतयः
(v) (क) चरित्रम्

(ख) अधोलिखितानां शब्दानाम् अर्थैः सह मेलनम् कुरुत। *(निम्नलिखित शब्दों का अर्थ के साथ मिलान कीजिए)* (1/2 × 4 = 2 अङ्काः)

शब्दाः	अर्थाः
(i) दुहिता	(क) ओदनम्
(ii) खगेभ्यः	(ख) पेटिकाम्
(iii) तण्डुलम्	(ग) पक्षिभ्यः
(iv) मञ्जूषाम्	(घ) सुता

उत्तराणि

(i) (घ) सुता
(ii) (ग) पक्षिभ्यः
(iii) (क) ओदनम्
(iv) (ख) पेटिकाम्

प्रतिदर्श प्रश्न-पत्रम् 3

CBSE कक्षा 9 की परीक्षा के लिए नमूना प्रश्न-पत्र

संस्कृतम्

निर्देशाः

1. अस्मिन् प्रश्नपत्रे चत्वारः खंडाः सन्ति।
   - खंडः 'क' अपठित-अवबोधनम् – 10 अङ्काः
   - खंडः 'ख' रचनात्मक-कार्यम् – 15 अङ्काः
   - खंडः 'ग' अनुप्रयुक्त-व्याकरणम् – 25 अङ्काः
   - खंडः 'घ' अपठित-अवबोधनम् – 30 अङ्काः
2. प्रत्येकं खण्डम् अधिकृत्य उत्तराणि एकस्मिन स्थाने क्रमेण लेखनीयानि।
3. उत्तरलेखनात् पूर्वं प्रश्नस्य क्रमाङ्कः अवश्यं लेखनीयः।
4. सर्वेषां प्रश्नानां उत्तराणि संस्कृतेन लेखनीयानि।

कालावधि : होरात्रयम् | **पूर्णाङ्काः 80**

खण्डः (क)

अपठित-अवबोधनम्

(10 अङ्काः)

1. अधोलिखित अनुच्छेदं पठित्वा प्रश्नानाम् उत्तराणि संस्कृतेन लिखत।

(निम्नलिखित अनुच्छेद को पढ़कर प्रश्नों के उत्तर संस्कृत में लिखिए।)

ये जनाः दृढ़प्रतिज्ञाः भवन्ति तेषां कृते तेषां व्रतमेव सर्वप्रमुखं भवति। संसारे ईदृशाः जनाः भूतवन्तः ये जीवनस्य अंतिमे क्षणेऽपि सत्यस्य आश्रयं नात्यजन्। स्वात्मानः विपर्यये किंचिद् कर्मं अपि नाकुर्वन्। अनेकासु विपत्तिषु अपि नृपः हरिश्चंद्रः सत्यस्याश्रयं नात्यजत्। महाराणा प्रतापः आजीवनं वने-वनेऽभ्रमत्। स्वभार्यां बालौ च बुभुक्षया निष्प्राणान्निव पश्यन्नपि सः तेषां वार्तां न अमन्यत्। ते तस्मै पराधीनं जीवनं जीवितुम् अकथयन्। आधुनिके काले महर्षिः दयानंदोऽपि सत्यस्य पालने वेदप्रचारे च स्वजीवनं बलिदानम् अकरोत् परं सत्यस्य मार्गं नात्यजत्। एवमेव पुण्यभूमिभारते अनेके ईदृशाः महापुरुषाः अजायन्, ये स्वजन्मना इमां भूमिं पवित्राम् अकुर्वन्।

I. एकपदेन उत्तरत लिखत। *(केवलं प्रश्नद्वयम्)* **(1 × 2 = 2 अङ्काः)**

(एक पद में उत्तर लिखिए।) (केवल दो प्रश्न)

(i) कः आजीवनं वनात् वनम् अभ्रमत्?

(ii) कस्य विपर्यये किंचिद् कर्म अपि नाकुर्वन्?

(iii) सत्यस्य पालने वेदप्रचारे च कः स्वजीवनं बलिदानम् अकरोत्?

II. पूर्णवाक्येन उत्तरत लिखत। *(केवलं प्रश्नद्वयम्)* **(2 × 2 = 4 अङ्काः)**

(पूर्णवाक्य में उत्तर लिखिए।) (केवल दो प्रश्न)

(i) संसारे कीदृशाः जनाः भूतवन्तः?

(ii) महर्षि दयानंदः कस्य मार्गं नात्यजत्?

(iii) ये जनाः दृढ़प्रतिज्ञाः भवन्ति तेषां कृते किं सर्व-प्रमुखं भवति?

III. अस्य अनुच्छेदस्य कृते समुचितं शीर्षकं लिखत।
(इस अनुच्छेद का उचित शीर्षक लिखिए।) (1 अङ्कः)

IV. अधोलिखितानां प्रश्नानाम् उत्तरत लिखत। *(केवलं प्रश्नत्रयम्)* (1 × 3 = 3 अङ्काः)
(निम्नलिखित प्रश्नों के उत्तर लिखिए।) (केवल तीन प्रश्न)

(i) 'नृपः हरिश्चंद्रः' अनयोः पदयोः विशेषणं किम्?
(क) नृपः (ख) हरिश्चन्द्र
(ग) प्रतापः (घ) जनाः

(ii) 'ये' इति कर्तृपदस्य क्रियापदं किम्?
(क) भवति (ख) दयानन्द
(ग) भवन्ति (घ) गच्छति

(iii) 'मानवाः' इत्यस्य पदस्य कः पर्यायः अत्र आगतः?
(क) महाराणा (ख) पराधीन
(ग) जनाः (घ) जीवनं

(iv) 'असत्यस्य' इत्यस्य विलोमपदं गद्यांशे किं प्रयुक्तम्?
(क) सत्यस्य (ख) स्वात्मनः
(ग) प्रतापः (घ) महाराणा

खण्डः (ख)

रचनात्मकं-कार्यम्

(15 अङ्काः)

2. भवती सरोजिनी। भवत्याः वर्गेण अनाथबालकैः सह प्रतियोगितायां पराजयः अनुभूतः। आत्मानुभवान् वर्णयन्त्या भवत्या मातरं प्रति लिखितं पत्रं मञ्जूषापदं-सहायतया पूरयित्वा उत्तरपुस्तिकायां लिखत। (½ × 10 = 5 अङ्काः)
(आप सरोजिनी हैं। आपने अनाथ बालकों के साथ प्रतियोगिता में पराजय प्राप्त की। अपने अनुभवों का वर्णन करते हुए अपनी माता जी को लिखे गए पत्र को मञ्जूषा के शब्दों की सहायता से पूरा करके उत्तर पुस्तिका में लिखिए।)

(i)·····

पूज्ये *(ii)*·····

अत्र खलु *(iii)*····· कुशलम् मन्ये तत्रापि सर्वे *(iv)*····· । मातः! अस्माकं विद्यालयस्य समीपे एकः अन्यः विद्यालयः अस्ति। यत्र *(v)*····· दीनाः असहायाः छात्राः एव पठन्ति। अस्माकं प्राचार्यः तस्य विद्यालयस्य दशमकक्षायाः छात्रैः *(vi)*····· गीता-अन्त्याक्षरी प्रतियोगिताम् *(vii)*····· । जानाति भवति! वयं सर्वे तस्यां *(viii)*····· जाताः। तेषां प्रदर्शनं तु अभूतपूर्वम् आसीत्। नूनं दर्पः नाशयति, श्रमः *(ix)*·····विजयते।

पितृचरणयोः प्रणामाः
भवत्याः प्रिया सुता
(x)·····

मञ्जूषा सर्वे, पराजिताः, सरोजिनी, मातः, कुशलिनः, आयोजितवान्, सह, सर्वं, कर्णाटकतः, सर्वत्र।

3. मञ्जूषायां प्रदत्तशब्दानां सहायतया चित्रं दृष्ट्वा पञ्चवाक्यानि संस्कृतेन लिखत। (1 × 5 = 5 अङ्काः)
(मञ्जूषा में दिए गए शब्दों की सहायता से चित्र को देखकर पाँच वाक्य संस्कृत में लिखिए।)

मञ्जूषा चित्रं, महाभारतस्य, अर्जुनस्य, आचार्यद्रोणः, अरचयत्, अभिमन्युः, अकरोत्, सः, प्राप्तवान्, अस्ति, इदं, युद्धस्य, पुत्रः, युद्धक्षेत्रे, दृश्यते, सेनापति, चक्रव्यूहं, वीरतया, युद्धम्, वीरगतिं, च।

अथवा

मञ्जूषायां प्रदत्तशब्दानां सहायतया 'पर्यटनम्' इति विषयम् अधिकृत्य पञ्चभिः संस्कृतवाक्यैः एकम् अनुच्छेदं लिखत। (1 × 5 = 5 अङ्काः)

(मञ्जूषा में दिए गए शब्दों की सहायता से 'पर्यटनम्' विषय पर पाँच वाक्यों का अनुच्छेद संस्कृत में लिखिए।)

मञ्जूषा रोमांचकारी, सुखदायी, च, भवति, जनानां, मनोरंजनं, मानसिकी, शान्तिं, पर्यटन-उद्योगः, समृद्धिम्, आनयति, अनेन, पर्यटनं, जनाः, पर्यटनेन, लभन्ते, अद्य, उद्योगरूपे, देशे, एकस्मिन्, विकसितम्, अस्ति।

4. अधोलिखितानां हिन्दीभाषायां अथवा आंग्लभाषायां पञ्चसरलवाक्यानां संस्कृतेन अनुवादं कुरुत। (1 × 5 = 5 अङ्काः)

(निम्नलिखित पाँच सरल वाक्यों का हिन्दी भाषा अथवा अंग्रेजी भाषा से संस्कृत में अनुवाद कीजिए।)

(*i*) वह जोर से हँसती है।
She laughs loudly.

(*ii*) मैं दूध पीकर जाता हूँ।
I go out after drinking milk.

(*iii*) रमा जल लेकर आती है।
Rama brings water.

(*iv*) वाटिका में फलित वृक्ष हैं।
The garden has trees of fruits.

(*v*) वह खाकर विद्यालय जाती है।
She goes to school after eating her food.

(*vi*) सीता लेख लिखती है।
Sita writes article.

(*vii*) चन्द्रिका बाजार जाती है।
Chandrika goes to market.

खण्डः (ग)

अनुप्रयुक्त-व्याकरणम् (25 अङ्काः)

5. अधोलिखित वाक्येषु स्थूलपदानां समुचितं संधि/संधि-विच्छेदं वा लिखत। *(केवलं प्रश्नचतुष्टयम्)* (1 × 4 = 4 अङ्काः)

(निम्नलिखित वाक्यों में मोटे छपे शब्दों की उचित संधि/संधि-विच्छेद करके लिखिए।) (केवल चार प्रश्न)

(*i*) मम विद्यालयस्य **भवनम्** अति विशालम् अस्ति।

(*ii*) नाटकं दृष्ट्वा **बालः + हसति।**

(*iii*) गुरुं प्रति **अध्ययनार्थम्** गच्छति।

(*iv*) **यथोद्दिष्टं** स्वस्थवृत्तम् अवश्यम् चलनीयम्।

(*v*) **परम + ईश्वरः** इत्यस्य सन्धिपदम् अस्ति।

6. अधोलिखित वाक्येषु प्रदत्तविकल्पेभ्यः उचित शब्दरूपेण रिक्तस्थानानि पूरयित्वा पुनः लिखत। *(केवलं प्रश्नचतुष्टयम्)* (1 × 4 = 4 अङ्काः)

(निम्नलिखित वाक्यों में दिए गए विकल्पों के उचित शब्द रूप से रिक्त स्थानों की पूर्ति करके पुनः लिखिए।) (केवल चार प्रश्न)

(*i*) .... पाठशालायाम् गृहम् आगच्छन्ति।
(क) बालकाः (ख) बालक
(ग) बालकेन (घ) बालकेषु

(*ii*) .... बालकाः तरन्ति।
(क) नद्याः (ख) नद्यै
(ग) नद्याम् (घ) नदी

(*iii*) .... नाम रामः अस्ति।
(क) मम (ख) आवयोः
(ग) अस्माकं (घ) मयि

(*iv*) .... तत्र न गच्छामि।
(क) अहं (ख) आवां (ग) वयं (घ) त्वां

(*v*) सीतया सह .... अपि गच्छति।
(क) लता (ख) लताभि
(ग) लतानाम् (घ) लतायाः

7. अधोलिखित वाक्येषु विकल्पेभ्यः उचित धातुरूपेण वाक्यपूर्ति कृत्वा पुनः लिखत। *(केवलं प्रश्नचतुष्टयम्)* (1 × 4 = 4 अङ्काः)

(निम्नलिखित वाक्यों में विकल्पों के उचित धातुरूप से वाक्यपूर्ति करके पुनः लिखिए।) (केवल चार प्रश्न)

(*i*) भगतसिंह देशभक्तः .... ।
(क) स्तः (ख) आसीत्
(ग) आसन् (घ) आस्ताम्

(*ii*) त्वम् ईश्वरम् .... ।
(क) सेवसे (ख) सेवते
(ग) सेबते (घ) सेवन्ते

(*iii*) द्वौ छात्रौ विद्यालये .... ।
(क) पठति (ख) पठतः (ग) पठन्ति (घ) पठसि

(*iv*) किं त्वं श्वः दुग्धं .... ?
(क) पास्यसि (ख) पास्यामि
(ग) पास्यावः (घ) पास्यामः

(*v*) श्वः सोमवासरः .... ।
(क) भवति (ख) अस्मि
(ग) भविष्यति (घ) भवतः

8. अधोलिखित वाक्येषु विकल्पेभ्यः उचित विभक्तिरूपेण वाक्यपूर्ति कृत्वा पुनः लिखत। *(केवलं प्रश्नचतुष्टयम्)* (1 × 4 = 4 अङ्काः)

(निम्नलिखित वाक्यों में विकल्पों के उचित विभक्ति रूप से वाक्यपूर्ति करके पुनः लिखिए।) (केवल चार प्रश्न)

(*i*) .... निकषा उद्यानम् अस्ति।
(क) विद्यालयं (ख) विद्यालये
(ग) विद्यालयेन (घ) विद्यालयात्

(*ii*) .... सह रामः न आसीत्।
(क) भरतम् (ख) भरतौ
(ग) भरतेन (घ) भरतेभ्यः

(iii) माता ………… कुप्यति।

(क) पुत्राय (ख) पुत्रेण
(ग) पुत्रम् (घ) पुत्रेषु

(iv) ………… पुरतः बालकः पतितः।

(क) गृहम् (ख) गृहात्
(ग) गृहस्य (घ) गृहेण

(v) ………… बहिः वृक्षाः सन्ति।

(क) विद्यालयात् (ख) विद्यालयम्
(ग) विद्यालयौ (घ) विद्यालयोः

9. अधोलिखित वाक्येषु प्रत्ययं संयोज्य वियोज्य वा विकल्पेभ्यः चित्वा लिखत। (केवलं प्रश्नत्रयम्) (1 × 3 = 3 अङ्काः)

(निम्नलिखित वाक्यों में प्रत्ययों को जोड़कर अथवा अलग करके विकल्पों में से चुनकर लिखिए।) (केवल तीन प्रश्न)

(i) आचार्यं (प्रच्छ् + क्त्वा) गच्छ।

(क) प्रच्छा (ख) पृष्ट्वा
(ग) प्रष्टता (घ) पृच्छम्

(ii) देवम् (नन्तुम्) विद्यालयं गच्छति।

(क) नम् + तुमुन् (ख) नन् + तुम
(ग) नमन् + तुम (घ) नाम + तुमुन

(iii) अत्र (आगत्य) पठ।

(क) आग + त्य
(ख) आ + गत्य
(ग) आ + गम् + ल्यप्
(घ) आगम् + त्य

(iv) सः ग्रन्थं (पठ् + क्तवतु)।

(क) पठितवान् (ख) पठतु
(ग) पठित्वा (घ) पठितुम

(v) चौरं (बध् + क्त्वा) अत्र आनय।

(क) बद्ध्वा (ख) बधत्वा
(ग) बत्वा (घ) बन्धवा

उत्तर सहितम्

10. अधोलिखित वाक्येषु प्रदत्तविकल्पेभ्यः उचित संख्या शब्द रूपैः रिक्तस्थानानि पूरयित्वा पुनः लिखत। (1/2 × 4 = 2 अङ्काः)

(निम्नलिखित वाक्यों में दिए गए विकल्पों में से उचित संख्या शब्द रूपों से रिक्त स्थानों की पूर्ति करके पुनः लिखिए।) (केवल तीन प्रश्न)

(i) बसयाने …………… (25) यात्रिणः तिष्ठन्ति।

(ii) …………… (6) बालकाः विद्यालयं गच्छन्ति

(iii) …………… (2) बालिके नृत्यतः।

(iv) कक्षायां ………… (15) बालकाः सन्ति।

11. अधोलिखित रेखाङ्कितपदेषु प्रयुक्तान् उपसर्गान् विकल्पेभ्यः चित्वा लिखत। *(केवलं प्रश्नद्वयम्)* (1 × 2 = 2 अङ्काः)

(निम्नलिखित रेखांकित पदों में प्रयुक्त उपसर्गों को विकल्पों में से चुनकर लिखिए।) (केवल दो प्रश्न)

(i) ईशवरस्य उपासनाः कर्त्तव्याः।

(ii) सिंह वनात् निर्गच्छति।

(iii) सदैव प्रयत्नः कर्त्तव्याः।

(iv) दुराचारः न कर्त्तव्यः

12. वाक्यानुगुणम् उचिताव्यय पदं चिनुत। (1/2 × 4 = 2 अङ्काः)

(वाक्यों के अनुसार उचित अव्यय पद चुनिए।)

(i) आकाशे ……… मेघा सन्ति।

(क) उच्चै (ख) किम्
(ग) कदा (घ) वयम्

(ii) ……… संस्कृत भाषा जनभाषा आसीत।

(क) किम् (ख) वयम् (ग) उच्चै (घ) कदा

(iii) अस्मिन् विषये त्वम् ……… जानाति।

(क) वयम् (ख) उच्चै (ग) किम् (घ) कदा

(iv) त्वं विद्यालयं ……… गमिष्यसि?

(क) उच्चै (ख) किम् (ग) वयम् (घ) कदा

खण्डः (घ)

पठित-अवबोधनम् (15 अङ्काः)

13. अधोलिखित गद्यांशं पठित्वा प्रदत्तप्रश्नानाम् उत्तराणि संस्कृतेन लिखत। (5 अङ्काः)

(निम्नलिखित गद्यांश को पढ़कर दिए गए प्रश्नों के उत्तर संस्कृत में लिखिए।)

सूर्योदयात्पूर्वमेव सा तत्रोपस्थिता। वृक्षस्योपरि विलोक्य सा चाश्चर्यचकिता सञ्जाता यत्तत्र स्वर्णमयः प्रासादो वर्तते। यदा काकः शयित्वा प्रबुद्धस्तदा तेन स्वर्णगवाक्षात्कथितं हंहो बाले! त्वमागता, तिष्ठ, अहं त्वत्कृते सोपानमवतारयामि, तत्कथय स्वर्णमयं रजतमयमुत ताम्रमयं वा? कन्या प्रावोचत् अहं निर्धनमातुर्दुहिताऽस्मि। ताम्रसोपानेनैव आगमिष्यामि। परं स्वर्णसोपानेन सा स्वर्ण-भवनमाससाद।

I. एकपदेन उत्तरत लिखत। *(केवलं प्रश्नद्वयम्)* (½ × 2 = 1 अङ्कः)

(एक पद में उत्तर लिखिए।) (केवल दो प्रश्न)

(i) बालिका कदा तत्रोपस्थिता?

(ii) वृक्षस्योपरि विलोक्य सा कीदृशी सञ्जाता?

(iii) वृक्षस्योपरि कीदृशः प्रासादो वर्तते?

II. पूर्णवाक्येन उत्तरत लिखत। *(केवलं प्रश्नद्वयम्)* (1× 2 = 2 अङ्काः)

(पूर्णवाक्य में उत्तर लिखिए।) (केवल दो प्रश्न)

(i) कन्या किं प्रावोचत्?

(ii) 'अहं तव कृते सोपानमवतारयामि' इति कः कथयति?

(iii) काकः शयित्वा प्रबुद्धाः तदा कीदृशी गवाक्षात् बालिकां सम्बोधयति?

III. अधोलिखितानां प्रश्नानाम् उत्तरत लिखत। *(केवलं प्रश्नद्वयम्)* (1 × 2 = 2 अङ्काः)

(निम्नलिखित प्रश्नों के उत्तर लिखिए।) (केवल दो प्रश्न)

(i) "मूढ़ाना" इत्यस्य पर्यायपदं नाट्यांशे किं प्रयुक्तम्?

(ii) "मूढोऽयं सेतुं निर्माणं प्रयतते" अत्र किं क्रियापदं प्रयुक्तम् ?

(iii) "शनैः" इत्यस्य विलोमपदं नाट्यांशे किं प्रयुक्तम्?

14. अधोलिखित पद्यांशं पठित्वा प्रदत्तप्रश्नानाम् उत्तराणि संस्कृतेन लिखत। (5 अङ्काः)

(निम्नलिखित पद्यांश को पढ़कर दिए गए प्रश्नों के उत्तर संस्कृत में लिखिए।)

ततःपर्वतशृङ्गाभस्तीक्ष्णतुण्डः खगोत्तमः।
वनस्पतिगतः श्रीमान्व्याजहार शुभां गिरम्।।
निवर्तय मतिं नीचां परदाराभिमर्शनात्।
न तत्समाचरेद्धीरो यत्परोऽस्य विगर्हयेत्।।

I. एकपदेन उत्तरत लिखत। *(केवलं प्रश्नद्वयम्)* (½ × 2 = 1 अङ्कः)

(एक पद में उत्तर लिखिए।) (केवल दो प्रश्न)

(i) 'परदाराभिमर्शनात् नीचां' मतिं निवर्तय इति कः कथयति?

(ii) खगोत्तमः कीदृशः आसीत्?

(iii) परदाराभिमर्शनात् कीदृशी मतिं निवर्तय?

II. पूर्णवाक्येन उत्तरत लिखत। *(केवलं प्रश्नद्वयम्)* (1× 2 = 2 अङ्काः)

(पूर्णवाक्य में उत्तर लिखिए।) (केवल दो प्रश्न)

(i) कः रावणं शुभां गिरम् व्याजहार?

(ii) तीक्ष्णतुण्डः कस्यासीत्?

(iii) खगोत्तमः कः आसीत्?

III. अधोलिखितानां प्रश्नानाम् उत्तरत लिखत। *(केवलं प्रश्नद्वयम्)* (1 × 2 = 2 अङ्काः)

(निम्नलिखित प्रश्नों के उत्तर लिखिए।) (केवल दो प्रश्न)

(i) 'दृष्टवा' इति पदस्य पर्याय पदं गद्यांशे किं प्रयुक्तम्?

(ii) "तत्र स्वर्णमय प्रसादो वर्तते" अस्मिन् क्रियापदं किम्?

(iii) "काकः शयित्वा प्रबुद्धः" अस्मिन् वाक्ये कर्तृपदं किम्?

15. अधोलिखित नाट्यांशं पठित्वा प्रदत्तप्रश्नानाम् उत्तराणि संस्कृतेन लिखत। (5 अङ्काः)

(निम्नलिखित नाट्यांश को पढ़कर दिए गए प्रश्नों के उत्तर संस्कृत में लिखिए।)

अये कुतोऽयं कल्लोलोच्छलनध्वनिः? महामत्स्यो मकरो वा भवेत्। पश्यामि तावत्।
पुरुषमेकं सिकताभिः सेतुनिर्माण-प्रयासं कुर्वाणं दृष्ट्वा सहासम्)
हन्त! नास्त्यभावो जगति मूर्खाणाम्! तीव्रप्रवाहायां नद्यां मूढोऽयं सिकताभिः सेतुं निर्मातुं प्रयतते!
(साट्टहासं पार्श्वमुपेत्य)
भो महाशय! किमिदं विधीयते! अलमलं तव श्रमेण। पश्य,
रामो बबन्ध यं सेतुं शिलाभिर्मकरालये।
विदधद् बालुकाभिस्तं यासि त्वमतिरामताम्।।
चिन्तय तावत्। सिकताभिः क्वचित्सेतुः कर्तुं युज्यते?

I. एकपदेन उत्तरत लिखत। *(केवलं प्रश्नद्वयम्)* (½ × 2 = 1 अङ्कः)

(एक पद में उत्तर लिखिए।) (केवल दो प्रश्न)

(i) कः सिकताभिः सेतु निर्माण प्रयासं कुर्वाणं एकं पुरुषं दृष्ट्वा अहसत्?

(ii) शिलाभिः कः सेतुं बबन्धः?

(iii) जगति केषां अभावः नास्ति?

II. पूर्णवाक्येन उत्तरत लिखत। *(केवलं प्रश्नद्वयम्)* (1× 2 = 2 अङ्काः)

(पूर्णवाक्य में उत्तर लिखिए।) (केवल दो प्रश्न)

(i) कुत्र मूर्खाणाम् अभावः नास्ति?

(ii) श्रीरामः काभिः सेतु बबन्धः?

(iii) तीव्र प्रवाहायां नद्यां मूढोऽयं किं प्रयतते?

III. अधोलिखितानां प्रश्नानाम् उत्तरत लिखत। *(केवलं प्रश्नद्वयम्)* (1 × 2 = 2 अङ्काः)

(निम्नलिखित प्रश्नों के उत्तर लिखिए।) (केवल दो प्रश्न)

(i) "सज्जन" इल्लस्य विलोमपदं पद्यांशे किं प्रयुक्तम्?

(ii) "बुद्धि" इति पदस्य पर्यायपदं पद्यांशे किं प्रयुक्तम?

(iii) "परदाराविमर्शनात् नीचां मति निर्वतयः" वाक्ये अस्मिन् क्रियापदं किम्?

16. निम्नाङ्कितेषु वाक्येषु रेखांकितपदानि आधृत्य प्रश्ननिर्माणं कुरुत।

(निम्नलिखित वाक्यों में रेखांकित पदों के आधार पर प्रश्न निर्माण कीजिए।)

(i) एकदा माता स्थाल्यां तण्डुलान् निक्षिप्य पुत्रीम् आदिदेश।

(ii) मदीया माता अतीव निर्धना वर्तते।

(iii) सूर्योदयात् पूर्वमेव सा तत्रोपास्थिता।

(iv) त्वं शीघ्रमेव स्वगृहं गच्छ।

(v) तस्याः अपि एका पुत्री आसीत्।

17. अधोलिखित श्लोकस्य अन्वयं मञ्जूषातः समुचितं पदं चित्वा पूरयत। (3 अङ्काः)

(निम्नलिखित श्लोक का अन्वय मञ्जूषा से उचित शब्दों को चुनकर पूरा कीजिए।)

सा तदा करुणा वाचो विलपन्ती सुदु:खिता।
वनस्पतिगतं गृध्रं ददर्शायतलोचना।

अन्वयः तदा सा *(i)* .... करुणा वाचः *(ii)*...... सुदु:खिता *(iii)* .... गृध्रं *(iv)* ....।

मञ्जूषा ददर्श, वनस्पतिगतं, विलपन्ती, आयतलोचना।

अथवा

अधोलिखितं श्लोकं पठित्वा मञ्जूषायाः पदानि चित्वा भावार्थं पूरयत। (3 अङ्काः)

(निम्नलिखित श्लोक को पढ़कर मञ्जूषा से शब्द चुनकर भावार्थ को पूरा कीजिए।)

पिबन्ति नद्यः स्वमेव नाम्भः
स्वयं न खादन्ति फलानि वृक्षाः।
नादन्ति सस्यं खलु वारिवाहाः
परोपकाराय सतां विभूतयः॥

भावार्थः नद्यः स्वमेव *(i)* .... न पिबन्ति, वृक्षाः फलानि स्वयं न *(ii)* ....। वारिवाहाः सस्यं खलु न *(iii)* .... (एवं) सतां विभूतयः *(iv)* .... (भवन्ति, न तु आडम्बराय)

मञ्जूषा परोपकाराय, अदन्ति, खादन्ति, अम्भः

18. अधोलिखित क्रमरहितवाक्यानां कथाक्रमानुसारेण संयोजन कुरुत। (½ × 8 = 4 अङ्काः)

(निम्नलिखित क्रमरहित वाक्यों को कथाक्रमानुसार संयोजित कीजिए।)

(i) अये! मामेवोद्दिश्य भद्रपुरुषोऽयम् अधिक्षिपति।
(ii) पुरुषार्थैरेव लक्ष्यं प्राप्यते।
(iii) आश्चर्यम्! सिकताभिरेव सेतुं करिष्यसि?
(iv) तदिदानीं विद्याध्ययनाय गुरुकुलमेव गच्छामि।
(v) तपोदत्तः बाल्ये पितृचरणैः क्ले श्यमानोऽपि विद्यां नाऽधीतवान्।
(vi) पुरुषः अहं समुत्प्लुत्यैव गन्तुं क्षमोऽस्मि।
(vii) सः तपश्चर्यया विद्यामवाप्तुं तत्परो भवति।
(viii) पुरुषमेकं सिकताभिः सेतुनिर्माणप्रयासं कुर्वाणं दृष्ट्वा हसति।

19. (क) अधोलिखित वाक्येषु रेखाङ्कितपदानां प्रसङ्गानुकूलम उचितार्थं चित्वा लिखत। *(केवलं प्रश्नचुष्टयम्)* (1 × 4 = 4 अङ्काः)

(निम्नलिखित वाक्यों में रेखांकित पदों के प्रसंगानुकूल उचित अर्थ चुनकर लिखिए।) (केवल चार प्रश्न)

(i) <u>भ्रान्तः</u> कश्चन बालः क्रीडितुं निर्जगामः।
(क) भ्रमित (ख) विचरण
(ग) विचरित (घ) भ्रमः

(ii) <u>कालं</u> क्षेप्तुं तदा कोऽपि न वयस्येषु उपलभ्यमान् आसीत्।
(क) नष्टं (ख) चिन्तं
(ग) समयं (घ) सञ्जात्

(iii) स पुष्पोद्यानं व्रजन्तं <u>मधुकरं</u> दृष्ट्वा तं क्रीडाहेतोराह्वयत्।
(क) भ्रमरं (ख) मधुरं
(ग) अभ्रमरं (घ) भ्रमं

(iv) सर्वेऽपि विद्यालयगमनाय <u>त्वरमाणा</u> बभूवुः।
(क) शीघ्रम् (ख) तेजस
(ग) मन्दम् (घ) शनैः

(v) ननु भूयो द्रक्ष्यामि कुद्धस्य <u>उपाध्यायस्य</u> मुखम्।
(क) बालकः (ख) आचार्य
(ग) छात्राः (घ) वयस्यः

(ख) अधोलिखितानां शब्दानाम् अर्थैः सह मेलनम् कुरुत।
(निम्नलिखित शब्दों का अर्थ के साथ मिलान कीजिए) (1/ 2 × 4 = 2 अङ्काः)

शब्दाः	अर्थाः
(i) अवलोकयत्	(क) खेलितुम्
(ii) कुक्कुरः	(ख) निष्क्रान्तः
(iii) क्रीडितुम्	(ग) श्वानः
(iv) निर्जगामः	(घ) अपश्चत्

उत्तराणि

1.	IV *(i)* (ग)	*(ii)* (ग)	*(iii)* (ग)	*(iv)* (क)	
6.	*(i)* (क)	*(ii)* (ग)	*(iii)* (क)	*(iv)* (क)	*(v)* (क)
7.	*(i)* (ख)	*(ii)* (क)	*(iii)* (ख)	*(iv)* (क)	*(v)* (ग)
8.	*(i)* (क)	*(ii)* (ग)	*(iii)* (क)	*(iv)* (ग)	*(v)* (क)
9.	*(i)* (ख)	*(ii)* (क)	*(iii)* (ग)	*(iv)* (क)	*(v)* (क)
12.	*(i)* (क)	*(ii)* (ख)	*(iii)* (ग)	*(iv)* (घ)	
19.	(क) *(i)* (क)	*(ii)* (ग)	*(iii)* (क)	*(iv)* (क)	*(v)* (ख)

प्रतिदर्श प्रश्न-पत्रम् 4

CBSE कक्षा 9 की परीक्षा के लिए नमूना प्रश्न-पत्र

संस्कृतम्

निर्देशाः

1. अस्मिन् प्रश्नपत्रे चत्वारः खंडाः सन्ति।
   - खंडः 'क' अपठित-अवबोधनम् – 10 अङ्काः
   - खंडः 'ख' रचनात्मक-कार्यम् – 15 अङ्काः
   - खंडः 'ग' अनुप्रयुक्त-व्याकरणम् – 25 अङ्काः
   - खंडः 'घ' अपठित-अवबोधनम् – 30 अङ्काः
2. प्रत्येकं खण्डम् अधिकृत्य उत्तराणि एकस्मिन स्थाने क्रमेण लेखनीयानि।
3. उत्तरलेखनात् पूर्वं प्रश्नस्य क्रमाङ्कः अवश्यं लेखनीयः।
4. सर्वेषां प्रश्नानां उत्तराणि संस्कृतेन लेखनीयानि।

कालावधि : होरात्रयम् **पूर्णाङ्काः 80**

खण्डः (क)

अपठित-अवबोधनम्

(10 अङ्काः)

1. अधोलिखित अनुच्छेदं पठित्वा प्रश्नानाम् उत्तराणि संस्कृतेन लिखत।

(निम्नलिखित अनुच्छेद को पढ़कर प्रश्नों के उत्तर संस्कृत में लिखिए।)

सर्वे जानन्ति यत् द्विसहस्रैकतमवर्षस्य गणतंत्र दिवसे गुजरातराज्ये विनाशकारिणं भूकम्पेन महान् जनसंहारः अभवत्। गुजरातस्य अनेकेषु भागेषु भवनानि पूर्णतः भूमिसात् अभवन् सहस्रशः च जनाः मृत्युं प्राप्तवन्तः। अस्मिन् संकटकाले अनेकाः सामाजिक-संस्थाः विपदिग्रस्तानां सहायतायै कार्यरताः आसन्। भारतस्य केन्द्रियशासनम् अपि पीडितेभ्यः बहुविधां सहायतां अयच्छत्। अस्मिन् कार्ये सैनिकाः अपि संलग्नाः आसन्। ये जनाः पतितानां भवनानाम् अधः जीविताः आसन् तान् ते येन केन प्रकारेण बहिः निष्कास्य चिकित्सालयेषु अनयन्। तत्र च तेषां चिकित्सा अभवत्। न केवलं भारतीयाः सैनिकाः सहायताकार्ये तत्पराः परं वैदेशिकाः अपि धनेन, अन्नेन, वस्त्रैः परिश्रमेण च सहायतां कृत्वा "वसुधैव कुटुम्बकम्" इति सूक्तिं सार्थकं अकुर्वन्।

I. एकपदेन उत्तरत लिखत। *(केवलं प्रश्नद्वयम्)* **(1 × 2 = 2 अङ्काः)**

(एक पद में उत्तर लिखिए।) (केवल दो प्रश्न)

(i) भूकम्पेन कुत्र जनसंहारः अभवत्?

(ii) सैनिकाः पीडितजनान् कुत्र अनयन्?

(iii) अस्मिन् कार्ये के अपि संलग्ना आसन्?

II. पूर्णवाक्येन उत्तरत लिखत। *(केवलं प्रश्नद्वयम्)* **(2 × 2 = 4 अङ्काः)**

(पूर्णवाक्य में उत्तर लिखिए।) (केवल दो प्रश्न)

(i) वैदेशिकाः कथं सहायताम् अकुर्वन्?

(ii) भूकम्पेन कदा महान् जनसंहारः अभवत्?

(iii) कस्मिन् राज्ये विनाशकारिणं भूकम्पेन महान् जनसंहारः अभवत्?

III. अस्य अनुच्छेदस्य कृते समुचितं शीर्षकं लिखत। (1 अङ्कः)

(इस अनुच्छेद का उचित शीर्षक लिखिए।)

IV. अधोलिखितानां प्रश्नानाम् उत्तरत लिखत।

(केवलं प्रश्नत्रयम्) (1 × 3 = 3 अङ्काः)

(निम्नलिखित प्रश्नों के उत्तर लिखिए।)

(केवल तीन प्रश्न)

(i) 'भूकम्पेन महान् जनसंहारः अभवत्' अत्र क्रियापदं किम् अस्ति?

(क) अभवत् (ख) महान्
(ग) भूकम्पेन (घ) जनसंहारः

(ii) 'भवनानाम्' इति पदस्य किं विशेषणपदम् अत्र प्रयुक्तम्?

(क) पतितानां (ख) अधः
(ग) आसन् (घ) तेषां

(iii) 'रताः' इति पदस्य पर्यायपदम् अत्र किम् प्रयुक्तम्?

(क) अनयन् (ख) संलग्नाः
(ग) धनेन (घ) महान्

(iv) 'आलस्येन' इति पदस्य विलोमपदं गद्यांशे किं प्रयुक्तम्?

(क) परिश्रमेण
(ख) केवलं
(ग) वस्त्रैः
(घ) दिवसे

खण्डः (ख)

रचनात्मकं-कार्यम् (15 अङ्काः)

2. स्वं दिनेशः मत्वा रा.उ.मा. विद्यालय जयपुरस्य प्रधानाध्यापकाय चरित्र प्रमाणपत्राय प्रार्थनापत्रं लिखत। इदं पत्रं मञ्जूषाया सहायतया पूरयित्वा पुनः लिखत। (½ × 10 = 5 अङ्काः)

(स्वयं को दिनेश मानकर रा.उ.मा. विद्यालय जयपुर के प्रधानाध्यापक को चरित्र प्रमाण-पत्र के लिए प्रार्थना-पत्र लिखिए। इस पत्र को मञ्जूषा की सहायता से पूरा करके पुनः लिखिए।)

सेवायाम्
श्रीमन्तः प्रधानाध्यापक महोदयाः
रा.उ.मा. विद्यालय
(i) ....

विषय चरित्र प्रमाण-पत्र प्राप्त्यर्थम्।

महोदयाः

नम्रनिवेदनमस्ति यद् *(ii)*......भवतां विद्यालये *(iii)*......कक्षायां पठामि। अहं *(iv)* ......चरित्र प्रमाण-पत्रं *(v)* ......। यतो हि प्रतियोगिता परीक्षायां *(vi)* ......आवश्यकता वर्तते। अतः *(vii)* ......अस्ति यन्मा *(viii)* ......प्रमाण-पत्रं *(ix)*......अनुग्रहीष्यन्ति।

भवतां आज्ञाकारी शिष्यः
(x) ......कक्षा नवमी

मञ्जूषा प्रदाय, दिनेशः, प्रार्थना जयपुरम्, नवम्यां, स्वकीयं, तस्य, अहं, वांछामि, चरित्र।

3. मञ्जूषायां प्रदत्तशब्दानां सहायतया चित्रं दृष्ट्वा पञ्चवाक्यानि संस्कृतेन लिखत। (1 × 5 = 5 अङ्काः)

(मञ्जूषा में दिए गए शब्दों की सहायता से चित्र को देखकर पाँच वाक्य संस्कृत में लिखिए।)

मञ्जूषा विद्यालये, राष्ट्रपतिः, जनाः, शस्त्राणाम्, प्रदर्शनम्, स्वीकरोति, ध्वजारोहणम्, त्रीणि, राजपथे, राष्ट्रपतिभवनम्, वायुयानानि, आकाशे उत्सवः, प्रसन्नाः, दर्शकाः, भवति, अवकाशः, दिल्लीनगरे, सैनिकाः, मञ्चे, आकाशे, उड्डीयन्ते, पश्यन्ति, इदं, स्वतंत्रतादिवस, समारोहस्य, महान्, जनसङ्कुलम्, अस्ति, कुतुबमीनारस्य, समीपे, तिष्ठन्ति, सर्वे, आनन्देन, मुख्यातिथिः, ध्वजप्रणामं।

अथवा

मञ्जूषायां प्रदत्तशब्दानां सहायतया 'संस्कृतस्य महत्त्वम्' इति विषयम् अधिकृत्य पञ्चभिः संस्कृतवाक्यैः एकम् अनुच्छेदं लिखत। (1 × 5 = 5 अङ्काः)

(मञ्जूषा में दिए गए शब्दों की सहायता से 'संस्कृतस्य महत्त्वम्' इस विषय पर पाँच वाक्यों का अनुच्छेद संस्कृत में लिखिए।)

मञ्जूषा विश्वस्य, प्राचीनतमा, उपनिषदाः कालिदासः, बाणः, पठितव्या, वैदेशिकाः रक्षणाय, संस्काराः, अस्माकं, भारतीयम् संस्कृते, कवयः, अपि, अस्ति, सन्ति, प्रशंसन्ति, भाषा, उपमा, विश्वप्रसिद्धाः, प्राचीनकाले, लिखितवन्तः, जनाः, प्राप्नुवन्ति, भारते, उषित्वा, संस्कृतभाषां, पठन्ति।

4. अधोलिखितानां हिन्दीभाषायां अथवा आंग्लभाषायां पञ्चसरलवाक्यानां संस्कृतेन अनुवादं कुरुत। (1 × 5 = 5 अङ्काः)

(निम्नलिखित पाँच सरल वाक्यों का हिन्दी भाषा अथवा अंग्रेजी भाषा से संस्कृत में अनुवाद कीजिए।)

(*i*) राम पढ़ता है।
Ram Studies.

(*ii*) सीता पत्र पढ़ती है।
reads the letter.

(*iii*) वह पढ़कर सोता है।
He goes to the bed after studies.

(*iv*) वह समाचार-पत्र पढ़ेगी।
She will read the newspaper.

(*v*) वह धीरे-धीरे चलता है।
He walks slowly.

(*vi*) राम ने भोजन किया।
Ram ate the food.

(*vii*) गाय दूध देती है।
Cow gives milk.

खण्डः (ग)

अनुप्रयुक्त-व्याकरणम्

(25 अङ्काः)

5. अधोलिखित वाक्येषु स्थूलपदानां समुचितं संधि/संधि-विच्छेदं वा लिखत। *(केवलं प्रश्नचतुष्टयम्)* (1 × 4 = 4 अङ्काः)

(निम्नलिखित वाक्यों में मोटे छपे शब्दों की उचित संधि/संधि-विच्छेद करके लिखिए।) (केवल चार प्रश्न)

(*i*) **हिमालयः** अस्माकं देशस्य प्रहरी अस्ति।

(*ii*) **गण + ईशः** लम्बोदरः अपि कथ्यते।

(*iii*) **नाविकः** नौकां चालयति।

(*iv*) सीता **रमेशः** च वनम् अगच्छताम्।

(*v*) **मुनीन्द्राः** इति पंदस्य सन्धि-विच्छेदं वर्तते।

6. अधोलिखित वाक्येषु प्रदत्तविकल्पेभ्यः उचित शब्दरूपेण रिक्तस्थानानि पूरयित्वा पुनः लिखत। *(केवलं प्रश्नचतुष्टयम्)* (1 × 4 = 4 अङ्काः)

(निम्नलिखित वाक्यों में दिए गए विकल्पों के उचित शब्द रूप से रिक्त स्थानों की पूर्ति करके पुनः लिखिए।) (केवल चार प्रश्न)

(*i*) .... उद्याने धावति।
(क) बालकः (ख) बालकौ
(ग) बालकाः (घ) बालकम्

(*ii*) .... अभितः नगरम् अस्ति।
(क) नदीम् (ख) नद्या
(ग) नद्याः (घ) नदी

(*iii*) .... रामेण सह पठति।
(क) लता (ख) लतया
(ग) लतायाम् (घ) लताम्

(*iv*) .... कक्षायाम् अखिलेशः अपि पठति।
(क) मह्यम् (ख) मत्
(ग) मम (घ) मया

(*v*) .... गानं रोचते।
(क) साधवे (ख) साधोः
(ग) साधूः (घ) साधुषु

7. अधोलिखित वाक्येषु विकल्पेभ्यः उचित धातुरूपेण वाक्यपूर्ति कृत्वा पुनः लिखत। *(केवलं प्रश्नचतुष्टयम्)* (1 × 4 = 4 अङ्काः)

(निम्नलिखित वाक्यों में विकल्पों के उचित धातुरूप से वाक्यपूर्ति करके पुनः लिखिए।) (केवल चार प्रश्न)

(*i*) अहं सदैव .... ।
(क) पठामि (ख) पठतु
(ग) पठामः (घ) पठति

(*ii*) कक्षायां चत्वारः बालकाः.......... ।
(क) आसीत् (ख) आस्ताम्
(ग) आसन् (घ) आसीः

(*iii*) किं त्वं जलं .... ?
(क) पिबसि (ख) पिबति
(ग) पिबामि (घ) पिब्

(*iv*) अहं गृह कार्यं .... ।
(क) करोति (ख) करोमि
(ग) कुर्वन्ति (घ) कुरु

(*v*) अद्य शनिवासरः .... ।
(क) अस्ति (ख) सन्ति
(ग) भविष्यति (घ) भव्

8. अधोलिखित वाक्येषु विकल्पेभ्यः उचित विभक्तिरूपेण वाक्यपूर्ति कृत्वा पुनः लिखत। *(केवलं प्रश्नचतुष्टयम्)* (1 × 4 = 4 अङ्काः)

(निम्नलिखित वाक्यों में विकल्पों के उचित विभक्ति रूप से वाक्यपूर्ति करके पुनः लिखिए।) (केवल चार प्रश्न)

(*i*) नमो .... वासुदेवाय।
(क) भगवते (ख) भागवतम्
(ग) भवान् (घ) भवतः

(ii) सीता ········· सह वनं गतवती।

(क) रामः (ख) रामेण
(ग) रामौ (घ) रामेषु

(iii) ········· सर्वे पशवः बिभ्यति।

(क) सिंहे (ख) सिहस्य
(ग) सिंहात् (घ) सिंहम्

(iv) मोहनः ········· निपुणः अस्ति।

(क) धावनः (ख) धावनम्
(ग) धावने (घ) धावनौ

(v) ········· उपरि खगाः सन्ति।

(क) भवनात् (ख) भवने
(ग) भवनस्य (घ) भवनाय

9. अधोलिखित वाक्येषु प्रत्ययं संयोज्य वियोज्य वा विकल्पेभ्यः चित्वा लिखत। *(केवलं प्रश्नत्रयम्)* (1×3 = 3 अङ्काः)

(निम्नलिखित वाक्यों में प्रत्ययों को जोड़कर अथवा अलग करके विकल्पों में से चुनकर लिखिए।) (केवल तीन प्रश्न)

(i) आचार्यम् (प्रच्छ् + क्त्वा) गच्छ।

(क) प्रक्त्वा (ख) प्रच्छक्ता
(ग) पृष्ट्वा (घ) प्रष्टुम

(ii) छात्रः देशं (रक्ष् + तुमुन्) संकल्पते।

(क) रक्षायाः (ख) रक्षितुम्
(ग) रक्षतु (घ) रक्षाः

(iii) शिष्यः गुरुं (प्रणम्य) अगच्छत्।

(क) प्र + नम् + ल्यप्
(ख) प्रण् + म्य
(ग) प्र + णम्य
(घ) प्रणम् + ल्यप्

(iv) सः पत्रं (लिख् + क्तवतु)।

(क) लिखत् (ख) लिखितवान्
(ग) लिखन् (घ) लिखितुम्

(v) युवाम् चलचित्रं (दृश् + तुमुन्) इच्छथः।

(क) द्रष्टुम् (ख) दर्शतुं
(ग) दृशतुमुन् (घ) दर्शतुमुन्

10. अधोलिखित वाक्येषु प्रदत्तविकल्पेभ्यः उचित संख्या शब्द रूपैः रिक्तस्थानानि पूरयित्वा पुनः लिखत। (1/2 × 4 = 2 अङ्काः)

(निम्नलिखित वाक्यों में दिए गए विकल्पों में से उचित संख्या शब्द रूपों से रिक्त स्थानों को पूरा करके पुनः लिखिए।)

(i) क्षेत्रे ········· (1) कृषकः हलं कर्षति।
(ii) ········· (4) बालिकाः भोजनं पचन्ति।
(iii) ········· (11) उपनिषदाः सन्ति।
(iv) ग्रामे ········· (1) पञ्चायत् भवनम् अपि अस्ति।

11. अधोलिखित रेखाङ्कितपदेषु प्रयुक्तान् उपसर्गान् विकल्पेभ्यः चित्वा लिखत। *(केवलं प्रश्नद्वयम्)* (1 × 2 = 2 अङ्काः)

(निम्नलिखित रेखांकित पदों में प्रयुक्त उपसर्गों को विकल्पों में से चुनकर लिखिए।) (केवल दो प्रश्न)

(i) सा जोधपुरात् <u>आगच्छति</u>।
(ii) ज्ञानस्य <u>प्रसारः</u> करणीयम्।
(iii) अध्यापकः विद्यालयात् <u>निर्गच्छति</u>।
(iv) सः <u>प्रतिदिनं</u> विद्यालयं गच्छति।

12. वाक्यानुगुणम् उचिताव्यय पदं चिनुत।

(वाक्यों के अनुसार उचित अव्यय पद चुनिए) (1/2 × 4 = 2 अङ्काः)

(i) असत्यं ········· वद।

(क) कदापि (ख) तावत्
(ग) कुत्र (घ) यत्र

(ii) तत्र दिने ········· अन्धकारः भवति।

(क) यत्र (ख) कुत्र
(ग) तावत् (घ) कदापि

(iii) भवती ········· पठति।

(क) कुत्र (ख) यत्र (ग) कदापि (घ) तावत्

(iv) त्वं ········· दिनानि यावत् अत्र तिष्ठसि?

(क) तावत् (ख) कदापि (ग) यत्र (घ) कुत्र

खण्डः (घ)

पठित-अवबोधनम्

(15 अङ्काः)

13. अधोलिखित गद्यांशं पठित्वा प्रदत्तप्रश्नानाम् उत्तराणि संस्कृतेन लिखत। (5 अङ्काः)

(निम्नलिखित गद्यांश को पढ़कर दिए गए प्रश्नों के उत्तर संस्कृत में लिखिए।)

अथ स पुष्पोद्यानं व्रजन्तं मधुकरं दृष्ट्वा तं क्रीडाहेताराह्वयत्। स द्विस्त्रिरस्याह्वानमेव न मानयामास। ततो भूयो भूयः हठमाचरति बाले सोऽगायत्-वयं हि मधुसंग्रहव्यग्रा इति। तदा स बालः 'कृतमनेन मिथ्यागर्वितेन कीटेन' इत्यन्यतो दत्तदृष्टिश्चटकमेकं चञ्च्वा तृणशलाकादिकमाददानमपश्यत्। उवाच च-"अयि चटकपोत! मानुषस्य मम मित्रं भविष्यसि। एहि क्रीडावः। त्यज शुष्कमेतत् तृणम् स्वादूनि भक्ष्यकवलानि ते दास्यामि" इति। स तु 'नीडः कार्यो बटद्रुशाखायां तद्यामि कार्येण' इत्युक्त्वा स्वकर्मव्यग्रो बभूव।

I. एकपदेन उत्तरत लिखत। *(केवलं प्रश्नद्वयम्)* (½ × 2 = 1अङ्कः)

(एक पद में उत्तर लिखिए।) (केवल दो प्रश्न)

(i) मधुकरः कुत्र व्रजन्ति? *(ii)* का नीडं निर्मायति स्म?

(iii) मधुसंग्रहे के व्यग्रा?

II. पूर्णवाक्येन उत्तरत लिखत। *(केवलं प्रश्नद्वयम्)* (1 × 2 = 2 अङ्काः)

(पूर्णवाक्य में उत्तर लिखिए।) (केवल दो प्रश्न)

(i) भक्ष्यकवलानि कीदृशानि?

(ii) कः मिथ्यागर्वितः अत्र?

(iii) चटकायाः चञ्चु बालकः किम् अपश्यत्?

III. अधोलिखितानां प्रश्नानाम् उत्तरत लिखत। *(केवलं प्रश्नद्वयम्)* (1 × 2 = 2 अङ्काः)

(निम्नलिखित प्रश्नों के उत्तर लिखिए।) (केवल दो प्रश्न)

(i) 'भ्रमर' इति पदस्य पर्यायपदं गद्यांशे किं प्रयुक्तम्?

(ii) 'शत्रुं' इत्यस्य विलोम पदं गद्यांशे किम्?

(iii) 'स्वकर्मव्यग्रो बभूव' अस्मिन् वाक्ये क्रियापदं किम्?

14. अधोलिखित पद्यांशं पठित्वा प्रदत्तप्रश्नानाम् उत्तराणि संस्कृतेन लिखत। (5 अङ्काः)

(निम्नलिखित पद्यांश को पढ़कर दिए गए प्रश्नों के उत्तर संस्कृत में लिखिए।)

सा तदा करुणा वाचो विलपन्ती सुदुःखिता।
वनस्पतिगतं गृध्रं ददर्शायतलोचना।।
जटायो पश्य मामार्य ह्रियमाणामनाथवत् ।
अनेन राक्षसेन्द्रेण करुणं पापकर्मणा।।
तं शब्दमवसुप्तस्तु जटायुरथ शुश्रुवे।
निरीक्ष्य रावणं क्षिप्रं वैदेहीं च ददर्श सः।।

I. एकपदेन उत्तरत लिखत। *(केवलं प्रश्नद्वयम्)* (½ × 2 = 1अङ्कः)

(एक पद में उत्तर लिखिए।) (केवल दो प्रश्न)

(i) जटायुः कुत्र विलापम् अश्रृणोत्?

(ii) राक्षस राजस्य नाम किम्?

(iii) 'जटायो पश्य' इति का कथयति?

II. पूर्णवाक्येन उत्तरत लिखत। *(केवलं प्रश्नद्वयम्)* (1× 2 = 2 अङ्काः)

(पूर्णवाक्य में उत्तर लिखिए।) (केवल दो प्रश्न)

(i) पञ्चवट्यां सीतायाः करुण विलापं अश्रृणोत्?

(ii) जटायुः क्षिप्रं कं ददर्शः?

(ii) का दुःखिता विलपन्ती?

III. अधोलिखितानां प्रश्नानाम् उत्तरत लिखत। *(केवलं प्रश्नद्वयम्)* (1 × 2 = 2 अङ्काः)

(निम्नलिखित प्रश्नों के उत्तर लिखिए।) (केवल दो प्रश्न)

(i) 'सीतां' इत्यस्य पर्यायपदं पद्यांशे किं प्रयुक्तम्?

(ii) 'पुण्यम्' इति पदस्य विलोमपदं पद्यांशे किं प्रयुक्तम्?

(iii) 'सः क्षिप्रं रावणं वैदेहीं चं ददर्श' वाक्येऽस्मिन् क्रियापदं किम्?

15. अधोलिखित नाट्यांशं पठित्वा प्रदत्तप्रश्नानाम् उत्तराणि संस्कृतेन लिखत। (5 अङ्काः)

(निम्नलिखित नाट्यांश को पढ़कर दिए गए प्रश्नों के उत्तर संस्कृत में लिखिए।)

(ततः प्रविशति तपस्यारतः तपोदत्तः)

तपोदत्तः—अहमस्मि तपोदत्तः। बाल्ये पितृचरणैः क्लेश्यमानोऽपि विद्यां नाऽधीतवानस्मि।

तस्मात् सर्वैः कुटुम्बिभिः मित्रैः ज्ञातिजनैश्च गर्हितोऽभवम्।

(ऊर्ध्वं निःश्वस्य)

हा विधे! किमिदम्मया कृतम्? कीदृशी दुर्बुद्धिरासीत्तदा! एतदपि न चिन्तितं यत्

परिधानैरलङ्कारैर्भूषितोऽपि न शोभते।

नरो निर्मणभोगीव सभायां आदि वा गृहे।।

(किञ्चिद् विमृश्य)

भवतु, किमेतेन दिवसे मार्गभ्रान्तः सन्ध्यां यावद् यदि गृहमुपैति तदपि वरम्।

नाऽसौ भ्रान्तो मन्यते। एष इदानीं तपश्चर्यया विद्यामवाप्तुं प्रवृत्तोऽस्मि।

(जलोच्छलनध्वनिः श्रूयते)

I. एकपदेन उत्तरत लिखत। *(केवलं प्रश्नद्वयम्)* (½ × 2 = 1अङ्कः)

(एक पद में उत्तर लिखिए।) (केवल दो प्रश्न)

(i) तपोदत्तः किं करोति स्म?

(ii) तपश्चर्या विद्यावाप्तुं कः प्रवृत्तः?

(iii) कः बाल्ये विद्यां नाऽधीतवानस्मि?

II. पूर्णवाक्येन उत्तरत लिखत। *(केवलं प्रश्नद्वयम्)* (1 × 2 = 2 अङ्काः)

(पूर्णवाक्य में उत्तर लिखिए।) (केवल दो प्रश्न)

(i) तपोदत्तः बाल्ये कुत्र क्लेश्यमानोऽपि किं न अधीतवान्?

(ii) दिवसे मार्गभ्रान्तः कदा गृहमुपैति तदपि वरम्?

(iii) कीदृशः ध्वनि श्रूयते?

III. अधोलिखितानां प्रश्नानाम् उत्तरत लिखत। *(केवलं प्रश्नद्वयम्)* (1 × 2 = 2 अङ्काः)

(निम्नलिखित प्रश्नों के उत्तर लिखिए।) (केवल दो प्रश्न)

(i) 'सुबुद्धिः' इत्यस्य विलोमपदं नाट्यांशे किम्?

(ii) 'बान्धवैः' इत्यस्य पर्यायपदं नाट्यांशे किं प्रयुक्तम्?

(iii) "हा विधे! किमिदम्मया कृतम्"? वाक्येऽस्मिन् क्रियापदं किम्?

16. अधोलिखित वाक्येषु रेखाङ्कितपदानां आधृत्य प्रश्न निर्माणम् कुरुत। *(केवलं प्रश्नपञ्चमम्)* (1 × 4 = 4 अङ्का:)

(निम्नलिखित वाक्यों में रेखांकित पदों के आधार पर प्रश्न निर्माण कीजिए।) (केवल पाँच प्रश्न)

(*i*) प्रियवाक्यप्रदानेन सर्वे तुष्यन्ति जन्तवः।

(*ii*) वृत्तं यत्नेन संरक्षेत्।

(*iii*) सज्जनानां मैत्री पुरा लघ्वी पश्चात् च वृद्धिमती भवति।

(*iv*) वारिवाहाः स्वयमेव सस्यं न अदन्ति।

(*v*) धर्मसर्वस्वं श्रूयताम्।

17. अधोलिखित श्लोकस्य अन्वयं मञ्जूषातः समुचितं पदं चित्वा पूरयत। (3 अङ्का:)

(निम्नलिखित श्लोक का अन्वय मञ्जूषा में दिए गए उचित शब्दों को चुनकर पूरा कीजिए।)

गुणेष्वेव हि कर्त्तव्यः प्रयत्नः पुरुषैः सदा।
गुणयुक्तो दरिद्रोऽपि नेश्वरैरगुणैः समः।

अन्वयः पुरुषैः सदा हि (*i*) ····· एव प्रयत्नः (*ii*) ····। (यतः) गुणयुक्तः, (*iii*) ······· अपि, अगुणै (युक्तैः) (*iv*) ····· समः न। (अपितु श्रेष्ठः भरति)

मञ्जूषा ईश्वरैः, दरिद्रः, कर्त्तव्यः, गुणेषु।

अथवा

अधोलिखित श्लोकं पठित्वा मञ्जूषायाः पदानि चित्वा भावार्थं पूरयत। (3 अङ्का:)

(निम्नलिखित श्लोक को पढ़कर मञ्जूषा से शब्द चुनकर भावार्थ को पूरा कीजिए।)

गुणा गुणज्ञेषु गुणा भवन्ति
ते निर्गुणं प्राप्य भवन्ति दोषाः।
आस्वाद्यतोयाः प्रवहन्ति नद्यः
समुद्रमासाद्य भवन्त्यपेयाः।।

भावार्थः

गुणाः गुणज्ञेषु (एव) (*i*) ·········· भवन्ति, ते गुणाः निगुणं प्राप्य (*ii*) ·········· भवन्ति। (यथा) नद्यः आस्वाद्यतोयाः (सति) (*iii*) ·········· (किंतु) (ताः एव) समुद्रं आसाद्य (*iv*) ·········· भवन्ति।

मञ्जूषा प्रवहन्ति, अपेयाः, गुणाः, दोषाः।

18. अधोलिखित कथांशं समुचितक्रमेण लिखत। (½ × 8 = 4 अङ्का:)

(निम्नलिखित कथांश को उचित क्रम में लिखिए।)

(*i*) एकदा माता स्थाल्यां तण्डुलान् निक्षिप्यति।

(*ii*) पुरा कस्मिंश्चिद् ग्रामे एका निर्धना वृद्धा स्त्री न्यवसत्।

(*iii*) काकः तण्डुलान् खादितुम् आरब्धः।

(*iv*) तस्या दुहिता विनम्रा मनोहरा चासीत्।

(*v*) सा पुत्रीमादिदेश-सूर्यातपे तण्डुलान् खगेभ्यो: रक्ष।

(*vi*) एको विचित्र काकः समुड्डीय तामुपजगाम्।

(*vii*) तं निवारयन्ती सा प्रार्थयत्-तण्डुलान् मा भक्षय।

(*viii*) काकः दृष्ट्वा बालिका रोदितुमारब्धा।

19. (क) अधोलिखित वाक्येषु रेखाङ्कितपदानां प्रसङ्गानुकूलनम उचितार्थं चित्वा लिखत। *(केवलं प्रश्नचतुष्टयम्)* (½ × 4 = 2 अङ्का:)

(निम्नलिखित वाक्यों में रेखांकित पदों के प्रसंगानुकूल उचित अर्थ चुनकर लिखिए।) (केवल चार प्रश्न)

(*i*) तस्य गात्रे चरणाभ्यां बहुधा व्रणान् चकार।
(क) गात्रम् (ख) आत्माः
(ग) शर्कराः (घ) मनः

(*ii*) श्रीमान् शुभां गिरं व्याजहार।
(क) वाक् (ख) वाण्यः (ग) वाण्याः (घ) वाणीः

(*iii*) धीरः तत् न समाचरेत्।
(क) स्थिरता (ख) धैर्यम्
(ग) धैर्यः (घ) धैर्यात्

(*iv*) रावणः आशु जटायुं तलेन अभिजगान।
(क) शीघ्रम् (ख) मन्दैः
(ग) शनैः (घ) मनः

(*v*) त्वं युवा धन्वी सरथः कवची शरी अस्ति।
(क) चित्त (ख) कुख्यात
(ग) कोमल (घ) कर्म

(ख) अधोलिखितानां शब्दानाम् अर्थैः सह मेलनम् कुरुत।
(निम्नलिखित शब्दों का अर्थ के साथ मिलान कीजिए) (1/ 2 × 4 = 2 अङ्का:)

	शब्दाः		अर्थाः
(i)	सेतुः	(क)	दुर्मतिः
(ii)	वैदुष्यम्	(ख)	वस्त्रैः
(iii)	दुर्बुद्धिः	(ग)	पाण्डित्यम्
(iv)	परिधानै	(घ)	जलबन्धः

उत्तराणि

1. IV (*i*) (घ) (*ii*) (ग) (*iii*) (ख) (*iv*) (क)

6. (*i*) (क) (*ii*) (ख) (*iii*) (ख) (*iv*) (ग) (*v*) (ख)

7. (*i*) (क) (*ii*) (ख) (*iii*) (ग) (*iv*) (घ) (*v*) (ख)

8. (*i*) (ख) (*ii*) (ख) (*iii*) (ग) (*iv*) (क) (*v*) (ग)

9. (*i*) (ख) (*ii*) (क) (*iii*) (ग) (*iv*) (क) (*v*) (क)

12. (*i*) (क) (*ii*) (क) (*iii*) (क) (*iv*) (क)

19. (क) (*i*) (क)(*ii*) (क) (*iii*) (क) (*iv*) (क) (*v*) (क)

प्रतिदर्श प्रश्न-पत्रम् 5

CBSE कक्षा 9 की परीक्षा के लिए नमूना प्रश्न-पत्र

संस्कृतम्

निर्देशाः

1. अस्मिन् प्रश्नपत्रे चत्वारः खंडाः सन्ति।
   - खंडः 'क' अपठित-अवबोधनम् – 10 अङ्काः
   - खंडः 'ख' रचनात्मक-कार्यम् – 15 अङ्काः
   - खंडः 'ग' अनुप्रयुक्त-व्याकरणम् – 25 अङ्काः
   - खंडः 'घ' अपठित-अवबोधनम् – 30 अङ्काः
2. प्रत्येकं खण्डम् अधिकृत्य उत्तराणि एकस्मिन स्थाने क्रमेण लेखनीयानि।
3. उत्तरलेखनात् पूर्वं प्रश्नस्य क्रमाङ्कः अवश्यं लेखनीयः।
4. सर्वेषां प्रश्नानां उत्तराणि संस्कृतेन लेखनीयानि।

कालावधि : होरात्रयम् **पूर्णाङ्काः 80**

खण्डः (क)

अपठित-अवबोधनम्

(10 अङ्काः)

1. अधोलिखित अनुच्छेदं पठित्वा प्रश्नानाम् उत्तराणि संस्कृतेन लिखत।

(निम्नलिखित अनुच्छेद को पढ़कर प्रश्नों के उत्तर संस्कृत में लिखिए।)

अनुशासनपालनेनैव मानवः जीवने साफल्यमधिगच्छति। बाल्ये यौवने प्रौढ़त्वे वार्द्धक्ये चापि अनुशासनस्य आवश्यकता भवति। एवं हि गृहे विद्यालये सार्वजनिक संस्थासुशासने सेनायां वा अनेन विना कार्यं न चलति। यदि छात्राः विद्यालये अनुशासनस्य पालनं न कुर्युः तदा तत्र अव्यवस्था भवेत्। अद्यत्वे विद्यालयेषु महाविद्यालयेषु सर्वत्र अनुशासनस्य अभावः दृश्यते येन ताः संस्थाः उपद्रवाणां कलहानां च केंद्राणि जाताः। यदि शासने अनुशासनं न भवेत् तर्हि सर्वमपि राष्ट्रं विश्रृंखलतां गच्छेत्। अतः आत्मनः देशस्य समाजस्य च उन्नत्यै अनुशासनं नितरामावश्यकम्। अतः मानवान् अनुशासनस्य जीवने पालनं कुर्यात्।

I. एकपदेन उत्तरत लिखत। *(केवलं प्रश्नद्वयम्)* (1 × 2 = 2 अङ्काः)

(एक पद में उत्तर लिखिए।) (केवल दो प्रश्न)

(i) अनुशासनपालनेनैव मानवः कस्मिन् साफल्यमधिगच्छति?

(ii) अनुशासनस्य अभावः कुत्र दृश्यते?

(iii) यदि अनुशासनं न भवेत् तर्हि राष्ट्रःकां गच्छेत्?

II. पूर्णवाक्येन उत्तरत लिखत। *(केवलं प्रश्नद्वयम्)* (2 × 2 = 4 अङ्काः)

(पूर्णवाक्य में उत्तर लिखिए।) (केवल दो प्रश्न)

(i) कयोः उन्नत्यै अनुशासनं नितरामावश्यकम्?

(ii) यदि छात्राः विद्यालये अनुशासनस्य पालनं न कुर्युः तदा तत्र किं भवेत्?

(iii) सेनायां केन विना कार्यं न चलति?

III. अस्य अनुच्छेदस्य कृते समुचितं शीर्षकं लिखत। (1 अङ्कः)

(इस अनुच्छेद का उचित शीर्षक लिखिए।)

IV. अधोलिखितानां प्रश्नानाम् उत्तरत लिखत। *(केवलं प्रश्नत्रयम्)* (1 × 3 = 3 अङ्काः)

(निम्नलिखित प्रश्नों के उत्तर लिखिए।)(केवल तीन प्रश्न)

(i) "अनुशासन पालनेनैव मानवाः·········।" अस्मिन् वाक्ये क्रियापदम् अस्ति?

(क) अधिगच्छति (ख) साफल्यं
(ग) मनुष्य (घ) मानवाः

(ii) 'आत्मनः देशस्य' अनयोः पदयोः किं विशेषणपदम्?

(क) देशस्य (ख) आत्मनः (ग) अनेन (घ) जीवने

(iii) 'व्यवस्था' इति पदस्य किं विलोमपदम् अनुच्छेदे प्रयुक्तम्?

(क) अनुशासनस्य (ख) सुव्यवस्था
(ग) अव्यवस्था (घ) अधत्वे

(iv) 'साफल्यमधिगच्छति' क्रियायाः कर्तृपदं किम् अस्ति?

(क) मानवः (ख) संस्थाः (ग) केन्द्राणि (घ) सेनाया

खण्डः (ख)

रचनात्मकं-कार्यम्

(15 अङ्काः)

2. भवान् रामाश्रयः नामधेयोऽस्ति। 'धनलिप्सा कष्टदायिनी' इति विषये स्व मित्राय धर्मपालाय लिखितम् इदं पत्रम् मञ्जूषायाः उचितैः पदैः पूरयित्वा उत्तरपुस्तिकायां लिखत। (½ × 10 = 5 अङ्काः)

(आपका नाम रामाश्रय है। 'धनलिप्सा कष्टदायिनी' इस विषय पर अपने मित्र धर्मपाल को लिखे गए इस पत्र को मञ्जूषा से उचित पद द्वारा पूरा करके उत्तर पुस्तिका में लिखिए।)

प्रिय मित्र *(i)* ·······!

तव पत्रम् अद्यैव अधिगतम्। धर्मम्, अधर्मम् अविगण्य भवान् *(ii)* ······· धनोपार्जने व्यस्तोऽस्ति इति विदित्वा अहम् अमन्दं *(iii)* ······· अनुभवामि। भगवत्कृपया *(iv)* ······· कस्यापि पदार्थस्य *(v)* ······· नास्ति। अधुना तु तव *(vi)* ······· धनम् उपार्जयति। अतः मम प्रार्थना अस्ति यत् त्वम् अतिरिक्तम् समयं *(vii)* ······· नियोजय, येन भवदीयं *(viii)* ······· सुखमयं स्यात्।

भवान् स्वयमेव बुद्धिमान् अस्ति। *(ix)* ······· किम्?

(x) ·······

मञ्जूषा सामाजिक कार्येषु, धर्मपाल, न्यूनता, दिवानिशं, पुत्रोऽपि, भवदीये गृहे, दुःखम्, भावीजीवनम्, अधिकलेखनेन, रामाश्रयः।

3. मञ्जूषायां प्रदत्तशब्दानां सहायतया चित्रं दृष्ट्वा पञ्चवाक्यानि संस्कृतेन लिखत। (1 × 5 = 5 अङ्काः)

(मञ्जूषा में दिए गए शब्दों की सहायता से चित्र को देखकर पाँच वाक्य संस्कृत में लिखिए।)

मञ्जूषा इदं, बहवः, अस्ति, जनाः, चित्रम्, अत्र, सन्ति तेषु, मनोहरम्, केचन्, बालिकाः, उच्चाः वृक्षाः, कुर्वन्ति, परस्परं, वार्तालापं।

अथवा

मञ्जूषायां प्रदत्तशब्दानां सहायतया 'मम् जननी' इति विषयम् अधिकृत्य पञ्चभिः संस्कृतवाक्यैः एकम् अनुच्छेदं लिखत। (1 × 5 = 5 अङ्काः)

(मञ्जूषा में दिए गए शब्दों की सहायता से 'मम जननी' इस विषय पर पाँच वाक्यों का अनुच्छेद संस्कृत में लिखिए।)

मञ्जूषा मम जननी एकस्मिन्, विद्यालये, जानकी, शिक्षिका, कला परास्नातिका, शिक्षाशास्त्री, सौम्यतायाः मूर्तिः, विचारशीला, सुन्दरी, प्रभावशालिनी, गृहकार्ये दक्षा, अस्ति, सा।

4. अधोलिखितानां हिन्दीभाषायां अथवा आंग्लभाषायां पञ्चसरलवाक्यानां संस्कृतेन अनुवादं कुरुत। (1 × 5 = 5 अङ्काः)

(निम्नलिखित पाँच सरल वाक्यों का हिन्दी भाषा अथवा अंग्रेजी भाषा से संस्कृत में अनुवाद कीजिए।)

(i) विद्यालय में एक पुस्तकालय और खेल का मैदान है।
There are a library and a play ground in the school.

(ii) वाहनों के धुएँ से पर्यावरण दूषित होता है।
Environment is contaminated (polluted) by the smoke of vehicles.

(iii) बालदिवस प्रतिवर्ष 14 नवम्बर को होता है।
Children day is celebrated on 14th November every year.

(iv) रामायण मेरी प्रिय पुस्तक है।
The Ramayana is my favourite book.

(v) भारत एक कृषि प्रधान देश है।
India is an agricultural country.

(vi) नदी के किनारे मन्दिर है।
Temple is at the bank of river.

(vii) पुराणों में व्यासजी के दो वचन हैं।
Purans have two thoughts of Vedvyas.

खण्डः (ग)

अनुप्रयुक्त-व्याकरणम्

(25 अङ्काः)

5. अधोलिखित वाक्येषु स्थूलपदानां समुचितं संधिं/संधि-विच्छेदं वा लिखत। *(केवलं प्रश्नचतुष्टयम्)* (1 × 4 = 4 अङ्काः)

(निम्नलिखित वाक्यों में मोटे छपे शब्दों का उचित संधि/संधि-विच्छेद करके लिखिए।) (केवल चार प्रश्न)

(i) **नास्ति** विद्या समं चक्षुः।

(ii) देवाधिपतिं **सुरेन्द्रः** अपि कथ्यते।

(iii) **षट्** + **आननः** पूजनीयः अस्ति।

(iv) **चन्द्र** + **उदयः** निशायां भवति।

(v) **पर** + **उपकारः** इत्यस्य सन्धि वर्तते।

6. अधोलिखित वाक्येषु प्रदत्तविकल्पेभ्यः उचित शब्दरूपेण रिक्तस्थानानि पूरयित्वा पुनः लिखत। *(केवलं प्रश्नचतुष्टयम्)* (1 × 4 = 4 अङ्काः)

(निम्नलिखित वाक्यों में दिए गए विकल्पों के उचित शब्द रूप से रिक्त स्थानों की पूर्ति करके पुनः लिखिए।) (केवल चार प्रश्न)

(i) ·········· अभितः नगरम् अस्ति।
(क) नद्याः (ख) नदीम्
(ग) नदी (घ) नदीनां

(ii) अस्यै ·········· फलं रोचते।
(क) लताम् (ख) लतायाः
(ग) लतायै (घ) लतासु

(iii) ······ सह कः पठति?
(क) त्वम् (ख) त्वाम्
(ग) त्वया (घ) युष्मान्

(iv) अयं ·········· विद्यालयः अस्ति।
(क) मम (ख) अहं
(ग) अस्माभिः (घ) माम्

(v) ·········· भारतः श्रेष्ठः अस्ति।
(क) साधुषु (ख) साधवे
(ग) साधवः (घ) साधोः

7. अधोलिखित वाक्येषु विकल्पेभ्यः उचित धातुरूपेण वाक्यपूर्ति कृत्वा पुनः लिखत।*(केवलं प्रश्नचतुष्टयम्)* (1 × 4 = 4 अङ्काः)

(निम्नलिखित वाक्यों में विकल्पों के उचित धातुरूप से वाक्यपूर्ति करके पुनः लिखिए।) (केवल चार प्रश्न)

(i) सः अतिथीन् ·········· ।
(क) सेवसे (ख) सेवते
(ग) सेवेते (घ) सेवे

(ii) ह्यः रविवासरः ·········· ।
(क) आसीत् (ख) आस्ताम्
(ग) आसन् (घ) आसीः

(iii) अहं प्रातःकाले स्वपाठम् ·········· ।
(क) पठन्ति (ख) पठतः
(ग) पठामि (घ) पठति

(iv) सा गृह कार्यं ·········· ।
(क) करोति (ख) कुरुतः
(ग) कुर्वन्ति (घ) कुरू

(v) विद्यालये पञ्चाशत् बालकाः ·········· ।
(क) आसीत् (ख) सन्ति
(ग) स्तः (घ) आस्तम

8. अधोलिखित वाक्येषु विकल्पेभ्यः उचित विभक्तिरूपेण वाक्यपूर्ति कृत्वा पुनः लिखत। *(केवलं प्रश्नचतुष्टयम्)* (1 × 4 = 4 अङ्काः)

(निम्नलिखित वाक्यों में विकल्पों के उचित विभक्ति रूप से वाक्य पूर्ति करके पुनः लिखिए।) (केवल चार प्रश्न)

(i) दुर्योधनः ·········· बिभेति स्म।
(क) भीमात् (ख) भीमस्य
(ग) भीमेन (घ) भीमः

(ii) ·········· पुरतः वनम् अस्ति।
(क) ग्रामम् (ख) ग्रामस्य
(ग) ग्रामेषु (घ) ग्रामात्

(iii) ·········· अधः दशरुप्यकाणि सन्ति।
(क) सीतायै (ख) सीता
(ग) सीतायाः (घसीताम्

(iv) अहं ·········· निपुणः अस्मि।
(क) वाहनचालस्य (ख) वाहनचालनस्य
(ग) वाहनचालने (घ) वाहन चालान्

(v) बालिका ·········· बिभेति।
(क) सिंहम् (ख) सिंहे
(ग) सिंहात् (घ) सिंहाय

9. अधोलिखित वाक्येषु प्रत्ययं संयोज्य वियोज्य वा विकल्पेभ्यः चित्वा लिखत। *(केवलं प्रश्नत्रयम्)* (1 × 3 = 3 अङ्काः)

(निम्नलिखित वाक्यों में प्रत्ययों को जोड़कर अथवा अलग करके विकल्पों में से चुनकर लिखिए।)(केवल तीन प्रश्न)

(i) दैवं, आलस्यं च (विहाय) पुरुषार्थः विधेयः।
(क) वि + हा + ल्यप् (ख) वी + हाय
(ग) वी + हा + य (घ) विहाल् + क्त्वा

(ii) सैनिकाः युद्धं (जित्वा) उत्साहसम्पन्नाः सन्ति।
(क) जि + क्त्वा (ख) जी + क्त्वा
(ग) जीत् + त्वा (घ) जीत् + क्त्वा

(iii) यूयम् भोजनं (कृ + तुमुन्) गृहं गच्छत।
(क) कुरतुमुन् (ख) क्रयतुम्
(ग) कृतुम् (घ) क्रीयतुम

(iv) अहं गृहम् (गम् + क्त्वा) भोजनं करिष्यामि।
(क) गमित्वा (ख) गमत्वा (ग) गत्वा (घ) गमत्वा

(v) सा बालिका घटे जलम् (आ + दा + ल्यप्) गृहं गच्छति।
(क) आदय (ख) आदाल्यप्
(ग) आदायप् (घ) आदायम्

10. अधोलिखितं वाक्येषु प्रदत्तविकल्पेभ्यः उचित संख्या शब्द रूपैः रिक्तस्थानानि पूरयित्वा पुनः लिखत। (1/2 × 4 = 2 अङ्काः)

(निम्नलिखित वाक्यों में दिए गए विकल्पों से उचित संख्या शब्द रूपों से रिक्त स्थानों को पूरा करके पुनः लिखिए।)

(i) वृक्षस्योपरि ....(5) वानराः कूर्दन्ति।
(ii) ....(1) बालिका नृत्यति।
(iii) अहं .... (2) अध्यायः पठिष्यामि।
(iv) कक्षायां .... (20) बालकाः सन्ति।

11. अधोलिखितं रेखाङ्कितपदेषु प्रयुक्तान् उपसर्गान् विकल्पेभ्यः चित्वा लिखत। *(केवलं प्रश्नद्वयम्)* (1 × 2 = 2 अङ्काः)

(निम्नलिखित रेखांकित पदों में प्रयुक्त उपसर्गों को विकल्पों में से चुनकर लिखिए।) (केवल दो प्रश्न)

(i) सीता रामम् अनुगच्छति।
(ii) वृक्षोपरि काकस्य निवासः अस्ति।
(iii) सः आजीवन कारावासस्य दण्डं लप्स्यते।
(iv) उद्याने कमलानि सुशोभन्ते।

12. वाक्यानुगुणम् उचिताव्यय पदं चिनुत्। (1/2 × 4 = 2 अङ्काः)

(वाक्यों के अनुसार उचित अव्यय पद चुनिए)

(i) यथा कर्म .... फलम्।
(क) तदा (ख) तथा (ग) कदा (घ) अत्र

(ii) यदा माता गृहे आगचछति .... अहं विद्यालयं गच्छति
(क) कदा (ख) तदा (ग) अत्र (घ) तथा

(iii) त्वं .... विलपसिं?
(क) तदा (ख) कदा (ग) अत्र (घ) तथा

(iv) तत्र तु मयूरा .... नृत्यन्ति।
(क) तथा (ख) अत्र (ग) तदा (घ) कदा

खण्डः (घ)

पठित-अवबोधनम्

(15 अङ्काः)

13. अधोलिखितं गद्यांशं पठित्वा प्रदत्तप्रश्नानाम् उत्तराणि संस्कृतेन लिखत। (5 अङ्काः)

(निम्नलिखित गद्यांश को पढ़कर दिए गए प्रश्नों के उत्तर संस्कृत में लिखिए।)

सर्वैरेवं निषिद्धः स बालो विघ्नितमनोरथः सन्-'कथमस्मिन् जगति प्रत्येकं' स्व-स्वकृत्ये निमग्नो भवति। न कोऽप्यहमिव वृथा कालक्षेपं सहते। नम एतेभ्यः यैर्मे तन्द्रालुतायां कुत्सा समापादिता। अथ स्वोचितमहमपि करोमि इति विचार्य त्वरितं पाठशालामुपजगाम। ततः प्रभृति स विद्याव्यसनी भूत्वा महतीं वैदुषीं प्रथां सम्पदं च लेभे।

I. एकपदेन उत्तरत लिखत। *(केवलं प्रश्नद्वयम्)* (½ × 2 = 1 अङ्कः)

(एक पद में उत्तर लिखिए।) (केवल दो प्रश्न)

(i) अथ स्वोचितमहमपि करोमि इति विचार्य बालकः त्वरितं कुत्र जगाम?
(ii) अस्मिन् संसारे कः स्व स्वकार्ये निमग्नः भवति?
(iii) सः बालो कीदृशः?

II. पूर्णवाक्येन उत्तरत लिखत। *(केवलं प्रश्नद्वयम्)* (1 × 2 = 2 अङ्काः)

(पूर्णवाक्य में उत्तर लिखिए।) (केवल दो प्रश्न)

(i) बालकः किं विचार्य त्वरितं पाठशालामुपजगाम?
(ii) ततः प्रभृति स विद्याव्यसनी भूत्वा किं लेभे?
(iii) सः बालः किं भूत्वा महतीं वैदुषीं प्रथां सम्पदं च लेभे?

III. अधोलिखितानां प्रश्नानाम् उत्तरत लिखत। *(केवलं प्रश्नद्वयम्)* (1 × 2 = 2 अङ्काः)

(निम्नलिखित प्रश्नों के उत्तर लिखिए।) (केवल दो प्रश्न)

(i) "स्व-स्वकृत्ये" निमग्नो-भवति वाक्येऽस्मिन् क्रिया पदं किम्?
(ii) "अलस": इति पदस्य पर्यायपदं गद्यांशे किं पुनुक्तम्?
(iii) "महतीं वैदुषी" इत्यनयो पदयोः विशेषण पदं किम्?

14. अधोलिखित पद्यांशं पठित्वा प्रदत्तप्रश्नानाम् उत्तराणि संस्कृतेन लिखत। (5 अङ्काः)

(निम्नलिखित पद्यांश को पढ़कर दिए गए प्रश्नों के उत्तर संस्कृत में लिखिए।)

स भग्नधन्वा विरथो हताश्वो हतसारथिः।
अङ्केनादाय वैदेहीं पपात भुवि रावणः॥
संपरिष्वज्य वैदेहीं वामेनाङ्केन रावणः।
तलेनाभिजघानाशु जटायुं क्रोधमूर्च्छितः॥
जटायुस्तमतिक्रम्य तुण्डेनास्य खगाधिपः।
वायबाहून्दश तदा व्यपाहरदरिन्दमः

I. एकपदेन उत्तरत लिखत। *(केवलं प्रश्नद्वयम्)* (½ × 2 = 1 अङ्कः)

(एक पद में उत्तर लिखिए।) (केवल दो प्रश्न)

(i) भग्नधन्वा हताश्वः कः अभवत्?

(ii) विरथो भूत्वा रावणः कुत्र अपतत्?

(iii) कः क्रोधमूर्च्छितः?

II. पूर्णवाक्येन उत्तरत लिखत। *(केवलं प्रश्नद्वयम्)* (1 × 2 = 2 अङ्काः)

(पूर्णवाक्य में उत्तर लिखिए।) (केवल दो प्रश्न)

(i) रावणः काम् अङ्के आदाय भुवि अपतत्?

(ii) भग्नधन्वा, विरथो, हताश्नो, हतसारधिः कः अभवत्?

(iii) अङ्केनादाय वैदेहीं रावणः कुत्र पपात्?

III. अधोलिखितानां प्रश्नानाम् उत्तरत लिखत। *(केवलं प्रश्नद्वयम्)* (1 × 2 = 2 अङ्काः)

(निम्नलिखित प्रश्नों के उत्तर लिखिए।) (केवल दो प्रश्न)

(i) "पृथ्वी" इति पदस्य पर्यायपदं पद्यांशे किं प्रयुक्तम्?

(ii) "मित्रम्" इति पदस्य विलोमपदं पद्यांशे किं प्रयुक्तम्?

(iii) "मामेन अङ्केन" पदयोः विशेषण पदं किम्?

15. अधोलिखित नाट्यांशं पठित्वा प्रदत्तप्रश्नानाम् उत्तराणि संस्कृतेन लिखत। (5 अङ्काः)

(निम्नलिखित नाट्यांश को पढ़कर दिए गए प्रश्नों के उत्तर संस्कृत में लिखिए।)

तपोदत्तः (सवैलक्ष्यम् आत्मगतम्)

अये! मामेवोद्दिश्य भद्रपुरुषोऽयम् अधिक्षिपति! नूनं सत्यमत्र पश्यामि। अक्षरज्ञानं विनैव वैदुष्यमवाप्तुम् अभिलषामि! तदियं भगवत्याः शारदायाः अवमानना। गुरुगृहं गत्वैव विद्याभ्यासो मया करणीयः। पुरुषार्थैरेव लक्ष्यं प्राप्यते।

(प्रकाशम्)

भो नरोत्तम! नाऽहं जाने यत् कोऽस्ति भवान्। परन्तु भवद्भिः उन्मीलितं मे नयनयुगलम्। तपोमात्रेण विद्यामवाप्तुं प्रयतमानोऽहमपि सिकताभिरेव सेतुनिर्माणप्रयासं करोमि। तदिदानीं विद्याध्ययनाय गुरुकुलमेव गच्छामि।

(सप्रणामं गच्छति)

I. एकपदेन उत्तरत लिखत। *(केवलं प्रश्नद्वयम्)* (½ × 2 = 1 अङ्कः)

(एक पद में उत्तर लिखिए।) (केवल दो प्रश्न)

(i) "गुरुगृहं गत्वैव विद्याश्यासो मयाकरणीयः" इति कः चिन्तयति?

(ii) अन्ते विद्याध्ययनाय सः कुत्र गच्छति?

(iii) सः अक्षरज्ञानं विनैव किं प्राप्तुम् अभिलषति?

II. पूर्णवाक्येन उत्तरत लिखत। *(केवलं प्रश्नद्वयम्)* (1 × 2 = 2 अङ्काः)

(पूर्ण वाक्य में उत्तर दीजिए।) (केवल दो प्रश्न)

(i) कुत्र गत्वा मया विद्याभ्यासः करणीयः?

(ii) पुरुषार्थैरेव किं प्राप्यते?

(iii) तपोदत्तः किं आत्मगतम्?

III. अधोलिखितानां प्रश्नानाम् उत्तरत लिखत। *(केवलं प्रश्नद्वयम्)* (1 × 2 = 2 अङ्काः)

(निम्नलिखित प्रश्नों के उत्तर लिखिए।) (केवल दो प्रश्न)

(i) "नून सत्यं अत्र पश्यामि" वाक्येऽस्मिन् क्रियापदं किम्?

(ii) "नेत्रम्" इति पदस्य पर्यायपदं नाटयांशे किम् प्रयुक्तम्?

(iii) "असत्यम्" इति पदस्य विलोमपदं नाटलांशे किम् प्रयुक्तम्?

16. अधोलिखित वाक्येषु रेखाङ्कितपदानां आधृत्य प्रश्न निर्माणम् कुरुत। *(केवलं प्रश्नपञ्चमम्)* (1 × 4 = 4 अङ्काः)

(निम्नलिखित वाक्यों में रेखांकित पदों के आधार पर प्रश्न निर्माण कीजिए।) (केवल पाँच प्रश्न)

(i) अये मोदकानि रच्यन्ते।

(ii) अत्र पूजनं न भविष्यति।

(iii) गच्छ सखिभिः सह धर्मयात्राया।

(iv) चन्दनः मोदकानि खादति वदति च।

(v) कुम्भकारः घटरचनायां लीनः गायति।

(vi) धेनुः पृष्ठपादेन प्रहरति।

17. अधोलिखित श्लोकस्य अन्वयं मञ्जूषातः समुचितं पदं चित्वा पूरयत। (3 अङ्काः)

(निम्नलिखित श्लोक का अन्वय मञ्जूषा में दिए गए उचित शब्दों को चुनकर पूरा कीजिए।)

वृद्धोऽहं त्वं युवा धन्वी सरथः कवची शरी।
न चाप्यादाय कुशली वैदेहीं मे गमिष्यसि॥

अन्वयः अहं (i) .... त्वं च युवा (ii) .... सरथः कवची शरी (असि) अपि च मे (iii) .... त्वं वैदेहीं (iv) .... न गमिष्यसि।

मञ्जूषा आदाय, कुशली, धन्वी, वृद्धः।

उत्तर साहित्यम्

अथवा

अधोलिखित श्लोकस्य पठित्वा मञ्जूषायाः पदानि चित्वा भावार्थं पूरयत। (3 अङ्काः)

(निम्नलिखित श्लोक को पढ़कर मञ्जूषा से शब्द चुनकर भावार्थ को पूरा कीजिए।)

परिधानैरलङ्कारैर्भूषितोऽपि न शोभते।
नरो निर्माण भोगीव सभायां यदि वा गृहे।।

भावार्थः (i) ………… अलङ्कारैर्भूषितोऽपि न

(ii) ………… नरो (iii) ………… भोगीव

(iv) ………… यदि वा गृहे।

मञ्जूषा निर्माण, सभायां, परिधानैः, शोभते।

18. अधोलिखित कथांश समुचितक्रमेण लिखत। ($\frac{1}{2} \times 8 = 4$ अङ्काः)

(निम्नलिखित कथांश को उचित क्रम से लिखिए।)

(i) प्रहर्षिता बालिका निद्रामपि न लेभे।
(ii) तदनन्तरं सा लोभं पर्यत्यजत्।
(iii) लोभाविष्ट सा बृहत्तमां मञ्जूषां गृहीतवती।
(iv) नैतादृक् स्वादु भोजनामद्यावधि बालिका खादितवती।
(v) भवने चित्रविचित्रवस्तूनि दृष्ट्वा सा विस्मयं गता।
(vi) मञ्जूषायां महार्हाणि हीरकाणि विलोक्य बालिका प्रहर्षिता जाता।
(vii) ताम्रस्थाल्यामेवाहं निर्धनता भोजनं करिष्यामि।
(viii) भो नीचकाक! मह्यं तण्डुलमूल्यं प्रयच्छ।

19. (क) अधोलिखित वाक्येषु रेखाङ्कितपदानां प्रसङ्गानुकूलम् उचितार्थं चित्वा लिखत। *(केवलं प्रश्नचतुष्टयम्)* ($1/2 \times 4 = 2$ अङ्काः)

(निम्नलिखित वाक्यों में रेखांकित पदों के प्रसंङ्गानुकूल उचित अर्थ लिखिए।)

(i) अहं बालकस्य समीपम् गच्छामि।
(क) आसन्नः (ख) नगरम्
(ग) दूरम् (घ) भ्रमणम्

(ii) पुत्रः मातृ कुक्षौ सुरक्षितं भवति।
(क) गर्भः (ख) अर्भकः
(ग) गर्भपिण्डम् (घ) तप्तः

(iii) विविधा विहगाः श्रोत्र रसायनं ददाति।
(क) शुष्कः (ख) विहगः (ग) पशुः (घ) खगाः

(iv) प्रबुद्धः काकः बालिकां कथयति।
(क) आगतः (ख) आगच्छतः (ग) जाग्रतः (घ) गच्छतः

(v) काकः प्राहः पूर्वं लघुप्रातराशः क्रियताम्।
(क) प्रोवाच् (ख) प्रोक्त (ग) अकथयत (घ) उवाच

(ख) अधोलिखितानां शब्दानाम् अर्थैः सह मेलनम् कुरुत। ($1/2 \times 4 = 2$ अङ्काः)

(निम्नलिखित शब्दों का अर्थ के साथ मिलान कीजिए)

शब्दाः		अर्थाः
(i) वाचो	(क)	भुजेन
(ii) मतिं	(ख)	पक्षिराज
(iii) तुण्डेन	(ग)	बुद्धि
(iv) खगाधिपः	(घ)	शब्दं

उत्तराणि

1. IV (i) (क)	(ii) (ग)	(iii) (ग)	(iv) (क)	
6. (i) (ख)	(ii) (ग)	(iii) (ग)	(iv) (क)	(v) (ग)
7. (i) (ख)	(ii) (क)	(iii) (ग)	(iv) (क)	(v) (ख)
8. (i) (क)	(ii) (ख)	(iii) (ग)	(iv) (ग)	(v) (ग)
9. (i) (क)	(ii) (क)	(iii) (ग)	(iv) (ग)	(v) (क)
12. (i) (ख)	(ii) (ख)	(iii) (ख)	(iv) (ख)	
19. (क) (i) (क)	(ii) (क)	(iii) (घ)	(iv) (ग)	(v) (घ)

उत्तर सहितम्